Helmut R. Meyer

Vom Tabakpflücker zum Globalplayer

Ein ungewöhnliches Leben mit außergewöhnlichen Erlebnissen

ATS

Osningstraße 1, 33605 Bielefeld
EMail; automeyer@aol.com
Internet: www.ballonfahrten-Westfalen.de

Gesamtgestaltung / Litho:

mf-graphics, Marianne Fietzeck, Gütersloh

Druck und Verarbeitung:

mediaPrint, Paderborn

Viele Namen und Personen sind geändert.
Ähnlichkeiten mit Lebenden oder Toten sind rein zufällig und unbeabsichtigt.

ISBN 3-00-008171-2

Man muß kein Vagabund sein,
um ein Buch wie dieses schreiben zu können.
Ein Schuß Vagabundenblut in den Adern
hilft allerdings ungemein!

Zur Illustration dessen will ich meiner Lebensgeschichte
die Namen einiger Flugplätze voranstellen,
die selbst ein überdurchnittlich
reiselustiger Mitteleuropäer kaum kennen dürfte:
Von Muskoka in Kanada, über Fernandes, Staniel-kay,
Lampedusa, Desert Island, Viectree Camp, Weihnachtsinsel,
Lago Argentino, Mala Mala, Midway, Cambridge Bay,
Asencion, Kulusuc, Chilko Lake, Turks bis Caicos
in der Karibik:

Ich habe sie allesamt angeflogen!

Helmut R. Meyer

Frühstart

Ich wurde am 20 Februar 1936 auf dem Neumarkt von Osnabrück geboren. Das war nun wirklich ein eiliger Start an ungewöhnlichem Ort. Aus heutiger Perspektive gesehen paßte er jedoch zu mir und meinem Temperament hervorragend. Meine Eltern lebten zu jener Zeit auf dem Bauernhof der Großeltern mütterlicherseits in Lotte bei Osnabrück. Als bei meiner Mutter die Wehen einsetzten, etwas vorzeitig, war mein Vater wieder einmal nicht zu Hause. Ihn hatte es an diesem Tag zum Pferdemarkt gezogen. Wenn Pferdemarkt in der Gegend ist, dann muß ein richtiger Bauer schließlich hin! Ich aber hatte es schon vor meiner Geburt eilig. Was tun? Vater kam nicht, die Wehen wurden immer stärker. Die Großeltern riefen das nächstgelegene Taxiunternehmen an. Obwohl damals auf dem Lande Hausentbindungen durchaus üblich waren, hatte man meine Mutter vorsorglich in einer Osnabrücker Klinik angemeldet. Der Enkel sollte unter solider ärztlicher Obhut auf die Welt kommen. Aber wie es das Schicksal eben wollte, ließ das Taxi auf sich warten. Als der Fahrer endlich vor dem großelterlichen Hof anlangte, warteten dort schon alle in heller Aufregung. Und tatsächlich reichte die Zeit nicht mehr aus, um noch die Klinik zu erreichen, bevor ich mich an's Licht der Welt drängte. Apropos Licht: An diesem trüben Wintertag sah ich zuerst wahrscheinlich weniger Licht, sondern die Gesichter des entgeisterten Taxifahrers und meiner erschöpften Mutter. Jedenfalls wurde später immer erzählt, ich sei bei dieser Geburt im Taxi tief dunkelrot angelaufen und das entsetzte Klinikpersonal habe mir, als es mich endlich, notdürftig in eine Decke eingewickelt, zu Gesicht bekam, kaum Überlebenschancen eingeräumt. Aber mit meiner Zähigkeit war von Beginn an zu rechnen: Ich hielt durch und bin also an diesem Februartag zum ersten Mal dem Teufel von der Schippe gesprungen!

Wenn ich mich umsehe, wer gleich mir an einem 20. Februar geboren wurde, so sind mir besonders der Komödiant Heinz Ehrhardt, dem bekanntlich der Schalk den Nacken beugte, der amerikanische Schauspieler Sidney Poitier, der als erster Schwarzer einen Oscar bekam und der Autofirmengründer Enzo Ferrari nahe. Schaue ich mich dann noch um, wer gleich mir unter dem chinesisches Tierkreiszeichen der Ratte geboren wurde, findet sich eine ganze Reihe von Prominenz: William Shakespeare, Lew Tolstoi, Wolfgang Amadeus Mozart, Joseph Haydn und Tennessee Williams. Und auch ein paar Leute aus dem Show-Business, die ich mag: Doris Day, Marlon Brando und Fred Astaire.

Meine Kindheit verbrachte ich in Steinhagen bei Bielefeld, auf einem für heutige Verhältnisse kleinen Bauernhof, den Generationen aus der Familie meines Vaters erfolgreich bewirtschaftet hatten: Vieh, Acker, noch ein wenig Pachtland dazu. Damals konnte man darauf und davon gut leben. Aus der Perspektive unserer Familie gesehen mag die Welt in meinem Geburtsjahr 1936 geordnet und stabil erschienen sein. Friedenszeiten. Vom drohenden Krieg war vielleicht in den Zeitungen, aber noch nicht an den Abendbrottischen der Bauernfamilien die Rede. Meine Mutter wußte noch Jahrzehnte später die Preise jener Friedenszeiten auswendig: ein Liter Bier kostete fünfundsiebzig Pfennige, ein Zweipfundbrot einunddreißig Pfennige, ein Viertelpfund Butter neunundsiebzig Pfennige. Übrigens lag 1936 der Durchschnittslohn im Deutschen Reich bei achtzig Pfennigen pro Stunde.

Wie sich zeigen sollte, würde ich der erste männliche Erbe sein, der aus der bäuerlichen Tradition ausbrach. Irgend etwas in mir drängte mich schon in jungen Jahren in ganz andere Richtungen. Es machte mir Spaß zu handeln, zu tauschen. Zuerst nur mit meinen Spielsachen bei den Nachbarskindern, aber als ich 1946 zur Realschule nach Bielefeld geschickt wurde, nahmen entsprechende Aktivitäten schon beinahe kommerzielle Züge an. Die wichtigste Tauschbasis stellten die dicken Wurstbutterbrote dar, mit denen mich meine um mein Wohl besorgte Mutter jeden Morgen reichlich versah. Die Bauern befanden sich in jenen Nachkriegs-Hungerjahren in ziemlich privilegierter Position, die Stadtbevölkerung war auf das Hamstern und die Schwarzmärkte angewiesen. In der Schule sprach es sich schnell herum, daß ich hervorragende Butterbrote gegen Briefmarken und sonstige Handelsware tauschte. Es machte mir nicht viel aus, meinen Hunger bis zum Mittagessen zu bezähmen. Meine Mutter allerdings wunderte sich nicht selten, daß ich nach der Schule zu Hause mit größtem Appetit drei Teller vom fetten und fleischreichen Eintopf in mich hineinlöffelte. Die Gute sorgte sich, daß ihr schlaksiger Halbwüchsiger nicht etwa hungerte und belegte prompt die Schulbrote am nächsten Morgen noch reichlicher. Ob dann allerdings die fetten Leberwurst- und Blutwurstschnitten den Mägen der ausgemergelten Stadt- und Flüchtlingskindern immer gut bekommen sind, wage ich zu bezweifeln. Trotzdem fehlte es mir auf dem Schulhof selten an Tauschangeboten. Es waren schon harte Zeiten nach dem Kriege bis zur Währungsreform - und noch danach. Auch unter uns Schuljungen hieß es damals: Angebot und Nachfrage regeln den Preis. Zunehmend konzentrierte ich meinen Handel auf Zigaretten. Eine „Lucky Strike" oder „Chesterfield" stellte damals in

Deutschland eine krisenfeste Währung dar. Für ein Ei gab es eine „Chesterfield" und dieser Kurs blieb bis zur Währungsreform im Juni 1948 stabil. Das brachte mich auf die Idee, nicht allein nur mit meinen Früchstücksbroten zu handeln. An die Eier, die meine Mutter aus dem Stall brachte, kam ich nur schwer heran. Aber schließlich versteckte so manches Huhn seine Eier gerne in der Scheune. Danach suchte ich und verkloppte die begehrte Frischware auf dem Schwarzmarkt. Wahrscheinlich ist es sehr typisch, wenn sich bei meinen Erinnerungen an die Realschulzeit in Bielefeld nicht irgendwelche Unterrichts-Episoden, sondern diese Schwarzmarkt-Bilder vordrängen. Solche und ähnliche Geschichten prägten ja jene Jahre. Nur ein Beispiel: Als ich von unserer dörflichen Pantinenschule auf die Realschule in der Stadt wechselte, machte sich meine Mutter Gedanken darüber, wie sie mich neu einkleiden könne. Angesichts der Zeitumstände mit leeren Ladentischen und Rationierung alles Lebensnotwendigen, also auch der Kleiderstoffe, ein schwieriges Unternehmen. Schließlich erstand Mutter bei irgendjemandem für eine ordentliche Speckseite eine gefärbte braune Decke. Für ein weiteres Stück Speck nähte unser Schneider daraus einen Anzug, den ich fortan stolz trug. Die anderen Kinder mußten fast alle vielfach geflickte Sachen anziehen. Kein Stück Stoff wurde damals weggeworfen, Mäntel wieder und wieder gewendet, wenn sie zu klein oder zu fleckig geworden waren.

Das nächste Problem stellt die Entfernung zwischen unserem Steinhagen und dem Schulhaus in Bielefeld dar. Im Sommer würde es mir nichts ausmachen, die gesamte Strecke mit dem Fahrrad zu bewältigen. Aber im Winter? Da fuhr ich die ersten drei Kilometer mit dem Fahrrad bis zu einer Gastwirtschaft mit dem bezeichnenden Namen „Der billige Baumann". Von dort ging dann der Bus nach Bielefeld. Dem hatte man einen ungefähr einen Meter hohen Dachaufbau für das Treibgas verpaßt. Diese merkwürdige Konstruktion erregte damals keinerlei Aufsehen. Bereits während des Krieges, als Benzin für zivile Zwecke knapp wurde, hatte man viele Fahrzeuge mit Imbert-Holzgasöfen versehen. Man heizte sie mit Buchenholz an, um Brenngas zu gewinnen, das dann den entsprechend präparierten Motor antrieb. Allerdings dauerte es jedes Mal Stunden, bis sich genügend Gas angesammelt hatte und Bewegung in die Sache kam. Außerdem reichte die Tankfüllung auf dem Dach gerade eben bis Brackwede-Kupferhammer. Dort mußte der große Gastank neu gefüllt werden. Auf dem Heimweg ärgerten mich solche betriebsbedingten Verspätungen, auf dem Weg zur Schule weniger. Es drängte mich nicht sonderlich in mein Klassenzimmer. Im Gegenteil. Und so wurde dann irgendwann auch meine arme Mutter zum Schuldirektor vorgeladen, um sich anzuhören, daß ihr einziger Sohn seine Gedanken überall hätte, nur nicht beim Lernen. Ja sicher, die Preise auf dem Schwarzmarkt, überhaupt das Treiben in der Stadt interessierten mich weit mehr als irgendwelche Grammatik-Lehrsätze oder chemischen Formeln. Immerhin schloß ich nach dem zehnten Schuljahr, also bei der damals üblichen „Mittleren Reife" in Englisch, Geographie und Mathematik mit einem Befriedigend ab. Es waren die Fächer, die mir im späteren Leben sehr von praktischem Nutzen sein sollten. Ordentlich mit Zahlen umgehen zu können, gehörte sich natürlich für einen Junghändler. Schließlich sollte meine Kasse stimmen! Was meine beiden anderen Lieblingsfächer betrifft, so war mir wohl schon in jungen Jahren klar, daß man nur mit handfesten Geographie- und Englischkenntnisse durch die Welt kommt. Französisch bot unsere Schule als Wahlfach an. Mein Vater sagte: „Du wirst Bauer, da brauchst Du kein Französisch!" Ich nickte, weil mir Französisch ohnehin nicht lag. Über meine sonstigen Pläne schwieg ich vorerst. Bei allen übrigen Fächern pendelte ich meist zwischen mangelhaft und ungenügend. Auf dem Zeugnis stand dann zum Jahresende lakonisch: Versetzung mit größten Bedenken. Möglicherweise half meine Mutter jedes Mal beim Klassenlehrer mit einem Stück Speck nach, damit ich nicht 'hängenblieb'! Später erzählte sie manchmal lächelnd von jenem Gespräch mit dem Herrn Direktor, bei dem der verständige Pädagoge ihr zum Trost sagte, er habe das sichere Gefühl, daß der pfiffige Helmut trotz schlechter Noten auf dem Zeugnispapier im praktischen Leben seinen Weg machen würde! Eben anders...

Ob ich wollte oder nicht, mein Vater bestimmte, daß ich nach der Realschule eine landwirtschaftliche Lehre zu absolvieren hatte. Schließlich war ich der Hoferbe, der einzige Sohn noch dazu. Meine fünf Jahre ältere Schwester sollte den Hof mütterlicherseits in Lotte bei Osnabrück erben. Nun zeichnete sich für einen wachen Beobachter bereits damals, Ende der vierziger, eingangs der fünfziger Jahre ab, daß sich zukünftig einiges in der deutschen Landwirtschaft ändern würde. Damit ist doch kein Blumentopf mehr zu gewinnen, dachte ich mir, wenn ich mir die kleinen Felder, den überschaubaren Viehbestand ansah. In Amerika, da gab es riesige Farmen und Felder, die bis zum Horizont reichten... Davon abgesehen hatte ich eben große Lust darauf, ein vollkommen anderes Leben als Vater und Großvater zu führen. Und vor allem lag mir daran, möglichst bald dem väterlichen Regime zu entkommen. Mit meinem drastischen Urteil über die Lebensfähigkeit kleiner Bauernwirtschaften sollte ich Recht behalten: Heute kann man von einem Hof wie unserem ohne Nebeneinnahmen nicht mehr existieren.

Mein Vater wehrte solche Gedanken massiv ab. Alles was ich da an Ideen, Plänen vortrug, stellte in seinen Augen nur 'Fisimatenten' dar. Er hielt es mit mir so wie die Generationen seiner Vorfahren: Der Sohn wird Bauer und übernimmt den Hof, basta! Ein freier Bauer auf eigener Scholle, das waren sie immer gewesen und dabei sollte es bleiben. Da gegen das Machtwort eines Vaters in jener Zeit wenig auszurichten war, lief so manches heimlich. Ein Beispiel: Wir Jungs auf dem Lande fuhren damals alle Fahrrad, ich mit besonderem Spaß und besonders schnell. Ich begann nebenher zu trainieren und startete dann während meiner Schul- und Ausbildungszeit regelmäßig bei Jugendradrennen verschiedenster Kategorien. Ich siegte über dreißigmal, bei einem großen Rennen in der Dortmunder Westfalenhalle belegte ich einen zweiten Platz und kam bei diversen Meisterschaften auf Platz zwei oder drei. All dies fand konsequent hinter dem Rücken meines Vaters statt, der jede Aufwendung von Geld und Zeit, die nicht dem Hof zugute kam, ablehnte. Meine Mutter war natürlich eingeweiht und unterstützte mich mit Geld für meine Rennausrüstung und Kriegslisten. Ich weiß nicht, wie sie Vater meine häufige Abwesenheit an den Wochenenden erklärte, aber es ging.

Natürlich spürte der Vater, daß er zwar gegenüber dem Sechzehnjährigen noch ein Machtwort sprechen, ihn aber nicht umstimmen konnte. Unser beider Verhältnis zueinander war nie besonders herzlich gewesen. Nun kühlte es sich vollends ab. Vielleicht waren wir uns auch einfach zu ähnlich: Zwei dominante Dickschädel. Auf Dauer konnte das auf dem kleinen Hof gar nicht gut gehen.

Bei aller Liebe zur Natur absolvierte ich meine landwirtschaftliche Ausbildung nur halbherzig. Allerdings fand ich es großartig, daß ich als Bauernsohn schon mit sechzehn Jahren den Treckerführerschein machen durfte und mit achtzehn Jahren den Führerschein der Klasse II, den man brauchte, wenn man den Trecker mit zwei Anhängern fahren wollte. Dafür gab es Sondergenehmigungen. Ich fuhr leidenschaftlich gern. Und sobald ich konnte auch Auto. Dafür entwickelte ich ziemlich früh eine regelrechte Leidenschaft. Ironisch kommentierte Mutter, das läge wohl daran, daß ich in einem Auto geboren worden war.

Mit dem Treckerfahren hängt auch ein für mich ziemlich einschneidenden Erlebnis zusammen: Es gehörte damals zu meinen Pflichten, mehrmals wöchentlich zu einer Schnapsbrennerei in der Nähe unseres Ortes zu fahren, um von dort eine zirka tausend Liter fassenden 'Schlempetonne' auf unseren Hof zu bringen. Bei der Getreideschlempe handelte es sich um ein Abfallprodukt umliegender Brennereien, die den berühmten westfälischen Klaren „Steinhäger" produzierten. Die dabei anfallende (natürlich alkoholfreie) Getreide-Schlempe wurde an's Vieh verfüttert. Eines Tages traf ich auf dem Rückweg von der Brennerei meinen Freund C. L. Brinkmann, der auch einmal ein Stück mit dem Trecker fahren wollte. Warum nicht? Was war schon dabei. Ich erklärte ihm die wenigen Handgriffe, er stieg auf den Fahrersitz, ich nahm sein Fahrrad und das Schicksal seinen Lauf. Zunächst ging alles gut, aber dann bog C. L. mit viel zu hoher Geschwindigkeit fast im rechten Winkel in die Kurve zu unserem Hof ein und verlor damit die Gewalt über das Gefährt. Der Schlempewagen kippte um, die Tonne zerbrach in Dutzende Einzelteile und die tausend Liter Schlempe versickerten in den Erdboden... Ich habe C. L. nie wieder so blaß gesehen, wie in diesem Moment. Er kannte meinen Vater. Deswegen zog er es vor, sich schleunigst sein Fahrrad zu greifen, zu seinen Eltern nach Hause zu fahren und dort zu beichten. Mit meinem Schicksal allein gelassen, schaute ich vorsichtig nach, ob mein Vater zu Hause war. Der Anblick des Schrotthaufens vorm Hoftor hätte ganz sicher bei ihm einen wilden Wutanfall ausgelöst. Vermutlich hätte er in der ersten Aufregung mit allem, was ihm in die Hände geriet, auf mich eingedroschen. Das wollte ich lieber nicht erleben. Glükklicherweise kam es nicht dazu. Während der nächsten drei Tage hielt ich zu meinem Vater dann vorsichtshalber einen Abstand von mindestens fünfzig Metern ein. Eigentlich hätte er mir wegen dieser Geschichte eher dankbar sein sollen. Unsere altersschwache Schlempetonne hatte längst ausgedient, in absehbarer Zeit wäre sowieso der Kauf einer neuen fällig gewesen. Die bezahlte nun der Vater meines Freundes. Und weil auch er das Naturell meines alten Herrn kannte und keinen Ärger bekommen wollte, legte er gleich noch ein paar Scheine für die verschüttete Schlempe-Ladung obendrauf.

Es war üblich, daß Bauernsöhne den praktischen Teil ihrer landwirtschaftlichen Ausbildung auf dem eigenen Hof absolvierten. Also arbeitete ich ein komplettes Jahr als Praktikant unter meinem Vater. Ständig gerieten wir aneinander. Um mein geringes Interesse an Hof und Landleben zu steigern, kaufte Vater mir eines Tages einen heißblütigen Apfelschimmel. Er konnte sich für einen Bauernjungen nichts Schöneres vorstellen. Tatsächlich ritt ich auf unseren schwerblütigen Ackergäulen zu Hause recht ordentlich und mir gefiel der Gedanke, ein eigenes temperamentvolles Reitpferd zu besitzen. Die grazile, ein bißchen überzüchtete Stute hörte auf den romantischen Namen „Adlerfee". Sie hatte zuvor dem Besitzer der Anker-Werke in Bielefeld gehört. Angeblich konnte keiner mit ihr fertig werden. Natürlich mußte ich mich da herausgefordert fühlen! Warum sollte ich mit dieser edlen Schimmelstute nicht zurechtkommen? Mit Kandare und Sporen ließ ich „Adlerfee" wissen, wer nun der Boß war. Stunde um Stunde verbrachte ich mit ihr auf dem Abreiteplatz meines Freundes Atta Steinhage. Wir kamen zunehmend besser miteinander aus. Wahnsinnig schnell und elegant nahm sie die üblichen Dreier-Hindernisse, wie eine Gazelle. Voller Begeisterung erklärte ich meine „Adlerfee" zur Königin der Pferde! Einmal allerdings, als ihr Temperament mit ihr durchging, stürzten wir an einem der Hindernisse schwer. Ich überschlug mich gleich zweimal. Atta, der Pferdekenner, meinte anschließend, das hätte ziemlich übel ausgesehen, eigentlich mehr nach einem Genickbruch. Um einen derartigen Sturz nur mit ein paar Hautabschürfungen zu überstehen, wäre wohl mehr als einen Schutzengel nötig. Ach ja? Also mußte ich Schutzengel besitzen, mindestens zwei! In meinem jugendlichen Übermut beschloß ich, die beiden fortan Edy und Fredy zu nennen. Wie sich später herausstellen sollte, bekamen Edy und Fredy in meinem Leben häufiger alle Hände voll zu tun! Für dieses Mal jedenfalls war ich heil von meiner „Adlerfee" herunter und damit wieder einmal dem Teufel von der Schippe gesprungen!

Da ich prinzipiell niemals die Flinte rasch ins Korn werfe, dachte ich auch nach meinem spektakulären Sturz nicht an's Aufgeben. Ich trainierte die Stute tapfer weiter und erntete auf dem heimischen Platz so manches Lob. Hoffnungsvoll meldete ich mich zu einem großen Springreitturnier in Gütersloh an. Was ich allerdings nicht wußte: Mein

Pferd vertrug die angespannte Atmosphäre bei einem derartigen Turnier vor großem Publikum nicht, dafür hatte es nicht die Nerven. „Adlerfee" verweigerte mir gleich den ersten Sprung und bockte auch beim zweiten und dritten Anlauf massiv. Ich hatte Mühe, mich überhaupt im Sattel zu halten. Wütend und gedemütigt verschwand ich vom Parcours. Die Reiterei hängte ich nach dieser grandiosen Blamage sofort an den Nagel. Schließlich hatte ich ja noch 'zig andere Interessen.

Afrika, wir kommen!

Endlich war es soweit, die Ausbildungsjahre gingen zuende. Ich durfte mich „Staatlich Geprüfter Landwirt" nennen, heute bezeichnet man die entsprechende Ausbildungsstufe wohl als Agraringenieur. Ich war Neunzehn. Und ich wollte endlich ein eigenes Auto! Gemeinsam mit meinem Freund Dieter Worm kaufte ich vom evangelischen Pastor Wiehage in Isselhorst einen BMW-Dixi, Baujahr 1928, ein Auto mit Speichenrädern, das man beim Starten vorn an der Motorhaube ankurbelte. Ganze zweihundertachtzig Mark mußten wir dafür auf den Tisch des Herrn legen. Als wir mit unserer neuen Errungenschaft zum ersten Mal durch Isselhorst fuhren, blieben die braven Bürger am Straßenrand stehen und verbeugten sich vor dem Wagen. Sie waren seit über einem Jahrzehnt gewohnt, daß in diesem Gefährt ihr Pastor kutschierte. Die Verbeugungen unterblieben aber von dem Moment an, in dem wir eine Drei-Klang-Fanfare auf dem linken Kotflügel montierten und mit Sirenengeheul durch Isselhorst brausten. Jetzt tuschelten die Leute: „Habt ihr schon gehört, der Pastor soll verrückt geworden sein!" Dies kam natürlich auch

Pastor Wiehage zu Ohren, der schleunigst in's Isselhorster Kirchenblatt schrieb: „Dixi ade, scheiden tut weh." Mit unserem Radau wollte er nun doch nicht in Verbindung gebracht werden.

Übrigens konnten wir das Monstrum von Hupe nur tagsüber einsetzen. Im Dunkeln benutzten wir sie lieber nicht, da sie einen enormen Stromverbrauch hatte, was dazu führte, daß jedes Mal die Autoscheinwerfer ausgingen. Der Dixi verfügte nämlich nur über eine Sechs-Volt-Anlage, hatte siebenhundertfünfzig Kubikzentimeter Hubraum und fünfzehn Pferdestärken. Ein gemütliches altes Auto mit Früh- und Spätzündung. Das Handgas befand sich am Holzlenkrad. Außerdem besaß unser Dixi eine nach vorne aufzuklappende Windschutzscheibe, die Klimaanlage der zwanziger Jahre... Über meine von Jahr zu Jahr wachsende Leidenschaft zu klassischen Autos wird noch zu sprechen sein. Sie sollte mir später, in Amerika, eine Stange Geld einbringen. Zunächst einmal brachte sie mir mein Lebensglück, denn meine phantastische, herzensgute Frau Hilde, damals sechzehn Jahre alt, lernte ich ebenfalls mit diesem BMW-Dixi kennen! Es war Liebe auf den ersten Blick. Auf den zweiten hatte es ihr, so glaube ich, auch der Dixi angetan!

Nach kleineren Touren in die nähere Umgebung und zum Rhein nahm in Dieter und mir der Plan Gestalt an, im Sommer 1956 mit unserem Auto quer durch Europa bis hinüber nach Nordafrika zu fahren. Schließlich hatte uns Manfred Mathisiek, ein etwas älterer Schulfreund, der in einem Hotel im marokkanischen Tanger als Restaurantchef arbeitete, bei seinem letzten Urlaub zu Hause ausdrücklich dazu aufgefordert, ihn zu besuchen. Wahrscheinlich in der festen Überzeugung, daß einer solchen Einladung sowieso niemand folgen würde. Wir schon! Ursprünglich planten wir sogar in einer Art Afrika-Wüsten-Tour von Tanger bis Dakar an die westafrikanische Atlantikküste weiterzufahren. Dakar, die heutige Hauptstadt des Senegal, lag damals noch in den französischen Kolonien und gehörte zu Französisch-Westafrika. Marokko hatte sich 1956 gerade erst selbständig gemacht, war aber noch sehr französisch. Rein technisch und organisatorisch erschien uns das Unternehmen Bielefeld-Dakar durchführbar, allerdings würde es ziemlich teuer werden. Selbstbewußt meinten wir, daß so eine halbe Weltreise mit einem uralten BMW-Dixi schließlich eine tolle Werbung für die Bayrischen Motorenwerke sei und fühlten dort wegen einer finanziellen Unterstützung vor. Weil BMW in jenen Jahren wirtschaftlich nicht sonderlich gut dastand, wurde nichts daraus. Also beschieden wir uns auf das Machbare und planten realistisch eine Südeuropa-Tour samt kurzem Afrikatrip per Fähre nach Tanger.

Zunächst mußten Paß- und Visafragen geklärt werden. Schließlich war es für Deutsche Mitte der fünfziger Jahre keineswegs einfach, sämtliche Stempel und Papierchen für eine solche ausgedehnte Tour zu bekommen. Noch behielten sich die westlichen Alliierten in der aus den drei Westzonen gebildeten Bundesrepublik gewisse Einspruchsmöglichkeiten vor. Wir lebten in der britischen Zone, dementsprechend lautete das polizeiliche Kennzeichen des Dixi BR- . Für eine Reiseroute quer durch Frankreich und Spanien samt Fähre nach Tanger benötigte man für die Personen „Carnes de Passage", für das Kraftfahrzeug eine „Triptik" genannte Bescheinigung und selbstverständlich Visa sämtlicher Staaten, durch die wir fahren wollten.

Nachdem das soweit geklärt war, richteten wir unseren Dixi für die Expedition her. Eine Reise konnte man das, was wir vor hatten, schließlich nicht nennen. Das wäre uns auch viel zu langweilig gewesen. Und zu teuer. Selbstverständlich versuchten wir, die Technik halbwegs in Bestzustand zu versetzen. Aber mindestens ebenso viel Sorgfalt und Ideen wurden auf die äußere Präsentation des Vehikels verwand. Freund Wilhelm Bulk bemalte es rundum. Da sich der Herr Pastor aus Isselhorst seinerzeit natürlich einen zu seinem seriösen Amte passenden schwarzlackierten Wagen angeschafft hatte, machte sich weiße Farbe für die Beschriftung auf unserem Dixi besonders gut. Auf die kleine Sonnenblende oberhalb der Windschutzscheibe kam Cäsars berühmtes „Morituri te Salutant", für Nichtlateiner: „Die dem Tode Geweihten grüßen Dich". Oberhalb des Kühlers stand in Großbuchstaben „AUTO". Auf einen der hinteren Kotflügel las man „per aspera ad astra", übersetzt „durchs Dunkel zum Licht". Wir hatten unsere eigene Version davon: „Über Geröll zu den Sternen". Irgendwo stand dann noch „... und er bewegt sich doch!". Die klassischen Sprüche stammten von Wilhelm Bulk. Ich weiß gar nicht mehr, ob er nun zu seinem Lateinlehrer ein besonders fröhliches oder frustiges Verhältnis hatte, auf jeden Fall mußte der ihn beeindruckt haben: Nicht für die Schule, für das Leben lernen wir... Ich steuerte dafür etwas aus meinem Englisch-Repertoire bei: auf den oberen Rand des Autodaches wurde „Dying Enterprise" gepinselt, sterbendes Unternehmen. So ganz sicher waren wir nämlich doch nicht, ob unser altersschwaches Gefährt die Tour durchstehen würde. Auf dem anderen hinteren Kotflügel konnte man lesen „BMW = Brett mit Warze". Auf dem linken vorderen Kotflügel, vor unserer Fanfaren-Hupe, befand sich im Blech ein Loch, wohl von einem Außenspiegel, der irgendwann herausgebrochen war. Das Loch ähnelte entfernt einem Einschuß. Also wurde es jetzt mit weißer Farbe extra eingekreist und daneben gepinselt „Flak-Einschuß 70/71". Jüngeren Lesern muß hierzu wohl erklärt werden, daß der Deutsch-Französische-Krieg von 1870/71 im Geschichtsunterricht meiner Generation eine nicht unbeträchtliche Rolle spielte, ging dieser Feldzug doch, im Unterschied zu den beiden nachfolgenden Weltkriegen, für Deutschland siegreich aus. Man mag es unserer jugendlichen Unbekümmertheit zuschreiben, daß wir beim Malen der Aufschrift keinerlei Gedanken darauf verschwendeten, ob wir mit ihr in Frankreich vielleicht unangenehm auffallen könnten. Wir wollten doch einfach nur betonen, daß wir unerschrockenen Helden mit einem nach unserer Ansicht uralten Gefährt auf Tour gingen. Es hat sich dann übrigens unterwegs in Frankreich auch niemand darüber aufgeregt.

Einmal bei der Sache, waren wir kaum noch aufzuhalten und griffen dann nicht mehr nur zum Weiß sondern zu bunten Farbtuben. Gekonnt malte Wilhelm auf die linke Autotür einen dicken Cadillac, daneben einen kleinen Dixi. Der Clou bestand in einer heißen Biene, die gerade aus dem Cadillac ausstieg, um offenkundig zum Dixi überzuwechseln. „Sie fährt mit ihm", schrieben wir darunter. Die rechten Tür unseres Dixi schmückten wir mit einer prallbusigen Schönen in Beugestellung, daneben kam das Verkehrsschild für Querrinne und die vieldeutige Überschrift „Inspiration".

Schließlich wurde noch das Heck des Wagens mit einem Teufel verziert, der eine Forke hielt, darunter stand: „Die Lumpen fahren zur Hölle". Ein damals ziemlich bekannter Film gleichen Titels war 1956 gerade in den Kinos angelaufen.

Bevor wir zu unserer großen Fahrt aufbrachen, verschafften wir uns noch einen aufsehenerregenden Auftritt für die Bielefelder Journalisten. Der Trick bestand darin, daß wir mitten auf der Niedernstraße, einer der Hauptverkehrsstraßen im Stadtzentrum, den Motor ausgehen ließen. In null Komma nix sammelte sich um den Dixi eine Menschentraube und wir Jungs bekamen jede Menge mehr oder weniger fachkundiger Ratschläge zu hören. Ich zog hinter dem Lenkrad ein skeptisches Gesicht, Dieter versuchte immer wieder aufs Neue dem betagten Oldtimer mit der kleinen Handkurbel auf die Sprünge zu helfen. Aber der sprang und sprang eben nicht an. Damit stellten wir ein ziemliches Verkehrshindernis dar. Innerlich freuten wir uns über die wachsende Aufmerksamkeit, äußerlich gaben wir uns ganz aufgeregt und verzweifelt. Schließlich mischte sich die Polizei ein. Der Beamte schlug vor, einen Abschleppwagen kommen zu lassen. Es fanden sich immer mehr Schaulustige, schließlich mögen es wohl an die fünfzig Passanten gewesen sein. Dieter wischte sich demonstrativ den Schweiß von der Stirn, sah den Polizisten flehentlich an und sagte: „Können wir es nicht noch einmal versuchen?" Jetzt kam unser Moment: Dieses Mal nahm Dieter nicht die Handkurbel, sondern zog einen Schuh aus, haute ihn mit voller Wucht auf die Motorhaube und rief theatralisch aus: „Du alte Kiste, jetzt spring doch endlich an, bitte!" Und: Der Motor sprang zur allergrößten Verblüffung der Umstehenden tatsächlich an. In Wirklichkeit hatte ich in diesem Moment einen im Innenraum versteckten Batterieschalter aktiviert. Der diente dem Dixi als eine Art Wegfahr-Sperre. Das nannte man in den zwanziger Jahren zwar nicht so, aber auch damals wollte man sich vor unbefugten Benutzern schützen! Nie vergesse ich die Gesichter der staunenden Zuschauer. So mancher bekam im wahrsten Sinne des Wortes den Mund nicht mehr zu. Übrigens inszenierten wir unseren Auftritt auf der Bielefelder Niedernstraße lange bevor Nikita Chruschtschow bei einer UN-Vollversammlung in New York seinen Schuh auszog und damit auf's Rednerpult eindrosch. Das Copyright liegt also eigentlich bei uns. Die Sache mit dem Schuh mag vielleicht keine sehr elegante Methode darstellen, aber man kann sich damit Gehör verschaffen. Über unsere Afrika-Reise und den Zwischenfall auf der Niedernstraße wurde dann tatsächlich in der „Freien Presse" und im „Westfalen-Blatt" berichtet.

Auch der längste Weg beginnt mit einen Schritt, heißt es in einem alten indischen Sprichwort. Uns führten die ersten Kilometer gen Afrika ganz unspektakulär über hessische Landstraßen und quer durch die Dörfer Richtung Frankfurt am Main. Das weiße Tanger an der Straße von Gibraltar lag noch in unendlich weiter Ferne, unsere Höchstgeschwindigkeit um die sechzig bis siebzig Stundenkilometer - bei Rückenwind. Übernachtet wurde in der Jugendherberge. Wir mußten ja sparen. Wobei uns der Benzinverbrauch am wenigsten belastete. Der Dixi kam mit fünf Litern auf hundert Kilometer aus und außerdem war das Benzin jener Jahre sehr billig. Damals wurden die Tankstellen noch nicht als Steuereintreiber mißbraucht, so wie heute! Am nächsten Tag schafften wir es immerhin über die französische Grenze bis in's elsässische Straßbourg. Dort langten wir erst ziemlich spät an und beschlossen, die Nacht einfach auf dem Parkplatz vor dem Hauptbahnhof zu verbringen. Um wenigstens im Sitzen etwas schlafen zu können, verklebten wir die Fensterscheiben von innen mit Papier, auf das wir in Großbuchstaben „FERME", also „geschlossen", schrieben. Soweit reichten unsere Franzö-

„Nicht hupen — der Fahrer schläft“ Baujahr 1928: Er bewegt sich doch

Drei unternehmungslustige Bielefelder fahren mit einer alten „Kiste“ nach Tanger

„Und er bewegt sich doch!“ ist mit gelber Farbe auf die verbeulte Karosserie eines BMW Dixi aus dem Baujahr 1928 gepinselt, der überall dort, wo er in den Straßen Bielefelds auftaucht, Aufläufe lachender Menschen verursacht. Als dieser Tage die „Weißen Mäuse“ als einzige eine ernste Miene machten und das seltsame Gefährt auf seine Fahrbereitschaft untersuchten, konnten sie keine Mängel entdecken. „Fahren Sie schon weiter — Sie halten sonst ja den ganzen Verkehr auf“, ordneten die Polizisten an, entwaffnet von dem hämischen Grinsen der drei stolzen Besitzer dieses Ur-Autos.

Es war um Pfingsten herum, als die 21jährigen ausgedienten Pennäler Henner Jakob, Helmut Meier und Dieter Worm den alten BMW — in ihrer humorvollen Uebersetzung „Brett mit Warze“— vom evangelischen Pastor in Isselhorst kauften. Ganze 280 DM mußten sie dafür auf den Tisch des Herrn legen. Wenn jemand sie fragt, ob das ihr Auto sei, brauchen sie wenigstens nicht rot zu werden. „Haben wir bar bezahlt“, lautet ihre lächelnde Antwort.

Der Isselhorster Pfarrer veröffentlichte bald nach dem Verkauf im Kirchenblatt die Mitteilung: „Dixi ade — scheiden tut weh!“ Vielleicht war es eine Art Vorsichtsmaßnahme, denn als er seinen Dixi zum erstenmal wiedersah, erkannte er ihn kaum, so bunt war er bemalt. Mancher brave Isselhorster hätte ja glauben können, daß der Herr Pastor plötzlich auf seltsame Gedanken gekommen war...

Inzwischen haben die drei Unverwüstlichen über 3 600 Kilometer mit ihrem Auto zurückgelegt. Als auf einer Wochenendfahrt in Osnabrück, ausgerechnet auf der Großen Straße, der Vier-Zylinder-Motor streikte, entstand durch Menschenauflauf eine solche Verkehrsstockung, daß die Polizei eingreifen mußte. Aber die Hüter der Ordnung konnten nur resignieren, als ihnen die drei Autofans versicherten: „Das kann auch beim dicksten Cadillac mal passieren!“

Humor haben die drei 21jährigen und Unternehmungslust auch. In 14 Tagen gehen sie mit ihrem Dixi auf eine 6000-Kilometer-Fahrt nach Spanien, Portugal und Tanger, ehe sie sich wieder dem Ernst des Lebens widmen. Helmut Meier will die Landbauschule in Wilhelmshaven besuchen, Dieter Worm geht an das Technikum in Lage und Henner Jakob wird die Schneiderwerkstatt seines Vaters eines Tages übernehmen. Vorher wollen sie aber noch etwas von der Welt sehen.

Und damit die Welt auch etwas von ihnen sieht, haben sie ihren BMW Dixi mit allerlei Sprüchen verziert. An einem Loch im linken vorderen Kotflügel steht: „Flakeinschuß 70/71“, und der rechte vordere Kotflügel verkündet mit großen Lettern: „Alter geht vor Schönheit“. Die Hupe des Wägelchens ist vergoldet, und an der Rückseite der „Dying Enterprise“ lesen die zum Ueberholen ansetzenden Autofahrerkollegen: „Nicht hupen — der Fahrer schläft“.

Wenn der Wagen auch angeschoben oder mit einer gewaltigen Kurbel in Schwung gebracht werden muß, und wenn er auch auf seiner Federung hopst wie eine abgetakelte Ballerina, so soll er doch noch sein fernes Ziel im Süden erreichen. Jedenfalls sind die drei Besitzer davon überzeugt. „Wenn ich Super getankt habe, fährt die Kiste 80 Sachen“, behauptet Helmut Meier. „Wollen Sie mal 'ne Probefahrt mitmachen?“ Nein, lieber nicht... -erk-

Bis nach Tanger wollen drei unverwüstliche Bielefelder mit diesem Vehikel aus dem Baujahr 1928 fahren. Foto: FP (Möller)

Originalauszug der „Freien Presse“ in Bielefeld vom 18. September 1956

sischkenntnisse gerade noch. In aller Frühe weckte uns das Gelächter der ersten Reisenden. Man bestaunte unser Gefährt. Nun gut, also starteten auch wir schon gegen fünf Uhr zu neuen Taten!

Am dritten Tag unserer Reise schafften wir es nur bis kurz vor Besançon, dann streikte der Dixi. Gewaltige Löcher in den Landstraßen hatten ihn und uns bis aufs Mark durchgeschüttelt. Eine Spannschraube am Verteiler hatte sich gelöst und die Verteilerwelle hochspringen lassen. Jetzt war der Zündzeitpunkt total verstellt. Es lief nichts mehr. Da die Straße eben war, schoben wir unser Gefährt über einige Kilometer auf den nächsten Ort zu, bis endlich am Straßenrand eine Trecker- und Motorradwerkstatt in Sicht kam. Die Werkstatt sah so vergammelt aus, daß wir unter normalen Umständen nicht einmal ein Fahrrad dort zur Reparatur gelassen hätten. Umso schwungvoller begrüßte uns der Inhaber und gleichzeitig einzige Mechaniker mit einem strahlenden „Bonjour, ça va". Wir versuchten, dem kleinen Franzosen mit typischem Schnauzbart unser Problem zu erläutern: „Reparacion Dynamo S. v. P." Der Mann sah uns ziemlich verständnislos an. Selbstverständlich hatten wir ein Französisch- und ein Spanisch-Wörterbuch dabei. Aber mit der Aussprache haperte es. Also schrieben wir kurzerhand die entsprechenden Vokabeln auf. Damit konnten wir uns dann halbwegs verständigen. Wenn man will, kommt man überall in's Gespräch. Der Werkstattchef nannte uns 'Schweinekopf', es war offenbar das einzige deutsche Wort, das er kannte. Wir revanchierten uns und nannten auch ihn fortan höflich 'Schweinekopf'. Unser Patron meinte, er sei ein Grande-Mechanic und für ihn no problem, das Kind schon richtig zu schaukeln. Eine kühne Behauptung, denn weder er noch wir kannten ja die tatsächliche Zündfolge des Motors. Zu unserem Glück gelang es ihm, nach vermutlich mehr als hundert Versuchen, die richtige Zündfolge wieder herzustellen. Ich bin heute noch überzeugt davon, daß es der blanke Zufall war. Als der Motor wieder lief, strahlten die Augen von Grande-Patron und der kleine Franzose reckte sich so hoch er konnte: da hatte er den verdammten Allemandes aber gezeigt, wie man Autos repariert! Wahrscheinlich ist er mit den Francs, die er für die Reparatur von uns bekam, erst einmal auf einen Rotwein in's nächste Bistro gegangen und hat sich am Stammtisch ausführlich darüber verbreitet, daß diese Deutschen ohne ihn ihr Auto nie wieder flott bekommen hätten. Sollte er vor Madame und den Nachbarn seinen Triumph genießen, auch unsere Augen strahlten und wir sahen zu, daß wir weiter kamen.

Nach einigen Kilometern kauften wir uns irgendwo an der Landstraße einen billigen Rotwein. Die Flasche kostete umgerechnet fünfzig Pfennig. Da konnten wir uns trotz magerer Reisekasse jeder eine Flasche leisten und ließen sie uns schmecken. Wo wenn nicht hier, schließlich näherten wir uns gerade dem Beaujolais-Gebirge. Noch ein Stück Weißbrot zum Roten, das ergab doch ein vorzügliches Abendessen. In aller Ruhe fuhr Dieter anschließend über die uralte Landstraße Richtung Süden weiter. Damals gab es dort kaum Verkehr. Wir sahen vielleicht pro Stunde ein Auto. Ähnliche Verhältnisse findet man heute wohl nur noch auf der Südinsel von Neuseeland, wo ohnehin grundsätzlich die Schafe Vorfahrt haben. Ich jedenfalls schlief an jenem Abend mit der Flasche Rotwein im Bauch auf meinem Beifahrersitz friedlich ein und merkte nicht einmal, daß Dieter irgendwann das Fahrzeug im Dunkeln am Straßenrand abstellte, um auch ein paar Stunden auszuruhen. Wir hatten zwar ein Zelt und Luftmatratzen dabei, aber der

Aufbau erschien uns unterwegs meist zu umständlich. Als ich am nächsten Morgen, noch schlaftrunken, aus dem Autofenster rechts neben mir sah, fuhr ich vor Schreck sofort hellwach hoch: Unmittelbar neben dem Dixi fiel eine steile Felswand ab, fast senkrecht, bestimmt hundert Meter tief! Hätte ich nachts die Autotür auf meiner Seite geöffnet, etwa um zum Pinkeln auszusteigen, wäre ich ohne Frage in diesen Abgrund und damit in die ewigen Jagdgründe gestürzt. Glücklicherweise hatten mir Edy und Fredy den guten Beaujolais so wirksam dosiert, daß ich trotz der unbequemen Sitzhaltung bis zum Morgen durchschlief. Wieder einmal dem Teufel von der Schippe gesprungen!

An den nächsten beiden Tagen rollten wir ununterbrochen über heiße, staubige Straßen durch das französiche Zentralmassiv, dann über Serpentinen hinauf in die Pyrenäen, über die spanische Grenze bis nach Katalonien hinein. Nach den scheinbar endlosen Kilometern zwischen kahlen, zerklüfteten Gebirgsmassiven auf einsamen Schotterpisten beeindruckten uns die Ramblas von Barcelona ungemein. Auf diesen breiten Promenaden, auf denen sich die Menschen drängen, das Leben pulsiert, ging schon damals die Post ab! Wir parkten unser aufsehenerregendes Monstrum in der Conde de Asalto und nahmen uns eine billige Pension. Ich glaube, wir haben erst einmal vierundzwanzig Stunden durchgeschlafen, so groß war unser Defizit.

Prompt fehlte am nächsten Morgen dem Dixi das Klappverdeck. Auf der Polizeiwache, wo wir den Diebstahl in einem bunten Gemisch aus spanischen, englischen und deutschen Sprachbrocken anzeigen wollten, nahm man die jungen Deutschen mit ihrem alten Auto wohl nicht sonderlich ernst. Sinngemäß bekamen wir zu hören: „Wenn Euch nichts gestohlen worden wäre, könntet Ihr gar nicht behaupten, in Barcelona gewesen zu sein." Na, wenn das so war... Wir ließen uns davon den Spaß nicht verderben, sondern gingen baden: Ab ins Mittelmeer, das sich in diesem Moment vom blaugedruckten Fleck auf der Landkarte in etwas Reales aus Sand, Wellen und bittersalzigem Wasser verwandelte. Anschließend lagen wir einfach faul herum und blinzelten in die Sonne des Südens. Herz, was willst Du mehr!

Am Strand lernten wir Emil kennen, einen jungen Deutschen, der, wie er uns erzählte, schon seit drei Monaten in Barcelona lebte und sich irgendwie durchschlug. Emil erklärte fröhlich, er habe der Arbeitswelt auf immer adé gesagt! Wozu sich zu Hause in einem Büro oder gar einer Fabrik abplacken, hier im Süden käme man auch so zurecht. Es gab also auch schon 1956 deutsche Aussteiger, sie sind keine Erfindung der Achtundsechziger... Jedenfalls kannte Emil sich in Barcelona aus und zeigte uns alles mehr oder weniger Sehenswürdige der katalonischen Metropole. Er meinte, wir sollten doch das Geld für die Pension sparen und mit unseren Luftmatratzen bei ihm auf dem Fußboden schlafen. Das Gesparte könnten wir dann gemeinsam für das Nachtleben von Barcelona ausgeben. Gesagt, getan. Es störte uns wenig, daß Emils billige Bleibe kein Fenster nach draußen, sondern nur eine Lüftungsklappe über der Tür hatte. Hauptsache, die beiden Luftmatratzen paßten noch hinein.

Unser ausführlicher Bummel über die Ramblas, entlang der buntschillernden Kette von Kneipen und Bars führte uns gegen fünf Uhr morgens auf den großen Fischmarkt, der um diese Zeit öffnete, und an dessen Tresen sich die unentwegten Nachtschwärmer mit den frühen Fischverkäufern mischten. Es dürfte erst gegen sieben Uhr morgens gewesen sein, als wir erschöpft Emils Zimmer ansteuerten. Viel Schlaf war uns an diesem Vormittag allerdings nicht mehr vergönnt. Als das Zimmermädchen bei seinem gewöhnlichen Morgenrundgang trotz intensiven Klopfens kein Lebenszeichen von Emil hörte, stellte es eine Leiter an das kleine Kippfenster über der Tür, das ja ständig zum Flur hin geöffnet blieb. Da kamen nun die drei reglos daliegenden Schnapsleichen in's Bild. Daraufhin brach das Zimmermädchen in ein dermaßen entsetztes Geschrei aus, als lägen dort wirklich drei Tote. Wir schreckten hoch und Emil meinte, wir sollten besser schleunigst mit unseren Luftmatratzen verschwinden. Von Emil haben wir nie mehr etwas gehört.

Auf den Uferstraßen entlang der spanischen Mittelmeerküste ging es zügig weiter bis nach Gibraltar hinunter und dann zum Hafen von Algeciras. Dort würden wir den BMW-Dixi stehen lassen und mit der Fähre nach Tanger übersetzten. So langsam wurde bei uns das Geld knapp. Wir übernachteten jetzt nur noch im Zelt, an Hotels oder Pensionen war nicht zu denken. Das Auto kam als Schlafgelegenheit nicht mehr in Betracht, weil uns ja seit Barcelona das Verdeck fehlte. Bei Regenwetter, auch das gab es auf dieser Tour durch den sonnigen Süden, wurde einfach das Zelt über den Dixi gespannt, in der Mitte zwischen Dieter und mir von einem senkrecht eingebauten Holzstab gehalten.

Wie sich in Algeciras herausstellte, ging die nächste Fähre nach Tanger erst vierundzwanzig Stunden später. Schade, Marokko, der anderer Erdteil, lag ja nun wirklich schon zum Greifen nah. Also auf zum Strand! Dort buddelten wir erst einmal sechs Flaschen billigen weißen Landwein für zwanzig Pfennig das Stück in ein Loch nahe dem Ufer ein und gruben dazu einen kleinen Kanal zum Meer, durch den die Mittelmeerwellen kühles Wasser auf die Flaschen spülen sollten. Anschließend legten wir uns in die Sonne und achteten nicht mehr auf unseren provisorischen 'Weinkeller'. Irgendwann zog eine große Welle unseren gesamten Vorrat mit ins Meer. „C'est la vie...", sagte Dieter und ich, „Gott sei Dank, dann bleiben wir heute einmal nüchtern!"

Mit der Überfahrt klappte alles wie geplant, wir hatten anständiges Wetter, langsam rückte Tanger am Horizont auf uns zu. Noch von der Gangway herunter erkundigten wir uns nach dem Hotel „Villa de France", denn schließlich sollte der Besuch bei unserem Freund Manfred den Höhepunkt der Reise bilden. Wir trauten unseren Augen nicht! Man zeigte uns den Weg zu einem Fünf-Sterne-Hotel, das aussah, als gehöre es zu einem Märchen aus Tausend und einer Nacht. Nur, dieses Märchen öffnete seine Pforten nicht jedem, schon gar nicht zwei etwas strubbeligen jungen Männern mit sichtlich kaum einem Franc in der Tasche. Der Fünf-Sterne-Portier verwehrte uns kühl den Eintritt, benachrichtigte aber immerhin unseren Freund. Manfred konnte erst nach Dienstschluß vor die Tür kommen und führte uns dann durch die reizvolle Stadt. Eine Anmerkung zum Hotel: Als ich mir 1997 bei Gelegenheit dieses Märchen endlich einmal von innen ansehen wollte, stellte sich heraus, daß das einst so berühmte „Villa de France" längst bankrott und nur noch eine Ruine war.

Die Fähre brachte uns über die Straße von Gibraltar sicher zurück nach Algeciras. Wir machten uns auf die Rückfahrt. Über Cadiz und Sevilla ging es Richtung Pyrenäen und Rhônetal. Entlang der Rhône wollten wir dann noch einen Abstecher in die Schweiz machen. Zuvor legte uns das Schicksal allerdings noch einen großen Felsbrokken in den Weg: Die Straße zwischen Cadiz und Sevilla präsentierte sich in katastrophalem Zustand: Löcher fast bis zum Bauchnabel tief. Es kam, wie es kommen mußte: Federbruch! Oh, große Scheiße, was jetzt. Eine neue Feder war nicht zu bekommen. Wir hätten auch gar nicht das Geld dafür gehabt. Not macht erfinderisch. Wir nahmen uns einen dicken Ast und versuchten ihn zwischen Karosserie und Achse zu schieben, damit die Karosse nicht auf dem Reifen schliff. Allein konnten wir die Karosserie allerdings nicht hochstemmen. Also warteten wir auf Hilfe, die dann in Gestalt zweier starker Bauern des Weges kamen. Die packten ohne Umstände die Karosse, Dieter und ich schoben den Ast so gut wie möglich darunter. Im Ergebnis der Aktion hing die Karosse, ziemlich schräg und sah noch ulkiger aus als ohnehin schon. Vorsichtig fuhren wir an. Tatsächlich, man konnte das Auto wieder auf seinen eigenen Rädern vorwärtsbringen. Die Bauern amüsierten sich. Den Rest des dicken Astes, der in kleine belaubte Zweige auslief, ließen wir einfach hinten einen Meter heraushängen. Wofür die überholenden Autofahrer das Ganze gehalten haben mögen, weiß ich nicht, wahrscheinlich eher für ein landwirtschaftliches Gefährt. Um einen Achsenbruch zu vermeiden, fuhren wir anfangs nur im Schrittempo. Als die Straßen besser wurden, wagten wir bis zu dreißig Kilometer pro Stunde. Unglaublich aber wahr: Wir schafften es tatsächlich bis über die Schweizer Grenze. Dort lief dann allerdings gar nichts mehr. Es war dunkel, wir hatten keinen Tropfen Benzin im Tank und keinen Pfennig in der Tasche. Aber es gab ja noch Edy und Fredy, meine Schutzengel. Und wirklich dauerte es gar nicht lange, bis eine Kompanie Schweizer Soldaten auf der Landstraße an uns vorbeimarschierte. Sie machten wohl eine Nachtübung. Einer fragte uns, ob er helfen könne. Wir erklärten ihm unsere Situation. Spontan schenkte er uns fünf Schweizer Franken. Mit dem Benzin, daß wir uns dafür besorgen konnten, kamen wir bis nach Deutschland hinüber. An der ersten deutschen Tankstelle versetzte Dieter seinen elektrischen Rasierapparat gegen eine Tankfüllung. Dann steuerten wir den Dixi gen Bayern, wo Dieter Verwandte hatte. Die schlugen bei unserer Ankunft die Hände über dem Kopf zusammen: Wie sahen die Jungs bloß aus, verdreckt, ausgemergelt bis auf die Knochen und unglaublich hungrig. Weltreisende eben. Natürlich bekamen wir ordentlich etwas zu Futtern und frische Wäsche. Nach ein paar Tagen Stärkung, Geld hatten wir uns auch geliehen, traten wir mit unserem geschundenen alten Auto tatsächlich noch die Heimfahrt nach Bielefeld an. Noch unglaublicher erscheint an der Geschichte, daß wir für den Dixi am Ende sogar noch einen Interessenten fanden: Zwei Tage nach unserer Ankunft verkauften wir das gute Stück im Dunkeln unter einer Bielefelder Straßenlaterne an einen Sammler für zweihundertachtzig Mark, also zum gleichen Preis, den wir an Pastor Wiehage bezahlt hatten. Damit war für mich das Thema Dixi vorerst ad acta gelegt.

Die neue Welt: Amerika

Mein abenteuerlicher Sommer ging zuende. Das Mittelmeer hatte sich wieder in den blauen Fleck auf der Landkarte verwandelt, zum Abendbrot wurde Herforder Pils und nicht mehr Beaujolais oder spanischer Landwein getrunken. Alles ging seinen gewöhnlichen Gang. Da saß ich also auf dem väterlichen Hof in Steinhagen und fand, daß es langsam an der Zeit war, mein Leben in die richtigen Bahnen zu lenken. Wenn ich mir jetzt keine Gedanken machte, wie die Weichen anders zu stellen seien, dann stand mir eines der üblichen Arbeitsleben bevor: Jahrzehntelang auf dem kleinen Hof von früh bis spät rackern, immer wieder im gleichen Rhythmus der Tage und Jahreszeiten, immer wieder die gleichen Handgriffe, die gleichen Sorgen... Und das mindestens bis zum fünfundsechzigsten Geburtstag, wahrscheinlich noch fünf oder zehn Jahre darüber hinaus. Dann vom mühsam Ersparten eine Kreuzfahrt machen und anschließend womöglich ins Altenheim umziehen, um dort auf das Ende zu warten. Viele lebten und leben hierzulande so, mal mehr, mal weniger glücklich. Mir graute vor dieser Art Tretmühle. Ich wollte ein anderes Leben! Seit Jahren hörte ich, daß Deutsche in die Vereinigten Staaten oder nach Kanada auswanderten, dort erfolgreich Fuß faßten. Viele träumten damals in den fünfziger Jahren vom „Land der unbegrenzten Möglichkeiten". Im Radio und in den bunten Illustrierten brachte man gerne diese „Vom-Tellerwäscher-zum-Millionär"-Stories. Motto: Es könnte so schön sein... Natürlich fielen solche Stories bei mir auf fruchtbaren Boden. Sicher, auch bei uns in Deutschland hatten wir jetzt das Wirtschaftswunder, aber dort drüben in Amerika eröffneten sich einem ganz andere Möglichkeiten. Dort konnte man seine Ideen verwirklichen! Ich würde mich nicht mit Tagträumen aus bunten Illustrierten und stillen Wünschen zufrieden geben, dafür war ich nicht der Typ! Die sichere kleine Existenz in Steinhagen, die mein Vater als die einzige vernünftige Lebensvariante für mich ansah, schön und gut, aber ich wollte die Welt kennenlernen, ausprobieren, wie weit meine Kräfte reichen.

Und ich hatte eine Geschäftsidee! Mein Interesse für alte Autos und die Erfahrungen mit unserem BMW-Dixi hatten mich darauf gebracht: In Deutschland konnte man derartige Vehikel aus den zwanziger und dreißiger Jahren noch fast zum Schrottpreis bekommen. Wer fuhr denn schon so etwas Altmodisches? Jetzt ging es den Leuten besser, man wollte moderne Autos, einen schicken VW-Käfer, oder, wenn man es sich leisten konnte, einen amerikanischen Straßenkreuzer, je länger und breiter, desto lieber... In den USA hingegen schauten Auto-Fans mittlerweile liebevoll auf die alten europäischen Wagen mit ihrem Sinn fürs Detail, ihren Formen, technischen Einfällen zurück. Und, für Sammler besonders wichtig, es gab nicht mehr allzu viele Exemplare von diesen Mercedes-Versionen 540, 320 oder 230, den BMW-Dixi-Typen als Cabrio oder Limousine... Ich hatte gelesen, daß sich reiche Amerikaner regelrecht um deutsche Oldtimer rissen und bereit waren, dafür Phantasiepreise zu bezahlen. Fehlte nur noch jemand wie ich, der sie ihnen anbot. Um einen derartigen Handel richtig aufzuziehen, brauchte man allerdings ordentliches Startkapital. Selbst wenn mein Vater das Ganze nicht als 'Fisimatenten' vom Tisch gewischt hätte, so viel konnte er mir nicht geben. Das mußte ich mir erarbeiten. Und wo ging das besser als in Amerika, bei den Dollarkursen damals! Also mußte ich erst einmal hinüber.

Ich begann mich um die nötigen Papiere zu kümmern. Die USA hatten auch schon in den Fünfzigern einige Hürden für Einwanderer aufgebaut. Aber ich war ja jung und kerngesund, ohne Familie, konnte eine abgeschlossene Ausbildung vorweisen, alles okay. Allerdings galt man seinerzeit in der Bundesrepublik Deutschland mit zwanzig Jahren noch nicht als volljährig, das wurde man erst am einundzwanzigsten Geburtstag. Deswegen benötigte ich von Amts wegen auf dem Visa-Antrag die Unterschrift der Eltern. Meine Mutter unterschrieb. Obwohl auch sie bei dem Gedanken, daß ihr einziger Sohn auswandern wollte, nicht sonderlich glücklich war. Sie traute mir schon zu, meinen Weg zu gehen, aber mußte es denn gleich bis nach Amerika sein? Mein Vater verweigerte mir seine Unterschrift. Es blieb nichts weiter, als abzuwarten. Also nahm ich bis zur Volljährigkeit noch verschiedene Jobs an, polierte gelegentlich mein Schulenglisch auf, um dann mit einundzwanzig Jahren den Auswanderungsantrag selbst zu stellen. Es dauerte, bis ich alle Papiere beisammen hatte. Dann wurden zwei riesige Überseekoffer angeschafft und die günstigste Reiseroute über den Atlantik erkundet.

Am 21. Februar 1958, meine Mutter wollte, daß ich den Geburtstag noch zu Hause feierte, ging es mit dem Zug über die niederländische Grenze nach Hoek van Holland. Das ist der Vorhafen von Rotterdam, von dem aus die Fähren über die Nordsee ins englische Harwich gehen. Von Harwich nahm ich den Zug nach London. Er kam dort auf der Liverpool Station an. Also mußte ich meine beiden Koffer quer durch London zum Bahnhof Waterloo Station tragen, um dort den Zug nach Southampton zu bekommen. Denn die „Queen Elizabeth" das Schiff, das mich nach New York bringen sollte, legte an den Passagierkais von

Southampton ab. In die beiden Koffer hatte ich alles an Sommer- wie Winterkleidern, Schuhen, Wäsche und sonstigen Utensilien gesteckt, was ich besaß. Schließlich handelte es sich nicht um ein paar Touristentage, sondern um den Start in eine neue Existenz. Dementsprechend buckelte ich mich auf dem Weg zwischen den beiden Bahnhöfen damit ab. Ich wollte kein Geld für ein Taxi ausgeben. Sicher, ich war nicht ganz mittellos, trug in meinem Brustbeutel mein Erspartes und dazu noch tausend Mark, die mir meine liebe Mutter bei unserem Abschied in die Hand gelegt hatte: „Nimm das Geld, falls du mal nicht satt zu essen hast." Das alles rührte ich nicht an und die Londoner Taxifahrer verdienten an mir keinen Cent. Ich wollte sparen, um mich so schnell es nur ging als Händler selbständig zu machen. Reich wird man nur, wenn man nichts unnütz ausgibt, das hatte ich mir zur Lebensphilosophie gemacht!

Auf der „Queen Elizabeth", Kurzbezeichnung QE I - die Erste-, gab es drei Klassen von Passagieren: die Touristen in kleinen, eng belegten Innenkabinen, Geschäfts- und Privatereisende in recht ordentlichen Mittelklasse-Kabinen und die High Society in der Ersten Klasse. Man lebte auf den verschiedenen Decks strikt voneinander getrennt. Ich fuhr natürlich in der Touristen-Klasse und hatte für das Ticket wegen meines Auswanderer-Status einen günstigen Sonderpreis bezahlt. Allerdings sah ich zu, daß ich mich möglichst wenig in der Touristenklasse aufhielt. Ich hatte schnell herausgefunden, wie man es sich oben in der Ersten Klasse gemütlich machen konnte. Dazu mußte ich nur eine Stahlleiter hinabklettern, die bis in den Maschinenraum auf den Schiffsboden führte. Sie war für das Personal, für die Matrosen, die die Schiffsmaschinen warteten, vorgesehen. Unten gab es keine verschlossenen Türen, wie oben zwischen den einzelnen Klassen. Ich mußte nur durch den Maschinenraum schlendern und am anderen Ende diejenige Leiter finden, die zur Ersten Klasse hinaufführte. Bei solchen Aktionen muß man selbstbewußt und nicht zaghaft vorgehen. Im Maschinenraum zeigte ich mich auffällig-unauffällig an der Technik interessiert. Oben in der Ersten Klasse setzte ich eine selbstbewußte Miene auf und benahm mich so, als wenn ich dazugehörte. Schließlich hatte mir Mutter einen sehr guten Anzug nähen lassen, mit dem ich in's Bild paßte. Sicher, die Kletterei war etwas aufwendig, aber es zog mich nicht zuletzt deswegen immer wieder hinauf, weil es in der Ersten Klasse einen Kino-Salon gab, in dem sehr ordentliche Filme gezeigt wurden. Lediglich zu den Mahlzeiten mußte ich wieder den ganzen Weg zurück, denn zu Beginn der Reise wiesen die Stewarts jedem Passagier seinen festen Platz im entsprechenden Speisesaal an. Da wäre ich mit meiner Mogelei aufgeflogen. Die englische „Queen Elizabeth" war ein Traumschiff, ein stilvoller Luxus-Liner mit einem haushohen schwarzen Schiffsrumpf, reinweißen Decksaufbauten und zwei überdimensionalen roten Schornsteinen, denn man fuhr noch mit Dampf. Innen alles in Mahagoni verkleidet, elegante Polster und teure Teppiche, noch die letzte Kleinigkeit wirkte edel und gediegen. Überhaupt nicht zu vergleichen mit den heutigen Fernsehschiffen! Ein ähnlich ausgestattetes Schwesterschiff, die „Queen Mary", liegt noch als Hotelschiff in Long Beach, Californien. Ich kann allen, die in Los Angeles zu tun haben, nur empfehlen, eine Nacht auf diesem Schiff Quartier zu nehmen. Man glaubt sich in die Atmosphäre der guten alten Zeiten versetzt. Damals reisten die Rockefellers, die Vanderbilts, die Erfolgreichen aus Wirtschaft oder Bankenwelt mit solchen Schiffen nach Europa, aber auch Hollywoodgrößen wie Rita Hayworth

Queen Elizabeth die Erste - ein Traumschiff.

Passagiere auf den Korridoren und in den Salons geben der „Queen Mary" ein ganz besonderes Flair! Um die Phantasie der jüngeren Leser anzuregen, sei erwähnt, daß ein ähnliches Luxus-Interieur für den Film „Titanic" aufwendig nachgebaut wurde.

Nach sieben Tagen kamen wir mit der „Queen Elizabeth" in New York an. Sie war zu der Zeit wohl das stilvollste, aber nicht mehr das schnellste Schiff. Die „United States" von einer amerikanischen Reederei schaffte es in nur sechs Tagen und hatte deshalb das berühmte „Blaue Band" des schnellsten Atlantik-Linienschiffes zuerkannt bekommen. Welch gewaltiger Anblick, als wir an Long Island vorbeisteuerten und in der Höhe von Staten Island Manhattans Wolkenkratzer in Sicht kamen. Über den Hudson River fuhren wir an der Freiheitsstatue vorbei, um an den Übersee-Passagier-Kais in Höhe der Zweiundvierzigsten Straße anzulegen. Dicke Stahltaue flogen hinüber, die Schiffsschraube wirbelte beim Bugsiermanöver das Wasser auf, Möwen kreischten nicht anders als in Southampton um das gewaltige Schiff. Ich stand aufgeregt an der Reeling und schaute hinüber: Amerika, ich komme! Dann ging alles ziemlich schnell. Die Crew schiffte uns mit perfektem Timing blitzschnell aus. Da standen schon meine beiden Überseekoffer, für die sich der amerikanische Zoll herzlich wenig interessierte. Ein junger deutscher Einwanderer, was sollte da schon drin sein... Auch die Paßkontrolle war rasch durchlaufen. Da stand ich nun, mutterseelenallein mit meinem schweren Gepäck, auf der Hafenstraße. Früher kamen Einwanderer aus Europa noch in eine Art Quarantäne auf eine kleine Insel unweit der Freiheitsstatue. Sie mußten dort manchmal Monate verbringen, bis die amerikanischen Behörden sie tatsächlich in's Land ließen. Als ich am 28. Februar 1958 anlandete, ging das alles in rasanterem Tempo und ohne Umwege vor sich. Time is money!

Tief durchatmen! Da hatte ich also meinen Fuß in die neue Welt gesetzt. Jeder Schritt auf diesem Kontinent, das nahm ich mir in diesem Moment noch einmal fest vor, jeder Schritt sollte mich meinem Ziel näher bringen: Eine solide wirtschaftliche Existenz schaffen, die mehr als ein Job war, in der ich mich entfalten, meine Ideen ausleben konnte. Konkret hieß das an diesem ersten New Yorker Abend, die Grand Central Station, einen der beiden Hauptbahnhöfe, zu erreichen. Von dort aus gingen die Busse nach Kanada. Nach Kanada wollte ich wegen des günstigen Arbeitsangebotes eines deutschen Bauunternehmers aus Toronto. Soweit hatte ich mich bereits zu Hause sachkundig gemacht. Aber wie kam man quer durch die Millionenstadt New York, ohne einen Cent auszugeben? Aus der Landwirtschaft harte Arbeit gewöhnt, versuchte ich, den Grand Central zu Fuß zu erreichen. Auf dem Schiff hatte ich mir eine Straßenkarte besorgt, so daß ich mich nicht verlaufen konnte. Ein Polizist sah, wie ich mich mit der Karte und den beiden Koffern abquälte und fragte nach meinem Ziel. Jetzt mußte sich zeigen, was mein Schul-Englisch wert war. Und siehe da, ich kam ganz gut zurecht, erklärte wo ich her käme, daß ich noch keine Dollars hätte und zu Fuß zum Bahnhof wolle. Zu Fuß durch New York? Der Cop staunte nicht schlecht und fand wohl, daß mir Greenhorn geholfen werden müsse. Kurzerhand bugsierte er mich über einen Hintereingang in die Subway, also die New Yorker U-Bahn, stellte mich auch gleich noch auf den richtigen Bahnsteig. Die Bahn kam, in nicht einmal fünf Minuten hatte ich den Grand Central Bahnhof erreicht. Vergnügt stellte ich fest, daß Edy und Fredy offenbar auch auf der „Queen Elizabeth" über den großen Teich geschippert waren.

Auf dem Grand Central schob ich meine Koffer erstmal in ein Schließfach. Ich hatte mir beim Purser, also beim Zahlmeister, auf der 'QE I' schon einige Dollar eingetauscht, schließlich würde ich ja das Busticket in Dollar bezahlen müssen. Anschließend drehte ich eine Erkundungsrunde durch New York. Mein erster Eindruck: Hier war einfach alles gigantisch, auf jeden Fall ein paar Nummern größer als in Europa! Als ich müde wurde, legte ich mich auf eine Bahnhofsbank, wie ein Penner mit dem zusammengerollten Mantel unter dem Kopf. Frieren würde ich nicht, die große Halle war beheizt. Gegen Mitternacht wurde ich unsanft von einem Polizisten geweckt. Knurrend fragte der, was ich auf dieser Bank mache. Keck antwortete ich mit einem Schulterzucken: „Schlafen, was denn sonst?" Auf seine strenge Frage, ob ich denn kein Geld für ein Hotel hätte, ließ ich ihn einen Blick in meinen Brustbeutel werfen und machte dem Mann dann klar, daß Hotels kein deutsches Geld annehmen (was damals den Tatsachen entsprach) und ich erst am nächsten Tag in einer Bank meine Mark in Dollars wechseln könne. „Welche Bank", fragte er mißtrauisch. Ich erwiderte lakonisch: „Jede Bank." Da gab sich der brave Ordnungshüter geschlagen und wünschte mir tatsächlich eine gute Nacht.

Am nächsten Morgen nahm ich meine beiden Koffer aus dem Schließfach und ging ein paar Blocks weiter zur Greyhound-Station. Der Begriff Greyhound, übrigens das englische Wort für Windhund, steht für ein hervorragend ausgebautes Netz von Schnellbus-Linien quer durchs Land. Man kommt damit wirklich schnell überall hin, dafür bürgt der Windhund, dessen Silhouette auf jeden Bus der Firma aufgespritzt ist. Pünktlich setzte sich mein Greyhound Richtung Kanada in Bewegung, heraus aus der Stadt, auf die nördlichen Higways. Ich schaute und schaute wie das fremde Land an mir vorüberglitt. Zu meiner Freude führte die Buslinie dann direkt an den Niagarafällen vorbei. Es gab dort sogar einen kurzen Stop, um Passagiere ein- und aussteigen zu lassen. So konnte auch ich mich für einen Moment an das Geländer der Aussichtsplattform stellen und zuschauen, wie sich unablässig Tausende von Tonnen Wasser von der amerikanischen wie von der kanadischen Seite der Fälle donnernd in die Tiefe stürzen. Ein wahrer Hexenkessel tobt da, die Luft scheint voller Gischt. Sie bieten schon einen gewaltigen Anblick, die Niagarafälle! Vielleicht wird man von einem derartigen Naturschauspiel nur beim ersten Mal so vollkommen überwältigt. Als ich einige Jahre später die Wasserfälle von Iguacu an der Grenze von Brasilien und Argentinien besichtigte, beeindruckten sie mich nicht mehr so stark. Obwohl das Wasser in Iguacu auf breiterere Front und insgesamt tiefer hinabstürzt, fand ich die Niagarafälle in meiner Erinnerung einfach schöner. Wenn mir jemand dort am Geländer der kanadischen Aussichtsplattform prophezeit hätte, daß ich neunzehn Jahre später mit einem eigenen zweimotorigen Jetprop-Flugzeug selbst die Fälle umkreisen würde, ich hätte ihm nicht geglaubt. Damals, ganz am Anfang. Was nicht heißen soll, daß ich bei meiner Ankunft in Kanada Angst gehabt hätte, nicht zurecht zu kommen. Meine Stärke lag und liegt wohl darin, daß ich mir an jedem neuen Morgen beim Aufstehen sage: „Ich will und ich werde!" Leute, die morgens die Augen aufschlagen und sagen, daß dieser Tag bestimmt wieder so ein Scheißtag werde, wie der gestrige, die erleben dann höchstwahrscheinlich auch einen Scheißtag. So vieles im Leben hängt weniger von den äußeren Umständen ab, als man gemeinhin behauptet. Viel mehr vom eigenen Willen, von der eigenen Sicht auf die Dinge, vom Spaß an der Arbeit und der eigenen Kraft. Wer immer nur die Ursachen für eigene Mißerfolge bei den anderen, bei der Gesellschaft, im System sucht, blockiert sich selbst. Heute stehen in jeder Buchhandlung Regale voller Bücher über das positive Denken: Sorge Dich nicht, lebe... Sie werden gut verkauft, das freut den Buchhändler. Aber offenbar nützt die Lektüre denjenigen, denen es an Lebenslust und Tatkraft mangelt, wenig. Ich wußte damals, als zweiundzwanzigjähriges Greenhorn, nichts von solchen Büchern und Philosophien, aber ich wußte was ich wollte: Erfolgreich sein.

Neun Monate lang blieb ich in Kanada und häufte für damalige Verhältnisse sehr viel Geld an. Zuerst heuerte mich der schon erwähnte deutsche Bauunternehmer aus Toronto zum Brückenbau bei einer Autobahn an. Daß ich aus der Landwirtschaft kam und keine Ahnung von Stahlbeton hatte, interessierte dort niemanden. In Amerika gibt es ohnehin nicht so ein ausgefeiltes Berufsausbildungs-System wie in Deutschland. Man nimmt die Arbeit an, dann werden einem die entsprechenden Handgriffe, die Bedienung der Maschinen ein-, zweimal gezeigt, anschließend muß man es können. Oder man wird gefeuert. Ich kam ganz gut zurecht, auch mit dem Pensum. Es ging früh los und selbst samstags wurde gearbeitet. Richtig ausschlafen konnte man nur einmal in der Woche sonntags. Manchmal machten wir am Sonntagnachmittag einen kleinen Ausflug, ansonsten gab es immer nur die Brücke. Aber es wurde eben sehr gut bezahlt. Mein Gott, war das ein Geldsegen! Für einen Kanadische Dollar bekam man damals beim Wechseln rund 4,30 DM, noch mehr als für einen U.S.-Dollar, dessen Wechselkurs in jenem Jahr bei ungefähr 4,20 DM lag. Heute dagegen ist die kanadische Wirtschaft schwach geworden, zwischenzeitlich rutschte der Kanadischen Dollar bis auf 1,20 DM ab. Jedenfalls gab ich wenig aus und sparte fleißig. Anders als die anderen Männer brauchte ich kein Geld für Zigaretten. Als seinerzeit meine Schulfreunde hustend ihre ersten heimlichen Zigaretten inhalierten, gewöhnte ich mir die Raucherei wegen meines Radsports erst gar nicht an. Und blieb dann auch nach der Leistungssportzeit konsequent Nichtraucher. In Kanada verzichtete ich außerdem auf das Bier. Zugegebenermaßen vor allem deswegen, weil es fürchterlich schmeckte. Zum einen ist das amerikanische Bier hochgradig pasteurisiert und außerdem kennt man dort das deutsche Reinheitsgebot überhaupt nicht. Geld ausgegeben habe ich nur für ein Auto, denn ich wollte beweglich sein, zumal es fast überall in Amerika am Nahverkehrssystem hapert. Wer kein Auto hat, der steht da im doppelten Sinne des Wortes oft im Regen. Also kaufte ich mir einen alten Chevrolet für hundert Dollar. Der genügte.

Übrigens wäre ich während des Brückenbaues um ein Haar zu Tode gekommen. Ich hatte dort ein Zimmer mit offenem Kamin, in dem zur Heizung des gesamten Raumes eine offene Gasflamme installiert war. Eines Abends vergaß ich, das Fenster wie üblich einen Spalt weit zu öffnen. Die Gasflamme verbrauchte über Nacht den gesamten Sauerstoff im Zimmer. Als ich morgens aufwachte, fühlte ich mich völlig zerschlagen und konnte mich wegen des Sauerstoffmangels kaum noch bewegen. Ich begriff aber, daß ich auf keinen Fall wieder einschlafen durfte und irgendwie an die frische Luft kommen mußte. Mühsam ließ ich mich aus dem Bett fallen und kroch auf dem Boden zur Tür. Mit letzter Anstrengung konnte ich mich so weit aufrichten, daß eine Hand die Türklinke erreichte. Die Tür ging auf, Luft strömte ein, ich atmete gierig. Es dauerte danach noch mehrere Stunden, bis ich einigermaßen wieder hergestellt war. Immerhin hatten meine Schutzengel Edy und Fredy in letzter Minute dafür gesorgt, daß ich dem Teufel von der Schippe springen konnte.

Nachdem die Brücke fertig war, suchte ich mir einen neuen Job. Dieses Mal zwar in der Landwirtschaft, trotzdem handelte es sich wieder um etwas für mich Ungewohntes: Ich fuhr zur Tabakernte nach Delhi am Erie-See. Nun fallen einem zum Stichwort Tabakernte gewöhnlich südlichere Regionen und nicht gerade Kanada ein. Das stellen sich die Deutschen gern mit tief verschneiten Wäldern und wildlebenden Braunbären vor. Sicher, sie haben dort im Norden Dauerfrostböden und unzugängliche Wälder, aber der Erie-See im Süden Kanadas liegt ungefähr auf dem gleichen Breitengrad wie Korsika.

In Delhi begann das Geldverdienen erst richtig. Tabak ist ein Saisongeschäft, er wird im Akkord gepflückt. Von morgens sechs Uhr bis abends sechs Uhr zogen wir über die Felder. Wenn wir dann abends zur Farm zurückkehrten, wartete auf uns schon das Abendessen: hervorragende österreich-ungarische Küche mit viel Paprikagulasch, Knödeln und phantastischen Mehlspeisen zum Nachtisch. Die Farmersfrau stammte aus einer ungarischen Familie, konnte hervorragend kochen und gönnte auch ihren Saisonkräften einen vollen Teller. Vor dem Abendessen konnte man im Treibhaus duschen. Das Treibhaus hatte sich der Farmer angelegt, um junge Tabak-Setzlinge aufzuziehen. Es verfügte über ein solides Heizungssystem, mit dem gleichzeitig ein großer Wasserbehälter erhitzt wurde. Das warme Wasser reichte für alle zum Duschen. Nach dem gemütlichen Abendessen ging es dann mit der Arbeit noch weiter. Jetzt in einem großen Trocknungsraum, in dem wir die frisch geernteten Tabakblätter auf Stangen aufzogen. Das dauerte dann meistens bis gegen zweiundzwanzig Uhr, wurde aber vom Farmer extra bezahlt. Die von den Männern aufgehängten Stangen präparierten die Frauen tagsüber solange, bis irgendwann aus den frischen grünen Blättern der feinfermentierte dunkelbraune Virginia-Tabak wurde. Mir machte dieses Pensum nichts aus, war ich es doch vom väterlichen Hof nicht anders gewohnt. Und es wurde ja nicht nur im Akkord gearbeitet, es wurde auch im Akkord bezahlt. Außerdem hatte ich es auf meiner Farm in Delhi besonders gut getroffen: Weder die Mahlzeiten noch die kleine Bude zum Schlafen kosteten etwas. Selbst die Wäsche von uns Tabakpflückern wusch die Farmerin kostenlos mit. So gab ich praktisch keinen Cent aus, ohne irgendwelchen Mangel zu leiden. Abzüge für Steuern und sonstige Wegelagerergebühren waren damals ohnehin Fremdwörter. Jede Woche gab es von unserem Farmer einmal -cash- auf die Hand. Ich hatte mir mittlerweile ein Bankkonto eingerichtet, dessen Stand sich mit beruhigender Regelmäßigkeit erhöhte. Nach der Tabakernte ging es gleich weiter, jetzt waren in der Region die Zuckerrüben dran. Auch bei diesem Farmer wurde im Akkord gerarbeitet. Und das Konto wuchs und wuchs.

Zum Jahresende hatte ich soviel gespart, daß ich beschloß, nun meine eigentliche Geschäftsidee, den Handel mit Oldtimern, voranzutreiben. Dazu mußte ich nach Europa zurück. Mit der „Seven Seas" stach ich im Dezember von Quebec über den St. Lorenz Strom in See und war elf Tage später in Bremerhaven. Über die Feiertage gönnte ich mir ein wenig Ruhe, aber kaum war das neue Jahr angebrochen, kümmerte ich mich um meine Handelsware für die amerikanischen Oldtimer-Fans. Ich kaufte einige BMW-Dixis, dann nach und nach noch einen Opel Laubfrosch, einen BMW 850, Baujahr 1932, einen Mercedes 230 und einen Mercedes 320. Natürlich mußte ich die alten Wagen pfleglich behandeln. Auf dem großelterlichen Hof in Lotte bei Osnabrück baute ich eine kleine Halle aus dem Asbestbeton Eternit, um sie dort sicher unterstellen zu können. Die Nachbarn auf dem Dorf rümpften natürlich die Nasen. Was der Bauer nicht kennt... Und am Stammtisch zogen sie tüchtig über mich her. Ihrer Ansicht nach würde das ein fürchterliches Fiasko geben. Es störte mich

Ein weiterer BMW-Dixi, Hardtop. Ein Mercedes, Baujahr 1935 mit zwei Kupplungen und zwei Getrieben. Ein Mercedes 320, Baujahr 1931 auf unserem Bauernhof in Lotte bei Osnabrück als Zwischenstation vor dem Transport nach Amerika via Bremerhaven.

nicht. Ich war mir sicher, die Amerikaner würden für meine Oldtimer anständig zahlen.

Sobald als möglich verschiffte ich die erste Ladung von Bremerhaven nach New Jersey. Ein Frachttransport direkt nach New York wäre mich zu teuer gekommen. Ich selbst fuhr mit dem ziemlich abgewrackten Passagierdampfer „Grote-Bär" von Rotterdam nach New York. Ein Flug über den Atlantik erschien mir damals als erstens zu teuer und zweitens zu gefährlich. Das Zeitalter der Düsenflugzeuge hatte gerade begonnen. Am 8. Juni 1955 startete die Lufthansa erstmals mit der bei Lockhead neu entwickelten

„Super Constellation", was in der Öffentlichkeit sehr gefeiert wurde. Aber die Triebwerke waren noch nicht ausgereift. Ironisch nannte man „Super Connie" bald das 'sicherste dreimotorige Flugzeug der Welt'. Denn die „Super Constellation" verfügte zwar über vier Triebwerke, aber in der Regel fiel unterwegs immer eines davon aus.

Allerdings sollte sich zeigen, daß auch die „Grote Bär" ein Sicherheitsrisiko darstellte. Dieses Schiff war ein rechter Seelenverkäufer, an dem so gut wie gar nichts funktionierte. Ein Wunder, daß wir damit tatsächlich über den Atlantik gekommen sind. Edy und Fredy dürften während der gesamten Schiffspassage alle Hände voll zu tun gehabt haben, den Kahn mit Schraubenzieher und Schweißbrenner vorm Sinken zu bewahren.

Verladung im Bremerhaven: Ein BMW-Dixi, Baujahr 1928, ein Porsche, ein VW-Standard.

Meine Automobil-Fracht von Bremerhaven brauchte natürlich viel länger als das Passagierschiff, da Frachtschiffe ohnehin langsamer sind und meistens noch andere Häfen anlaufen, um Frachtgut aufzunehmen oder zu löschen. So stand ich selbst mit klopfendem Herzen in New Jersey oben auf dem Kai, als meine Oldtimer an Land befördert werden sollten. Die Hafenarbeiter staunten nicht schlecht, als sie sahen, was da alles an Kuriositäten per Kran entladen wurde. Normalerweise hätte ich gleich beim Hafenzollamt die Einfuhrsteuer für meine Handelsware bezahlen müssen. Um diese Vorschrift zu umgehen, erklärte ich kurzerhand, daß meine Freunde und ich an einer Oldtimer-Rallye in Ocean City teilnehmen und anschließend die Fahrzeuge wieder nach Deutschland zurückgehen würden. Um dieser Legende Gewicht zu verleihen, hatte ich mir beim deutschen Zoll extra eine sogenannte 'Nämlichkeitsbescheinigung' ausstellen lassen, mit der gegebenenfalls die Wagen zollfrei wieder nach Deutschland hineingekommen wären. Ich kam damit durch. Natürlich mußten die späteren Käufer der Autos bei der amerikanischen Auto-Zulassungsbehörde dann doch noch die Einfuhrsteuer entrichten. In den USA sitzt bei der Zulassungsbehörde gleichzeitig ein sogenannter Taxcolector. Ein paar Leute, die mit mir im Konvoi die Oldtimer nach New York bugsierten, waren rasch gefunden. Später erledigten das Bekannte von Daniel List, meinem New Yorker Freund, von dem noch zu reden sein wird.

Zuhause in Greenwich Village

In der vierzehnten Straße zwischen Avenue of the Americas und der Seventh Avenue nahm ich mir ein Zimmer. Diese Straße liegt noch im Stadtteil Manhattan, grenzt aber an das berühmte Greenwich Village, in dem damals wie heute viele Gutbetuchte wohnten, heute übrigens auch viele Künstler, Werbe- und Medienmenschen. Das Village, also eigentlich das Dörfchen, entstand einst als Gartenkolonie derjenigen New Yorker, die am Wochenende der Stadtluft entfliehen wollten. In den dreißiger Jahren verwandelten sich die krummen Sand- und Wiesenwege in respektable Straßen, Greenwich Village mauserte sich. Manche der zumeist im englischen Landstil erbauten Nobelvillen umgaben hektargroße Parks. Auch nachdem das Village ins große New York eingemeindet worden war, bewahrte es sich sein besonderes Flair. Es lag für mich auf der Hand, daß dort meine potentiellen Kunden wohnten. Also parkte ich meine Historic Vehicels immer so, daß sie gut sichtbar an Kreuzungen mit viel Fußgängerverkehr die Aufmerksamkeit auf sich zogen. Als ein idealer Standort erwies sich die Mc. Dougel-Street in Höhe des Cafes Figaro. Ich klebte dann jeweils ein Schild ins Autofenster, auf dem nichts weiter als „For sale" und meine Telefonnummer stand. Das Parken kostete nichts. Allerdings mußte ich zweimal in der Woche um fünf Uhr morgens aufstehen, um spätestens fünf Minuten vor Sechs die Fahrzeuge auf die jeweils andere Straßenseite zu bugsieren. Im Village wurden die Straßen nach striktem System gereinigt, pünktlich um Sechs kam die Kehrmaschine. War dann die zu fegende Straßenseite nicht frei, wurden die parkenden Autos kurzerhand abgeschleppt, rauh aber herzlich. Die Eckplätze bildeten übrigens nicht nur einen guten Blickfang, sie

Mercedes 230, Baujahr 1932 mit Verkaufsschild, zum Null-Tarif in einer New Yorker Straße geparkt. Das vordere Kennzeichen war nur Dekoration.

BMW-Dixie vor der Garage des Rockefeller-Center zum Verkauf geparkt. Marketing zum Null-Tarif.

So ein Auto parkt man in New York immer an einer Kreuzung, so daß beim Rangieren vorn keiner anbumst!

brachten auch den Vorteil, daß meine Ware zumindest an der Vorderseite nicht von anderen einparkenden Fahrzeugen beschädigt werden konnte.

Mein erster Käufer Daniel L. List mit seinem gerade erworbenen Dixi. Daniel wurde mein Geschäftspartner.

Wechselkennzeichen! Nur was hinten steht, ist amtlich! Die Windschutzscheibe zum Aufklappen als billige Klimaanlage.

Der Autor mit zweiundzwanzig Jahren in Lederhosen auf Kundenfang in der New Yorker Avenue of the Americas.

Mein erster Kunde hieß Daniel L. List, war ein typischer New Yorker Jude und kaufte mir einen BMW-Dixi zu einem sehr guten Preis ab. Von Stund an wurden wir Freunde, die drei Dinge einten: Wir liebten Oldtimer, waren mit Leib und Seele Händler und hatten beide diese dauernde innere Unruhe, die uns stets nach dem nächsten Geschäft Ausschau halten ließ, dieses ständige Auf-dem-Sprung-sein. „Wir haben die jüdische Hast", sagte Daniel selbstironisch.

Ich kam auch noch mit einem zweiten Juden gut aus, Jules Klebanov, genannt July Kay (der Buchstabe -k- wird ja im Englischen als -kay- ausgesprochen). July betrieb mit schrottreifen Möbelwagen eine kleine Spedition. Solange keine aktuellen Kunden für meine Autos in Sicht waren, half ich ihm bei seinen Umzügen. Er bezahlte mich sehr gut, außerdem kamen meistens noch dicke Trinkgelder dazu. Um den Job annehmen zu können, machte ich in New York auf die Schnelle den LKW-Führerschein, an einem Tag, ohne eine Fahrschule von innen gesehen zu haben. Man füllte bei der Verkehrspolizei einfach mehrere der in Amerika damals schon üblichen Multiple-Choise-Fragebögen aus. Beantwortete man mindestes achtzig Prozent der Fragen richtig, hatte man die theoretische Prüfung bestanden. Für den praktischen Teil setzte sich der Prüfer in meinen LKW, ließ mich in verschiedene enge Straßen fahren, um zu sehen, ob ich mit dem Gefährt die Kurve bekam. Dann mußte ich noch rückwärts einparken und schon besaß ich den LKW-Führerschein des Staates New York. Das kostete mich alles in allem weniger als hundert Dollar, ich wiederhole einhundert Dollar. Nicht zu glauben, aber wahr. Das Fahren in New York war kinderleicht, da doch alle Straßen rechtwinklig zueinander verlaufen. Sie fangen unten mit der Nummer Eins an und hören irgendwann in der Bronx bei 200 auf. Die von Süd nach Nord führenden Avenues fangen auf der Ostseite mit der Eins an, hören auf der Westseite mit der Zwölf auf.

July K. saß meist in seinem Kellerbüro am Telefon und kümmerte sich um's Management. Die praktische Organisation der Umzüge überließ er mir und gab mir höchstens als Träger irgendwelche Penner mit, die ihn nicht viel kosteten. Meistens mußte ich erst etwas am Möbelwagen reparieren oder mir wegen der altersschwachen Batterien Starthilfe von einem anderen Fahrzeug holen, bevor der jeweilige Umzug stattfinden konnte. Einmal geriet ich in eine Polizeikontrolle, man bemängelte die fehlenden

Scheibenwischer. Ich erklärte, daß ich keine Scheibenwischer brauche. Der Polizist fragte ärgerlich, ob ich ihn für dumm verkaufen wolle. Ich sagte nein, denn ich hätte ja keine Windschutzscheibe. Verblüfft steckte er seine Hand durch den Rahmen ohne Scheibe, mußte dann doch lachen und meinte, ich solle mich mit diesem Museumsstück bloß aus dem Staub machen!

Der Autor mit der rechten Hand an der Ballhupe.

Als nächstes bot ich den Mercedes 230 zum Verkauf an. Das schöne elfenbeinfarbige Cabriolet mit braunen Kotflügeln in denen vorn die beiden Ersatzreifen aufrecht standen, hatte es meinem Kunden Richard Burke angetan. Als es zur Probefahrt ging, stellte er dann aber verdutzt fest, daß man diesen Wagen nur mit zwei Getrieben und zwei Kupplungen in Bewegung setzen konnte. Ich klärte ihn auf, daß der deutsche Vorbesitzer, um sowohl bei Steuern und Versicherung als auch beim Benzin zu sparen, einen Zündapp-Motorradmotor eingebaut hatte. Zwischen dem Original-Getriebe und dem Zündappmotor war noch ein Untersetzungsgetriebe mit Handkupplung. Sonst wäre der kleine Motor beim Anfahren in die Knie gegangen. Im Kofferraum hatte ich aber den Original-Motor liegen. Mr. Burke gab mir eine Anzahlung, denn er hatte sich in den Mercedes verliebt, wollte aber dann doch lieber den Originalzustand wiederhergestellt haben, bevor er den Rest des stattlichen Kaufpreises zahlte.

Jeder Verkauf war ein Abenteuer. Ich versuchte, mir dabei immer wieder etwas Neues einfallen zu lassen. So kam ich auch auf den Dreh mit den Lederhosen: Weil, zumindest damals, viele Amerikaner sich die Deutschen nur in Lederhosen vorstellten, besorgte ich mir welche und zog damit in die New York Avenue of the Americas auf Kundenfang. Ich weiß gar nicht, wonach sich die Passanten mehr den Hals verrenkten, nach den schönen alten Mercedes und BMW mit dem Klappverdeck oder dem jungen Mann in dem merkwürdigen Beinkleid...

So fuhr ich insgesamt zehn Mal über den Atlantik, um neue Handelsware zu besorgen. 1960 brachte ich auf besondere Kundenbestellung einen Porsche mit. Für mich selbst einen gut erhaltenen Volkswagen Standard, also den praktischen kleinen Käfer. Für mich allein würde er völlig genügen und einen teureren Wagen wollte ich mir ohnehin nicht genehmigen. Noch immer galt unverändert der Grundsatz: Es wird gespart!

Ich plante, mir in diesem Mai 1960 einmal etwas mehr von dem Land anzusehen, in dem ich jetzt seit drei Jahren lebte. Mit dem Käfer wollte ich bis zur südlichsten Spitze der USA nach Key West fahren. Die Route führte mich auch über Miami Beach, den Badeort gab es natürlich schon damals, aber von der heute so berühmten Skyline Miamis war damals noch kaum etwas zu sehen. Der interessante Teil dieser Fahrt folgte erst auf den einhundertsiebenundvierzig Meilen zwischen Miami und Key West. Meinen ersten Stop machte ich in Islamorada, einem Paradies für Angler und Hochseefischer. Entlang der Küste gibt es dort auch wunderschöne Korallenbänke, in denen sich herrlich Schnorcheln läßt. Weiter ging es nach Little Torch Key, dorthin muß man sich mit einem Boot übersetzen lassen und findet sich dann in einem wirklichen Paradies voller tropischer Pflanzen wieder. Es gibt dort ein zauberhaftes kleines Hotel, wunderbar geeignet für Flitterwochen. Im Frühjahr 1960 war ich allein dort und gönnte mir gerade mal eine Tasse Kaffee. Aber ich schwor mir: Hierher kehrst Du einmal zurück, mit den Taschen voller Geld. Eingelöst habe ich diesen Schwur im Frühjahr 2000, da gönnte ich meiner Frau Hilde und mir auf Little Torch Key eine wundervolle Zeit in paradiesischem Luxus. Von meiner damaligen Tour in Erinnerung geblieben ist mir auch Key Largo, wo 1948 der Gangsterfilm „Key Largo" mit Humphrey Bogart und Edward G. Robinson gedreht wurde. Das Dampfboot „African Queen" hat dort geankert.

Und dann kam endlich das berühmte Key West. Früher soll der Ort ein Piratennest gewesen sein, das dann vor langer Zeit von der US Navy ausgeräuchert wurde. Der Navy gefiel die Gegend offenbar auch, denn sie ist heute noch da. Key West war auch einmal ein großer Umschlagplatz für Drogen. Die Lage des Hafens bot sich dafür an. In Key West lebt man einfach anders. Es ist ein Paradies für Aussteiger, Künstler, Hippis, Maler und nicht zuletzt für Musiker. Übrigens auch für Gays und deren Klientel. Puritaner bleiben diesem Ort bis heute fern. Gott sei Dank. Hemingway hat hier das Buch „Der alte Mann und das Meer" geschrieben. Als ich 1960 dort war, lebte Hemingway noch und die Neugierigen versuchten, ihn in seiner Stammkneipe „Sloopy Joe" zu treffen. Nach seinem Tod 1961 wurde sein Haus zu einem wirklich ansehenswerten Museum umgestaltet. Dort erfährt man auch, daß die Story von „Der alte Mann und das Meer" auf einer wahren Begebenheit beruht, die der Fischer Gregorio Fuentes erlebte. Übrigens existiert auch die Kneipe „Sloopy Joe" heute noch. Man sollte dort einen Mojito trinken, obwohl die meisten Leute einen Margarita bestellen, weil sie ihn für den Hemingway-Drink halten. Abends geht in Key West so richtig die Post ab. Ob Rock, Blues, Jazz oder Raggae, es ist für jeden etwas dabei. Man spürt, daß Kuba nur einhundertsechzig Kilometer von hier entfernt liegt. Es gibt kubanische Restaurants, kubanischen Kaffee, kubanische Sandwiches, kubanische Zigarren, kubanische Mädchen. Die Mädchen sind die Enkeltöchter derjenigen Kubaner, die noch vor Fidel Castros Zeit auswanderten. Früher konnte man auch per Flugboot mit Chalks Airways von Miami nach Key West kommen und direkt vor dem Pier House Hotel wassern. Chalks Airways ist übrigens die älteste und sicherste Airline der Welt. Sie haben noch nie einen Unfall mit Passagieren

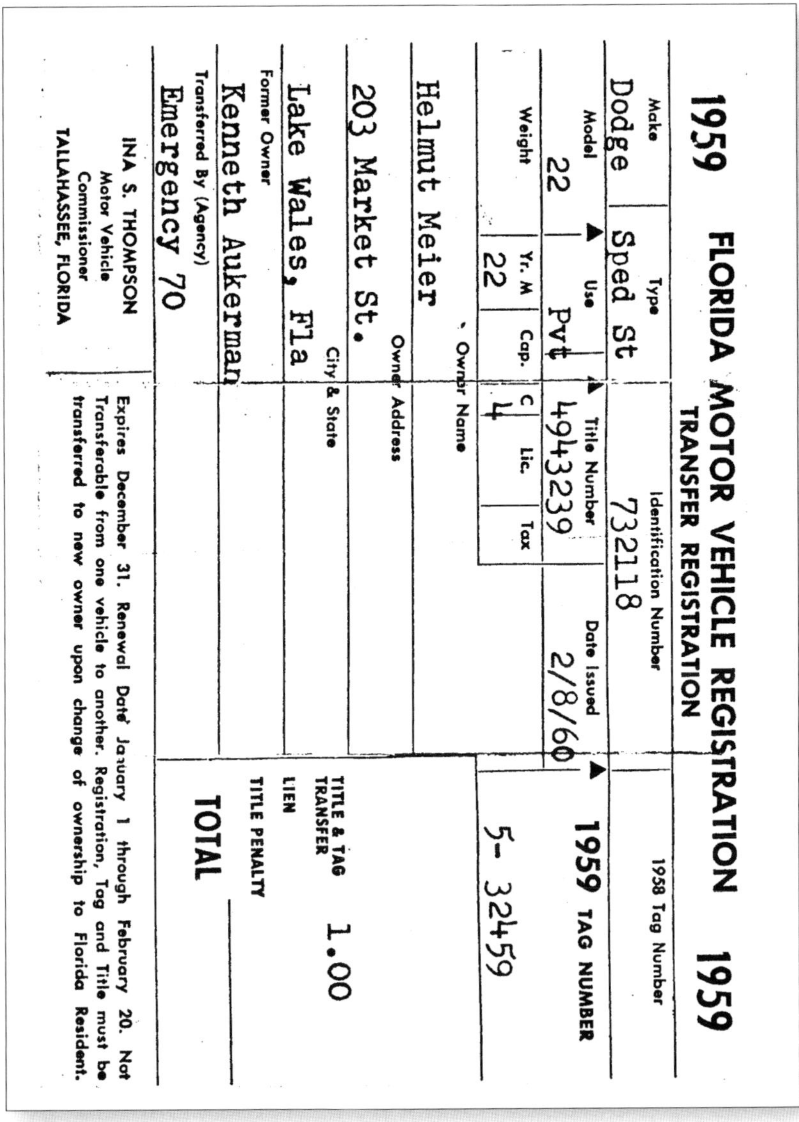

1959 FLORIDA MOTOR VEHICLE REGISTRATION 1959
TRANSFER REGISTRATION

Make	Type	Identification Number	1958 Tag Number
Dodge	Sped St	732118	

Model	Use	Title Number	Date Issued	1959 TAG NUMBER
22	Pvt	4943239	2/8/60	5- 32459

Weight	Yr. M	Cap.	C	Lic.	Tax
	22		4		

Owner Name
Helmut Meier

Owner Address
203 Market St.

City & State
Lake Wales, Fla

Former Owner
Kenneth Aukerman

Transferred By (Agency)
Emergency 70

TITLE & TAG TRANSFER 1.00
LIEN
TITLE PENALTY
TOTAL

INA S. THOMPSON
Motor Vehicle
Commissioner
TALLAHASSEE, FLORIDA

Expires December 31. Renewal Date January 1 through February 20. Not Transferable from one vehicle to another. Registration, Tag and Title must be transferred to new owner upon change of ownership to Florida Resident.

Eigentumswechsel: Das Straßenverkehrsamt in Tallahassee-Florida dokumentiert, daß ich einen Dodge Speedster, Baujahr 1922, mit vier Zylindern von Mr. Kenneth Aukerman rechtmäßig erworben habe.

gehabt. Nur einmal ist beim Pilotentraining ein Flugboot zu Bruch gegangen. Aber wie gesagt, an's Fliegen dachte ich im Mai 1960 noch nicht. Im Gegenteil, um die Kosten für meine kleine Reise zu minimieren, fuhr ich mit meinem VW von Key West nach Winterhaven in Florida. Dort konnte ich bei der Citrusernte schnell noch ein paar Dollars nebenbei machen. Ich pflückte also wieder einmal im Akkord. Unser Foreman, der Vorarbeiter, hatte zwar tausend Watt in den Armen, aber kein Licht in der Birne. So schickte er einen kubanischen Pflücker ohne Leiter und jegliche Absicherung in einen hohen Grapefruitbaum. Der wollte seinen Job gut machen, aber stürzte prompt ab und verletzte sich erheblich. Es ging bei dieser Art Arbeit schon rauh zu. Die Farmer bezahlten die Saisonkräfte einfach nach der Anzahl der mit Apfelsinen oder auch Pampelmusen gefüllten Kisten, alles andere interessierte nicht und ging auf eigenes Risiko.

Auf der Rücktour sah ich rein zufällig an einer Tankstelle in Lake Wales einen Dodge Bobtailed Speedster, Baujahr 1922, mit Holzspeichen, ein zweisitziges Cabriolet. Vorne natürlich mit einer Handkurbel um den Motor anzuwerfen. Das Fahrzeug war in 'mint condition', was bei den Amerikanern soviel heißt wie 'aus dem Ei gepellt'. Ich habe mich sofort in dieses Auto verliebt. Außerdem war mir klar, daß ich damit in New York eine Stange Geld verdienen konnte. Der Eigentümer des Dodge hieß Kenneth Aukerman, ich werde den Namen nie vergessen, weil es vielleicht das schönste Auto war, was je durch meine Hände gegangen ist. Ich schlug dem Mann, der offensichtlich nicht so recht wußte, was für einen Schatz er besaß, vor, meinen VW-Käfer in Zahlung nehmen. Kenneth schien imgrunde nicht abgeneigt, ließ aber sicherheitshalber den VW auf die

Hebebühne fahren, um sich das Gefährt von unten zu betrachten. Außerdem wurde ein Kompressionstest gemacht, um den Zustand des Motors zu checken. Nachdem die Musterung zu Mr. Aukermans Zufriedenheit ausgefallen war, an dem Käfer ließ sich wirklich keine Krümel Rost finden, verzichtete er auf eine Probefahrt. Vielleicht auch, weil ihn mein ehrliches Gesicht überzeugte. Ich ließ nicht locker, redete und redete... Nach drei Stunden waren wir uns handelseinig. Allerdings mußte ich noch einen ansehnlichen Packen Dollarscheine obenauflegen. Für mich würde es trotzdem noch ein gutes Geschäft, so weit kannte ich den New Yorker Markt inzwischen. Ich fuhr noch am selben Tag zurück. Unterwegs malte ich mir aus, wie jener Kenneth, oder ein Kunde von ihm den VW zum ersten Mal fahren würde, bestimmt fluchend. Der VW Standard hatte ja ein unsynchronisiertes Getriebe, bei dem man zweimal kuppeln und noch Zwischengas geben mußte.

Ich jedenfalls zog frohen Mutes mit meinem Schatz von dannen. Wie ich da mit offenem Verdeck durch die Sonne von Florida fuhr, kam die weiße Farbe des Dodge zwischen seinen schwarzen Kotflügeln erst richtig zur Geltung. Ich fühlte mich unendlich glücklich. Und rollte weiter gen Norden, die ganze Nacht hindurch. Wahrscheinlich war der Wagen lange nicht so viel beansprucht worden. In Georgia löste sich plötzlich der Auspuff und ich mußte nun unter fürchterlichem Radau durch die Straßen fahren. Es klang, als wäre ein ganzes Bataillon Panzer im Anmarsch. Die Farbigen am Straßenrand begleiteten das Ereignis mit Gekreische und gestikulierten. Offenbar amüsierte man sich über diesen ungewöhnlichen Sound aus einem noch ungewöhnlicherem Auto. Natürlich hielt mich kurz über lang auch die Polizei an und teilte mir nachdrücklich mit, daß der Staat Georgia Schalldämpfer für Autos zur Pflicht gemacht habe. Ich versprach am nächsten Morgen in der ersten geöffneten Werkstatt den Auspuff wieder anbauen zu lassen. Da ich selbst mittlerweile von dem Krach genug hatte, suchte ich mir in der Nähe ein Motel und schlief erst einmal ein paar Stunden. Am nächsten Tag fuhr ich dann zwar mit einem intakten Schalldämpfer weiter, aber kurz darauf brach die Klaue vom Schalthebel, die praktisch die einzelnen Gänge im Getriebe hin- und herschiebt. Der Getriebedeckel liegt beim Dodge offen und damit leicht zugänglich im Führerhaus. Schnell war die Bruchstelle geschweißt. Weiter ging es in Richtung Norden. In Maryland brach die Schweißstelle erneut. Ich war es leid, noch einmal in einer schlechten Landwerkstatt halbe Sachen machen zu lassen. Ich wußte, daß man in New York -Wig-schweißen konnte, es handelte sich dabei um ein sogenanntes Schutzgas-Schweißen, was länger hält. Also schraubte ich den Schaltdeckel wieder ab, legte in dem Dreiganggetriebe den zweiten Gang von Hand ein und setzte den Getriebedeckel wieder auf. Jetzt mußte ich nur noch jemanden finden, der mich mit dem Wagen anschob. So etwas klappte in Amerika in der Regel sehr gut, da bei allen Straßenkreutzern die Stoßstangen gleich hoch angebracht sind und es durchaus üblich ist, jemanden Stoßstange an Stoßstange anzuschieben. Die Stoßstange des alten Dodge war allerdings für eine solche Operation ungeeignet. Glücklicherweise hing aber sein Reserve-Rad in passender Höhe, so daß mit der Stoßstange des anschiebenden Wagens kein Schaden angerichtet werden konnte. Ein paar Minuten später hielt ein Polizeiwagen an und fragte, ob er behilflich sein könnte. Ich erklärte meine Situation. Der freundliche Cop zögerte, schließlich handele es sich bei seinem Polizeiwagen um ein Regierungsfahrzeug, das er nicht mißbrauchen dürfe. Ich sagte ihm, daß ich ein armer Student aus Deutschland sei. Er möge doch ein Auge zudrücken. Aber nicht beide, ein Auge brauche er schließlich zum Sehen wo er hinfährt. Wir mußten beide lachen. Er drückte ein Auge zu. Mein Dodge sprang an und ich war wieder 'back on the road'. Als mich der Polizist überholte, winkten wir uns freundlich zu. Das war übrigens nicht das einzige Erlebnis dieser Art. Ich bin mit amerikanischen Polizisten immer gut klargekommen. Also, die Sonne lachte wieder und ich freute mich, daß die vier Räder unter mir rollten, egal wohin, Hauptsache unterwegs. Dabei mußte ich es immer so einrichten, daß ich nicht rückwärts zu fahren brauchte, denn den Rückwärtsgang konnte ich nun ja nicht mehr einlegen.

Von New Jersey fuhr ich durch den Holland-Tunnel unter dem Hudson River hindurch nach Manhattan und dann zu meinem Freund Daniel List an der Perrystreet. Ich stellte den Motor ab und drückte kräftig auf die Oldtimer-Hupe. Sie klang merkwürdig, anfangs so, als ob sie erst einmal Luft holen mußte und dann hörte man ein schräges -Huhuuuuuga-. Daniel stand in Sekundenschnelle vor der Haustür und traute seinen Augen nicht. Um ihn so richtig zu überraschen hatte ich mich nicht von unterwegs aus angekündigt. Umso größer seine Freude über das Prachtstück! Wir ließen dann in einer guten Werkstatt den Schalthebel ordentlich schweißen und anschließend wollte Daniel natürlich eine größere Proberunde drehen. Am nächsten Tag wurde das Fahrzeug auf Hochglanz poliert und mit einem Schild „For Sale" wieder in der Mc. Dougel-Street an der Ecke zum Cafè Figaro geparkt. Es sollte nicht lange dauern und der Besitzer des damals renommierten Restaurants „White Horse" erkundigte sich nach dem Preis des Dodge. Ich pokerte sehr hoch und deutete an, daß sich schon andere Interessenten gemeldet hätten. Aber: „Wer zuerst bezahlt, fährt zuerst!" Der Restaurantbesitzer sah, daß es ein ganz besonderes Angebot war. Er zahlte tatsächlich ohne weiter zu handeln. Ich trennte mich nur ungern von dem wunderschönen alten Auto. Natürlich hätte ich es viel lieber behalten. Aber für Geld läßt man bekanntlich selbst den Teufel tanzen! Wir fuhren sofort zur Bank des Mannes und ich bekam den Dollarsegen -cash- auf die Hand.

Dodge, Baujahr 1922, Bobtailed Speedster mit Holzspeichen.

Im April 1961 fuhr ich wieder einmal mit einer Kolonne von Autos im Schlepp von Bremerhaven nach New York. Diesmal kam meine Freundin Hilde mit. In New York nahmen wir uns an der Vierzehnten Straße eine kleine möblierte Wohnung und niemand fragte danach, ob wir verheiratet seien. Im Deutschland jener Jahre hätten der Vermieter sich noch wegen Kuppelei schuldig gemacht... Ich besorgte Hilde eine Anstellung. Der Zufall wollte es, daß sie im Cafè gegenüber dem Hauptgebäude der Vereinten Nationen als Kellnerin anfangen konnte. Dessen Inhaber, Paul Bagutski, überließ Hilde schon nach kurzer Zeit das Ruder und kümmerte sich um seine anderen Geschäfte. Hilde verdiente gut und fand wie ich, daß die Dollars auf die Bank gehörten. Obwohl sie tagsüber hart arbeitete, stellte sie sich so manchen Abend noch hin und putzte mit Schlauch und Schwamm unsere auf der Straße zum Verkauf angebotenen Oldtimer, die dort natürlich immer wieder einstaubten.

So viel Fleiß muß belohnt werden, dachte ich mir. Und lud meine Hilde zu einer Wochenendtour ein. Es war ein heißer Sommer und so wollten wir im Greyhound-Bus zu den kühlen Niagara-Fällen, an die ich mich ja begeistert erinnerte! Wir wohnten dort im Sheraton-Hotel auf kanadischer Seite, gegenüber den Fällen und machten erste Bekanntschaft mit einer Klimaanlage. Heute mag ich Klimaanlagen nicht mehr. Wie oft habe ich inzwischen erlebt, daß besonders die zentralen Anlagen Bakterien quer durch ein ganzes Hotel oder auch Schiff verteilen und eine Grippewelle oder sogar eine Magen-Darm-Epidemie verbreiten. Damals an den Niagara-Fällen waren wir jungen Leute von der Klimaanlage begeistert und hatten einen schönen Tag. Am Sonntagmorgen machten wir uns früh auf den Weg zur Bushaltestelle, wir wollten pünktlich in New York zurück sein. Für den Montagmorgen stand für mich dort ein wichtiger Auto-Verkaufstermin an. Fröhlich stiegen wir in unseren Greyhound. An der US-Grenze kam die Paßkontrolle, eigentlich eine Routinegeschichte. Vollkommen verblüffte hörte ich jedoch, daß mir der Beamte die Einreise verweigerte. Mein Visum war schlicht und einfach abgelaufen, ohne, daß ich daran gedacht hatte, es wie gewöhnlich verlängern zu lassen. Was tun? Wie sich zeigte, konnte ich das Visum frühestens am Montag bei der US-Botschaft in Toronto bekommen. Vor Dienstag wäre ich dann nicht in New York angekommen. Oh heilige Scheiße! Wir fuhren mit dem nächsten Bus zurück auf die kanadische Seite. Dort gab es in einer Meile Entfernung eine zweite Brücke über den Niagara-Strom. Wir liefen rasch hinüber zur dortigen Bushaltestelle, in der Hoffnung, daß es dieses Mal klappen würde. Für den Fall, daß man auch dieses Mal mein abgelaufenes Visum entdecken würde, hatte ich mit Hilde besprochen, daß sie auf jeden Fall weiterfahren solle. Wir würden uns dann an der Greyhound-Station in Buffalo treffen, spätestens bis vierzehn Uhr würde ich schon irgendwie dort ankommen. Andernfalls sollte Hilde allein nach New York fahren. Für den Fall, daß es bei der Paßkontrolle wieder nicht klappen sollte, hatte ich vor, eines der kleinen Ausflugsboote anzuheuern, und mich damit unauffällig auf die andere Seite übersetzen zu lassen. Tatsächlich mußte ich auch beim zweiten Versuch an der Grenzstation aussteigen und zur kanadischen Seite zurückkehren. Als der US-Beamte in den Bus kam, suchte er offenbar ganz gezielt nach mir. Seine Kollegen von der anderen Grenzbrücke mögen ihn telefonisch gewarnt und mich beschrieben haben. Also fuhr Hilde, wie verabredet, allein weiter. Ich nahm die Situation sportlich, es würde sich schon ein Weg finden lassen. Mit dem Boot ging es allerdings nicht. Niemand wollte mich mitnehmen, nicht einmal für hundert Dollar. Ein Schiffer, auf den ich lange einredete sagten mir, daß auch die Boote kontrolliert würden und er nicht daran dächte, meinetwegen seine Lizenz aufs Spiel zu setzen. Was nun? Ich warf mich wütend am Ufer ins Gras, dachte an meinen Geschäftstermin in New York und an Hilde, die sich bestimmt große Sorgen machte. Als ich dort so lag und grübelte, sah ich zwischen den beiden Straßenbrücken noch eine Eisenbahnbrücke. Deren kanadische Seite schien unbewacht, auf der US-Seite ließ sich direkt an den Schienen eine Kontrollstelle samt Posten davor erkennen. Immerhin, es war einen Versuch wert. So unauffällig wie möglich schlich ich mich an die Eisenbahnbrücke heran und wartete auf den nächsten Güterzug. Er kam nach einer Weile und rollte glücklicherweise nur im Schrittempo, wahrscheinlich um die Brücke nicht zu überlasten. Ich robbte zum Bahndamm hinauf. Oben sah ich, daß zwischen Zug und Brückengeländer vielleicht noch fünfzig Zentimeter Abstand blieben. Vorsichtig lief ich auf diesem schmalen Schotterstreifen neben dem Zug her über die Brücke. Ich mußte vor allem aufpassen, daß ich nicht stolperte und hinfiel, sonst wäre ich unweigerlich unter die Räder gekommen. Glück gehabt. Ich gelangte wohlbehalten an das andere Ende der Brücke und ließ mich dort von dem grasbewachsenen Bahndamm herunterrollen. Der Grenzposten auf der US-Seite hatte mich nicht entdeckt. Auf diese Weise bin ich also tatsächlich einmal illegal in die Vereinigten Staaten von Amerika eingereist.

Nun wurde es aber Zeit. Wenn ich Hilde noch auf der Greyhound-Station in Buffalo erreichen wollte, mußte ich mich beeilen. Nachdem ich ein ordentliches Stück weit aus dem Blickfeld des Brückenpostens war, hielt ich ein Auto an, um in die Stadt zu kommen. Hitch Hiking, also per Anhalter zu fahren, galt damals in Amerika als vollkommen normal. Ich fiel nicht weiter auf und fand auch bald jemanden, der mich nach Buffalo mit hinein nahm. In der Busstation angekommen nickte ich Hilde nur knapp zu und stellte mich dann in betonter Distanz von ihr auf. Wer weiß, vielleicht hatte man auch hier noch ein Auge auf sie... Im Bus setzte ich mich auf einen der hinteren Plätze, behielt meine Sonnenbrille im Gesicht, zog die Mütze tief in die Stirn und stellte mich schlafend. Hilde saß vorn und guckt unbefangen in die Landschaft. Erst als wir in New York angekommen und einen Häuserblock von der Busstation entfernt waren, wagten wir es, uns zu umarmen. Ich war heilfroh und Hilde erst recht: Ein herzliches Dankeschön an Edy und Fredy.

Am nächsten Morgen stand ein großes schwarzes Mercedes-Cabriolet, Baujahr 1936, zum Verkauf an, eine wirkliche Nobelkarosse mit weißen Ledersitzen und viel Chrom. Nicht nur der Kühler und die Halteschellen der beiden senkrecht in den vorderen Kotflügeln stehenden Ersatzreifen, auch die verchromten Stoßfänger blitzten. Der Rahmen, der nach vorne aufzustellenden Windschutzscheibe war ebenfalls verchromt. Zudem trug der Wagen an beiden vorderen Kotflügeln etwa fünfzig Zentimeter hohe verchromte Stander, wie sie gewöhnlich auf Diplomatenfahrzeugen angebracht werden. Ich erzählte dem Käufer, daß dieses Fahrzeug von Himmler benutzt worden sei. Am linken Stander habe damals die SS-Standarte geweht, am rechten der berüchtigte SS-Totenkopf. Zugegeben, eine etwas makabre Story, aber die Amis kaufen Sammlerstükke aus der alten Welt besonders gern, wenn sich mit ihnen irgendwelche Memories verbinden. Ob wahr oder erfunden, man muß sie als Verkäufer nur überzeugend vortragen.

Übrigens hatte ich alle Fahrzeuge mit deutschen Zollkennzeichen versehen. Das verschaffte mir den Vorteil, keine Kraftfahrzeugsteuer bezahlen zu müssen. Außerdem machten sich die amerikanischen Behörden offenkundig nicht die Mühe, kleine Strafmandate, etwa wegen Überschreiten der Parkzeit oder Ähnlichem, weiter zu verfolgen. Jedenfalls ist während jener Jahre nie irgendeine Zahlungsaufforderung aus den USA bei meiner deutschen Adresse angekommen.

So verkaufte ich Monat um Monat auf den Straßen von New York meine Autos. Am besten gingen Mercedes Cabriolets aus den Dreißigern, bei denen die beiden Reserverädern in den vorderen Kotflügeln senkrecht stehen. Allerdings wurde es immer schwieriger, Nachschub zu besorgen. In Deutschland boomte die Wirtschaft, die Leute verdienten besser, es herrschte Vollbeschäftigung. Da konnte sich dann doch der eine oder andere auch einen Oldtimer als teures Hobby leisten. Außerdem hatte es sich unter den Autokennern und -händlern inzwischen herumgesprochen, daß die Amerikaner für alte Wagen phantastische Preise bezahlten. Also kam mich der Einkauf zunehmend teurer. Mir wurde klar, daß ich mich langsam nach einem neuen Betätigungsfeld umsehen sollte! Die Zeit in New York nutzte ich nicht nur dazu, möglichst viel Kapital anzusammeln. Ich drückte auch noch einmal die

Schulbank, und siehe da, es machte mir Spaß. Über ein Fernstudium, und das in Englisch, habe ich es fast bis zum Diplomkaufmann gebracht. Wenn man will, kann man vieles. Mit den letzten amerikanischen Erkenntnissen von moderner Betriebswirtschaft im Hintergrund, ging ich systematisch an die Entwicklung meiner nächsten Geschäftsidee. Es sollte wieder etwas in der Fahrzeug-Branche sein, denn Autos machten mir nach wie vor Spaß. Ich begann mich im New Yorker Rent-a-Car-Geschäft genauer umzusehen. Sie arbeiteten dort bei PKW-Vermietungen ganz anders, als ich es von zu Hause kannte. Außerdem wurden auch sehr erfolgreich LKW's vermietet. Ich stellte mir vor, solche Ideen nach Deutschland hinüber zu bringen und damit ein großes Mietwagengeschäft aufzuziehen. Wenn ich ordentlich verdienen wollte, durfte ich es nicht so machen, wie zu Hause bislang branchenüblich: Wochenendgeschäft und Vermietung an Benzinsäuglinge, also Führerschein-Neulinge, die erst einmal mit einem fremden Auto ihre Fehler machen wollten, bevor sie ein eigenes anschafften. Überhaupt war es damals eher die Ausnahme, daß sich jemand ein Auto lieh, dazu galt es in den Fünfzigern noch viel zu sehr als Prestige-Objekt. Man kennt ja diese Sprüche: Alles, was mit dem Buchstaben -F- beginnt, verleiht man nicht, also Füllfederhalter, Fotoapparate, Frauen. Und Fahrzeuge natürlich... Auch im Geschäftsleben galt es damals als besonders seriös, einen möglichst großen eigenen Fuhrpark auf dem Hof stehen zu haben. Dagegen mußte und wollte ich mich mit meinen modernen Geschäftsangeboten durchsetzen.

Rent a Car -Rent a Truck

Also kehrten wir 1962 mit unserem, inzwischen ganz ansehnlichen, Kapital nach Deutschland zurück. Ich heiratete meine Hilde, es sollte nun mit der 'wilden Ehe' genug sein. Noch im gleichen Jahr pachtete ich in Bad Oeynhausen eine Gaststätte, die Hilde perfekt führte und damit gutes Geld verdiente. Meine Frau konnte so auf ihrem eigenen Feld wirken und dort ihre Ideen verwirklichen. Erfolgreich, wie sich zeigte! Rasch sprach es sich herum, daß wir im Umkreis von dreißig Kilometern die besten Brathähnchen grillten und das beste Speiseeis anboten. Hilde wollte kein gewöhnliches Eis am Stiel, sondern bezog es aus Belgien. Das Eis wurde in Containern geliefert und mußte portioniert werden, trotzdem ein Riesenerfolg.

Mit beruhigendem finanziellen Polster aus dem amerikanischen Oldtimer-Geschäft ausgestattet, kümmerte ich mich unterdessen um den Ankauf der ersten Autos und richtete mir einen festen Firmensitz in Bad Oeynhausen ein. Die Autovermietung Auto-Meyer öffnete im Frühjahr 1963 ihre Tore, noch im selben Jahr bot ich die ersten kleinen LKW's an. Und erntete zunächst nur Skepsis. Aber ziemlich schnell merkten die Leute, daß man mit so einem gemieteten Transporter und ein paar kräftigen Freunden beispielsweise sehr viel billiger umziehen kann, als mit dem teuren Spediteur. So ein kleiner LKW fährt sich inzwischen selbst für einen vollkommen Ungeübten fast leichter als ein PKW.

Auch so mancher Unternehmer begann darüber nachzudenken, ob es nicht wirtschaftlicher sei, ein- zweimal pro Woche einen LKW bei mir zu mieten, als den eigenen mehr oder weniger ungenutzt auf dem Hof stehen zu lassen.

Heute gilt es als Binsenweisheit, daß sich nur diejenigen Firmen einen eigenen Fuhrpark leisten können, die ihn auch rund um die Uhr auslasten. Und selbst diese Fahrzeuge werden häufig nicht mehr gekauft, sondern geleast... So nett es sich für einen Firmenchef auch anschauen läßt, den eigenen Namen in meterhohen Buchstaben auf der Truck-Plane prangen zu sehen, wirtschaftliche Effizienz geht längst vor Prestigedenken.

Auch bei der PKW-Vermietung zielte ich mit meinen Geschäftsstrategien auf völlig andere Kundenkreise, nämlich Autobesitzer, deren Wagen nach einem Unfall oder sonst einer umfangreicheren Reparatur in die Werkstatt mußten. In der wirtschaftlichen Blütezeit der sechziger und siebziger Jahre waren die Werkstätten oft so überlastet, daß die kaputten Autos auf ihre Reparatur warteten. Die Kunden wiederum brauchten ihre Wagen nicht mehr nur für den sonntäglichen Familienausflug, sondern mußten im Beruf tagtäglich mobil sein. Der Leihwagen wurde zur Normalität. Eine andere Komponente stellte das Versicherungsgeschäft dar. Die Versicherungen müssen bei einem schuldlosen Unfall zur Überbrückung einen Mietwagen bezahlen. Wir arrangierten uns mit den Versicherungen dergestalt, daß der betreffende Kunde bei uns nichts zu bezahlen hatte, sondern uns seine diesbezüglichen Forderungen an die Versicherung abtrat. Über diese Zession holten wir uns das Geld direkt von der Versicherung. Das funktioniert bis auf den heutigen Tag so. Übrigens gehört Auto-Meyer zu den wenigen Firmen, die, falls die Versicherungen einmal aus irgendwelchen Gründen nicht zur Zahlung bereit sind, selbst vor Gericht klagen dürfen. Dafür haben wir eine Erlaubnisurkunde des Bielefelder Landgerichtspräsidenten zur „Besorgung fremder Rechtsgeschäfte" und damit einen handfesten Vorteil gegenüber der Konkurrenz. Der Kunde bekommt seinen Leihwagen und muß sich um nichts mehr kümmern. Wichtig für's Geschäft: Wir müssen bei einem Unfall sofort präsent sein. Wie macht man das? Man wirbt über die Auto-Werkstätten, vor allem aber über die Abschleppdienste, die ja meist fast gleichzeitig mit der Polizei gerufen werden. Sie sollten uns dem, meist vom Geschehen etwas überforderten, Unfall-Fahrer empfehlen. Es funktionierte und funktioniert.

Trotz aller Anfangserfolge beobachtete ich aufmerksam den Geschäftsverlauf. Ich hatte in Amerika begriffen, daß ein einzelnes kleines Unternehmen eben nur einen bestimmten Spielraum und damit auf Dauer kaum Chancen besitzt. Ich hielt nach Geschäftspartnern Ausschau, die ähnlich wie ich dachten, um mit ihnen zu kooperieren. Im Oktober 1963 gründeten wir mit 18 weiteren Gesellschaftern in Bremen die Europa-Service Autovermietung GmbH. Damit konnte man jetzt überregional, ja europaweit agieren, konnten viel flexibler größere Stückzahlen beziehungsweise Tonnagen übernehmen, was das Preis-Leistungs-Verhältnis optimierte. Hinzu kam, daß in der Größenordnung, in der wir jetzt operierten, die großen deutschen Automobilhersteller bereit waren, für den Kauf neuer Fahrzeuge günstige Rahmenabkommen abzuschließen. Außerdem gab und gibt es heute noch einen Werbekostenzuschuß, den eben ein einzelner kleiner Unternehmer nicht bekommt.

Ich war jetzt Siebenundzwanzig. Am 9. Oktober 1963 wurde unsere Tochter Bärbel geboren, ein gutes Jahr! Und es sollte so gut weitergehen. Ende 1965 hatten wir schon achtzig eigene neue PKW am Laufen, dazu rund zwanzig LKW. 1965 wurde der Firmen-Hauptsitz nach Bielefeld verlegt und neben Bad Oeynhausen Filialen in Gütersloh und Paderborn gegründet, einige Jahre später kamen noch Detmold, Herford und Rheda-Wiedenbrück hinzu. Zum Ende der sechziger Jahre hatten wir dann schon über zweihundert eigene Autos in Ostwestfalen laufen, zirka achtzig LKW und einhundertzwanzig PKW. Das LKW-Geschäft boomte und wurde auf Siebeneinhalbtonner erweitert.

Am 4. Januar 1966 wurde unser Sohn Dirk geboren. Heute ist er längst der Geschäftsführer der Auto-Meyer GmbH. Ich wollte nicht zu denjenigen Firmenchefs gehören, die ihren Nachfolger schmoren lassen, bis der vor lauter Abwarten keine Ideen mehr hat, nur weil sich der Senior nicht vom Chefsessel trennen mag. Als Dirk einundzwanzig Jahre alt wurde, schob ich ihm das Firmen-Schlüsselbund über den Schreibtisch: Mach mal Junge! Ich habe auch schon sehr jung Verantwortung übernommen und es ist mir hervorragend bekommen. Wieso sollte ich das meinem Sohn nicht auch zutrauen. Ich jedenfalls befasse mich seit 1987 nur noch mit der Luftfahrt.

Über den Wolken ...

Seit längerer Zeit trug ich mich mit der Idee, fliegen zu lernen. Mit den Autos lief alles, ich brauchte einfach eine neue Herausforderung! Also meldete ich mich im Februar 1969 bei einem Verein an, der auf dem Bielefelder Flugplatz Flugunterricht anbot. Wie sich bald zeigen sollte, ging die Sache auf diese Weise nur zäh voran. Es gab nicht genug Termine für Flugstunden und dann konnte man wegen des schlechten Wetters oft gar nicht starten. Am nahegelegenen Teutoburger Wald stauen sich oft die Wolken. Dieser schleppende Gang der Dinge mußte einem dynamischen Menschen wie mir auf die Nerven fallen. Kurz entschlossen kaufte ich bei der Firma Aero West in Dortmund eine nagelneue Cessna Reims Rocket, Kennung D-ELVH, Flugunterricht im Preis inbegriffen. Inhaber der Aero West war Theo Hengsbach. Den Namen Hengsbach bringt man bei uns in der Gegend vor allem mit dem populären Bischoff Verbindung. Und wie sein Bruder der Bischoff war auch Theo Hengsbach noch ein Westfale vom altem Schrot und Korn. Er brachte es fertig, selbst größere Geschäfte abends an der Flugplatztheke per Handschlag abzuschließen. Der Aero West gehörte auch eine Flugschule am Flugplatz Hannover, dort sollte ich ausgebildet werden. Also machte ich mich in meinem Betrieb für vier Wochen frei und flog fast täglich mit Fluglehrern von Hannover nach Peine und Braunschweig. Bei Peine übten wir Notlandungen auf dem blanken Acker. Das Unternehmen hatte sich dafür eine besondere Tieffluggenehmigung besorgt, denn schließlich muß ein Flugschüler auch auf Notfälle vorbereitet werden. Mein Fluglehrer, Herr Barras, hatte das Fliegen einst bei der Luftwaffe gelernt und fand es witzig, bei solchen Übungen im Tiefflug direkt über die Köpfe der runkelverziehenden Bäuerinnen steuern zu lassen. Erschrocken warfen die sich zur Erde. Beim nächsten Anflug drohten sie uns dann allerdings fluchend mit ihren Feldhacken.

In kurzer Zeit hatte ich mich frei geflogen, das heißt, ich durfte mit Schulauftrag allein kreuz und quer durch Deutschland fliegen. Passagiere konnte ich dabei natürlich noch nicht mitnehmen. Als ich mich zum Prüfungsflug mit einem Sachverständigen der Landesregierung in Hannover anmeldete, hatte ich schon über sechzig Stunden im Alleinflug mit meinem eigenen Flugzeug absolviert. Das dürfte sehr wahrscheinlich ein Rekord gewesen sein. Der Prüfer zeigte sich dann mit meinen Leistungen sehr zufrieden. Die komplizierteste Aufgabe bestand darin, einen irgendwo tief in der Lüneburger Heide versteckt liegenden kleinen Landeplatz anzufliegen. Ich fand ihn auf Anhieb. Mit dieser Prüfung erwarb ich mir den Privatpilotenschein PPL A nebst englischem Sprechfunkzeugnis und durfte fortan alle einmotorigen Flugzeuge bis zweitausend Kilogramm Gewicht fliegen.

Mittlerweile war es Sommer geworden. Was lag näher, als mit dem neuen Pilotenschein in der Tasche die ganze Familie in den Urlaub nach Italien zu fliegen. Wir starteten in EDVW. E steht dabei für Europa, D für Deutschland, V für Hannover, Hannover war die zuständige Flugsicherungsstelle für Bielefeld. W steht für den Flughafen Bielefeld-Windelsbleiche. Heute benutzt man für diesen Flugplatz die Kennung EDLI, da er mittlerweile Düsseldorf unterstellt ist. Unser Ziel war der Strand von Ischia, wo Frau und Kinder gemeinsam mit einer befreundeten Familie Urlaub machen sollten. Also los, auf gen Süden.

Zunächst lief alles vollkommen problemlos. Als ich mich dann aber per Funk bei der Wetterwarte am Flugplatz Zürich-Kloten nach dem Wetter über den Alpen erkundigte, sagte mir der Meteorologe: „Die Berge san geschlossen, oder." Ich stutzte: „Was ist denn nun, sind die Berge geschlossen oder nicht?" Da stutzte nun wieder der Mann von der Wetterwarte. Allgemeine Verwirrung... Damals wußte ich noch nicht, daß die Schweizer in ihrer Umgangssprache das Wort „oder" gern in der Bedeutung von „nicht wahr" benutzen. Damit schien jedenfalls an den nächsten Tagen eine Überquerung der Alpen unmöglich, denn ich konnte mit diesem Flugzeug und meinem ersten Pilotenschein nur „auf Sicht" fliegen. Der Meteorologe riet mir, über das Allgäu zu fliegen und dann durch das Inn- und Brennertal nach Venedig. Da es inzwischen dunkel zu werden begann, flog ich erst einnal nur bis München-Neubiberg, München-Riehm war wegen Bauarbeiten geschlossen. Am nächsten Tag ging es über die vorgeschlagene Route nach Venedig-Tesera und von da zum kleinen Graslandeplatz Venedig-Lido. Dann suchten wir uns schnell ein Boot und ließen uns zum Markusplatz bringen, den mußte man doch gesehen haben. Dann ging es aber noch am selben Tag weiter, zunächst nach Florenz, dann nach Rom und schließlich Neapel. Als wir die Insel Ischia im Golf von Neapel erreichten, wurde es gerade dunkel. Ich steuerte im Tiefflug auf den östlich der Stadt gelegenen Flugplatz zu und wir genossen einen traumhaften Anblick: Das Lichtermeer von Neapel glitzerte wie Brillanten in der Auslage eines Juweliergeschäftes. Nach der Landung kam ein Luftaufsichtsbeamter zu unserem Flugzeug und fragte barsch, wo ich denn jetzt noch herkäme. „Von Rom", sagte ich. Ob ich denn nicht wüßte, daß Flüge auf Sicht während der Nacht in Italien verboten wären. Ich konnte ihm erklärten, daß ich in Rom ordnungsgemäß meinen Flugplan aufgegeben hätte und darin die ETA, die estimated time of arrival, also die voraussichtliche Ankunftszeit in Neapel für kurz nach Eintritt der Dunkelheit von mir angegeben worden sei. Im Klartext, man hätte diesen Flugplan in Rom gar nicht annehmen dürfen. Aber offenbar hatte der zuständige römische Beamte nicht so genau hingesehen... Damit mußte sich der Beamte in Neapel nun wohl oder übel zufrieden geben, meinte aber, ich möge doch in Zukunft bei Sonnenuntergang am Boden sein. Ich versprach es und der Abend war gerettet, Glück gehabt, er hätte mir auch richtigen Bürokraten-Ärger machen können. Für Deutschland besaß ich bereits die Genehmigung, nachts in Sichtweite eines befeuerten, also für den Nachtflug zugelassenen Flugplatzes zu fliegen, fand also meinen Flugplan völlig in Ordnung. Aber in Italien gelten eben andere Regeln. Beispielsweise darf man bei Flügen auf Sicht auch nur bis in einer Höhe von tausend Fuß über dem Erdboden fliegen. Jedenfalls lieferte ich Frau und Kinder wohlbehalten am Meeresstrand ab. Dort hielt es mich allerdings nicht lange, mein Italien-Urlaub fand mehr in der Luft statt, Zusammen mit einem Freund der auch einen Pilotenschein besaß, kurvten wir kreuz und quer über das Land. Am Ende holten wir unsere braungebrannten Familien wieder ab und alle waren's zufrieden.

Nach der Italienreise im Juli 1969 folgten für mich die ersten Flüge, bei denen ich Passagiere beförderte. Da waren nun die ersten schwierigen Situationen in der Luft zu bestehen, in denen sich beweisen mußte, was für ein Pilot ich war. Mein erstes Wetter-Abenteuer erlebte ich am 15. August, das Datum wird mir wohl ewig in Erinnerung bleiben. Ich hatte mich am früh Morgen von Bielefeld aufgemacht, um Kunden von der holländischen Insel Ameland abzuholen. Die Luft schien wie Samt und Seide, eine Schlechtwetterfront aus westlicher Richtung war zwar angekündigt, sollte den Teutoburger Wald jedoch erst gegen Abend erreichen. Da wollte ich mit meinen Passagieren längst zurück sein. Wie sich beim Rückflug zeigte, kam die Front schneller voran, als die Meteorologen berechnet hatten. Ich war bis Rheine gekommen, hatte nur noch gut zwanzig Minuten zu fliegen, da verschlechterte sich die Sicht rapide. Damit wurde aus meinem Flug ein Notfall. Wenn die Sicht schlechter wird, fliegt man normalerweise zurück, aber diese Tiefdruckfront, von der Nordsee kommend, jagte mich praktisch vor sich her. Hätte ich versucht, zurück nach Ameland zu steuern, wäre ich erst recht in Schwierigkeiten geraten. In meiner Not rief ich den Militärflugplatz Hopsten auf der Frequenz 122,10 Megaherz auf Englisch und bat um Radarführung zum in der Nähe gelegenen Sportfliegerplatz Rheine-Eschendorf oder, falls möglich, auf den Flugplatz Hopsten selbst. Aus Hopsten hörte ich daraufhin die Anweisung, auf zweitausend Fuß zu steigen, damit sie mich dort auf ihren Radarbildschirm bekämen. Ein Befehl, der meine Passagiere und mich beinahe das Leben gekostet hätte. Ich mußte steigen und gleichzeitig auch noch die Kursänderungen fliegen. Damit war ich überfordert. Die Maschine geriet in's Trudeln, alle lose herumliegenden Gegenstände schossen plötzlich durch das Flugzeug... Um dem Trudeln entgegenzuwirken, gab ich geistesgegenwärtig einen vollen Ruderausschlag. Es funktionierte, aber wir waren mittlerweile dem Erdboden bedrohlich nahe. Ich konnte meine Maschine gerade noch über den Baumspitzen abfangen. Glücklicherweise hatte man auf dem Militärflugplatz Rheine-Bentlage, der auf der gleichen Frequenz wie Hopsten operiert, mitgehört und mich geortet. Ich flog mittlerweile in der Nähe von Bentlage. Der Mann an der Radarkontrolle redete beruhigend auf mich ein, er konnte sich bestimmt vorstellen, daß ich mich in heller Aufregung befand: „Jetzt taucht gleich vor Ihnen ein kleiner See auf. Dann kommen noch ein paar Hochspannungsleitungen, auf die Sie achten müssen. Danach werden Sie unseren Flugplatz sehen können. Wir schalten die Signallichter so hell wie möglich." Ich hielt mich an diese beruhigende Stimme: Der See, die Hochspannungsleitungen, der Flugplatz... Als ich die Lichter sehen konnte, stellte die Landung kein Problem mehr dar. Ich stieg aus und dankte sämtlichen Göttern samt Sankt Christophorus, dem Schutzpatron der Reisenden. Und natürlich Edy und Fredy, denn die hatten gewiß auch ihre Hände zwischen meine Maschine und die Baumwipfel gehalten...

Nach diesem Erlebnis kann ich alle Sportpiloten ohne Blindfluglizenz nur davor warnen, bei unklaren Wetterlagen zu fliegen. Das Fliegen in den Wolken muß man lernen und man braucht dazu natürlich eine Lizenz, die IFR, also die Lizenz-Instrument-Flight-Rules. Gerade für uns in Deutschland ist das wirklich keine übertriebene Vorsichtsmaßnahme. Wir haben hier nun einmal das Problem, daß das Wetter gelegentlich sehr schnell wechselt. Fliegt man von Nord- nach Süddeutschland, so kann man es ohne weiteres mit drei verschiedene Wetterlagen zu tun bekommen. Jedes Jahr stürzen in Deutschland Sportflugzeuge nur deswegen ab, weil deren Piloten von schlechtem Wetter überrascht wurden. Man sagt, ein Sportflieger, der in die Wolken gerät, habe nur noch einhundertachtzig Sekunden zu leben. Warum? In einer Wolke sieht man plötzlich außer rundum grauem Nebel gar nichts mehr. Der auf diese Situation unvorbereitete Sportflieger reagiert auf diese bedrohliche Situation meistens mit einer impulsiven Bewegung: er zieht am Steuerknüppel. Damit dirigiert er sein Flugzeug auf einen steilen Kurs aufwärts. Aber das merkt er nicht, denn in der grauen Wasserwatte einer Wolke fehlt einem jede Orientierungsmöglichkeit. Das Flugzeug wird mit einem solchen steilen Höhenflug allerdings regelmäßig überfordert, ganz besonders wenn zum Steigen noch unbeabsichtigt Kurven geflogen werden. Die Maschine verliert an Fahrt und damit kommt es zum Strömungsabriß an den Tragflächen. So fällt mann nach den sprichwörtlichen drei Minuten aus den Wolken. Manchmal auch schneller. Am nächsten Tag steht dann in der Zeitung: Sportflugzeug in der Nähe von .... abgestürzt. Unfallursache unbekannt. Die Flugunfalluntersuchungsstelle des Luftfahrtbundesamtes hat die Ermittlungen aufgenommen. Im Bereich der Absturzstelle soll schlechtes Wetter geherrscht haben. - Übrigens sollen sich auch die Vögel, wenn sie in Wolken geraten, sofort durchfallen lassen. Auch sie verlieren sonst das Gefühl für ihre Fluglage. Lediglich dem Condor gelingt es, nach oben durch die Wolken zu stoßen, um dann in großer Höhe im Sonnenschein weiterzufliegen. Aber der Condor lebt in den Anden, ist im Hochgebirge akklimatisiert. Auch als noch so cleverer Sportflieger aus Mitteleuropa sollte man sich lieber an die Regeln halten und Experimente vermeiden. Mir jedenfalls saß der Schreck noch lange in den Knochen und kühlte mich Draufgänger gewaltig ab. Der Himmel hat, genau wie der Ozean, keine Balken... und das Fliegen viel mit Sicherheitsdenken zu tun. Trotzdem geriet ich schon einige Monate später in die nächste komplizierte Situation. Ich flog irgendwann im Winter vom Rhein-Main-Flughafen in

Frankfurt nach Bielefeld. Wie üblich ging ich zuerst zur Flugsicherungsberatung, dann zur Wetterberatung. Als gebranntes Kind war ich sehr vorsichtig, auch mißtrauisch. Schließlich sind Meteorologen auch nur Menschen. Ich wollte eine Route über das Sauerland fliegen. Dort gab es damals nur eine Station die Wetterangaben machte. Deren Auskunft lautete, der Kahle Asten, also die höchste Erhebung der Gegend, sei frei von Wolken und damit die Sicht im Zielgebiet gut. Nun muß man sich Folgendes vorstellen: Die Station am Kahlen Asten meldete das aktuelle Wetter, nicht den Trend. Gemeldet wurde nur stündlich. Damit konnten die Informationen im Moment der Wetterberatung in Frankfurt am Main womöglich schon fast eine Stunde alt sein. Und außerdem konnte der in der Beobachtungsstelle sitzende Metereologe nur melden, was seine Augen sahen, mehr nicht. Soweit zur Wetterberatung. Der übliche Lauf der Dinge vor dem Abflug gestaltet sich dann folgendermaßen: Nach der Wetterberatung bezahlt man die Lande- und Parkgebühren. Das dauert seine Zeit. Dann wird das Flugzeug gecheckt, vor allem die Magnetzündung des Motors überprüft. Bis man die Rollfreigabe erhalten hat, vergehen weitere Minuten. Zuweilen sogar halbe und ganze Stunden, denn für gewöhnlich erhalten die großen Flugzeuge zuerst eine Startgenehmigung. Man nimmt Rücksicht darauf, daß sie erheblich mehr Kerosin verbrauchen als die kleinen Privatmaschinen und außerdem versucht jede Airline, pünktlich zu starten, um pünktlich landen zu können.

Jedenfalls können auf diese Weise zwischen dem Zeitpunkt der Wetterbeobachtung im Sauerland und dem tatsächlichen Eintreffen eines Flugzeuges vor Ort ohne weiteres bis zu drei Stunden vergangen sein. Und in drei Stunden verändert sich die Wetterlage nicht selten gravierend. So lief es auch an diesem Tag. Ich sah zwar, was da am Horizont auf mich zukam, entschied aber trotzdem, noch etwas weiterzufliegen. Ich nahm an, daß es sich nur um eine kleine Wolkenbank handelte, denn über meinem Zielgebiet Paderborn und Bielefeld sollten doch laut meteorologischer Beratung hervorragende Wetterbedingungen herrschen. Die Wolken kamen näher, ruckzuck saß ich in einem großen Talkessel und konnte weder vor- noch zurückfliegen. Mein Passagier kaute etwas nervös auf seinem Kaugummi und fragte: „Herr Meyer, was haben Sie vor?" Ich erklärte ihm, daß wir aus diesem Talkessel nicht mehr herauskommen würden und nichts anderes übrig blieb, als auf einer großen, schneebedeckten Fläche unter uns zu landen. Natürlich konnte ich von oben nicht beurteilen, wie dick diese Decke war. Trotzdem, wir mußten jetzt hinunter. Aus einem Schornstein quoll dicker Rauch, daran konnte ich die Windrichtung ermitteln und die Landung gegen den Wind einrichten. Im kurzen Endteil zog ich schnell noch den Mixture, den Benzin-Gemischhebel, so daß der Motor zum Stillstand kam. Wenn man noch genügend Fahrt hat, um die Landestelle zu erreichen, brauchte man ja keinen Motor mehr. Den Hauptschalter und Brandhahn sowie die Zündung hatte ich auch schnell noch abgestellt.

So setzte ich mit hochgehaltenem Bugrad auf. Die Maschine rollte ein paar Meter, dann ging sie ganz langsam über die Nase auf den Rücken. Wir stiegen aus und freuten uns, daß uns kein Haar gekrümmt worden war. Nur der Propeller sah leicht verbogen aus und die Tragflächen hatten ein paar Schrammen bekommen. Wie sich herausstellte, befanden wir uns in der Nähe der Ortschaft Deisfeld, die nächste Kneipe lag nur hundertfünfzig Meter entfernt. Ich verständigte vorschriftsmäßig die örtliche Polizei und das Luftfahrtbundesamt, erklärte, daß es keinen Personenschaden gegeben hätte und das Flugzeug auch nicht aus technischen Gründen zu Boden mußte. Es macht ja für die Kontrollbehörden (und natürlich auch für die Passagiere) einen großen Unterschied, ob man in schlechtes Wetter geraten und sicherheitshalber gelandet ist, oder ob das Flugzeug nicht funktionierte. Seinerzeit durfte man in beiden Fällen nicht sofort wieder starten, inzwischen wird das großzügiger gehandhabt, wenn die Voraussetzungen erfüllt sind. Bei so einer eindeutigen Wetter-Geschichte bekommt man dann schon die Genehmigung zum Weiterfliegen. Handelt es sich allerdings um eine technische Panne, dann muß erst von Amts wegen die Lufttüchtigkeit des Flugzeuges geprüft werden. Was vollkommen richtig ist! Fliegen hat ja immer mit Vertrauen zu tun. Man muß sich schon darauf verlassen können, daß der Besitzer des Flugzeuges und der Pilot höchst vorsorgliche und auf absolute Sicherheit bedachte Menschen sind. Die lieber alles doppelt und dreifach kontrollieren, als einmal zu wenig. Ich habe immer den Respekt vor den Gefahren der Fliegerei behalten und bin dementsprechend sorgfältig mit mir und der Maschine umgegangen. Respekt, keine Angst, das wäre verkehrt! Ich denke, ich bin beim Fliegen, und wohl auch sonst im Leben, immer ein Perfektionist. Was nicht bedeutet, ein Pedant zu sein, der alle Leute mit seiner Pingeligkeit nervt. Perfekt zu sein, heißt ja nicht nur, immer die Kontrolle zu haben, sondern auch sehr vorausschauend zu arbeiten: Welche Verschleißteile müssen demnächst ausgetauscht werden, welche Ersatzteile müssen immer an Bord sein... Weil diese Schnee-Landung bei Deisfeld also kein Absturz war, gab mir der Beamte vom Luftfahrtbundesamt noch am Telefon die Genehmigung, das Flugzeug abtransportieren zu lassen.

Ich war zwar Vollkasko versichert, wollte aber trotzdem die Bergungskosten so niedrig wie möglich halten. Also fuhr ich am nächsten Tag mit zwei Mechanikern aus unserer Firma, die die Tragflächen vom Rumpf der Maschine abbauen sollten, und einem unserer Siebeneinhalb-Tonner zur Landestelle. Vor Ort wurden dann ein paar kräftige Bauern zusammengetrommelt, die mit viel Hallo per Hand den Rumpf und die Tragflächen auf den LKW hievten. Es klappte bestens! Um die Mittagszeit hatten wir das Flugzeug ordentlich verladen. Nur sein Heck ragte noch mit Höhen- und Seitenleitwerk anderthalb Meter weit hinten über die LKW-Rückwand hinaus. Den Bauern erschien diese Aktion natürlich als eine willkommene Abwechslung im winterlichen Einerlei. Darauf mußte doch erst einmal ordentlich angestoßen werden! Also ging es anschließend in der Kneipe, wo ich die Helfer aus dem Ort zum Dank anständig bewirten ließ. Da einer der Mechaniker den LKW zurückfahren sollte, konnte auch ich ein paar Runden mittrinken. Es wurde recht gemütlich. Dann tauchte noch ein Zeitungsreporter auf, den wohl der Wirt herbeitelefoniert hatte. Also gab es noch eine Runde... Plötzlich stürzte jemand ganz aufgeregt in die Kneipe und rief: „Das Flugzeug ist die Böschung runter!" Was war geschehen? Den ganzen Nachmittag über hatte eine schon recht kräftige Sonne den Schnee vom Straßenpflaster getaut. Mit einsetzender Dämmerung überfror die nasse Straße aber wieder. Da sie an der Stelle vor der Kneipe ziemlich anstieg, hielten irgendwann die Bremsen des LKW's nicht mehr. Er geriet langsam in's Rutschen und zwar nicht die Straße entlang, sondern die seitliche Böschung hinunter. Nun lagen Transporter samt Flugzeug rund fünf Meter tiefer auf der Seite. Größerer Schaden entstand nicht, da alles im weichen Schnee gelandet war. Trotzdem erwies sich die zweite Bergung als kompliziert. Ich mußte für den nächsten Morgen einen großen Kran bestellen, um den LKW samt Flugzeug wieder auf die Straße stellen zu lassen. Die Presse kam noch einmal, um über den Fortgang des Geschehens zu berichten. Der Bürgermeister meinte beim Abschied sarkastisch: „Herr Meyer, sie werden Deisfeld in guter Erinnerung behalten." Allerdings war unsere Pannenserie damit noch nicht beendet. Ich wollte das Flugzeug direkt zur Reparatur nach Dortmund, in die Luftfahrt-Firma von Theo Hengsbach bringen. In Brilon mußten wir erst einmal passen: Die Straße führte unter einer Brücke hindurch, die zu niedrig war, um sie mit dem herausragenden Flugzeugheck zu passieren. Es mußte eine neue Straßenroute, möglichst ohne alle Brücken und Tunnel, ausfindig gemacht werden.

Die Reparatur würde natürlich einige Zeit dauern. Theo schlug mir vor, schnell ein neues Flugzeug anzuschaffen, damit ich nicht aus der Übung kam. Ich kaufte. Und entwickelte die Idee, zukünftig Flugzeuge an Selbstflieger zu vermieten. Schließlich nahmen immer mehr Leute, die es sich leisten konnten, Flugstunden und erwarben entsprechende Lizenzen. Meine Autovermietung hatte ich erfolgreich auf den Weg gebracht, warum sollte es mir mit Flugzeugen nicht glücken? Also gründete ich neben der Auto-Meyer KG, mit Hilde und mir als Gesellschafter, die Firma Air Taxi Service GmbH und Co. Luftfahrt KG, ebenfalls mit Hilde und mir als Gesellschafter. Es wurden zwei weitere neue Flugzeuge gekauft, eine Cessna 172 und eine Cessna 182. Dazu kam eine gebrauchte Cessna 337, Push-Pull, also eine Maschine mit besonders viel Power: Ein Motor zog vorne und ein Motor schob hinten, die Anordnung der Triebwerke sah ulkig aus und wurde damals in Pilotenkreisen auch viel belästert. Ich kaufte dieses Flugzeug vom Vorbesitzer in Bielefeld nicht zuletzt deswegen, um gleichzeitig an einen Standplatz in der Bielefelder Flughafenhalle zu kommen. Mit dem Verkauf des Flugzeuges geht nämlich der Hallenplatz auf den Erwerber über. Das Kennzeichnen der Cessna 172 lautete D-EBLN, dabei steht das -D- für Deutschland, das -E- für einmotorige Flugzeuge bis zweitausend Kilogramm Gesamtgewicht, die drei letzten Buchstaben haben keine Bedeutung.

Wenige Wochen später passierte mir mit dieser Cessna D-EBLN eine unangenehme Geschichte. Ich kam mit zwei Passagieren von Hildesheim, flog gerade Bielefeld an, da bat mich einer der Passagiere darum, noch rasch eine Kurve über seiner Firma in Versmold zu drehen. Warum sollte ich ihm nicht die kleine Gefälligkeit erweisen? Ich kontrollierte meine Benzinanzeigen und sah, daß in beiden Tanks mehr als ein Viertel der Tankfüllung sein mußte. Ich wußte von meiner vorigen Cessna, daß ich bei diesem Treibstoffstand noch sicher über eine halbe Stunde fliegen konnte. Also auf nach Versmold und dort eine Ehrenrunde gedreht! Mein Passagier freute sich und ich steuerte anschließend in aller Seelenruhe Bielefeld-Windelsbleiche an. Im Anflug auf die Landebahn 29, das bedeutet 290 Grad, also Richtung West-Nordwest, setzte plötzlich der Motor aus. Schluß, nichts ging mehr. Bielefeld schien zwar zum Greifen nahe zu liegen, war aber im Schwebeflug, also ohne eigenen Antrieb nicht zu erreichen. Kurzentschlossen landete ich auf dem nächsten Acker. Die Maschine setzte sicher auf und rollte aus. Leider erwies sich der Acker als zu kurz, so daß ich vor einer am Rande auftauchenden Baumgruppe im letzten Moment das Ruder nach rechts herumreißen mußte, um eine zu Kollision vermeiden. Auf keinen Fall soll man bei solchen Gelegenheiten einen frontalen Zusammenprall zwischen Flugzeug und Hindernis riskieren, weil bei einer solchen direkten Kollision häufig nicht nur das Flugzeug, sondern auch dessen Insassen zu Schaden kommen. Durch den unvermittelten Rechtsschwenk knickte das Bugrad ab, der Propeller wurde beschädigt und die rechte Tragfläche schleifte über den Erdboden. Durch diesen Bodenkontakt verringerte sich die Energie, mit der die Maschine vorwärtsrollte. Sie blieb dann auch nach wenigen Metern stehen. Wir waren glimpflich davongekommen und kletterten heraus. Dabei meinte einer der Passagiere anerkennend: „Herr Meyer, daß haben Sie bestimmt nicht zum ersten Mal gemacht!" Ich erwiderte lakonisch: „Nein, zum zweiten Mal!" Nur mühsam konnte ich meine Wut über die ganz offensichtlich fehlerhafte Tankanzeige der Cessna herunterschlucken! Da wir uns ganz in der Nähe des Flugplatzes befinden mußten, ging ich an das Funkgerät und rief Bielefeld. Der diensthabende Beauftragte für Luftaufsicht, Herr Harf, wunderte sich, wo wir denn blieben. Schließlich hatte ich mich doch schon im Anflug auf die Landebahn 29 gemeldet. Ich erklärte ihm die Situation und bat, die Polizei zu verständigen. Außerdem bat ich, uns ein Taxi zu schicken, damit wir zu unseren am Flugplatz abgestellten Autos kommen konnten. Es wäre ja eine Zumutung gewesen, meine Passagiere zu Fuß über den Acker schicken. Anschließend rief ich die Unfalluntersuchungsstelle des Luftfahrtbundesamtes in Braunschweig an, und bat um einen Sachverständigen. Immerhin zeigten selbst jetzt, am Boden, die beiden Tanknadeln noch zu einem Viertel gefüllte Tanks an. Die Tanks waren aber leer! Nach einem dementsprechenden Bericht des Sachverständigen wurde dann auch kein Verfahren gegen mich eingeleitet. Aber Theo Hengsbach konnte wieder ein neues Flugzeug verkaufen! So habe ich damals, wahrlich nicht ganz aus freien Stücken, die Wirtschaft angekurbelt!

Wie sich bald zeigen sollte, konnte man mit der Vermietung von Flugzeugen an Selbstflieger kaum lukrative Geschäfte machen. Wenn schon, denn schon, sagte ich mir und beschloß, ein konzessioniertes Luftfahrtunternehmen zu gründen, in dem nach Instrumentenflugregeln, also nicht mehr im Sichtflug wie bisher, sondern im Blindflug, nach Meßinstrumenten geflogen wurde. Im Dezember 1969 kaufte ich eine neue Aero Commander 500 S. Dieses zweimotorige Flugzeug mit Enteisungsanlage wurde von dem Amerikaner Bob Hoover für Akrobatikflüge benutzt, er hatte es damals gerade auf der Internationalen Luftfahrtausstellung in Hannover vorgeführt. Das S im Flugzeugnamen steht übrigens für Shrike, den Habicht. Der neue Habicht bekam vom Luftfahrtbundesamt die Kennung D-IMEY. D wieder für Deutschland, I für zweimotorige Flugzeuge von zwei- bis fünftausendsiebenhundert Kilogramm. Die Buchstaben „MEY" natürlich für Meyer. Solche Wünsche können vom Amt allerdings nur dann erfüllt werden, wenn die betreffenden Buchstaben nicht bereits an jemanden vergeben sind.

Um mit den neuen Flugzeugen nach Instrumentenflugregeln im gewerblichen Verkehr fliegen zu dürfen, mußte ich die dafür notwendigen Lizenzen erwerben. Also vor allem eine Umschulung auf die zweimotorigen Maschinen absolvieren und entsprechende Prüfungen bei Sachverständigen ablegen. Das würde seine Zeit in Anspruch nehmen. Da ich aber den Betrieb sofort im Dezember 1969 starten wollte, suchte ich mir zwei erfahrene Piloten. Volker Korte setzte ich als Flugbetriebsleiter und Helmut Bremer als Flugzeugführer ein. Ich selbst ging erst einmal zwei Jahre zur Schule und erwarb folgende Lizenzen: In Hannover das Sprechfunkzeugnis für den Blindflug (AZF), in Düsseldorf die IFR-Instrumentenflugberechtigung (Blindflug), in Köln die Berufspilotenlizenz CPL, später noch in Saffig bei Koblenz die Helicopter Privatpilotenlizenz HPPL und schließlich in Bern die Berufspilotenlizenz für Hubschrauber CHPL. Und siehe da, jetzt, mit vierunddreißig Jahren, machte mir das Lernen auf einmal großen Spaß. Abendelang saß ich über Fachbüchern und Karten. Wenn ich da noch an meine Schulzeit dachte... Heute wußte ich allerdings sehr genau, wofür ich lernte. Trotzdem strengte mich dieser Lizenzen-Kraftakt ziemlich an. Neben der theoretischen Ausbildung standen auch noch reichlich Ausbildungsflüge an. Insgesamt mußte ich in Theorie und Praxis neun Prüfungen über mich ergehen lassen. Das schlaucht! Anschließend durfte ich dann allerdings sowohl meine Aero Commander 500 S als auch die noch größere Grand Commander fliegen. Mein Selbstbewußtsein stieg natürlich.

Islands in the sun

Nach diesem Prüfungsmarathon brauchte ich im Februar 1971 dringend Urlaub und bat meine Frau, mich allein ziehen zu lassen. Ich mußte richtig abschalten, einfach Tourist sein, irgendwohin in die Sonne fliegen, in die Karibik, und dort an gar nichts mehr denken. Hilde verstand das. Also buchte ich bei der Air Bahamas einen Flug nach Nassau, der Hauptstadt der Bahamas. Diese Fluglinie brachte ihre Kunden damals zu ausgesprochen günstigen Konditionen in die Karibik, einziger Nachteil: man startete nicht von Frankfurt oder München, sondern von Luxemburg aus.

Da lagen sie dann vor mir, die Traumstrände der Bahamas. Als Kolumbus die Neue Welt entdecken wollte, ist er im Oktober 1492 hier gelandet, im Paradies. Siebenhundert palmenbestandene Inseln im Westatlantik gehören zur Bahama-Gruppe, nur neunundzwanzig von ihnen sind bewohnt. - Nach ein paar ruhigen Tagen konnte ich das Fliegen doch nicht bleiben lassen. Also charterte ich in Freeport, auf der Insel Grand Bahama, kurzerhand eine Cessna 172 mit amerikanischem Kennzeichen. Es machte auch keine Probleme, mir von Freeport aus bei der amerikanische Luftfahrtbehörde zu meiner deutschen Fluglizenz noch eine US-Lizenz ausstellen zu lassen. Mit einem fröhlichen Deutschen, der schon seit einiger Zeit als 'Aussteiger', auf den Bahamas lebte, flog ich etliche der siebenhundert Inseln ab. Dann packte mich die Neugier auf Florida, schließlich lag der internationale Flugplatz von Miami auf dem amerikanischen Festland der Grand Bahama direkt gegenüber, kaum hundert Kilometer Luftlinie entfernt. Erinnerungen kamen in mir auf. Vor gerade erst elf Jahren hatte ich noch in Winterhaven Apfelsinen und Pampelmusen gepflückt...

Von Miami aus flog ich zum in der Nähe gelegenen Flugplatz Opa Locka. Opa Locka galt damals als der am zweitstärksten frequentierte Flugplatz der USA, nur auf Chikago-O Hara landeteten und starteten damals mehr Flugzeuge. Welcher richtige Pilot würde die Chance an sich vorbeiziehen lassen, auch einmal auf Opa Locka zu landen. Beim Anflug meldete ich mich rechtzeitig über Funk. Trotzdem bekam ich vom Tower-Controller zu hören, daß ich Nummer Achtzehn in der Platzrunde wäre. In Deutschland waren fünf Flugzeuge in der Platzrunde schon sehr viel. Erschwerend kam hinzu, daß es auf diesem Großflugplatz zwölf verschiedene Landerichtungen gab. Angesichts dieser Schwierigkeiten zog ich meine Warteschleifen am strahlend blauen Himmel von Florida schon ein wenig verspannt. Hoffentlich würde ich die richtige Landebahn treffen und nicht mit dem Controller Ärger bekommen! Alles ging gut und ich war glücklich, wieder eine Herausforderung bestanden zu haben.

Ich blieb nicht lange, sondern machte mich auf den Weg nach Tampa, an der Westküste von Florida, direkt am Golf von Mexiko gelegen. Dort wohnte ein Bekannten aus meinen New Yorker Jahren, den ich bei dieser Gelegenheit besuchen und natürlich auch gleich ein bißchen angeben wollte. Immerhin war ich gerade selbst mit einem gecharterten Flugzeug von den Bahamas eingeflogen. Am nächsten Tag wollte ich eigentlich vom Flughafen Tampa International nonstop nach Freeport auf der Grand Bahama Insel zurückfliegen. Aber dann sollte sich herausstellen, daß es auf dem großen Flugplatz Tampa kein Benzin für meinen kleinen Flieger gab, nur Kerosin für die großen. Auf der Flugsicherungsberatungsstelle gab man mir den Tip, einen Umweg zu einem kleinen Grasfliegerplatz, der zwanzig Meilen von Tampa-International liegt, zu nehmen. Dort würde ich mein Benzin bekommen. Aber ich hatte doch einen Flugplan Tampa-Freeport direkt eingereicht? No Problem! Der Beamte von der Flugsicherung würde die Gesamtflugzeit einfach um eine halbe Stunde verlängern und schon hätte alles wieder seine Richtigkeit. Ein auf deutschen Flugplätzen undenkbarer Vorgang! In den USA wird nur die Einreise von Zoll- und Einwanderungsbehörden sehr genau kontrolliert. Wer wann wie ausreist, ist hingegen nicht so wichtig, Hauptsache, man gibt irgendwo einen kleinen Zettel ab, der dann an die Behörde weitergeleitet wird, damit die registrieren kann, daß man das Land wieder verlassen hat. So wie bei diesem Vorgang läuft in den USA vieles ganz anders. So gibt es in Florida bis auf den heutigen Tag keinen TÜV oder ein ähnliches technisches Vorschriftenwerk. Auch im Straßenverkehr nimmt man etliches legerer. Motorradfahrer sind nicht verpflichtet, einen Helm zu tragen, man darf unbegrenzt Leute auf offenen LKW-Ladeflächen transportieren. Bei uns alles undenkbar!

Zurück auf den Bahamas schlug mir mein deutscher Begleiter, mit dem ich mich inzwischen angefreundet hatte, vor, nach Jamaika zu fliegen. Dort wäre es noch schöner als auf den Bahamas, es gäbe ein attraktive Bergwelt und phantastische Regenwälder. Also auf nach Jamaika. Die Air Jamaika landete zunächst in Montego Bay. Ich blieb sitzen, um nach Kingston weiterzufliegen. Am Flugplatz in Kingston nahm ich mir für eine Woche einen Leihwagen, schließlich wollte ich die Insel richtig kennenlernen. Aus jeder zweiten Kneipe in Kingston dröhnten Harry Belafontes „Oh island in the sun" oder „My little girl von Kingstontown" und „Yellow bird". Auch Bob Marley spielten sie von morgens bis abends: „No women, no cry" und „Lets get together one women one heart". Die Rastafarian Sippe war überall präsent, Raggae an der Tagesordnung und die Rastamänner gewöhnungsbedürftig. Neugierig und vergnügt fuhr ich rund um die Insel und wollte unter anderem die Wasserfälle von Orcho Rios sehen. An einer Ampelkreuzung mußte ich bei Rot anhalten. Dort stand eine nette kleine farbige Jamaikanerin. Ich fragte nach dem Weg zu den Wasserfällen. Oh, meinte sie, das wäre auch ihre Richtung und ob ich sie nicht mitnehmen könnte. Normalerweise nehme ich keine Anhalter mit. Hier hatte ich aber das Gefühl, daß es sich um ein ordentliches, braves Mädchen handelte. Ich ließ die Kleine einsteigen und fragte sie unterwegs tüchtig aus. Sie arbeitete im Haushalt einer Polizistenfamilie und erzählte mir stolz, daß die Lopez sehr mit ihr zufrieden seien und sie in ungekündigter Stelle wäre. Ich fragte nach dem Verdienst. Sie bekam zwanzig Dollar im Monat, für dortige Verhältnisse vermutlich recht ordentlich. Ich sah mir das muntere junge Mädchen an, dachte daran, wie schwierig es schon damals in Deutschland war, eine vernünftige und gleichzeitig bezahlbare Haushalthilfe zu bekommen. Hilde konnte Hilfe zu Hause gut gebrauchen. Ich bot der kleinen Jamaikanerin hundert Dollar im Monat an, wenn sie mit nach Deutschland kommen würde. Außerdem würde ich natürlich den Flug bezahlen. Sie erbat sich Bedenkzeit. Ich gab ihr die Telefonnummer meiner Pension. Am nächsten Tag rief nicht etwa sie, sondern ihre Chefin auf der Polizeistation an. Ich solle dort umgehend antanzen. Frau Lopez erwies sich als ein wahres Dragonerweib. Als ich ihr nichtsahnend unter die Augen kam, hatte sie die Hände in die Hüften gestützt und vernahm mich erst einmal wie einen Schwerverbrecher. Aber sie meinte es gut, es ging ihr darum, daß Hermalee Edgill in gute Hände kam. Ich konnte sie überzeugen und die Polizistin gab, wenn auch ärgerlich darüber, daß sie sich jetzt eine neue Haushalthilfe suchen mußte, ihr OK. Sie wollte dem gescheiten jungen Mädchen nicht die Chance verbauen, in Europa gutes Geld zu verdienen. Wie sich herausstellte, besaß Hermalee einen Reisepaß, was natürlich von Vorteil war. Bis zur Ausreise mußte ich ein Rückflugticket kaufen, sonst hätten die Behörden Hermalee nicht laufen lassen.

Inzwischen begann mein Bargeld knapp zu werden, aber wozu gibt es denn Diners Club... Hermalee bestand darauf, daß ich sie vor dem Abflug noch zu ihrer Verwandtschaft in die Berge brachte, damit sie sich richtig von allen verabschieden konnte. Unterdessen genoß ich noch ein paar Sonnentage am wunderschönen Strand von Negril.

Auch zurück hatte ich bei der Air Bahamas gebucht. Als wir in's Flugzeug stiegen und ich die dünnen Sommersachen meiner neuen Haushalthilfe ansah, begriff ich, daß sie ja keine warme Winterkleidung besaß. Dummerweise kamen wir ausgerechnet an einem Sonntag in Luxemburg an, so daß ich ihr auch nichts Warmes kaufen konnte. Ein naßkalter Februartag, das arme Mädchen bibberte still vor sich hin. Was tun? Schließlich suchte ich ihr kurzerhand meinen Bademantel aus dem Koffer. In diesem etwas seltsamen Aufzug fuhr Hermalee dann mit mir per Zug nach Gütersloh.

Ich hatte Hilde angerufen und die Ankunftszeit mitgeteilt, von Hermalee allerdings nichts gesagt. Hilde kannte mich ja. Sie wußte, daß ich manchmal kühne Entscheidungen traf und sie gelegentlich damit überraschte. Ich war mir sicher, daß sie meine Idee am Ende akzeptieren würde. Über die Reaktionen anderer Leute, unserer Nachbarn, meiner Mitarbeiter, hatte ich mir weiter keine Gedanken gemacht. Meyers stellten eine dunkelhäutige Haushaltshilfe ein, na und?! So wie ich in jeder Hinsicht ein vorurteilsfreier Mensch bin, erwarte ich es eigentlich auch von anderen. In den USA hatte ich erlebt, daß das Zusammenleben von Weiß und Schwarz zwar nicht reibungslos funktionierte, aber etwas vollkommen Alltägliches war. Kein Mensch hätte sich dort über eine Hermalee Gedanken gemacht.

Mein Empfangskomitee, Hilde und die beiden Kinder, stand vollzählig auf dem Bahnhof bereit, wir begrüßten uns herzlich wie immer, Hilde bekam einen riesigen Blumenstrauß. Unterdessen war Hermalee in gebührendem Abstand hinter mir geblieben und immer noch nicht vorgestellt. Es erschien mir jetzt doch etwas schwierig, ich wußte nicht wo beginnen. Das nahm mir dann meine pfiffige Tochter Bärbel ab. Gerade wollten wir uns zum Ausgang hin in Bewegung setzen, als Bärbel, die meinen Bademantel an Hermalee erkannt hatte, sagte: „Mami, ich glaube, Papi hat sich eine neue Frau mitgebracht." Auch Hilde erkannte jetzt an der jungen Jamaikanerin hinter mir den Bademantel, den sie persönlich ausgesucht hatte. Vor Schreck fielen ihr die Blumen aus der Hand. Dieses Mal empfand Hilde meine Überraschung wohl doch als etwas heftig und reagierte ziemlich schockiert. Wortreich erklärte ich nun, daß ich Hermalee Edgill nicht für den Hausgebrauch, sondern für den Haushalt mitgebracht

Hermalee Edgill und die Kinder.

hätte, um sie zu entlasten, da wir uns doch schon mehrmals vergeblich um eine deutsche Haushaltshilfe bemüht hatten. Hilde erholte sich nur langsam. Stumm fuhren wir nach Hause. Dort wartete zu allem Überfluß meine Schwiegermutter. Sie schaute mich entgeistert an, blickte dann streng auf ihre Tochter und sagte: „Kind, Du kommst jetzt sofort mit nach Hause. Das hier geht entschieden zu weit." Hilde blieb aber bei mir. Es dauerte gar nicht lange, da konnte sich niemand mehr unseren guten Geist Hermalee aus dem Haus wegdenken. Vierzehn Jahre lang blieb sie bei uns. Die Kinder liebten sie, auch Hilde entwickelte ein herzlichen Verhältnis zu der tüchtig und aufopfernd im Haushalt mitarbeitenden Fremden, die schon bald keine Fremde mehr war. Hinter unserem Rücken tuschelten die Leute im Ort natürlich und reimten sich die wildesten Geschichten zusammen. Das hat mich schon immer vollkommen kalt gelassen.

Hermalee besaß allerdings nur eine Aufenthaltsgenehmigung für sechs Monate. Anfangs lösten wir das Problem damit, daß wir kurz vor Ablauf des halben Jahres mit Hermalee nach Holland zum Kaffeetrinken fuhren, also formal aus Deutschland ausreisten. Bei der Einreise bekam Hermalee einen neuen Stempel in den Paß und war wieder für sechs Monate OK. Auf Dauer gefiel uns diese Situation nicht. Hilde und ich wollten, daß alles seine Richtigkeit bekam, daß wir für Hermalee Steuern zahlten und sie auch in die Rentenversicherung kam. Aber auf regulärem Wege war an eine Arbeitserlaubnis nicht zu denken. Etwas anderes würde es sein, wenn unsere Haushalthilfe einen Deutschen heiratete. Also verheirateten wir Hermalee kurzerhand. Das lief folgendermaßen ab: Ein Freund von mir beschäftigte in seiner Firma einen sehr fleißigen, aber etwas unpraktischen und naiven Mann. Den überredeten wir, mit Hermalee zum Standesamt zu gehen. Schließlich wäre es doch gar keine richtige Hochzeit, eben nur auf dem Papier. Unsere Perle hieß von nun an Hermalee Völler und der Herr Völler nahm das Ganze überhaupt nicht ernst und hatte es wohl nach einiger Zeit vollkommen vergessen. Eines guten Tages allerdings verlobte sich Herr Völler und es sollte geheiratet werden. Arglos ging der Mann mit seiner Zukünftigen zum Standesamt, um die Eheschließung anzumelden. Da eröffnete der, ebenfalls reichlich verdutzte, Standesbeamte den beiden Heiratswilligen, daß der Herr Völler bereits verheiratet sei. Man kann sich die wütende Reaktion der Verlobten vorstellen... Als sie sich wieder beruhigt hatte und er endlich zu Wort kam, meinte Herr Völler, er sei ja nicht richtig verheiratet, nur ein bißchen! Kurz und gut, ich kümmerte mich darum, daß schleunigst die Ehe mit Hermalee geschieden wurde. Der Scheidungsrichter, der die Geschichte natürlich durchschaute, aber kein Drama daraus entstehen lassen wollte, fragte Herrn Völler: „Haben Sie mit Ihrer Frau Geschlechtsverkehr gehabt?" Er konnte diese Frage mit ruhigem Gewissen verneinen. Das genügte. Die Scheidung wurde ausgesprochen. Hermalee durfte aber trotzdem bei uns bleiben, sie hatte ja eine gültige Arbeitsgenehmigung. Heute ist sie in New York verheiratet und besucht uns jedes Jahr einmal. Beim Abschied sagt sie: „Mein zu Hause ist immer noch bei Euch in Steinhagen."

Und jetzt noch Hubschrauber

Als sich nach meiner Rückkehr von Jamaika die Wogen wieder einigermaßen geglättet hatten, kaufte ich einen neuen Hubschrauber vom Typ Hughes 300 C und absolvierte darauf die schon erwähnte Privatpiloten-Ausbildung in Saffig bei Koblenz. Im Prüfungsrat in Koblenz saß der allseits gefürchtete Bundesgrenzschutzoberst Knorr. Zu seinen Pflichten gehörte es auch, künftigen Polizeihubschrauberpiloten die Prüfungen abzunehmen. Über seine rüden Methoden erzählte man sich in Pilotenkreisen die wildesten Geschichten. Wenn nach Knorrs Meinung ein Prüfling vollkomen unfähig sei, könne es glatt passieren, daß der Oberst den Hubschrauber irgendwo weitab auf einem Acker landen ließ und den Mann rausschmiß. Der mochte dann sehen, wie er weiter und zur nächsten Straße kam. Herr Knorr nahm auch mich ganz schön in die Mangel. Ich glaube, die theoretische Prüfung schaffte ich gerade mal so. Nach bestandener praktischer Prüfung flog ich mit dem Hubschrauber direkt zu unserem Hof in Steinhagen und stellte das neue Gefährt in der Scheune unter. Jetzt hatte man in Steinhagen wieder einmal Gesprächsstoff... Eine solche direkte Landung zu Hause war nur möglich, weil mich die Hubschrauber-Verkaufsfirma Clever und Rietdorf in Saffig mit in ihre allgemeine Außenstart- und Landegenehmigung aufnahm. Für eine Außenlandung brauchte ich jetzt nur noch die Zustimmung des Grundstückseigentümers und die Anmeldung beim zuständigen Ordnungsamt. Natürlich stellte ich dann gleich beim Regierungspräsidenten in Münster den Antrag, mir eine unbegrenzte Hubschrauber-Landegenehmigung für den Hof in Steinhagen zu erteilen. Ich bekam sie. Aber mir genügte es natürlich nicht, selbst Helicopter fliegen zu können, ich wollte auch eine Lizenz als Berufspilot. Um zur einer Hubschrauberberufspilotenausbildung zugelassen zu werden, mußte man zweihundert Flugstunden nachweisen können. Also drehte ich fortan an den Wochenenden auf Schützen- und Feuerwehrfesten der weiteren Umgebung mit dem Hubschrauber meine Runden, um rasch zu meinen Pflichtstunden zu kommen.

Heute habe ich nach dreißig Jahren Hubschrauberpraxis über fünftausend Stunden im Hubschrauber gesessen. Und das, toi, toi, toi ohne einen Zwischenfall! Allein fünfzehn Jahre lang kontrollierte meine Firma Pipelines. Die sind naturgemäß quer durch Wald und Feld verlegt und können per Hubschrauber am effektivsten erreicht werden. Um Veränderungen oder etwaige Lecks sehen zu können, fliegt man etwa in der Höhe der Baumspitzen direkt über der Leitung, was nicht ganz ungefährlich ist. Fällt in einer solchen Position der Motor aus, kann man wegen der geringen Höhe keine vernünftige Notlandung mehr durchführen. Die Landung muß zwar nicht tödlich sein, aber mit Bruch ist zu rechnen. Passiert ein Motorschaden in größeren Höhen, so kann der Hubschrauberpilot immer noch versuchen, per Autorotation einigermaßen heil herunter zu kommen. Er stellt dann sofort die Rotorblätter, die ja sonst in einem Anstellwinkel von etwa zwölf Grad laufen, exakt horizontal. Damit behalten die Rotorblätter ihre Drehzahl bei, drehen also in der Horizontalen weiter. Dabei entsteht ein gewisser Segel-Effekt. Kurz vor der Bodenberührung kippt man die Rotorblätter dann wieder schräg an, damit sie jetzt noch etwas abbremsen. Gott sei Dank ist mir in über zweiunddreißigjähriger Flugpraxis nie ein Motorausfall wiederfahren. In eine etwas heikle Situation kam ich nur einmal, 1977, bei einem Nachtflug von Mailand nach Paderborn. Über den Alpen, in sechzehntausend Fuß Höhe, fing der rechte Motor an zu stottern. Ich befand mich über dem Meldepunkt Brunnen in der Luftstraße A9. Zürich war nicht mehr weit. Also bat ich den Radarkontroller, mir die kürzesten Kurse für eine Landung in Zürich zu geben. Auf dem Instrumentenlandesystem, in dreitausend Fuß Höhe, bekam der Motor wieder volle Leistung und wir konnten schließlich doch in achttausend Fuß Höhe unseren Flug nach Paderborn fortsetzen. Was war geschehen? An einem Triebwerk war die Benzinleitung zugefroren, also bekam der Motor nicht genügend Kraftstoff. In dreitausend Fuß Höhe flog ich dann bei Plus-Temperaturen und die Benzinleitung taute wieder auf. Um noch einmal auf die Hubschraubermotoren zurück zu kommen: Sie sind sehr robust, mit ihrer niedrigen Drehzahl von zweitausend bis dreitausend Umdrehungen ähneln sie Treckermotoren. Außerdem ist durch ein doppeltes Magnetzündungssystem sehr viel Sicherheit eingebaut. Hinzu kommt, daß laut Vorschrift alle Motoren grundüberholt werden müssen, wenn sie zwischen zweitausend und zweitausendfünfhundert Betriebsstunden gelaufen sind. Nach so einer Grundüberholung sind sie dann wieder fast wie neu.

Ende 1971 hatte ich alle Lizenzen in der Tasche, um gewerblich tätig werden zu können. Jetzt hieß es, schnell noch hundert Stunden zu fliegen, um an die gewerbliche Alleinfluglizenz zu kommen. Man war dann unabhängiger und nicht immer auf einen Co-Piloten angewiesen. Bei dieser Alleinflugerlaubnis müssen hohe Auflagen erfüllt werden! So muß das Flugzeug Zusatzausrüstungen haben, zum Beispiel einen Autopiloten mit Anflugkoppler, der automatisch das ILS, das Instrumenten-Lande-System herunterfliegt. Auch muß man unter Aufsicht eines Sachverständigen der Behörde einen speziellen Überprüfungsausflug absolvieren. Der muß jährlich wiederholt werden. So lasse ich auch heute noch alljährlich einen Checkflug nach den IFR-Instrumentenflugregeln über mich ergehen. Da ich mittlerweile seit über zwanzig Jahren gewerblich Ballon fahre, muß auch dafür eine jährliche Überprüfungsfahrt stattfinden. Außerdem ist für den Hubschrauber ein Überprüfungsflug fällig, denn selbstverständlich wird auch diese Lizenz erst nach dem alljährlichen Check verlängert. Außerdem habe ich mich alle sechs Monate beim Fliegerarzt vorzustellen, der mich auf Herz und Nieren prüft, ein umfangreicher Augentest inbegriffen.

Nachdem es mit der Fliegerei so richtig losging, mußte sich Hilde, neben unseren beiden Prokuristen, mehr ums Autogeschäft kümmern. Ich tourte kreuz und quer durch Europa, sämtliche großen Flughäfen wurden angeflogen und machte so meine Erfahrungen. Den Pariser Flughafen Charles de Gaulle darf man beispielsweise nur mit einem Handling, also einer Agenturbetreuung der Air France, anfliegen, die jedesmal tausend Mark kostet. Auch darf man Charles de Gaulle nur instrumentengesteuert, also nicht auf Sicht anfliegen, was verständlich ist bei dem riesigen Flugaufkommen auf diesem Airport. Wie sollten die Pariser Fluglotsen sonst den Verkehr halbwegs flüssig halten?

Inzwischen war es auch gar keine Seltenheit mehr, daß Kunden Geschäftsflüge nach Osteuropa buchten. So bekam ich es jetzt mit den Merkwürdigkeiten des damals noch sehr geteilten Kontinents zu tun. Der Flugplatz in Budapest erschien mir immer besonders unheimlich, weil dort beim Ein- und Aussteigen jeweils sechs Soldaten mit

Gewehr in der Hand rund um das Flugzeug Aufstellung nahmen. Es sollte wohl verhindert werden, daß jemand vom ungarischen Flughafenpersonal in die Maschine sprang und gen Westen verschwand. Flüge nach Polen hatten auch so ihre Tücken. Wollte beispielsweise ein Kunde nach Warschau, so durfte ich nicht in direkter Linie über den Osten Deutschlands fliegen, sondern mußte einen riesigen Umweg über die Ostsee nehmen. Die DDR-Regierung erlaubte ja nur ihren Verbündeten und einigen ausgewählten ausländischen Gesellschaften den Überflug. Wegen dieser besonderen politischen Umstände bis 1990 konnten wir seinerzeit auch nicht Berlin-Tegel und Berlin-Tempelhof anfliegen. Bekanntlich hatten nach dem Zweiten Weltkrieg in Berlin nur die westlichen Alliierten Landerechte und durften mit ihren Maschinen das Gebiet der DDR in einem Korridor in niedriger Höhe überfliegen.

An's Ende der Welt, nach Longyear

Trotz der vielen Alltags-Flüge blieb ich neugierig auf den Rest der Welt. Nichts gegen die Pflicht, aber zwischendurch durfte es doch auch einmal wieder etwas Kür sein! Bisher hatte mich meistens der Süden angezogen, nun entstand die Idee, einmal etwas vollkommen anderes zu machen, nämlich an den Rand der Arktis zu fliegen. So steuerte ich am 30. Oktober 1976 Spitzbergen an, eine Inselgruppe im Europäischen Nordmeer, die von den einheimischen Svalbard genannt wird. Auch ein paar Freunde konnten sich für einen Besuch in dieser kühlen Gegend erwärmen: Winifred Schlichte, Klaus Lütgemeier und Erwin Bevermeier, genannt 'Mac Bee'.

Unsere erste Zwischenlandung zum Tanken machten wir im norwegischen Trondheim, dann ging es weiter nach Hammerfest, der nördlichsten Stadt der Welt. Vorher mußte aber erst einmal das Nordkap umflogen werden. In Hammerfest wollten wir einen Flugplan zum Flugplatz Longyear auf Spitzbergen aufgeben. Hier vor Ort stellte sich nun aber heraus, daß das so einfach nicht gehen würde. Man benötige dafür außer der norwegischen auch einer Genehmigung sowjetischer Dienststellen. Wir hatten bei unseren Planungen nicht bedacht, daß Spitzbergen zwar unter norwegischer Oberhoheit steht, dort aber auch der Sowjetunion und eben heutzutage den Russen, gewisse Rechte zustehen. Dahinter verbirgt sich eines der vielen kuriosen Kapitel europäischer Geschichte: Die ziemlich unwirtlichen Inseln im Norden wurden wegen ihrer erst im neunzehnten Jahrhundert entdeckten, reichen Kohlenvorkommen umstritten. 1920 kamen sie auf Beschluß des Völkerbundes, einer Vorläuferorganisation der UNO, an Norwegen. Doch behielten sich die Signatarstaaten dieses Vertrages Nutzungsrechte für Bergbau, Handel und Fischfang vor. So leben auch zweieinhalbtausend Russen auf Spitzbergen und bauen dort in zwei großen Gruben Steinkohle ab, die dann per Schiff zum Festland gebracht wird. Jedenfalls: Ohne Zustimmung der Russen lief hier nichts. Der diensthabende Beamte auf dem Tower in Hammerfest kümmerte sich eifrig um unsere Angelegenheit und versprach, die Genehmigungen von Moskau und Oslo einzuholen. Außerdem warnte er uns, daß es in Longyear keinen Kraftstoff gebe.

Also warteten wir in Hammerfest auf diese Genehmigungen und versuchten, die Zeit möglichst unterhaltsam herumzubringen. Nun gehört es zum touristischen Programm dort, unbedingt das Eisbärenmuseum im Rathaus anzuschauen. Die Eisbären der Region um Spitzbergen sind übrigens viel schöner als die im nördlichen Kanada. Ehe wir uns versahen, waren wir allesamt Mitglieder des Eisbärenclubs von Hammerfest. Winni bekam, glaube ich, die Mitgliedsnummer 5000. Vierundzwanzig Stunden später trafen die Landegenehmigungen tatsächlich ein. Wir hatten inzwischen unseren Kofferraum voller Benzinkanister geladen, was keine so ganz einfache Sache war. Man muß sehr genau darauf achten, daß mit dem Gewicht nicht die Balance verändert wird, sich der Schwerpunkt verlagert und die Maschine damit möglicherweise in der Luft aus dem Gleichgewicht gerät.

Um etwas vom Tag zu haben, starteten wir ganz früh am Morgen. Zunächst überflogen wir die Bäreninsel, auf der sich früher einmal ein kleiner Notlandeplatz befunden hatte. Zur Navigation dienten uns nur drei NDB, also Non-directional-beacon, drei einfache Funkfeuer. Wie sich unterwegs zeigen sollte, reichten die nicht sonderlich weit. Die Rückenpeilung von Hammerfest verlor sich schon bald und die Vorauspeilung von der Bäreninsel ließ noch auf sich warten. GPS, das Global positioning system, gibt es für die zivile Luftfahrt ja erst seit den neunziger Jahren. Also flog man wie einst der gute alte Charles Lindbergh allein nach dem Kompaß und mußte beim Kurs den Wind berücksichtigen, auf die magnetische Ortsmißweisung sowie auf die Deviation, die horizontale Kompaßablenkung, achten. Man nennt diese Art zu fliegen auch dead reckoning, Koppelnavigation. Die Peilungen der NDB sollte man mit äußerster Vorsicht behandeln, da der Küsteneffekt, der Dämmerungseffekt und andere Einflüsse wie atmosphärische Störungen die Peilungen beeinflussen können. Nun, wir kamen gut an.

Auf Spitzbergen gelandet, schauten wir uns dort ein bißchen um. Viel Sehenswertes fanden wir weder im russischen noch im norwegischen Dorf. Ein merkwürdiges Gefühl war es schon, hier so ziemlich am Rande der bewohnbaren Welt zu stehen, und sich den rauhen Arktis-Wind um die Nase wehen zu lassen. Einladend wirkte dieses Longyear wirklich nicht! Schließlich tankten wir die Maschine aus unseren mitgebrachten Benzinkanistern auf und bereiteten den Rückflug nach Tromsö vor.

Der Start machte dann doch einige Schwierigkeiten. Wir bekamen so viel Seitenwind, daß wir auf der überfrorenen Startbahn Mühe hatten, die Nasenspitze in der Mitte der Bahn zu halten. Bei den entsprechenden Manövern stellte sich plötzlich das Bugrad unter der Maschine quer und ließ sich, als wir es oben in der Luft einfahren wollten, nicht mehr regulieren. Das Rad schien irgendwie im Bugradschacht verklemmt zu sein. Oh große Scheiße! Mehrmaliges Ein- und Ausfahren in der Luft brachte keine Änderung, die Kontrollampe im Cockpit zeigte noch immer ein ausgefahrenes Bugrad. Zuletzt hoffte ich, daß vielleicht nur das entsprechende Anzeigelämpchen hinüber war und wechselte die Birne aus. Aber es blieb dabei, das Bugrad hing offenbar halb draußen und ließ sich weder vor noch zurück bewegen. So darf man eigentlich nicht fliegen. Normalerweise würde man in einer derartigen Situation sofort wieder landen. Aber was sollten wir auf Spitzbergen, dort gab es keine Flugzeugwerft, außerdem war die Landebahn vereist... Wir beschlossen, weiter zu fliegen. Da unsere Maschine in diesem Zustand einen größeren aerodynamischen Widerstand bot, mußten wir mit einer längeren Flugzeit rechnen. Würde jetzt noch der Kraftstoff reichen? Was wäre, wenn sich in Tromsö das Wetter verschlechterte? Was wäre, wenn in Tromsö ein abgestürztes Flugzeug die Landebahn blockierte? Reichte der Kraftstoff dann noch bis zum nächsten Ausweichflughafen? Wir kamen alle Vier ziemlich in's Grübeln... Das Wetter in Tromsö war gut, die Landebahn nicht blockiert, aber wie würde sich unser defektes Bugrad beim Aufsetzen verhalten? Vorsichtshalber informierten wir den Tower über einen möglichen Bruch des Bugrades. Im Anflug wurde das Flugzeug sehr schwanzlastig getrimmt, das heißt, wir verstauten alle möglichen schweren Gepäckstücke hinten, damit sich das Bugrad nach dem Aufsetzen des Hauptfahrwerkes noch lange in der Luft hielt und beim Aufsetzen wenig Belastung hatte. Tatsächlich schrammte der Reifen des Bugrades dann erst ziemlich spät und nur ganz leicht über den Boden. Unser Bordingenieur Klaus Lütgemeier konnte das Rad am nächsten Morgen mit der Hilfe eines freundlichen Flugplatztechnikers wieder in die richtige Position bringen. Schöne Grüße an Edy und Fredy!

Froh darüber, daß alles glimpflich abgegangen war, suchten wir uns ein nettes Restaurant mit Kapelle und genossen den Abend, vor allem die tolle Aussicht auf das geheimnisvolle Nordlicht, das wieder und wieder über den Himmel zuckte. Schließlich befanden wir uns noch immer oberhalb des Polarkreises. Bis auf den heutigen Tag ist das Phänomen des Nordlichtes nicht gänzlich erforscht, obwohl norwegische Wissenschaftler auf Tromsö ein besonderes Institut einrichteten, das sich nur mit diesem seltsamen Naturschauspiel beschäftigt. Weniger geheimnisvoll, aber trotzdem etwas Originelles sind spezielle Gerüste, die wir am nächsten Morgen auf Tromsö überall stehen sahen. Man hängt darauf Stockfisch zum Trocknen auf. Probiert haben wir ihn lieber nicht. Der Rückflug nach EDVW-Bielefeld verlief dann problemlos!

Mit dem eigenen Flugzeug nach Amerika

Frost und nachfolgend Eis stellten nicht nur bei diesem Arktis-Trip, sondern oft schon bei ganz gewöhnlichen europäischen Flügen ein Problem dar. Eis bildet sich auf der Außenhaut eines Flugzeuges in der Regel zwischen null und minus zwanzig Grad. Vorausgesetzt, die Luft enthält genügend Feuchtigkeit. Am schlimmsten ist der Eisregen. In so einer gefährliche Situation bleibt man besser am Boden. Selbst die Lufthansa fliegt dann nicht mehr. Hat man es dagegen mit halbwegs trockener Außenluft zu tun, fliegt man also nicht in den Wolken, gibt es auch bei Minusgraden kein Eis. Außerdem gilt: Je kälter es wird, desto weniger Luftfeuchtigkeit herrscht. In größeren Höhen zwischen zehn und fünfzehn Kilometern sind bis zu sechzig Grad minus nichts Ungewöhnliches und trotzdem bildet sich kein Eis. In derartigen Höhen zu fliegen, ist für die Leistung und den Kraftstoffverbrauch sehr günstig.

Bei einer Tour mit einem Kunden bekam ich über den Alpen wieder einmal mit dem Eis zu tun. Wir flogen in den Wolken, draußen waren es minus acht Grad. Das klingt nicht sonderlich gefährlich, kann es aber durchaus werden. Zwar wurden die Propeller über eine elektrische Beheizung eisfrei gehalten und das Eis an den Tragflächen konnte ich pneumatisch absprengen. Aber die Kraftstoffleitungen lagen schutzlos, so daß im ungünstigsten Fall das Benzin gefrieren konnte. Im Weiterflug nach Paderborn erklärte ich meinem Kunden die Situation. Wir sprachen über Turbinenflugzeuge. Wenn ich mir eine solche Maschine anschaffte, gäbe es dieses Problem nicht mehr, da bei diesen Typen die Kraftstoffleitungen durch einen beheizten Ölkühler laufen. Außerdem fliegt man bis zu dreißigtausend Fuß hoch und somit meistens über dem Wetter mit seinen Turbulenzen und Wolken. Damit hat man nicht nur das leidige Eisproblem vom Hals, sondern liegt in aller Regel auch weitaus ruhiger in der Luft. Außerdem würde sich bei einem Turbinenflugzeug natürlich die Flugzeit erheblich reduzieren. Die Preise für die Kunden allerdings erheblich erhöhen. Die von mir ins Auge gefaßte Maschine, ein Jetprop vom Typ Rockwell 690 B, mit Langstreckentanks und weltweitem VLF Navigationssystem, sollte nämlich annähernd zwei Millionen Mark kosten. Das wollte finanziert werden. Also offerierte ich meinen Kunden diese neue Möglichkeit. Sie akzeptierten den höheren Flugstundenpreis ziemlich rasch. Ihre Sicherheit war es ihnen wert. Also konnte ich das neue Flugzeug bestellen und wurde damit die Nummer Zwei in Deutschland. Die erste Rockwel 690 B wurde bereits seit einiger Zeit von der Firma Bertelsmann in Gütersloh geflogen. Ich befand mich also in guter Gesellschaft.

Parallel dazu kümmerte ich mich um den Verkauf meiner Aero Commander 500 S, denn beide Flugzeuge gleichzeitig zu halten, wäre unwirtschaftlich gewesen. Eine Anzeige im amerikanischen Magazin „Trade a Plane" brachte zahlreiche Interessenten. Was lag näher, als mit dem alten Habicht nach Amerika zu fliegen, um ihn dort günstig zu verkaufen und anschließend den neuen Jetprop zu übernehmen.

Es sollte keine gewöhnliche Geschäftsreise werden, dieses Mal wollten auch meine Frau und ein paar Freunde mitkommen. Anfang Juni 1977 brach ich mit Hilde, Winifred, Helma, Leopold und Hans nach Amerika auf. Unseren ersten Stop machten wir in Schottland, den zweiten auf den Faröer-Inseln. Die Faröer-Inseln stellen einen richtigen Heldenfriedhof für Flugzeuge dar. Wegen der geographischen Lage mitten im Atlantik, zwischen Schottland und Island, bekommt man es als Pilot dort häufig mit umspringenden Winden zu tun, Scheerwinden mit bis zu einhundertachtzig Grad Abweichung, die also urplötzlich aus der vollkommen entgegengesetzten Richtung auftauchen. Man tut also gut daran, mit overspeed, also mit Höchstgeschwindigkeit anzufliegen, um eine gewisse Reserve zu haben. Ebenso wie auf die Unbilden der Natur sollte man sich allerdings auf die Bürokratie der Faröer-Inseln einstellen. Obwohl wir ordentlich während der Öffnungszeiten des Flugplatzes gelandet waren, bekamen wir anschließend Probleme. Der Tankwart hatte sich nämlich so lange mit dem Tanken aufgehalten, daß der Flugplatz inzwischen geschlossen wurde: Nichts geht mehr. Aber wir wollten unbedingt noch am selben Tag bis Island weiterfliegen, das mußte doch zu machen sein? Die Wiederöffnung kostete uns ein kleines Vermögen an Gebühren, dann endlich durften wir in Richtung Reykjavik starten.

Im Sommer wird es dort oben ja nicht dunkel und so konnten wir im Anflug auf Reykjavik die vor wenigen Jahren aus dem Atlantik entsprungene Vulkaninsel Surtsey bewundern. Über die Westmanner Inseln setzten wir zur Landung in der isländischen Hauptstadt an. Hier gab es erst mal einen RON - rest over night, sprich wir legten uns aufs Ohr. Am nächsten Tag, nach einem anständigen Frühstück im Airport-Hotel, bei dem wir unser Flugzeug praktisch direkt vor der Tür geparkt stehen sahen, ging es nach Kulusuk auf Grönland. Zunächst flogen wir mit Rükkenpeilung vom Keflarik VOR (very high frequency, omnidirectional Radio) rund hundert Seemeilen Richtung Westen. Danach geht es normalerweise so wie bei Charles Lindbergh mit dem errechneten Kompaßkurs weiter, also mit dem schon erwähnten dead reckoning. Ratsam ist das allerdings nur bei möglichst gleichmäßigen Wind. Denn schon ein Kursfehler von fünf Grad ergibt eine erhebliche Abdrift! Aber ich mußte mich nicht allein darauf verlassen. Glücklicherweise steht auf Island ein sehr starker Radiosender, den man auf 207 und 209 Kilohertz bekommt. Mit dem als Rückenpeilung kann man schon weiterfliegen. Sollte aber das im Flugzeug befindliche Empfangsgerät ADF, also Automatic Direction Finding ausfallen, so helfen nur noch der Kompaß und die Sonne. Falls sie gerade scheint. Die Sonne ist ein sehr gutes Hilfsmittel. Steht sie zum Beispiel um ein Uhr mittags im Süden, dann steht sie um zwei Uhr auf 195 Grad, da sie ja pro Stunde um fünfzehn Grad wandert. Die Winkelfunktion zum Kurs kann also gut genutzt werden.

Jetzt lag die längste Flugstrecke vor uns, von Island nach Grönland. Bei dieser Entfernung muß man auch die Konvergenz, also die Erdkrümmung berücksichtigen. Wir flogen jetzt auf dem Großkreis. Der Großkreis, eine auf dem jeweiligen Breitengrad gedachte Linie rund um den Erdball, ist ja bekanntlich eine vom Menschen festgelegte Navigationslinie und stellt die kürzeste Strecke von einem Punkt auf diesem Kreis zum nächsten dar. Wegen der Erdkrümmung ist also bei einer Strecke von A in Europa nach B in Nordamerika nicht die auf der Landkarte am kürzesten erscheinende Strecke günstig, sondern die Linie auf dem Großkreis.

Die großen Flugzeuge flogen ja auch damals schon nach einem INS, einem „Inertal Navigation System". Dieses ist ein dreifach gestütztes System, das die Navigation natürlich sehr erleichtert. Wir jedenfalls mit unseren begrenzten Möglichkeiten konnten das schwache Funkfeuer von Kulusuk selbst fünfzig Seemeilen vor der grönländischen Küste noch nicht empfangen. Jetzt hieß es, Big Gun, die 'große Kanone' anzusprechen. Die Amerikaner hatten zur Zeit des Kalten Krieges im gesamten Norden einen Überwachungsring aufgebaut, sogenannte DEW Line Stationen. In der Nähe von Kulusuk gab es eine Station mit dem Spitznamen 'Big Gun'. Wir sprachen die Station auf der Frequenz 122,2 Megaherz an und erkundigten uns, ob wir uns denn auf gutem Kurs nach Kulusuk befänden. Beruhigt hörte ich, daß alles in Ordnung sei. Die Küste von Grönland ist bei gutem Wetter schon von Weitem zu erkennen und damit eine terrestrische Navigation möglich. Aber wir hatten schlechtes Wetter erwischt, die Unter-

Neue Insel Surtsey

grenze der Wolken lag bei etwa tausend Fuß und damit konnte man gerade einmal acht Kilometer weit sehen. Dazu muß man sich vorstellen, daß die grönländische Küste weitgehend von ewigem Eis gesäumt ist, was sich an manchen Stellen bis zu viertausend Meter hoch auftürmt. Um nicht mit dieser riesigen weißen Wand zu kollidieren, mußte ich also weit vor der Küste zum Sinkflug übergehen. Die Landebahn von Kulusuk erwies sich als eine schäbige Schotterpiste und auch alles andere war reichlich primitiv. In Sachen geschäftlicher Cleverneß allerdings befand man sich hier durchaus auf der Höhe der Zeit: Benzin gab es nur aus Zweihundert-Liter-Fässern. Wir brauchten dreihundert Liter, mußten jedoch zwei volle Fässer bezahlen. Ich erkundigte mich nach dem Verbleib der restlichen hundert Liter. Der Eskimo sagte, daß der Rest immer verheizt würde...

Nun standen wir also an der Ostküste Grönlands und mußten über diese viertausend Meter hohe Barriere aus ewigem Eis zur Westküste. Normalerweise kein Problem für ein zweimotoriges Flugzeug. Ich erklärte meinen Mitfliegern, daß unser Flugzeug beim Ausfall eines Triebwerk die notwendige Mindesthöhe von viertausend Metern nicht halten könne und wir in diesem Fall auf dem Eis notlanden müßten. Nun sind auf Grönland für solche Fälle zwar Rettungshubschrauber stationiert, aber wenn ein Schneesturm zwischenzeitlich das Flugzeug zuwehen sollte, nützt auch der Rettungshubschrauber nichts. Als Trost bliebe uns dann nur noch die Konservierung im ewigen Eis. Immerhin könnten wir dann der Nachwelt als Grönland-Ötzis dienen. Geht man von der derzeitigen regelmäßigen Erderwärmung aus, erscheint es ja als gar nicht so abwegig, sich vorzustellen, daß das grönländische Eis in ungefähr tausend Jahren abgeschmolzen sein wird. Meine gruseligen

Visionen schreckten die mutig Crew keineswegs. Einstimmig wurde beschlossen, das Risiko einzugehen. Ich bestand tatsächlich auf einer ordentlichen Abstimmung. Wäre nur einer meiner Gäste dagegen gewesen, hätte ich selbstverständlich den umständlicheren Weg um die Südspitze Grönlands mit Zwischenlandung in Narssarssuaq gewählt. So aber landeten wir direkt in Sonderstromfjord.

Nach dem Start in Sonderstromfjord ging es weiter auf Westkurs nach Kanada. Damit schafften wir es in einer Stunde von Europa nach Amerika. Wie das? Grönland ist bekanntlich dänisches Hoheitsgebiet und gehört somit zu Europa. Was man übrigens auch daran merken kann, daß man auf Grönland mit Eurocheque bezahlt. Eine Flugstunde weiter in Kanada dagegen nicht mehr.

Grönland... eine andere Welt!

Die Davisstraße zwischen Grönland und Kanada ist voller Eisschollen und Eisberge. Eine Notlandung auf dem Wasser würde problematisch. Aber das wurde natürlich mehr im Scherz erwogen. An der kanadischen Küste in Cape Dyer stand die nächste amerikanische DEW Line Station, auf der wir notfalls hätten landen können. Geplant war aber, in Frobischer Bay, bei den Kanadiern Zoll zu machen. Bis es soweit war, flogen wir noch stundenlang über viel einsame Tundra und sahen nur dann und wann eine Karibu-Herde ihres Weges ziehen. Die Karibus sind eine recht stattliche Rentierart, wie es sie nur hier, im hohen Norden Amerikas gibt.

Nachdem wir in Frobischer Bay die Einreiseformalitäten erledigt hatten, zogen wir zum nächste Tankstop in Fort Chimo, einem armseligen Eskimodorf. Weiter ging es über die Hudson Bay nach Montreal, am nächsten Tag den Hudson River entlang nach New York. Wir landeten auf dem zu Manhattan am nächsten gelegenen Flugplatz, nämlich in Teterboro New Jersey. Teterboro ist ein Flugplatz für Geschäftsreise- und Sportflugzeuge. Die Großen können dort nicht landen. Als ich die Maschine in ordnungsgemäßer Platzrunde eingefädelt hatte, flogen wir praktisch genau an Manhattan vorüber: Was für ein grandioser Anblick der Skyline von New York! Alle zückten begeistert ihre Filmkameras und Fotoapparate. Ich beantragte beim Controller eine zweite Platzrunde. Zum einen, damit meine Freunde in Ruhe filmen konnten, zum anderen um mir ein kleines Quentchen sentimentale Erinnerung zu gönnen: In den Straßen dort drüben hatte ich vor sechzehn Jahren noch meine Autos verkauft.

Nachdem wir unsere Zollformalitäten erledigt hatten, fuhren wir in gut fünf Minuten über die Washington-Bridge nach Manhattan hinein zu einem Hotel am Central-Park, in dem ich reservieren lassen hatte. Noch bevor wir einen Koffer auspackten, griff ich zum Telefonhörer und rief Daniel List an, um einen Wiedersehenstermin zu vereinbaren. Dany wohnte jetzt nicht mehr an der Perry Street, sondern an der Avenue of the Americas, aber ebenfalls in Greenwich Village. Was war die Freude groß, als wir uns wiedersahen und endlos über unsere alten Dixi und Co schwadronierten.

So schön das Wiedersehen mit unserem alten jetzt ziemlich neuen New York auch war, wir blieben nicht lange, schließlich ging es in erster Linie darum, einen Kunden für den Habicht zu finden. Wir flogen als nächstes nach Ocean-City in New Jersey, wo ein Interessent das Flugzeug besichtigen wollte. Ocean-City hat neben Myrtel Beach in South Carolina die schönsten Atlantikstrände der USA. Die allerschönsten Strände dieser Erde liegen meiner Ansicht nach allerdings nicht hier, sondern am australischen Surfer-Paradies zwischen Brisbane und Coolangatta sowie an der Elfenbeinküste rund fünfzig Kilometer südlich von Abidjan. Beide Strände haben einen Sand wie aus Watte und die Gischt ist auch sehr angenehm.

Von Ocean-City flogen wir zum nächsten Interessenten nach Cleveland Beach Front in Ohio am Erie See. Bei Anflug stutzte ich, hier war Verkehr wirklich in einer besonderen Dimension zu besichtigen: Die Flugzeuglandebahn verlief parallel zum Seeufer, direkt an der Landebahn auf südlicher Seite führt eine mehrgleisige Eisenbahnstrecke entlang und neben den Schienen verlief noch parallel eine sechsspurige Autobahn. Als ich zur Landung ansetzte, fuhr gerade ein größeres Frachtschiff in Höhe des Flugplatzes an der Küste entlang und gleichzeitig ratterte ein Zug daher, so daß sich in diesem Moment vier verschiedene Verkehrsmittel begegneten.

Von Cleveland aus machten wir kurz einen Abstecher nach Sundasky, um am Cedar Point in den riesigen Vergnügungspark zu gehen. Wie schlenderten ausgiebig herum. Als wir schließlich spät zurückkamen, lag der Flugplatz in Sundasky vollkommen im Dunkeln und es war niemand mehr da. In Amerika kein Problem! Da man keine Landegebühren bezahlt und wir auch noch reichlich Benzin hatten, setzten wir uns einfach ins Flugzeug und ich drückte mehrmals auf den Mikrofonknopf des Funkgerätes. Schon wurde der ganze Flugplatz samt Startbahn automatisch beleuchtet. Dann erklärte ich auf der Unicom-Frequenz des Flugplatzes meine Startabsicht - es könnte ja noch jemand im Anflug sein, der würde gewarnt und sich gegebenenfalls dann schon melden - und rollte los. So einfach ist das! Bei uns undenkbar!

Von Cleveland ging es nach Santa Fe in New Mexiko. Dieser Flugplatz liegt sechstausenddreihundert Fuß hoch. Im Sommer wird es hier wahnsinnig heiß, so daß ich für den Start eine Density, also Luftdichtenhöhe von neuntausend Fuß errechnete. Oh heiliger Strohsack, den Start schaffen wir nicht! Sollten wir bis zum kommenden Morgen warten? In der Wüste sinken bekanntlich die Temperaturen über Nacht stark ab. Oder sollte ich weniger tanken, damit das Flugzeug leichter war? Also hieß es erneut zu rechnen: ein Minimum an Kraftstoff plus Reserve für einen Flug nach Grand Canyon Airport am Colorado River in Arizona. Glücklicherweise hat man die Startbahn in Santa Fe wegen der besonderen klimatischen Umstände sehr lang ausgelegt und ich konnte einen Start riskieren. Normalerweise hebt der Strike-Commander nach vierhundert Metern ab, hier waren es zweitausend. Als die Maschine abgehoben hatte, merkte ich schon am Steuerknüppel, wie weich alles war. Jetzt bloß keine Kursänderung fliegen, bis eine Sicherheitsmindesthöhe erreicht ist! Durch eine Kursänderung würde sich die Anströmung am Profil verändern, was sich fatal auswirken könnte. Wir kamen sauber heraus und flogen erst einmal in Richtung Grand Canyon, zur berühmtesten Schlucht von Amerika.

Was für ein grandioses Erlebnis, in nur fünfhundert Fuß Höhe über dem Grand Canyon. Früher durfte man auch unten in der Schlucht fliegen. Nachdem sich aber immer wieder Unfälle ereigneten, weil man bei Gegenverkehr schlecht ausweichen kann, hat man Tiefflüge verboten. Aber auch von oben sieht das Erosionsgestein mit seinen Ablagerungen von Eisen und anderen Metallen gewaltig aus. Am besten wirkt es, wenn die Sonne scheint. Dann kommen die phantastischen Farbschattierungen erst richtig zur Geltung. Oberhalb des Canyon gibt es ziemlich heftige Fallwinde und außerdem herrscht aufgrund der Hitze eine gewaltige Thermik, die dann ruckartige Auf- und Abwärtsbewegungen der Maschine zur Folge hat. Das ist zwar letztlich ungefährlich, aber wir wurden allesamt ziemlich heftig durchgerüttelt. Hilde, Helma und Winni hatten Mühe, sich nicht zu übergeben und mußten auf dem Grand Canyon Airport erst einmal betreut werden. Ja, der Grand Canyon ist die Mutter aller Schluchten!

Schönheit hin, Sehenswürdigkeit her, jetzt mußten wir aber zu unserem letzten Interessenten für den Habicht!

Zunächst einmal Richtung Los Angeles. Auf einem Wüstenflugplatz in Nevada wurde aufgetankt, dann kam der Anflug zum internationalen Flugplatz Los Angeles. Er ist gar nicht so problematisch, wie man vielleicht denken mag. Über Radar wird man zum Instrumentenlandesystem geführt und schon rutscht man auf dem ILS zur richtigen Landebahn runter. Schwieriger wird es, wenn man nicht im Besitz der IFR-Blindflug-Lizenz ist. Dann muß man nämlich über verschiedene Pflichtmeldepunkte anfliegen und höllisch aufpassen, daß man bei den vielen Landebahnen die zugewiesene tatsächlich erwischt. Von Los Angeles flogen wir über den romantischen Lake Powel zu den Rocky Mountains, um in Denver Colorado besagten letzten Interessenten zu konsultieren. Dieses Mal hatten wir Glück! Mit dem Käufer wurde vereinbart, daß er das Flugzeug erst in Oklahoma-Bethany übernehmen konnte, wo ich meinen neuen Jetprop Rockwell abholen wollte. Um mit dem neuen Flugzeug tatsächlich fliegen zu dürfen, mußte ich beim Hersteller in Bethany erst einmal an einem Lehrgang für Turbinenflug teilnehmen. Nach bestandener Prüfung flogen wir nach Las Vegas. Die Damen wollten dort unbedingt ihr Glück versuchen.

Als ich anschließend von Las Vegas nach San Francisco flog, hatte ich noch ein merkwürdiges Erlebnis: Für einen Instrumentenabflug benötigt man eine Freigabe vom zuständigen Fluglotsen, auch Clearence Delivery genannt. Das wird natürlich per Funk abgewickelt und ist für den Lotsen ein stressiges Routinegeschäft. Als ich mich meldete, fragte er mich nur knapp: „Haben Sie Chicken departure beantragt?" Ich wußte nicht, was er damit meinte und sagte: „Bitte wiederholen!" Da merkte er, daß er mich mit einem anderen Flugzeug gleichen Typs verwechselt hatte und meinte lakonisch, ich möge seine Frage als gegenstandslos betrachten. Zügig bekam ich meine Freigabe und ab ging es, Richtung San Francisco. Unterwegs nagte in mir die Neugier: Was mochte der Mann wohl mit „Chicken departure" gemeint haben? Aber dazu kommen wir später.

Auch in San Francisco absolvierten wir ein kleines Touristen-Programm. Wir sahen die Stadt dieses Mal allerdings nur im Schnelldurchgang, denn wir mußten an den Rükkflug denken. Aber mit der Cable-car, jener berühmten Straßenbahn von 1873, die man aus unzähligen Hollywood-Filmen kennt, wollten wir natürlich fahren. Welch ein Spaß, dieses offene Gefährt an der Endstation mit Hilfe aller Passagiere von Hand umzudrehen. Dazu spielt meistens eine Kapelle. Anschließend geht es in die Fischermann's Warft, um billig aus großen Garbehältern Fisch zu essen. Außerdem muß man natürlich einmal über die Golden Gate Bridge gefahren sein, um anschließend in die Bars von Saucalido einzukehren. Ach San Franciso, was waren das noch für Zeiten, als die Hippies sich splitternakkt, nur mit Blumen im Haar, auf den Wiesen liebten. Wir fanden weniger Blumenmädchen, dafür viele, zum Teil schrill gekleidete Homosexuelle. Jedenfalls: das Leben pulsierte. Puritaner haben auch in San Francisco nichts verloren!

Richtig kennengelernt habe ich die Stadt zehn Jahre später und gemeinsam mit meinem Freund, dem Professor de l'amour, von dem noch zu reden sein wird.

Dieses Mal nicht mit dem eigenen Flugzeug, 1987 nahmen wir zunächst als Passagiere der „Queen Elizabeth II" die alte Schiffsrennstrecke von South Hampton nach New York. (Nur nebenbei bemerkt, die QEI gefiel mir besser). Anschließend reisten wir mit einem sehr ausgefallenen Zug der amerikanischen Eisenbahngesellschaft Amtrank von Chicago nach San Francisco. Der Zug heißt Zephir und ist ein doppelstöckiger Panoramazug, so daß man oben im Bordrestaurant bequem die weite Landschaft an sich vorbeiziehen lassen kann. Der Luxuszug wird von zwei Loks gezogen, in Denver bekam er dann noch eine dritte, sonst wären die Rocky Mountains nicht zu schaffen gewesen!

In Salt Lake City übernachteten wir, weil der Professor unbedingt die Mentalität der Mormoninnen kennenlernen wollte. Die Mormonen haben bis zu fünf Frauen und es funktioniert. Bei uns funktioniert es ja vielfach nicht einmal mit einer Frau. Die Religion der Mormonen erlaubt die Vielehe, obwohl sie im Staat Utah seit 1896 verboten ist. Trotzdem hört man dann davon, daß ein Mann mit fünf Frauen dreißig Kinder hat. In San Francisco angekommen, deponierten wir unser Gepäck erst einmal im altehrwürdigen Palace Hotel von 1875. Allerdings mußten auch dessen Gebäude nach dem gewaltigen Erdbeben von 1906 neu aufgebaut werden. Auch heute erschüttern gelegentliche kleine Erdbeben die Gegend um San Francisco, was auf die Schrumpfung des Andreas-Grabens zurückzuführen ist.

Zur Stadtbesichtigung stiegen der Professor und ich in einen der Linienbusse für fünfundsiebzig Cents ein. Einen Fahrplan existiert nicht. Man braucht auch keinen, da alle paar Minuten ein Bus kommt. Dieses Mal hörte ich mehr von der Geschichte dieser berühmten Stadt: 1776 legten Franziskaner eine Siedlung an. Reste einer spanischen Siedlung kann man nördlich des Zentrums sehen. Durch die ersten Goldfunde kam es regelrecht zu einem Goldrausch und die Stadt wuchs. Die Union-Pacific baute eine Eisenbahn, mit der die Verbindung zur Ostküste hergestellt wurde.

Natürlich besuchten wir China-Town. Dafür sollte man sich schon etwas Zeit lassen. Auf den Bürgersteigen sind alle möglichen Waren gestapelt, tausend verschiedene Gerüche versetzen den Besucher in eine andere Welt. Es riecht nach Räucherstäbchen, Jasmin, Fisch, Ingwer, nach mindestens hundert Teesorten und Undefinierbarem. Tempel mit Gebetsräumen findet man zwischendurch. In den schmalen Seitengassen wurde es uns dann schon etwas mulmig, weil wir davon gehört hatten, daß hier gelegentlich Menschen verschwinden und nie wieder auftauchen. Weiter ging es per Bus über die vierzig Hügel der Stadt. Die Kolonialstilvillen sind schön anzusehen. Der Stadtteil North Beach hat italienischen Einfluß, fast alle Restaurants und Cafés tragen italienische Namen. Im Vesuvio tranken wir erst einmal einen Cappuccino. Bei dem italienischen Stimmengewirr glaubt man in Neapel zu sein. Die Boutiquen verkaufen italienische Designer-Klamotten. Wir fuhren weiter zum Exploratorium in der Nähe der Marina. Hier kann der Besucher das Wirken von Naturgesetzen bewundern. Nach der Stadtbesichtigung bewunderten wir in Mark Hopkins Hotel vom Top of the Mark im zwanzigsten Stokkwerk bei einem Drink die Stadt unter uns.

Von San Francisco aus fuhren der Professor und ich per Leihwagen die Traumstraße der Welt über Monterey, Carmel-by-the-sea nach Laguna Beach, wo wir uns zum Santa Catalina Island übersetzen ließen. Ein weiterer Höhepunkt dieser Reise war die Teilnahme an der internationalen Ballonfiesta in Albuquerque New Mexico. Es starten jeden Morgen bis zu achthundert Ballons, so daß Alberquerque selbst bei Sonnenschein im Schatten lag.

Doch zurück zu jener Tour vom Juni 1977 mit dem gerade in Oklahoma-Bethany neu erworbenen Jetprop, mit dem wir inzwischen bis San Francisco gekommen waren. Am nächsten Tag lag eine große Strecke vor uns. Es ging nonstop nach Sitka Alaska. Sitka ist eine Insel und war zu jenen Zeiten, als Alaska noch zum Reich des russischen Zaren gehörte, die Hauptstadt von Alaska. Man sieht noch heute den russischen Einfluß, etliche typisch russisch-orthodoxe Kirchen und ein von den Russen erbautes Verwaltungsgebäude. Wenn man dort eine Inselrundfahrt macht, sollte man zur Laichzeit der Lachse auf jeden Fall an einem der Flüsse anhalten, um das grandiose Schauspiel der stromaufwärts schwimmenden Lachse zu beobachten. Trotz der enormen Steigung des Flusses und der gewaltigen Strömung schaffen es die Lachse, zu ihren Laichplätzen hinauf zu schwimmen. Sitka ist eine Insel vulkanischen Ursprungs und hat heute noch einen gut erkennbaren Krater. Der bot vor einigen Jahren Anlaß für einen ziemlichen Skandal: Ein reicher Amerikaner wollte eine verrückte Idee in die Tat umsetzen, nämlich diesen längst erloschenen Krater zu neuem Leben erwecken. Er ließ eine Unmenge von alten Autoreifen sammeln, angeblich um sie zu recyceln. Tatsächlich brachte er sie mit einem Hughes 500 Hubschrauber in einer Nacht- und Nebelaktion nach Sitka. Die Reifen hingen in einem Netz unter dem Hubschrauber, über dem Krater klinkte er das Netz aus. Er flog in dieser Nacht mehrmals, am Ende übergoß er die Reifen mit Benzin und zündete sie an. Als im Morgengrauen eine gewaltige Qualmwolke über dem Krater gen Himmel stieg, heulten in Sitka die Alarmsirenen. Die Leute sprangen teilweise nur mit dem Nachthemd bekleidet in ihre Autos, um auf schnellstem Wege zur Fähre zu kommen. Jedermann wollte die gefährdete Insel verlassen, notfalls auch ohne Hab und Gut. An der Fähre bildeten sich kilometerlange Autoschlangen, die Leute gerieten in Panik, da die zwei vorhandenen Fähren den Andrang nicht bewältigen konnten. Dann sanken im Krater die Flammen in sich zusammen, der Qualm wurde weniger. Man schickte ein Flugzeug hinauf, um die Situation zu erkunden und der Schabernack wurde offenbar. Man fand den Urheber, jenen verrückten Amerikaner und erteilte ihm eine saftige Strafe. Außerdem mußte er für alle entstandenen Schäden aufkommen. Wie man uns erzählte, soll ihm der Spaß das Geld wert gewesen sein.

Es ging weiter über Anchorage, was so viel wie 'Ankerplatz' bedeutet und dann zum Mount Mc. Kinley. Anchorage hat für Alaska ein verhältnismäßig mildes Klima, da dort oben der North-Pacific-Stream vorbeifließt. Der Mount Mc. Kinley wurde einmal umrundet, um dann in White Horse Yukon-Kanada zu landen. White Horse ist eine interessante ehemalige Goldgräberstadt am Yukon River, in der man die Erinnerung an jene wilden Jahre pflegt, in denen am Yukon die Goldwäscher ihre Siebe schwenkten. Wenn man bedenkt, wie sich die Leute um die Jahrhundertwende zu Fuß über den White Pass oder den Chilkoot-Pass gequält haben, um dann in der Gegend von Dorsten City ihr Glück zu versuchen. Tausende von Kubikmetern Boden wurden von Hand gesiebt. Nur sehr wenige Männer haben dabei wirklich etwas mehr als ein paar goldene Staubkrumen gefunden und ein kleines Vermögen gemacht. Cleverer dagegen waren die Händler, die die Goldsucher mit Arbeitsgeräten und Verpflegung versorgten. Die hatten ihre Schäfchen bald im Trockenen. Wie sagt man doch so schön: Besser einen Finger lang handeln, als einen Arm lang arbeiten. Jedenfalls besuchten wir in White Horse eine Vorstellung des Goldgräber-Theaters und machten eine Bootsfahrt auf dem Yukon-River mit, bei der es schon sehenswert war, wie der Kapitän das Boot mit allen ihm zur Verfügung stehenden Tricks durch die Stromschnellen manövrierte.

Auch hier hätte man noch tagelang schauen mögen. Überall in der Welt läßt sich etwas entdecken. Der alte Goethe hatte schon recht: „Greift nur hinein in's volle Menschenleben! Und wo ihr's packt, da ist's interessant." Aber zu Hause wartete auf uns alle die Arbeit und es mußte wieder Geld verdient werden. Also ging es jetzt weiter über Quebec-City nach Narssarssuaq, das wunderschön in einem von Eisschollen übersäten Fjord liegt. Hier war man stolz auf den 'roten Eric', einen alten Wikinger, der einst mit seinen Mannen als erster hier eine Siedlung gebaut haben soll. Alte verfallene Steinkirchen erinnern noch heute an ihn. Die Norweger verstehen sich als Nachfahren der Wikinger und sind fest überzeugt davon, daß eigentlich einer von ihnen einst als erster seinen Fuß nach Amerika setzte. Schaut man sich die kurze Überfahrt von der Westküste Grönlands über die Davis-Straße nach Kanada an, dann erscheint die Hypothese, daß die Wikinger schon vor Kolumbus die Neue Welt entdeckten, ziemlich plausibel. Kolumbus bliebe dann immer noch der Ruhm, die Karibik, Mexiko und Lateinamerika für die Europäer entdeckt zu haben.

Die Gegend um Narssassuaq erinnerte mich aber auch an Peter Tiemann. Peter flog für die Firma Nixdorf in Paderborn einen Rockwell Commander 690 A, also einen Vorgänger meiner neuen Maschine. Deren Heck war bei einer harten Landung in Süddeutschland etwas deformiert worden und Peter wollte das Flugzeug im Stammwerk in Oklahoma-Bethany reparieren lassen. Sein letzter Funkspruch wurde von Narssarssuaq Tower beim gemeldeten Küstenüberflug registriert. Danach war Funkstille! Es liegt nahe, daß Peter einen WHITE OUT bekommen, sprich, in der Schneewüste die Orientierung verloren hatte. Diese Gefahr liegt auf Grönland durchaus nahe, da sich die Oberfläche der Schnee- und Eisblöcke kaum vom Himmel abzeichnet. Ganz schlimm wird es, wenn man auch noch gegen die Sonne fliegen muß. Man kann dann dem eigenen Auge nicht mehr trauen. Um diese Gefahr abzuwenden, sollte man weit über den in der Karte angegebenen Höhen fliegen und vor allen Dingen den künstlichen Horizont im Cockpit benutzen. Einmal abgesehen von den optischen Täuschungen in der Schneewüste muß man nämlich auch berücksichtigen, daß die in der Karte angegebenen Höhen Zirka-Werte sind, da hier einerseits noch längst nicht alles vermessen ist und sich andererseits die Höhen durch den Druck der Gletscher und Neuschnee ändern können. Wir hatten keinen WHITE OUT und flogen ohne jeden Zwischenfall über Island nach Bielefeld.

In Bielefeld bekamen wir im wahrsten Sinne des Wortes einen großen Bahnhof, Verwandte und Freunde waren gekommen, man hatte zu unserem Empfang tatsächlich eine Kapelle mit zwölf Mann engagiert und ein Buffett aufgebaut, so daß auch für das leibliche Wohl gesorgt war. Die Regionalpresse berichtete am nächsten Tag ausgiebig, denn unsere Tour hatte ja schließlich auch etwas von einem Abenteuer.

Nachdem die großartige Empfangsveranstaltung am Flugplatz zuende gegangen war, hieß es es schlicht und einfach, sich wieder die Ärmel aufzukrempeln und an die Arbeit zu machen. Ich mußte auf dem neuen Flugzeug hundert Stunden geflogen sein, um für mich beim Ministerium für Wirtschaft und Verkehr in Düsseldorf die neue gewerbliche Alleinflugerlaubnis beantragen zu können.

Unsere Passagiere waren von dem neuen Flugzeug so begeistert und sprachen überall davon, daß rasch weitere Kunden hinzukamen. Bald gerieten wir beim Buchen in Terminnöte, so daß ich noch zwei weitere Flugzeuge vom Typ Rockwell Commander 690 A - dem Vorgänger unserer Maschine und nicht wesentlich anders - hinzu charterte. Die Eigentümer dieser Maschinen, Dr. Sengewald und Dr. Freiwald, freuten sich über diese Entwicklung, denn damit waren ihre Flugzeuge weit besser ausgelastet.

Nicht nur die Flugzeuge wirkten repräsentativer, auch für die Piloten hieß es inzwischen, mehr Schick zu zeigen. Nicht wenige Kunden legten gerade darauf großen Wert. Also mußten Pilot und Copilot für sie in dunkelblauer Uniform mit vier Kapitänsstreifen an den Ärmeln fliegen. Auch dem Copiloten stehen die vier Kapitänsstreifen zu, da er ja, je nach Situation, ebenfalls vom linken Pilotensitz als Kapitän fliegt. Unsere schicken Uniformen kauften wir in der Kleiderkammer der Lufthansa in Frankfurt. Ich selbst habe sie nur ungern angezogen. Das Militärische ist mir ohnehin fremd, gehöre ich doch zu jener während des Krieges und der Nachkriegszeit aufgewachsenen Generation, die keinen Militärdienst leisten mußte, zum 'weißen Jahrgang'. Es ist nicht allein die Tatsache, daß ich nie eine Militäruniform anziehen mußte, uns wurde in den zerbombten Städten noch nachdrücklich vor Augen geführt, womit allzu blinder Uniform-Gehorsam enden kann. Damals wollte niemand jemals wieder ein Gewehr anfassen. - Wie dem auch sei, nach unserer großen Amerika-Reise hatte mich der Alltag ziemlich schnell zurück.

Chicken departure?

Diesen merkwürdigen Dialog mit dem Fluglotsen von Las Vegas hatte ich allerdings nicht vergessen. Als ich das nächste Mal dorthin kam, wollte ich unbedingt herausfinden, was es mit 'Chicken departure' auf sich hatte. Und staunte nicht schlecht: 'Chicken departure' wird eine inoffizielle Abflugstrecke genannt, die direkt zu einem Puff führt. Dieses Freudenhaus heißt „Chicken Ranch" und hat unmittelbar vor der Haustür eine Landebahn. Das Unternehmen ist ein Nobelpuff und wird auf Englisch 'Brothel' genannt. Die Damen flanieren in Abendgarderobe im Salon herum und sind alles andere als aufdringlich. Der lizenzierte Operator garantiert für reißfeste Kondome und laufende ärztliche Kontrollen der Damen. Dem Operator muß man schon lassen, daß er einen guten Geschmack hat. Meiner Ansicht nach sind die Damen handverlesen!

Es gibt eine Menükarte, die folgendermaßen aussieht:

Appetizers:

Massage/Exchange Massage/Breast Massage/Lingerie Show/Bubble Bath/Hot French Oil Massage.

Ranch Specialities:

VIP Lounge/Movies/IN Date/Audio Delight/
Passion Chair Party/Jacuzzi

A la Carte:

Body French/Bondage/Dominance/Drag Party/
Hot and Cold French Entrees: Straight Lay/
Half and Half/Reversed Half and Half/Two Girl Show/
Two Girl Party/Vibriator Party/Fantasy Session

Dessert:

Crème de Menthe French/Frappe French/
Shower Party/Seduction

Für jedes Wort dieser Menükarte gibt es eine mir vorliegende Erklärung, die ich aus Gründen des Jugendschutzgesetzes hier besser nicht zitiere. Eine kleine Kostprobe will ich aber trotzdem geben. Crème de Menthe French bedeutet: „The lady wets her mouth with a creme de menthe Liqueur and then performs oral sex on the man". Alle übrigen Definitionen hebe ich mir für ein neues Buch auf, das dann vielleicht den Titel trägt: 'Sonst noch Fragen - Nur für Erwachsene!'

HOT SPOTS
OF NEVADA

THE LAS VEGAS INFORMATION ENTERTAINMENT HOTLINE

1-775-372-5550

This is the Information Hub of Southern Nevada. We're strictly here to make sure you know where to go, where not to go, what to do and what not to do when you're in Las Vegas.

- A PLACE WITH A BED-Seductive Hotels & Motels
- LET THE LITTLE GIRL DANCE-Men's Clubs
- HOME, HOME ON THE RANGE-Cat Houses
- RUBBING ME THE RIGHT WAY-Massage Parlors
- GIFTS FOR THE LESS FORTUNATE-Sexy Souvenirs

Call 1-775-372-5550

Open 24 Hours

HC66*Box11018*Crystal, NV 89041

E-Mail:Info@HotSpotsofNevada.com

Zu dieser „Chicken Ranch" gehört eine amüsante Legende: Das Bordell soll nämlich bereits bestanden haben, als Texas noch Tejas hieß und zu Mexico gehörte. Mit der Gründung des Staates Texas wurde 1840 in dem Ort La Grange am schönen Colorado River, rund hundert Meilen westlich vom heutigen Houston ein Handelsposten eröffnet, der Farmer, Rancher und Soldaten belieferte. Wo Handel getrieben wird, florieren auch die Geschäfte mit der Liebe und den schönen Mädchen. Nun war aber damals bei den Ranchern und Farmern das Bargeld knapp. Also bezahlten sie die Dienste der Mädchen mit Chicken, also mit Hühnchen oder anderen Naturalien, daher der Name. Die Legende vermeldet, daß viele der Mädchen später, nachdem sie genug Geld gespart hatten, gen Norden zogen, heirateten und Familien gründeten. Über die Ranch wurde dann natürlich geschwiegen. Wie überhaupt alle Beteiligten um größte Diskretion bemüht gewesen sein dürften. Immerhin wurde die Ranch über hundertdreißg Jahre lang illegal betrieben und es ist nie zu irgendwelchen Zwischenfällen gekommen. Gehörten also zu Anfang eher einfache Farmer, Rancher und Soldaten zu den Kunden, so besuchten während des amerikanischen Bürgerkrieges auch Offiziere und Generäle die „Chicken Ranch". Privatleute reisten extra an, um sich hier zu entspannen. Später stellten die reich gewordenen Vieh-Barone und deren Cowboys die Gäste. Auch sie genossen die Entspannung, bevor es mit den großen Rinderherden, die in Kansas auf Eisenbahnwaggons verladen wurden, weiterging. Einige Zeit später, in Central Texas boomte das Ölgeschäft, wurden die Cowboys von den Ölmagnaten angeheuert und trugen wieder ihre Dollars in die „Chicken Ranch". Auf diese Weise hat sie dann auch die große amerikanische Depression überlebt. Im zweiten

Weltkrieg profitierte die „Chicken Ranch" von Soldaten, die in der Gegend von San Antonia-La Grange auf den dort neu angelegten Militärbasen stationiert waren. Der Ruf der „Chicken Ranch" ging um die Welt. Man lobte, daß dort großer Wert auf Service und Etikette gelegt wurde. Selbst der in Texas geborene Präsident Lyndon B. Johnson soll einmal die Ranch besucht haben. Nicht als Kunde, sondern weil er diesem Etablissement historische Bedeutung für den Südwesten der Vereinigten Staaten beimaß.

Erst 1973, als Marvin Zindler, ein moralistischer Fernsehreporter aus Houston, vehement gegen die Ranch zu Felde zog, wurde sie geschlossen und ein Kapitel texanischer Geschichte ging zu Ende. Der Ruf blieb. 1978 hatte am New Yorker Broadway ein Musical mit dem Titel „Das beste kleine Hurenhaus von Texas" erfolgreich Premiere. Man ging mit dieser Produktion von New York auf eine Tournee durch die ganzen Vereinigten Staaten von Nordamerika. Prompt wurde dann auch in Hollywood ein Film gleichen Titels mit Burt Reynolds und Dolly Parton in den Hauptrollen, gedreht, der nun Millionen Kinobesuchern die Historie der „Chicken Ranch" erzählte. Er soll mit seiner in mehrfacher Hinsicht amüsanten Story Millionen eingespielt haben.

Aber die tatsächliche „Chicken Ranch" in Texas gab es ja nun nicht mehr. Ein neues Kapitel wurde 1982 aufgeschlagen, als ein unternehmungslustiger Kapitalist des Weges kam und ganz legal unter einer Lizenz in Pahrump an der Homestead Road, also nicht sehr weit von Las Vegas entfernt, einen neuen Puff unter dem altehrwürdigen Namen eröffnete. Drinnen hielt allerdings nicht eine altmodische 'Madame' Puffmutter das Zepter in der Hand, sondern ein Biologielehrer aus Nordkalifornien. Das

Lehren kann ja auch in einem Freudenhaus fortgesetzt werden. Und wenn man das Hausmenü studiert, stellt man fest: Der Biologielehrer hat was drauf. Der clevere Mann konnte sämtliche Zeitungen von Nevada, Kalifornien und Arizona auf seine Seite ziehen, so daß die Reporter über das neuen Etablissement viel Gutes berichteten. Und die neue „Chicken Ranch" boomte! Die Empfangshalle ist sehr stilvoll ausgestattet, die richtige Atmosphäre, um sich einer der elegant gekleideten Damen dezent vorzustellen! Bei einem ersten Drink kommt man sich näher und prüft, ob die Chemie stimmt. Angesichts der beachtlichen Tarife des Biologielehrers will man ja schließlich sorgfältig zu Werke gehen, um dann auch wirklich seinen Spaß zu haben. Bei einem Glas Champagner werden die Vornamen ausgetauscht. Es müssen ja nicht immer die sein, die im Paß stehen. Janett oder Babett klingt schließlich besser, als Emma oder Frieda. Als nächstes wird das Menü durchgesprochen, dann können die Träume wahr werden. Wenn ein Gast dieses Etablissement verläßt, soll er das Gefühl haben, im besten Freudenhaus der Welt gewesen zu sein. Dann wird er gern wiederkommen. Schließlich gibt es außer Janett und Babett noch viele andere! Übrigens werden beim Bezahlen sämtliche Kreditkarten akzeptiert und man bekommt den dezenten Hinweis, daß auf dem Bankbeleg natürlich nicht der Begriff „Chicken Ranch" auftaucht, damit die Frau Gemahlin zu Hause keinen Ärger macht! Da in Las Vegas monatlich eine Million Spieler anreisen, gibt es reichlich Kunden, die sich auch einmal bei den 'Hühnchen' umsehen wollen, um up to date zu sein. Vom ausgiebigen Menü kann zu Hause die Ehefrau ja auch profitieren. Der Mann sollte nur vorsichtig zu Werke gehen, damit die Frau nicht fragt, woher eigentlich die plötzlichen Ideen stammen...

Das Gelände umfaßt insgesamt rund fünfundzwanzig Hektar, Platz genug auch für Schaulustige und Souvenirjäger, die dort selbstverständlich T-Shirts, Mützen und ähnliches mit dem Aufdruck „Chicken Ranch" bekommen können.

Übrigens existiert nicht weit von Las Vegas auch ein Freudenhaus-Kunstmuseum. Man fährt dorthin den Highway 95 Richtung Norden, biegt links in den Highway 160 ein und danach in die Ranch Road. Das Museum wirbt damit, das einzige seiner Art in der Welt zu sein. Aber Berlin hat auch ein Erotik-Museum, in der Nähe vom Bahnhof ZOO, von Beante Uhse gesponsert. Vermutlich gibt es überall auf der Welt derartige Ausstellungen und jede wirbt damit, die einzige zu sein... Das Freudenhaus-Kunstmuseum von Las Vegas präsentiert sich übrigens auch mit einer Webseite unter www.hotspotsofnevada.com. Neben dem Museum kann man in einem Sexshop alles kaufen, wonach einem gerade ist. Das Ganze ist eine Touristenattraktion und paßt bestens zur Western-Atmosphäre der benachbarten Christal- Spring-Bar.

Da wir gerade bei den schönen Dingen des Lebens sind, fällt mir noch eine hübsche Geschichte ein, die unbedingt erzählt werden sollte: Ein deutscher Luftfahrtunternehmer wollte unbedingt einmal richtig die Liebe in der Höhe ausprobieren, um unter anderen in den 'One-Mile-High'-Club aufgenommen zu werden. Bekanntlich regt die dünnere Höhenluft sehr an. Skilehrer können davon ein Lied singen, wenn im Hochgebirge die Skihaserl über sie herfallen. Toni nahm sich also ein zweimotoriges Flugzeug und lud gleich zwei knackige vollbusige, nicht zu unterschätzende temperamentvolle Häschen ein. Die Gardinen hinter den beiden Pilotensitzen wurden zugezogen und die hinteren Sitze zur Liegewiese umfunktioniert. Toni öffnete eine Flasche Schampus und dann ging es ran an die Bulletten. Dem Toni war vor Vorfreude schon am Boden das Messer in der Tasche aufgegangen. Den beiden Piloten blieb natürlich trotz zugezogener Gardinen das Gestöhne nicht verborgen. Als Toni nicht mehr konnte, ließ er in angemessener Entfernung von seinem Heimatflugplatz landen und wies die Piloten an: „So, jetzt könnt Ihr die Titten nach Hause fliegen." Danach hatte er seinen Spitznamen weg: Titten-Toni.

Gesundheit

Ich werde oft gefragt, wie ich es mache, daß ich mit fünfundsechzig Jahren noch so fit bin. Zunächst glaube ich, daß die Gene eine große Rolle spielen. Davon abgesehen beginnt das gesunde Leben wohl schon im Mutterleib. Meine Mutter hat nie geraucht, solide gelebt und gesund gegessen. Außerdem habe ich als Baby über ein Jahr lang Muttermilch bekommen. Dadurch wurde mir eine große Portion Abwehrkräfte praktisch in die Wiege gelegt. Dann bin ich zwischen Kühen, Pferden und Schweinen aufgewachsen, Allergien sind deshalb für mich ein Fremdwort. Die heutigen Kinder werden zu steril aufgezogen und können dadurch keine Abwehrkräfte entwickeln. Ich habe nie geraucht. Zum einen, weil mir schon in meiner Jugend das Geld dafür zu schade gewesen wäre, zum anderen, weil ich Radrennen fuhr. Für den, der gewinnen will, ist das Rauchen selbstverständlich tabu. Durch meinen Leistungssport wurden die Herzmuskeln immens gestärkt, das Herz 'erweiterte' sich, und ich kümmere mich tagtäglich darum, meine Herzmuskeln mit Rad- und Ballonfahren ordentlich in Betrieb zu halten. Meine Herzfrequenz liegt bei Fünfundfünfzig und mein systolischer Blutdruck bei Einhundertzwanzig. Der diastolische Blutdruck schwankt um die Achtzig bis Fünfundachtzig. Mit solchen Werten dürfte ich wohl hundert Jahre alt werden, jedenfalls habe ich das vor! Und hoffentlich noch mit neunzig Jahren fliegen können. Warum soll das nicht gehen? Der Schauspieler Heinz Rühmann saß noch als Dreiundneunzigjähriger hinter dem Steuerknüppel!

Und was kann man sonst noch tun? Ich nehme jeden Tag ein Gramm pflanzliches Vitamin C und andere wichtige pflanzliche Vitamine zu mir. Dahin brachte mich eine einfache Überlegung: Es ist erwiesen, daß Tiere keinen Herzinfarkt bekommen. Warum nicht? Tiere produzieren selbst Vitamin C. Wir Menschen nicht. Früher war der Mensch durch eine abwechslungsreiche Kost von gesunden Böden ausreichend mit Vitaminen, Mineralien und Spurenelementen versorgt. Man darf nicht verkennen, daß unsere Böden heute ausgelaugt beziehungsweise mit Kunstdünger falsch behandelt werden. Wie schlecht die meisten Böden sind, zeigt uns der Dinkel, ein früher weit verbreitetes Vollwertgetreide, den es heute aber kaum noch gibt. Dinkel gedeiht nämlich nur auf naturbelassenen Böden, die nicht mit allen möglichen Unkrautvertilgungsmitteln und ähnlichen Giften behandelt worden sind.

Oder nehmen Sie die Wurst, die man uns heute verkaufen will. Prüfen Sie unbedingt, was denn so drin ist. Einige der heute in den Supermärkten angebotenen Sorten sind in Wahrheit chemische Zeitbomben, bei denen nur der künstliche Geschmackverstärker überdeckt, daß sie imgrunde ungenießbar sind.

Was meine tägliche Vitamin-C-Ration betrifft: Vergessen Sie alle diese synthetisch hergestellten Vitamintabletten. Ich halte mich an die Acerola Kirsche, die am besten geeignet sein soll, pflanzliches Vitamin C zu gewinnen. Damit halte ich mich fit.

Ich denke, eine Hauptursache vieler Krankheiten, besonders der Allergien, ist die Unfähigkeit des heutigen medizinischen Systems, wirksam vorzubeugen. Es fehlt der Wille, den Krankheiten praktisch noch vor ihrem Entstehen effizient zu begegnen. Im Buch „Urheimische Gesundheit" von Dr. Pandalis las ich folgendes konsequentes Urteil: „Die sogenannten chronischen Krankheiten wie Altersdiabetes, Bluthochdruck, erhöhter Cholesterinspiegel und Rheuma sind - höflich ausgedrückt - reine Zivilisationskrankheiten. Im Klartext könnte man sie auch Vielfraß- oder Faulenzerkrankheiten nennen." So hart das klingen mag, es weist doch darauf hin, daß jeder für seine Gesundheit Verantwortung tragen muß. Und dies beileibe nicht nur, indem er fleißig Ärzte und Apotheker besucht... Warum habe ich denn trotz meiner vielen Flugstunden im engen Cockpit-Sessel keine Wirbelsäulenprobleme? Meine Bandscheiben sind von anständig trainierten Muskeln umgeben, können sich also nicht verschieben, vorfallen und so weiter. Kurz gesagt: Sport treiben heißt die Devise!

Zugegeben, auch mir war das alles nicht immer so klar und so wichtig. In den sechziger Jahren forderte oft der Alltag seinen Tribut. Mit der eigenen Firma in Deutschland saß ich auf einmal viel hinter dem Schreibtisch, auch regelmäßig bei Geschäftsessen, kaum auf dem Fahrrad... In den Anfangsjahren glichen Kalorienbilanz und kräftezehrendes Arbeitspensum einander noch aus. Mit der Konsolidierung unserer Unternehmen gab es zwar nicht weniger Arbeit, aber irgendwann begann mein Körper, Fettdepots anzulegen. Zuerst fiel es mir gar nicht auf. Dann, um 1969 herum, nahm ich innerhalb von zwei Jahren sechzig Pfund zu. Am Ende wog ich einhundertzehn Kilogramm. So ging das nicht weiter! Ich machte mir klar, daß man nicht nur seine Geschäfte mit Ideen, Systematik und Ausdauer betreiben sollte, sondern auch seinen Körper perfekt zu managen hatte. Und daß das eine ernstzunehmende Aufgabe ist! Also suchte ich nach einem vernünftigen Programm und fand es in der Ernährungslehre des bekannten österreichischen Arztes Dr. Mayr. Seine Ratschläge erschienen mir schon deswegen vertrauenerweckend, weil er selbst den besten Beweis für die Richtigkeit seiner Theorie liefert. Jener Arzt hat erst mit siebzig Jahren geheiratet und sich noch mit neunzig Jahren jeden Tag um seine Patienten gekümmert. Nach Dr. Mayr ist das Abnehmen ganz einfach: Man nehme nur tausend Kalorien pro Tag zu sich, verbrenne aber zweitausend. Im Klartext: ohne körperliche Aktivität wird es nichts werden. Das müssen gar nicht irgendwelche ausgeklügelten Sportprogramme im Fitness-Studio sein. Man sollte zu allererst prüfen, wie bequem man eigentlich schon geworden ist. Wieviele Schritte man überhaupt noch macht? Wann man zuletzt ein paar Treppenstufen gelaufen ist? Ich habe es mir beispielsweise angewöhnt, im Hotel möglichst ein Zimmer in einer der oberen Etagen zu nehmen und dann zu Fuß hinaufzusteigen! Mittlerweile machen mir nicht einmal mehr zehn Stockwerke etwas aus.

Was das Essen betraf, so habe ich damals einfach angefangen, vernünftig zu leben: Sehr mager angemachte Salate, etwas gedünstetes Gemüse, pro Tag eine kleine Forelle blau (also nicht Müllerin mit der knusprigen Kruste ums Fischlein, die leider, leider eine wahre Kalorienbombe ist). Zur Abwechslung gelegentlich ein kleines gegrilltes Kalbssteak. Dazu etwas Wasa-Vollkornknäckebrot, null Alkohol und vor allen Dingen viel Wasser. Es muß gar nicht so teures Mineralwasser sein, einfaches destilliertes Wasser reicht auch. So oder so ähnlich wird es heute überall in Zeitschriftenartikeln zur gesunden Lebensweise beschrieben. Damals, als ich damit begann, schwor man eher auf irgendwelche Hollywood-Diäten: Entweder nur Huhn mit Ananas und sonst gar nichts. Oder nur gekochte Eier und sonst gar nichts. Oder nur Ananas. Es soll übrigens auch eine Wodka-Diät gegeben haben... Jedenfalls war das alles ziemlich einseitig und vor allem konnte es kein Mensch länger als zwei, drei Wochen durchhalten. Hörte man aber mit der Diät auf, schnellte kurz darauf der Zeiger auf der Waage doch wieder nach oben... Also lieber regelmäßig, ausgewogen und wenig essen. Wichtig ist, daß man die tausend Kalorien pro Tag nicht überschreitet. Und das muß vom Kopf aus gesteuert werden. Das heißt ja gar nicht, daß auf den Tellern nur Miniportionen liegen, ganz im Gegenteil, Ballast- und Mineralstoffe sind so wichtig. Nur mit dem Fett muß man eben sehr vorsichtig umgehen, es sei denn, man arbeitet im Steinbruch und verbraucht am Tag sechstausend Kalorien. Nach sechs Monaten hatte ich diese lästigen sechzig Pfund wieder abgenommen und bis heute mein Normalgewicht gehalten! Jedes Frühjahr verordne ich mir eine Entschlackungskur von zwei bis vier Wochen. Dabei steht nicht unbedingt das Abnehmen im Vordergrund, sondern die Entschlackung. Wenn man so nebenbei ein paar Pfund abnimmt, ist das ein angenehmer Nebeneffekt.

Meine einzige gesundheitliche Schwachstelle sind die Nieren. Komme ich beim Schwimmen in zu kaltes Wasser, dann spüre ich sie sofort. Aber mit zwei Liter Kaspar-Heinrich-Quelle aus Bad Driburg habe ich das Problem schnell wieder im Griff. Sollte es doch mal schlimmer sein, so nehme ich einfach die neueste Ausgabe von Maria Trebens Handbuch „Gesundheit aus der Apotheke Gottes" zur Hand. Dort wird beschrieben, wie man mit Tees und anderem der Krankheit zu Leibe rückt. In meinem Fall reibe ich die zu Beschwerden neigende Stelle einfach mit Schwedenkräutern ein und schon nach kurzer Zeit spüre ich Linderung. Einen Arzt brauche ich dafür nicht. Wenn man sich mit der Materie gründlich befaßt, dann ist man sich sowieso selbst der beste Arzt. Übrigens auch der bessere Rechtsanwalt.

Zum letzten Textabschnitt steuerte meine Frau Hilde einen ironischen Kommentar bei, den ich nicht unterschlagen will: Hilde meint, die Nieren wären wohl nicht meine einzige Schwachstelle. In gewisser Weise hat sie recht. Läuft mir nämlich eine schöne Frau über den Weg, bin ich leicht entflammt. Mein Motto heißt ja auch: „Fait l'amour pas la guerre!" Mein Freund Stewart Straton aus Australien, ein Pilot von altem Schrot und Korn, sagt dazu: „Man muß nicht immer gut drauf sein, manchmal reicht es, wenn man eine kennt, die gut drunter ist."

Davon abgesehen halte ich es mit ein paar ganz einfachen Lebensregeln: Man sollte jeden Tag einmal aus eigener Kraft ins Schwitzen kommen und sich jeden Morgen nach dem Aufstehen den ganzen Körper trocken bürsten. Für den Rücken nimmt man ein Rubbelband, das gibt's im Sanitätshaus. Gut sind auch kalte Güsse nach dem Kneippschen Verfahren. Jeder gute Apotheker kann Ihnen dazu ein Büchlein verkaufen, oder Sie wenden sich direkt an den Kneipp-Versand in Bad Wörishofen. Lebensregeln zu haben heißt übrigens, daß man sich tagtäglich daran hält! Also nicht, daß man am Montag wild entschlossen zur Trockenbürste greift, am Dienstag halbherzig unter die kalte Dusche steigt und spätestens am Mittwoch beschließt, daß es am kommenden Montag nun aber wirklich losgehen soll mit der gesunden Lebensweise...

Meine wichtigste Lebensregel ist jedoch, daß man jeden Tag richtig herzhaft lacht, am besten gemeinsam mit Menschen, die einem nahe stehen, gemeinsam mit Freunden. Das ist die beste Medizin! Leute, die morgens schon den Kopf in den Sand stecken, dürfen sich nicht wundern, wenn es abends noch immer zwischen den Zähnen knirscht. Solche Leute sollte man tunlichst meiden. Ebenso wie diejenigen, die sich beim Aufstehen selbst nicht leiden können und nachmittags der ganzen Welt böse sind.

Worüber wäre an dieser Stelle sonst noch zu reden? Über den Rotwein natürlich! Es ist erwiesen, daß ein Glas Rotwein am Abend, es können auch mal zwei sein, wie eine gute Medizin wirkt. Daran halte ich mich. Wer partout keinen Alkohol trinken möchte, kann den gleichen Effekt auch mit rotem Traubensaft erreichen. Ich lasse mir meinen guten australischen Penfolds Shiraz-Mourvèdre - Steward brachte mich darauf - nicht ausreden. Ein Glas am Abend entspannt einfach. Zumal ich jahrelang ziemlich viel kreuz und quer durch Europa flog. An den Bars der Flughafenhotels kannte man mich schon. Es ist übrigens nicht so, wie viele glauben, daß ein Pilot vierundzwanzig Stunden vor einem Flug keinen Alkohol trinken darf. Das Gesetz sagt, daß man einen Flug nur mit null Promille Alkohol im Blut antreten darf. Außerdem sollte man in guter psychischer und physischer Verfassung sein, also keinen Hangover von einer Party haben, egal ob die nun einen oder zwei Tage zurückliegt. Der Pilot braucht einen klaren Kopf. Kater haben an Bord nur etwas zu suchen, wenn sie ordentlich geimpft sind und der Grenzveterinärdienst auf dem Flughafen seinen Segen dazu gegeben hat. Damit erklärt sich von ganz allein, daß für mich Partys, oder Kreise in denen exzessiv getrunken wird, ausfallen. Piloten erfreuen sich an schöneren Dingen. Trotzdem, ein Glas Rotwein des abends zum Essen ist Medizin!

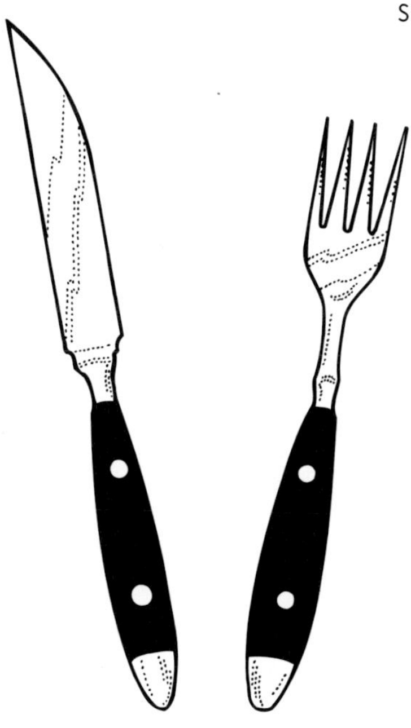

Fazit: Jeder Erwachsene muß irgendwann für sich entscheiden, ob er sich ein langes Leben wünscht, oder ein süßes. Ein langes und süßes Leben gibt es nämlich nicht. Wie sagte schon der römische Philosoph Seneca: „Die meisten Menschen bringen sich selbst um, mit Messer und Gabel."

Auf nach Mala Mala!

Das Geschäft mit unserer neuen Rockwell und den beiden hinzugecharterten Flugzeugen boomte, das LKW-Geschäft ebenso. Alles lief prächtig und das war ja auch OK. Trotzdem, ich mußte mir mal wieder den Kopf frei machen. Dafür bot sich eine günstige Gelegenheit: Bei meiner Umschulung auf das Rockwell-Turbinenflugzeug in Oklahoma hatte ich den Rockwell-Händler für Südafrika, Lars Balkefos, kennengelernt. Lars hatte mich eingeladen und mir versprochen, daß ich seine Demonstrationsmaschine, eine einmotorige Rockwell 112, gern kostenlos in Südafrika benutzen könne. So eine Gelegenheit wollte ich mir doch nicht entgehen lassen! Kurz vor Weihnachten eröffnete ich meiner lieben Hilde, daß ich urlaubsreif sei und mit der Lufthansa mal eben über Weihnachten und Neujahr nach Südafrika düsen wolle. Ohnehin wurden über die Feiertage kaum Geschäftsreiseflüge gebucht, ich würde also in der Firma nicht so sehr gebraucht werden.

Gesagt, getan. Ich flog nach Johannesburg, Lars Balkefos freute sich und meinte, ich müsse unbedingt Mala Mala sehen, ein zauberhaftes Tierreservat. Mit der Fluglizenz gab es auch keine Probleme, da Lars Rockwell 112 in den USA registriert war und ich ja ein amerikanische Lizenz besaß. Also flog ich von Johannisburg aus zunächst zum Krüger-Nationalpark an der Grenze zu Moc[1]ambique. Dort steht ein NDB-Funkfeuer von dem aus ich Richtung Norden zum Mala-Mala-Park fliegen wollte. Die Bodenradarkontrolle wies mich an, sofort nach dem Überfliegen des Funkfeuers eine Kursänderung Richtung Norden vorzunehmen, um nicht mit dem damals noch kommunistisch regierten Moc[2]ambique einen Grenzkonflikt zu provozieren. Es kam hier häufiger zu Geplänkeln, etliche Flieger waren von den Kommunisten abgeschossen worden. Nun, ich wollte mich schon vorsehen und achtete peinlichst genau auf meine ADF-Nadel, berücksichtigte den Dämmerungseffekt und kam glatt über die Runden. Nachdem ich das Funkfeuer überflogen hatte, würde es nur noch eine Viertelstunde Flug bis nach Mala Mala sein. Entspannt schaute ich in den afrikanischen Himmel. Allerdings sollte es nur fünf Minuten dauern, bis ein anderes, unerwartetes Problem auf mich zukam: Dieser afrikanische Himmel wurde auf einmal zusehends dunkler. Jetzt konnte ich hautnah erleben, daß es auf diesen Breitengraden in wenigen Minuten Nacht wird. Eine längere Dämmerung, wie bei uns in Europa, kennt man in Gegenden nahe des Äquators ja nicht. Ich wußte, daß mein Zielflugplatz lediglich aus einer unbeleuchteten Lehmpiste ohne Funk oder sonstige Hilfsmittel bestand. Das wurde mir jetzt zu heiß. Mit dem Kreuz des Südens kann man da unten zwar hervorragend navigieren, nur in meinem Fall hätte es nichts genutzt! Aber Dank Edy und Fredy sah ich plötzlich eine Farm mit einer Lehmpiste unter mir. Nichts wie runter, bevor es noch dunkler wurde. Der Farmer bot sich an, mich mit seinem Landrover nach Mala Mala zu bringen. Fahrtzeit eine halbe Stunde. Mit dem Flugzeug hätte ich noch fünf Minuten gebraucht, aber bestimmt die Landebahn nicht erkannt. Das Mala Mala Game Reserve ist ein tief in der Savanne verstecktes Nobel-Camp, mit allen Vorzügen eines guten Hotels samt einer sehr guten Küche ausgestattet. Auf die Pirsch gehen dort vor allem reiche Großwildjäger. Wer wilde Tiere sehen will, der muß beizeiten aufstehen. Also wurde im Mala Mala Game Reserve schon um vier Uhr in der Frühe geweckt. Eine Tasse Kaffee mußte genügen, dann stiegen wir in drei offene Landrover. Was für ein traumhaftes Gefühl, so im Morgengrauen in die Wildnis hinaus zu fahren. Wenn die Natur erwacht, man das Zwitschern und Kreischen der Vögel, das Blöken, Schnauben und Trompeten der restlichen Tierwelt so ganz lebendig zu hören bekommt, schlägt einem das Herz schneller. Nach wenigen Metern kreuzten die ersten Giraffen unseren Weg. Sie hatten, wie alle Tiere in Mala Mala, grundsätzlich Vorfahrt und sie wußten das auch, denn sie zogen ganz gemächlich weiter. Laufend änderte sich das Bild. Als nächstes beobachteten wir ein Zebrapaar, das sich fröhlich am Wegesrand begattete, nach dem Motto „Ein Bums in the morning time is better than gar kein". Dieser grandiosen Ausflug in die lebendige Natur gehört zu meinen bleibenden Erinnerungen an Afrika.

Anschließend ging es in's Camp zurück, es war mittlerweile neun Uhr geworden. Bei einem ausgiebigen Frühstück besprachen wir unsere Eindrücke und Beobachtungen, fühlten uns fast als Großwildjäger, auf jeden Fall als Tierliebhaber und amüsierten uns mit unserem Jägerlatein. Mittags flog ich nach Johannisburg zurück.

Für den nächsten Tag hatte ich eine Fahrt mit dem Blue train, dem Blauen Zug, von Johannisburg nach Kapstadt gebucht. Normalerweise sind Eisenbahnfahrten für mich nur notwendiges Übel, in diesem Fall aber handelte es sich um eine echte Attraktion. Der Blue train ist wie ein Luxus-Reisezug aus dem vorigen Jahrhundert ausgestattet. Seine Abteile sind kleine Appartements, die aus einem Salon, den man nachts zum Schlafzimmer umfunktioniert, und einem Badezimmer bestehen. Tatsächlich, jedes Abteil besaß ein Badezimmer mit Wanne und vergoldeten Wasserhähnen. Der Luxus unserer Vorfahren hat schon etwas für sich! Das mußte ich natürlich sofort ausprobieren. Es ist wahrlich ein ganz besonderer Genuß, wenn man so in seinem Schaumbad herumplätschert und draußen vor dem Fenster zieht Afrika vorüber.

In Kapstadt, im südlichsten Teil Afrikas, angekommen, konnte ich es wieder einmal nicht sein lassen: Ein Flugzeug mußte her. Beim örtlichen Aero-Club wurde ich fündig. Fliegen konnte ich, aber nur auf dem rechten Sitz, als Passagier. Die Maschinen des örtlichen Clubs waren selbstverständlich in Südafrika zugelassen, also durfte ich mit meiner deutschen oder US-amerikanischen Lizenz darauf nicht allein fliegen. Nur wegen eines Rundfluges eine südafrikanische Lizenz zu erwerben, erschien mir denn doch als zu umständlich. Aber einmal selbst der Passagier zu sein, war dann auch ganz schön. Also starteten wir zur Besichtigung der Millionenstadt von oben: Parlament, Universität, Theater, Philharmonie, der Pilot war ein fröhlicher Reiseführer. Als wir dann eine Kurve über den Table-Mountain, den rund tausend Meter hohen Tafelberg, flogen, wackelte die kleine Cessna 152 ganz schön. Wir bekamen es mit ziemlich tückischen Fallwinden zu tun.

Wenn man dann um das Kap herumfliegt, einen Landvorsprung südlich von Kapstadt, der rund sechshundert Meter hoch in's Meer hineinragt, sieht man etliche Wracks gestrandeter Schiffe. Das hier ist eben nicht irgendeine Küste, sondern oft eine regelrechte Hexenküche von starken Stömungen und Winden, das berühmte Kap der guten Hoffnung. An dieser Stelle treffen der Atlantische Ozean und der Indischen Ozean aufeinander. Kein Wunder, daß diese Stelle unter Seefahrern stets gefürchtet war und bis heute gefürchtet ist. Und weil alle Seeleute, zumal die alten Portugiesen, die 1488 das Kap als erste Europäer umsegelten, ziemlich abergläubig sind, nannten sie es Kap der guten Hoffnung. Mit diesem beschönigenden Namen sollten die Götter des Meeres besänftigt werden. Und irgendwo stimmte der Name ja auch: Man hofft, das Kap gut zu umrunden und eben nicht zu stranden.

Kap der guten Hoffnung, was waren das noch für Zeiten, als hier die Buren, so nannte man in Südafrika die europäische Siedler, an Land gingen und sich mit ihren Wagenburgen gegen die Zulus und Kaffern behaupten mußten. Die Zulus nennen sich Volk des Himmels. Sie sind vor sechshundert Jahren aus dem Inneren Ostafrikas nach Süden gewandert und unterwarfen sich die ältesten Einwohner des südlichen Afrika, die Buschmänner und die Khoi, von uns Hottentotten genannt. Die Zulus hatten sich im neunzehnten Jahrhundert militärisch zu organisieren begonnen, konnten aber letztendlich gegen die Buren und später gegen die Briten, die das Land kolonialisierten, nichts ausrichten. 1910 entstand aus dem Zusammenschluß verschiedener britischer Kolonien die Südafrikanische Union, deren erste Premierminister der Burengeneral Botha wurde. 1961 trat Südafrika aus dem Commonwealth aus und erklärte sich zur Südafrikanischen Republik.

Wir kreisten mit der kleinen Cessna noch immer in relativ geringer Höhe über dem Kap und angesichts der Schiffswracks in der Brandung erinnerte ich mich an die aufregende Geschichte des Ostindien-Seglers „Batavia", einst im siebzehnten Jahrhundert das Flagschiff einer mächtigen niederländischen Handelsgesellschaft. Das Kap der guten Hoffnung hatte die „Batavia" mit ihren dreihunderteinundvierzig Passagieren an Bord auf ihrer Jungfernfahrt glücklich umrundet und steuerte auf der damals üblichen Gewürz-Route die holländische Kolonie Indonesien, den Hafen von Batavia, dem heutigen Jakarta an. Aber der schwer beladene Segler strandete im Indischen Ozean vor der Westküste Australiens auf einem Korallenriff, dort wurde das Wrack 1963 gefunden und erregte großes Aufsehen. Die „Batavia" ist übrigens mittlerweile von ein paar Enthusiasten im niederländischen Lelystad detailgetreu rekonstruiert worden und kann besichtigt werden. Ich flog weiter nach Durban am Indischen Ozean. Das ist zwar eine große Industrie- und Hafenstadt, man kann dort aber auch an herrlichen Stränden wunderbar Urlaub machen. Im Holyday Inn von Durban hatte ich mich mit Uschi und Clemens Broll verabredet. Clemens war damals Chefpilot bei der Firma Bertelsmann. Es gab viel zu erzählen. Lars Balkefos richtete es so ein, daß er ebenfalls über Silvester ein paar Urlaubstage in Durban mit uns verbringen konnte, so kam keine Langeweile auf. Wir genossen den Strand und gruselten uns ein wenig vor den Haien. An der Küste vor Durban tummeln sich jede Menge Haifische im Ozean! Um die Badenden zu schützen, hat man an den beliebtesten Stränden im Wasser Haifischnetze gespannt. Abends traf sich dann alles in der Bar des Holyday Inn, um den Zulu-Mädchen beim Bullentanz zuzusehen! Die werfen dabei ihre Beine bis über den Kopf, in der Hoffnung, daß ein reicher Tourist sie vielleicht nach Europa mitnimmt. Die tiefen Einblicke lassen so manches Männerherz schneller schlagen!

Ich mußte zurück. Am 4. Januar 1978 landete ich pünktlich zum zwölften Geburtstag unseres Sohnes Dirk in Frankfurt. Ich hatte natürlich in Südafrika allerhand Souvenirs eingekauft, so daß mir die Lufthansa doch glatte fünfhundert Mark für das Übergepäck abnahm. Nun, dieses Geld würde ich schnell wieder hereinhaben, es gab da so kleine Tricks. Meine Piloten und ich mußten ja häufig unterwegs in Hotels übernachten. Was lag näher, als wenn wir in unseren schönen dunkelblauen Lufthansa-Uniformen an der Rezeption auch als Lufthansa-Piloten durchgingen? Die Lufthansa hat nämlich mit etlichen großen Hotelketten Rabatt-Regelungen getroffen, um ihr Personal dort günstiger unterzubringen. Es werden teilweise bis zu fünfzig Prozent Nachlaß auf den Zimmerpreis gewährt. Wenn ich mich als Pilot vorstellte, meine Lufthansa-Frequent Travellerkarte und meine Lufthansa-Miles-and-More-Karte über den Rezeptions-Tresen schob, kam ich meistens auch in den Genuß dieser Rabatte. Sollte das Hotel schon mal auf einem schriftlichen Auftrag der Lufthansa bestehen, so mußte ich natürlich passen. Dann zog ich einfach ein anderes Register. Schließlich war ich Mitglied der Internationalen Aircraft-Owner and Pilot Association (IAOPA), dieser Ausweis tat es oft auch, insbesondere wenn ich noch meine amerikanische Berufspilotenlizenz daneben legte. Man muß solche Transaktionen nur mit dem richtigen Gemisch von selbstbewußtem Auftreten und freundlichem Lächeln über die Bühne bringen, dann kommt man am Hotelempfang meistens klar. Mit meinem australischen Freund Stewart Straton hatte ich einmal ein besonders lustiges Erlebnis. Stewart und ich gingen auf die mandeläugige Schöne an der Rezeption mit einem gewinnenden Lächeln zu. Stewart sagte: „Wir hätten gern den Gruppentarif!" Darauf fragte die Schöne: „Wie viele Personen hat Ihre Gruppe denn?" Stewart antwortete: „Wenn Sie mit uns kommen, sind wir drei." Wir lachten alle Drei! (Ich erinnere an meine Empfehlung zum Punkt gesunde Lebensweise.) Das Lachen half, wir kamen tatsächlich zu unserem Rabatt. Man muß halt immer das richtige Register ziehen.

Stippvisite bei Gaddafi!

Nun hieß es wieder: Ran an die Arbeit! Auch wenn über die Feiertage weniger anfällt, bleibt trotzdem immer etwas liegen. Dieses oder jenes sei eben 'Chefsache', lautet die beliebte Ausrede. Was zur Chefsache deklariert wird, braucht kein Mitarbeiter anzufassen. Anfang Januar ging dann auch die Geschäftsfliegerei wieder los. Aufenthalte im europäischen Ausland von zwei bis drei Tage waren nicht unüblich. Um die freien Stunden vor Ort sinnvoll zu nutzen, nahm ich mir aus meinem Büro die Aktenmappen und ein Diktiergerät mit.

Vieles absolvierte ich inzwischen mit sicherer Routine, aber dann gab es doch immermal einen etwas spektakuläreren Auftrag. So meldete sich irgendwann im Frühjahr 1978 die Firma Lemmerbrock aus Melle, ich solle den Chef nebst Dolmetscher und Protokollführer nach Libyen fliegen. Nach Libyen? Es war bekannt, daß man eine Landegenehmigung für Privatflugzeuge in der lybischen Hauptstadt Tripolis nur vom persönlichen Büro des Revolutionsführers Gaddafi ausgestellt bekam, im Normalfall also ein Ding der Unmöglichkeit. Nun benötigte Gaddafi aber für seine Flughäfen große Hallentore. Und darauf war nun wieder die Firma Lemmerbrock spezialisiert. Also bekamen wir unsere Landegenehmigung.

Wir starteten in Paderborn. Über Warburg VOR, ein UKW-Funkfeuer, ging es gleich in die Luftstraße UA9 (Upper amber nine, wobei die Zahl im Fliegerjargon, um Verwechslungen und Hörfehler auszuschließen, als -niner- ausgesprochen wird) Richtung Süden. Bei so einer Langstrecke mußte ich aus wirtschaftlichen Gründen siebenundzwanzig- bis dreißigtausend Fuß hoch fliegen. Der Kerosinverbrauch ist in der Höhe viel geringer als in Bodennähe. Wegen des Rückenwindes wählte ich Flugfläche 300, das sind neuntausendeinhundertfünfzig Meter. Mit sechshundertfünfzig Stundenkilometern ging es jetzt über die Alpen, dann über Italien und Malta bis hin zur Landung in Tripolis. Die verlief völlig problemlos, man merkte, daß Gaddafi seine Radarlotsen in Europa schulen ließ. Offenbar wurde am Flugwesen nicht gespart. Das Land ist ja reich, Gaddafi nimmt durch den Erdölexport reichlich Devisen ein. Jedenfalls wurde ich auf kürzestem Wege mit einem sogenannten Radarvector auf das Instrumenten-Landesystem gebracht.

Nach der Landung kam sofort ein Verbindungsoffizier auf uns zu und führte uns an langen Warteschlangen vor den Paßkontrollen vorbei direkt in ein Flughafenbüro, wo man uns erst einmal Grünen Tee anbot. Flink wurden unsere Pässe mit einem Visum versehen und damit alle Einreiseformalitäten erledigt. Man muß halt nur die richtigen Verbindungen haben. Auch sonst klappte alles. Meine Passagiere konnten ihren Auftrag, die Hallentore nach Libyen zu liefern, noch am gleichen Tag entgegennehmen. Ich schaute mir unterdessen die malerisch am Mittelmeer gelegene Altstadt von Tripolis an. Auf dem Markt ging es genauso zu wie auf allen anderen orientalischen Basaren. Dann hörte ich die Muezzine von den Minaretten zum Gebet rufen. Urplötzlich fielen alle die temperamentvollen Händler und ihre ebenso temperamentvollen Kunden auf die Knie und beteten gen Mekka. Auch sonst war es in Tripolis sehr orientalisch: Mein Hotelzimmer hatte zwar saubere weiße Bettlaken, aber darüber lagen bessere Pferdedecken. Beim Abendessen sah ich auf der Karte unter anderem Campari aufgeführt. Warum nicht vor dem Essen einen Campari trinken! Was man mir daraufhin brachte, sah zwar rot aus, schmeckte aber eher nach Himbeerwasser. Alkohol ist ja bei den Moslems verboten. Beim Abflug regelte wieder dieser Verbindungsoffizier alles und brachte uns zum Flugzeug. Für mich war es wieder einmal ein Blick in eine andere Welt!

Einmal rund um die Erde!

Es liegt wohl in der Natur des Menschen, sich mit dem Erreichtem nicht so leicht zufrieden zu geben, die nächste Hürde nehmen zu wollen, nach neuen Ufern zu suchen. Mich jedenfalls drängte es mein Leben lang weiter und weiter. Beispielsweise gab es da diese alte Idee, einmal rund um den Globus zu reisen. Jules Vernes Geschichte von der Reise um die Erde in achtzig Tagen hatte mich schon als Kind fasziniert. Vernes Held Phileas Fogg benutzte Eisenbahn und Dampfschiff, die damals modernsten Verkehrsmittel. Da hatte ich doch heute viel bessere Möglichkeiten! Irgendwann im Frühjahr 1978 nahm die vage Idee in meinem Kopf deutlichere Konturen an. Warum denn nicht? Natürlich würde ich rund um den Erdball fliegen! Vielleicht mit ein paar tüchtigen Begleitern? Ich begann, Freunden und Bekannten von der Idee zu erzählen, Flugrouten zu entwerfen, breitete auf unserem Stammtisch die Weltkarte aus: Dreißig Länder in drei Monaten. Toll! Zunächst waren alle hellauf begeistert und wollten bei „Rund um die Erde" mitfliegen. Im Mai 1978 ging ich an die ersten praktischen Vorbereitungen. Als Starttermin wurde der 4. Januar 1979 festgesetzt. Jetzt allerdings, wo es konkret werden sollte, zeigte sich, daß bei den anderen die erste Begeisterung mehr oder weniger schnell der Einsicht gewichen war, sich eine solche Weltreise nicht leisten zu können oder nicht leisten zu wollen. Der dreimonatige Flug würde eine Stange Geld kosten, die Familien nicht gerade begeistert reagieren... Von den Männern, die das nötige Reisegeld bequem hätten aufbringen können, erschien es fast allen undenkbar, über drei Monate hinweg den eigenen Betrieb allein zu lassen, beziehungsweise im Beruf zu pausieren. Sie fanden sich unabkömmlich und zuckten die

Achseln, wenn ich sie ernsthaft fragte, ob sie mit von der Partie sein wollten: Keine Zeit. Keine Zeit? Wirklicher Reichtum besteht wohl nicht nur darin, Geld zu besitzen, sondern eben auch Zeit zu haben, um zu leben. Kopfschüttelnd sah und sehe ich bis heute denjenigen meiner Mitmenschen zu, die immer einen vollen Terminkalender hektisch abzuarbeiten haben, ihre Termin kaum einhalten können. Irgendwann kommt nämlich auch für sie der letzte Termin. Und den werden sie einhalten müssen. Wie reimte Erich Kästner für diesen Fall so treffend:

„Und hinter Dir da lacht der Tod
Kaputt gebrasselt Du Idiot".

Jedenfalls blieb von unserer ursprünglich hellauf begeisterten Stammtisch-Runde am Ende allein Martin Gräbner übrig. Er kam mit. Martin Gräbner war ein sehr liebenswerter Mensch mit einer positiven Lebenseinstellung, durch und durch ein Humanist. Als Rentner hatte er Zeit und genug erspartes Geld. Seine Frau war verstorben, so daß er auf niemanden weiter Rücksicht zu nehmen brauchte.

Wir stellten unsere Route zusammen, überlegten, was wir unterwegs unbedingt sehen wollten. Ich versuchte, soviel Informationsmaterial wie möglich aufzutreiben. Für bekanntere Länder waren da Reisehandbücher oder schlicht die Auskünfte eines Reisebüros hilfreich. Doch wer kann beispielsweise präzise über die technische Austattung der Flugplätze in Neu-Guinea Auskunft geben? Manchmal können Kleinigkeiten wichtig werden. Da helfen dann die Aeronautical Publications der ICAO, der Internationalen Zivilluftfahrtorganisation, in denen man jeden zivilen Flugplatz findet, sei er auch noch so klein. Informationen über Militärflugplätze zu bekommen, ist weitaus schwieriger, aber dort durften wir ja ohnehin nur in der allergrößten Not landen.

Unsere endgültige Route hing nicht nur von Martins und meinen Sightseeing-Wünschen, sondern nicht zuletzt davon ab, wo wir Tankstops machen konnten. So kamen Sipan und Wewak beispielsweise nur wegen des Tankes in's Programm. Die Informationen zu jedem Land, oder auch nur Inselchen, wurden in einem eigenen Ordner gesammelt. So langsam kam da eine stattliche Reihe dikker Ordner zusammen, die dann tatsächlich mit an Bord genommen wurde. Platz hatten wir im Flugzeug ja genug. So konnte unterwegs jedes Detail nachgeschlagen werden.

Zunächst kümmerte ich mich um die mehr bürokratischen Vorbereitungen. Schließlich würde uns unsere Route über etliche Länder führen, für die wir besondere Überflug- beziehungsweise Landegenehmigungen benötigten. Lande- und Überfluggenehmigungen werden überwiegend von den Luftfahrtbehörden der jeweiligen Länder erteilt. In Ausnahmefällen bittet man die deutschen Botschaften vor Ort um Unterstützung, insbesondere bei kommunistischen Ländern. In Europa handelte es sich um Routineangelegenheiten, aber auf unserer Weltreise-Liste stand eine Reihe von Ländern, bei denen man mit Schwierigkeiten zu rechnen hatte. Das betraf in erster Linie Rumänien, Bulgarien, Irak, Kuwait, Indonesien, China, Japan. Nur nebenbei bemerkt, wenn man als fliegender Privat- oder Geschäftsmann derartige Serviceleistungen der Botschaften in Anspruch nimmt, dann hat man dafür auch ordentlich zu bezahlen. Die jeweilige Kostenrechnung liegt dann ein paar Tage später in der Post.

Weil wir ursprünglich eine Route über die Kurilen nehmen wollten, stand auch die Sowjetunion mit auf der Problem-Liste. Die Moskauer Behörden selbst reagierten auf meine Nachfragen überhaupt nicht. Der Leser sei daran erinnert, daß einige Jahre später ein vollbesetzter Jumbo-Jet der Korean Airlines, der von seinem Kurs abgewichen war, von den Russen über den Kurilen ohne Pardon abgeschossen wurde, ein heißes Terrain. Wie sich herausstellte, war für die Kurilen selbst über die deutsche Botschaft in Moskau keine Landegenehmigung zu bekommen. Also blieb nichts anderes, als unsere Route zu ändern. Jetzt sollte es also über Micronesien nach Australien gehen. Von dort zu den neuen Hebriden. Wo wir ebenfalls eine Landegenehmigung brauchten. Dann über die Fidschi-Inseln nach American Samoa. Weiter über die Weihnachtsinseln nach Hilo, einer Stadt auf Hawaii, auch Big Hawaii genannt. Von dort über Midway, das noch zu den Hawaii-Inseln gehört und ein rein amerikanischer Luftwaffenstützpunkt ist, die Aleuten und den Nordpol zurück nach Europa, nach Deutschland.

Neben den Landegenehmigungen mußten jede Menge Visa beschafft werden, ein ebenso mühsames Geschäft, bei dem die verschiedensten politischen Animositäten zu berücksichtigen waren. So stellte sich heraus, daß ich mich mit dem Paß, mit dem ich bisher gereist war, auf keinem Konsulat eines arabischen Staates sehen lassen konnte. Er trug nämlich unter anderem auch ein israelisches Visum. Keine arabische Behörde faßt einen solchen Paß auch nur mit spitzen Fingern an. Für die Araber, eine Ausnahme macht da inzwischen wohl Ägypten, gilt bis auf den heutigen Tag: Wer in Israel war, der hatte bei ihnen nichts zu suchen. Übrigens lassen die meisten arabische Staaten nicht einmal ein Flugzeug auf ihrem Territorium landen, das in Israel gebaut worden ist. Jedenfalls wurde ich beim Paßamt vorstellig und beantragte einen zweiten Paß. Der Beamte meinte, daß es nicht ginge. Es muß gehen, beharrte ich und erklärte meine Reiseroute. Es ging. Als ich nur wenige Wochen später noch einmal vorstellig wurde, um mir einen dritten Paß ausstellen zu lassen, fand man mich in jenem Amte nun wirklich etwas dreist. Es muß sein, sagte ich. Wenn ich ein Visum von Taiwan im Paß habe, dann komme ich nicht nach Rot-China rein. Die Beamten gaben sich geschlagen. Als ich ihnen dann allerdings ankündigte, demnächst vielleicht noch ein viertes Exemplar zu beantragen, warf man mir einen grimmigen Blick zu. Das nächste Problem bestand nämlich darin, daß ich inzwischen zwar das Visum von Südafrika besaß, aber auch um die politischen Spannungen auf dem schwarzen Kontinent wußte: Wegen der Apartheitpolitik der damaligen südafrikanischen Regierung hatten etliche zentralafrikanische Staaten verfügt, daß man mit einem Einreisestempel von Südafrika im Paß bei ihnen nichts zu suchen habe. Mancher Leser wird sich vielleicht erinnern, daß während der Apartheit-Jahre die Fluggesellschaft South-African-Airways mit dem Slogan warb: „Fliegen Sie mit der SAA, der einzigen Fluggesellschaft, die nonstop nach Südafrika fliegt". Was da wie ein toller Service präsentiert wurde, war für die Fluggesellschaft in Wirklichkeit unangenehme Notwendigkeit: Die SAA mußte nonstop fliegen, weil ihr kein zentralafrikanisches Land eine Lande- beziehungsweise Überfluggenehmigung erteilte. Sie setzte für diese Flüge den Jumbo 474 SP -Special performance- ein, der um vierzehn Meter verkürzt war. Man mußte ja mehr Treibstoff mitnehmen und zum Gewichtsausgleich auf Passagierplätze verzichten. Außerdem war es Vorschrift, daß wegen der langen Flugstrecke eine zweite Bordbesatzung mitflog, weil die Dienstzeit der Crew nicht überschritten werden durfte, also unterwegs sowohl im Cockpit als auch bei den Stewards gewechselt werden mußte. Weil man imgrunde um ganz Afrika fliegen mußte, dauerte dieser Flug nämlich siebzehn Stunden. Da wurden die Po-Backen langsam wund...

Auch ich würde lange Strecken zu überwinden haben und ging mit aller gebotenen Sorgfalt daran, das Flugzeug für seinen Flug rund um den Erdball zu präparieren. Unter den Tragflächen wurden Langstreckentanks installiert, dazu kamen Transferpumpen, die den Kraftstoff aus den zusätzlichen Tanks in die Haupttanks drückten, sobald der Kerosin-Pegel dort unter einen entsprechenden Stand gesunken war. Außerdem mußte ein Navigationssystem her, mit dem ich weltweit operieren konnte. Zu berücksichtigen war, daß die Route über Bocia Felix, also über den magnetischen Nordpol führte, damit konnte ich den sonst üblichen Magnet-Kreiselkompaß vergessen. Als Navigationshilfen wurden die Systeme von Loran, Decca, VLF, INS angeboten, außerdem gab es ja noch den guten alten Sextanten. Ich entschied mich für VLF, very low frequencies-Myriameterwellen, da die Stationen gut ausgebaut waren. Da das VLF nicht das Koordinatennetz des gesamten Erdballs abdeckte, wurden zusätzlich Omega-Bodenstationen genutzt. GPS, die Global positioning systems, gab es ja, wie schon erwähnt, seinerzeit noch nicht. Dann machte ich mir Gedanken über eine ordentliche Ausrüstung. Wir würden unterwegs nicht nur Kerosin und Dollars brauchen, es würde bestimmt das eine oder andere Unvorhersehbare geschehen. Für den Fall einer Havarie mußte so gründlich vorgesorgt werden, daß wir überall, sei es zu Wasser oder auf dem Festland, ein Maximum an Überlebenschancen hatte. Nichts gegen den Erfindungsreichtum von Robinson Crusoe nach seinem Schiffbruch, aber ich wollte doch lieber alle Möglichkeiten ausschöpfen, die mir meine Berufserfahrung und die moderne Technik boten.

Für die Notausrüstung dachte ich natürlich zuerst an Schwimmwesten, eine Dinghi-Rettungsinsel und Farbbeutel. Falls bei einer Notlandung auf dem Wasser das Flugzeug untergeht und man im Dinghi sitzt, kann man von Suchflugzeugen aus nur schlecht gesehen werden. Mit so einem Farbbeutel läßt dann sich ohne große Umstände ein halber Quadratkilometer Wasseroberfläche gelb färben. Mit auf die Liste kamen eine starke Trillerpfeife, ein Sturmfeuerzeug, ein Sonnenspiegel, mit dem man Signale senden, aber auch die eigene Position feststellen kann und Leuchtraketen, die man abschießt, wenn sich ein Flugzeug oder Schiff annähert. Als Notverpflegung besorgte ich mir Astronautennahrung, ich kannte da jemanden bei der Luftwaffe. Dann war noch an Trinkwasser und eine Wasseraufbereitungsanlage zu denken. Wichtig natürlich auch der ELT, der Emergency Locator Transmitter, der manuell bedient, bei einem Absturz auch automatisch, auf der Notfrequenz 121,50 Megaherz Notsignale sendet. Hinzu kamen Aristo und Knemeyer, das sind beides Navigationsrechner, die wie eine drehbare Rechenscheibe, beziehungsweise wie der gute alte Rechenschieber funktionieren. Als nächstes brauchte ich einen Kälteschutzanzug, ohne den ein Mensch in kaltem Wasser nur geringe Überlebenschancen hat. Es gibt da Erfahrungswerte: Bei zwanzig Grad Wassertemperatur hält man es schwimmend etwa vierzig Stunden lang aus, bei fünfzehn Grad fünf Stunden, bei zehn Grad drei Stunden, bei fünf Grad zwei Stunden und bei null Grad etwa eine Stunde, hier besteht aber schon nach dreißig Minuten wegen der starken Unterkühlung Lebensgefahr. Für alle sonstigen Gelegenheiten bei denen wir uns gegen Kälte schützen mußten, besorgten ich eine Warmhaltefolie, die zusammengefaltet sehr wenig Platz in Anspruch nimmt.

Mitgenommen wurden außerdem: Eine Schweizer Armeearmbanduhr und ein Schweizer Taschenmesser, ein Notfunkgerät mit fünf Watt von Dittel mit 720 Frequenzen sowie ein Marine-Notfunkgerät der Firma ICOM, mit dem man im VHF-, also im very high frequencies-Bereich auch Funkgeräte auf Schiffen ansprechen kann. Dann besorgte ich sämtliche erforderlichen IFR-Instrumentenflug-Karten nebst An- und Abflugkarten sowie VFR-visuell flight rules, also Sichtflugkarten der US-Airforce, zu beziehen durch die Firma Jeppeson in Frankfurt/Main.

Auch in Kleinigkeiten muß man bei einem solchen Unternehmen genau sein, so kamen eine Angel mit Haken und Blinker, zwei Raumfahrtkugelschreiber von Fischer, ein Sturmfeuerzeug und eine anständige Taschenlampe, die man besonders bei Nachtflügen braucht, auf meine Ausrüstungsliste.

Dann stellte ich Überlegungen zur Finanzaustattung an. Natürlich wurden Kreditkarten und Traveller-Schecks mitgenommen, aber auch Bargeld: Viele kleine Dollarnoten. Die machten zwar einen etwas unhandlichen Geldpakken aus, sollten sich aber als sehr nützlich erweisen. Unterwegs passiert es ja doch oft genug, daß keiner größere Banknoten wechseln kann. Und auch nicht wechseln will...

Ein anderer Papierstapel bestand aus international gültigen General-Deklarations-Formularen, so wie sie auch von Linienflugzeugen verwendet werden und insbesondere im Fernen Osten Pflicht sind. Eine solche Deklaration enthält jeweils Angaben über die Luftfahrzeug-Kennung, den Luftfahrzeug-Typ, die Flugnummer, die Anzahl der Passagiere und die Fracht sowie die Namen der Piloten, außerdem sind dort gegebenenfalls Angaben über Erkrankungen von an Bord befindlichen Personen zu machen. Dreihundert Formulare packte ich ein, damit schien ich mir für die Bürokratie rund um den Globus gewappnet zu sein. Selbstverständlich nahm ich auch alle erforderlichen Flugzeugdokumente und meine persönlichen Lizenzen mit, die Pilotenlizenz nebst Beiblatt, das Internationale Sprechfunkzeugnis für den Blindflug sowie das aktuelle Fliegerärztliche Tauglichkeitszeugnis.

Der erste Ballon

So intensiv ich auch meine Tour-Vorbereitungen betrieb, noch lief in der Firma der Alltag weiter. Im Juni 1978 buchte mein Großkunde Schieder wieder einmal einen Flug nach Italien. Es ging zu einer Werbeveranstaltung, die die Firma Schieder für ihre italienischen Kunden organisiert hatte. Unter anderem sollte bei dieser Gelegenheit ein Heißluftballon mit dem alten Haudegen Paul Haggenay starten. Paul war einer der ersten, der nach dem Zweiten Weltkrieg wieder mit einem Ballon aufgestiegen war. Deutschland erhielt ja von den Alliierten erst 1955 seine Lufthoheit zurück. Einzelne, noch mit Kohlenwasserstoff gefüllte, Ballone durften mit Sondergenehmigung schon vorher starten, dabei hatte Paul große Verdienste. Für mich ergab sich an diesem Tag in Italien die allererste praktische Bekanntschaft mit dem Ballon. Ich war sofort derartig begeistert von der Sache, daß ich bereits eine Woche später bei Arno Sieger, einem Ballonhändler, meinen ersten Ballon orderte. Was ist daran so faszinierend, die Stille beim Flug? Oder ist es das fast wie schwerelose Schweben mit dem Wind? Ballonfahren verschafft dem Menschen ein unvergleichliches Glückserlebnis und seinen Sinnen das höchste Gefühl, das er zu erfassen imstande ist!

Mein neuer Ballon bekam die Aufschrift „Europa Service Autovermietung Auto-Meyer" und war damit zweifelsfrei ein Werbemittel. Und was für eins! Jedenfalls durfte sich auf diese Art und Weise auch das Finanzamt an den Kosten beteiligen. Noch im selben Jahr absolvierte ich meine Ballon-Flugausbildung im eigenen Gefährt. Ich ging dafür nach England, denn dort benötigt man vor der Prüfung keine Übungsfahrten bei Temperaturen unter null Grad Celsius. Das geht völlig in Ordnung, denn Ballonfahren bei Minustemperaturen ist sowieso viel einfacher als an heißen Tagen. In Deutschland wird es aber verlangt und die Ausbildung hätte doppelt so lange gedauert.

Die große Tour

Am 4. Januar 1979 war es dann soweit. Martin und ich starteten von Paderborn aus direkt nach Istanbul, wie sich zeigen sollte ein Start mit Hindernissen. In der Höhe des Funkfeuers Erlangen VOR meldete der Bordcomputer eine Störung. Ich sagte zu Martin: „Das können wir uns nicht erlauben." Also nahmen wir notgedrungen eine Umleitung

zur Firma Nayak nach Köln, die das Gerät geliefert hatte. Glücklicherweise erwies sich der Fehler als so geringfügig, daß wir unseren Flug schon eine Stunde später fortsetzen konnten. Von Köln aus flogen wir über Frankfurt zurück zum Erlangener Funkfeuer. Von dort über Wien, Budapest, Bukarest und Varna nach Istanbul. Alles lief glatt, die Überfluggenehmigungen für die damals noch kommunistischen Länder Rumänien und Bulgarien lagen ja vor.

Helmut R. Meyer 1978 bei Flugvorbereitungen für den Flug rund um die Erde über Australien und den magnetischen Nordpol.

In Istanbul nahmen Martin und ich im Hilton-Hotel Quartier und ließen dort am Abend eine Bauchtänzerin auf unserem Tisch tanzen. Mein Gott war das aufregend! Wir warfen uns in Positur und ließen uns neben den kreisenden Hüften der Bauchtänzerin fotografieren. „Wir Ihr sehen könnt, stehen wir unterwegs nichts aus, absolut gar nichts!"

schrieben wir auf das Foto und schickten die Trophäe an unseren Stammtisch zu Hause.

Sollten die Daheimgebliebenen doch sehen, was sie hier verpaßten! Am darauffolgenden Tag mußte es natürlich eine Stadtrundfahrt mit der Besichtigung der berühmten Blauen Moschee und eine kleine Schiffstour über den Bosporus sein. Auch der Topkapi-Palast mit seinem Harem ist sehenswert. Übrigens wurde der Harem bis in das zwanzigste Jahrhundert hinein benutzt und erst vor siebzig Jahren aufgegeben. Was waren das doch für Zeiten, als der Sultan noch seine Königin für eine Nacht kürte und die ihm dann mit großem Ritual zugeführt wurde. Angeblich mußten die Damen zunächst das Bett und die Füße des Herrschers küssen, bevor es zur Sache ging.

Martin und ich abends im Istanbuler Hilton-Hotel.

Wir flogen weiter Richtung Ankara, bogen aber in der Höhe des Irak gen Bagdad ab. Damals hatten wir noch eine normale Genehmigung bekommen, den Irak zu überfliegen. Zwölf Jahre später tobte hier der Desert Storm und man hätte uns glatt abgeschossen. Martin, der sich in alter Geschichte gut auskannte, erzählte mir mit dem Blick auf die Uferlandschaft des Tigris, daß hier 363 nach Christus die berühmte Schlacht zwischen Römern und Sassaniden stattgefunden hatte, in der der römische Kaiser Julian fiel. Julian, den man dann später den „Abtrünnigen" nannte, hatte, obwohl christlich erzogen, versucht, mit der Wiederbelebung antiker Kultur den Zerfall des römischen Reiches aufzuhalten. Was für ein Gefühl, als wir links den Tigris und rechts den Euphrat vor uns sahen, die Ruinen von Babylon, Nippur und Kisch überflogen.

Nun aber kam das erste Problem auf uns zu. Eigentlich wollten wir in Kuwait zum Tanken landen. In Istanbul war unser IFR-Flugplan auch angenommen worden. Aber noch am Tage unseres Abfluges aus Paderborn, dem 4. Januar 1979, hatte uns die Überflugerlaubnis für den Irak gefehlt. Wir bekamen sie erst drei Tage später über Funk.

Auf unseren per Telex geschickten Antrag, uns in Kuwait eine Landegenehmigung zu erteilen, reagierten die dortigen Behörden nicht einmal. Was tun? Wir deklarierten uns als Rot-Kreuz-Flug. Für einen solchen Fall hatte ich vorgebeugt, war in Deutschland ein ordentliches Mitglied des Deutschen Roten Kreuzes geworden, besaß einen schönen Ausweis und hatte mir von unserer Hermalee auf einen weißen Leinenanzug nebst weißer Schirmmütze alle möglichen roten Kreuze nähen lassen. Martin fand das Arrangement etwas abenteuerlich und meinte, er mache ja alles mit, aber ich solle nicht auf den Gedanken kom-

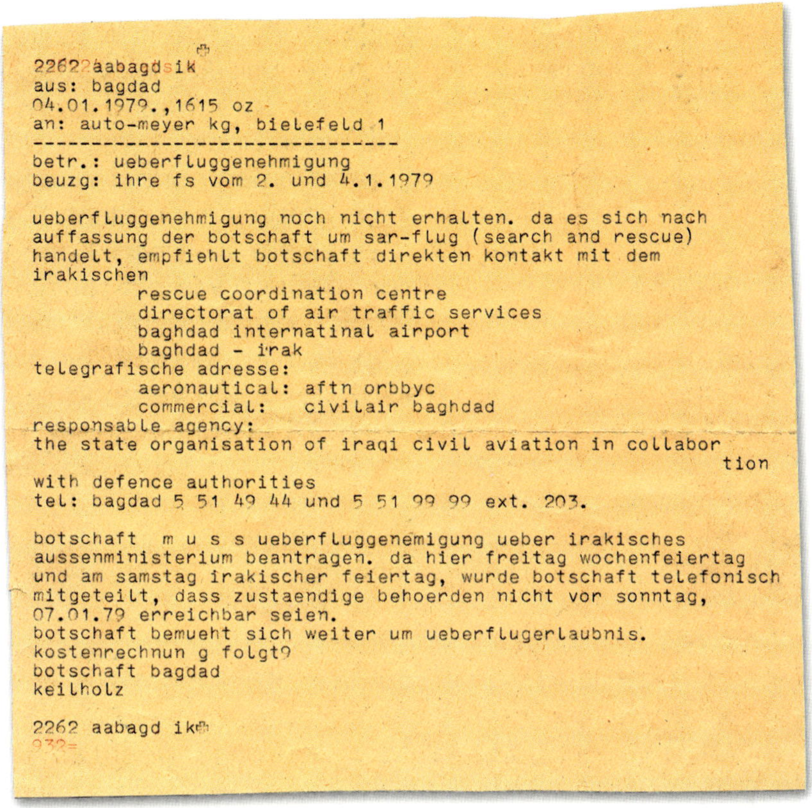

22622aabagdsik
aus: bagdad
04.01.1979.,1615 oz
an: auto-meyer kg, bielefeld 1
----
betr.: ueberfluggenehmigung
beuzg: ihre fs vom 2. und 4.1.1979

ueberfluggenehmigung noch nicht erhalten. da es sich nach
auffassung der botschaft um sar-flug (search and rescue)
handelt, empfiehlt botschaft direkten kontakt mit dem
irakischen
rescue coordination centre
directorat of air traffic services
baghdad internatinal airport
baghdad - irak
telegrafische adresse:
aeronautical: aftn orbbyc
commercial: civilair baghdad
responsable agency:
the state organisation of iraqi civil aviation in collabor
tion
with defence authorities
tel: bagdad 5 51 49 44 und 5 51 99 99 ext. 203.

botschaft m u s s ueberfluggenemigung ueber irakisches
aussenministerium beantragen. da hier freitag wochenfeiertag
und am samstag irakischer feiertag, wurde botschaft telefonisch
mitgeteilt, dass zustaendige behoerden nicht vor sonntag,
07.01.79 erreichbar seien.
botschaft bemueht sich weiter um ueberflugerlaubnis.
kostenrechnun g folgt9
botschaft bagdad
keilholz

2262 aabagd ik
932=

Die Überflugerlaubnis für den Irak wurde uns erst am 7. Januar 1979 über Funk erteilt, nachdem wir den Flugplan aufgegeben und uns als Rot-Kreuz-Flug derklariert hatten.

men, daß er sich gegebenenfalls auf eine Trage lege, um den Schwerkranken zu mimen. Ich beruhigte ihn. Für den Fall, daß es tatsächlich Schwierigkeiten geben sollte, würde ich der Luftaufsicht einfach erklären, daß wir einen verunglückten Deutschen aus Karatschi abholen müßten und es sich bei Martin um einen Arzt handele. In der Tat hätte der honorig ausschauende und sicher auftretende

Martin gut einen Arzt abgeben können. Jedenfalls schrieben wir auf den Flugplan unter der Rubrik -Remarks-: „German Redcross Flight, request priorty for refueling, transit flight to Karatschi." Das muß wohl Eindruck gemacht haben. Wir durften in Kuwait vollkommen normal landen und auch anschließend lief alles besser, als gedacht. Die Landegebühren hatte ich bei einem in einen Kaftan gekleideten Mann zu bezahlen, der sich wie ein Scheich gab. Allerdings sprach der Scheich ein ziemlich dürftiges Englisch, in das er mehrmals, in leise fragendem Ton ein Wort einflocht, das wie -Whisky- klang. Ich verstand das zunächst nicht. Wollte er mir einen Whisky anbieten? Wohl eher nicht, denn in einem moslemischen Land gab es doch keinen Whisky, war es überhaupt unter Strafe gestellt, Alkohol zu trinken. Soviel ich wußte, drohten da drastische Strafen: Dreißig Peitenschhiebe im Stehen für einen Mann, Frauen wurden im Hocken ausgepeitscht. „Whisky??" Langsam dämmerte mir, daß der offenbar gar nicht so brave kuwaitische Beamte tatsächlich Whisky von mir haben wollte. Wahrscheinlich trank er den heimlich nach Sonnenuntergang, denn im Dunkel der Nacht konnte ja selbst Allah nicht sehen, daß sein Gebot übertreten wurde... Nun, ich hatte keinen Whisky dabei und bedauerte von Herzen, dem Manne nicht helfen zu können. Eilends bezahlte ich die üblichen Gebühren und kümmerte mich dann um das Auftanken.

Da wir keine Überfluggenehmigung für den Iran bekommen hatten, flogen wir einfch drumherum, machten also einen Umweg über den Persischen Golf und überflogen Bahrein und Dubai. Dann ging es hinüber nach Jiwani an der Küste von Belutschistan. Bei herrlichem Nachtflugwetter konnten wir die iranischen Küsten ganz klar erkennen, man nennt das Feuersicht.

Endlich in Karatschi. Nach der Landung gaben wir die geforderten fünf General-Deklarationen ab und konnten als Crew sofort durch den Crew-Ausgang des Flughafens zum Taxistand. Ich hatte Martin beim Bundesluftfahrtamt ordnungsgemäß als Stewart meiner Firma Air Taxi Service GmbH und Co. Luftfahrt KG angemeldet. Daraufhin wurde ihm ein offizielles Dokument als Flugbegleiter ausgestellt. Dieses Dokument ist von ähnlichem Rang wie ein Paß, denn demjenigen, der in Besitz eines solchen Ausweises ist, dürfen deutsche Behörden nicht die Einreise verweigern.

Das Karatschi Intercontinental Hotel hieß uns willkommen. Ich zog Martin erst einmal zu einem Bier an die Bar, schließlich hatte er wegen der fehlenden Landeerlaubnis für Kuwait tausend Ängste ausgestanden. Doch was schob man uns da statt eines gut kühlten Pilsners über den Tresen? Einen DIN A4-großen Fragebogen, den wir sorgsam ausfüllen und unterschreiben mußten, die schriftliche Bestätigung, daß wir keine Moslems seien. Nach diesem wunderbaren Akt von Bürokratie hatten wir uns unser Bier nun wahrlich verdient!

Am nächsten Morgen schauten wir uns Karatschi an, natürlich den großen Basar der Stadt. Irgendwie gleichen sie sich alle diese verwinkelten Basarstraßen im Orient und in Fernost. Jede erweckt den Eindruck, als würde dort schon seit Jahrhunderten auf die gleiche Weise gehandelt. Oft ist es tatsächlich so. Überall ähnliche Stände für Gewürze, Gemüse, Obst und Fleisch, auch Textilien. Daneben bietet man dann auch noch Heilkräuter und geheimnisvolle Zauberheilmittel an. Die Wasserpfeife rauchenden Männer unterscheiden sich dagegen schon, im Aussehen, wohl auch in der jeweiligen Mentalität. Aber überall wird mit großem Einsatz an Worten, Gesten, an Lachen und Geschrei gehandelt, gefeilscht. Daneben betteln ausgemergelte und zerlumpte Gestalten. Die meisten Frauen tragen Schleier und gehen mit deutlichem Abstand hinter dem Mann her. Außerdem fielen uns in Karatschi die vielen Flüchtlinge aus Bangladesh auf, die herumliefen und keine Arbeit fanden.

Unsere nächste Station hieß Neu-Delhi und wir merkten schon auf der Taxifahrt zum Hotel, daß hier die Kühe Vorfahrt hatten. Sie gelten dort nun einmal als heilig. Alt-Dehlhi mit seinen tausend Gerüchen und bestimmt einer Million Händlern war dann noch eine andere Welt. Eine anstrengende Welt, in der die meisten Menschen nur darum kämpfen den Tag zu überleben. Natürlich stürzten sich die Händler auf uns. Bevor wir einige der hübschen kleinen Seidenteppiche kauften, machten wir uns ausgiebig mit der Materie vertraut. Man muß dazu wissen, daß es beim Teppichkauf nicht nur auf die Qualität der Seide oder Wolle ankommt, sondern daß es für den Preis eine ebenso wichtige Rolle spielt, wie viele Garn-Knoten auf einen Quadratzentimeter Teppich geknüpft sind. Per Taxi ging es weiter nach Acra zum Taj Mahal. Mein Gott, muß dieser Fürst seine Frau geliebt haben, um ihr zum Andenken so ein prachtvolles Ensemble zu bauen. Es war schon überwältigend, wie es da vor uns lag: Überdimensionale marmorne Pracht, von Menschenhand geschaffen. Während der Rückfahrt nach Neu-Delhi überholten wir etliche Kamelkarawanen. Die Tiere wurden nicht nur hoch beladen, sondern teilweise auch vor einachsige, kurios aussehende Karren gespannt. - Zum touristischen Pflichtprogramm eines Indien-Besuchers gehört es natürlich auch, den Gandhi Memorial Park in Neu-Delhi anzuschauen.

Zwei Tage später fuhren wir nach Benares, dem heiligsten Ort für die Hindus. Benares ist eine sehr eigentümliche Pilgerstätte. Wenn man sie nicht mit eigenen Augen gesehen hat, kann man sie sich kaum richtig vorstellen. Jeder Hindu, und es leben davon rund fünfhundertfünfzig Millionen auf der Erde, möchte wenigstens einmal im Leben nach Benares gepilgert sein, um seine religiöse Pflicht zu erfüllen. Ein unglaubliches Menschengewimmel, in dem man sich nur schwer orientieren kann. Aber wohin wir auch blickten, es war hochinteressant. Eine Weile beobachteten wir einen Vater, der seinen toten Sohn auf einem Holzstapel verbrennen wollte, um anschließend dessen Asche in den heiligen Fluß Ganges zu streuen. Zuvor aber erbettelte er sich von den Vorübergehenden Geld, um überhaupt das Brennholz für diesen Akt kaufen zu können. Das Einäschern ist dort das übliche Bestattungritual. Nur kleine Kinder, die sterben, bevor sie ihr sechstes Lebensjahr erreicht haben, und verstorbene Hindu-Priester werden nicht verbrannt. Man beschwert ihre Leichen mit Steinen und versenkt sie im Ganges.

Wohl nicht nur wegen dieser Sitte erwies sich der heilige Fluß in Benares als alles andere denn sauber. Trotzdem gehört es zu den wichtigsten Ritualen der gläubigen Pilger, sich darin zu waschen. Martin und ich zogen es vor, mit einem Führer eine Bootsfahrt auf dem Ganges zu machen, um alles vom Wasser aus besser verfolgen zu können. Dabei bescherte uns der Zufall ein besonders makabres Erlebnis. Während wir langsam den Fluß hinaufgerudert wurden, schoß plötzlich eine Leiche wie ein Fontäne neben uns aus dem Wasser. Vermutlich hatte man an dem toten Priester die Senksteine nicht richtig befestigt. Übrigens: Der Hinduismus ist die einzige Religion, die es nicht erlaubt, daß man zu ihr konvertiert.

Von Neu-Delhi aus flogen wir nach Nepal, auf das Dach der Welt im Himalaja. Über der Hauptstadt Katmandu baten wir den Flughafen-Tower, auf Sichtflug zu wechseln, denn wir hatten vor, den nahegelegenen Mount Everest in zirka neuntausend Metern Höhe zu überfliegen. Auch so ein Traum, der endlich in Erfüllung gehen sollte. Die gesamte Himalaja-Kette lag in glänzendem Sonnenschein vor uns. Allerdings mußten wir trotz des guten Flugwetters sehr vorsichtig zu Werke gehen. Es verhält sich nämlich so, daß die Grenze zwischen Nepal und China exakt über den Gipfel des Mount Everest verläuft. In unserer Flugkarte war auf der chinesischen Grenzseite extra vermerkt: „Fiering without warning". Wenn hier also bei der kleinsten Grenzverletzung ohne Vorwarnung geschossen wurde, blieb nur, unterhalb der Bergspitze an den Gipfel heranzufliegen, um nach Erreichen der Spitze sofort im Winkel von fünfundvierzig Grad abdrehen zu können. Auch fliegerisch hatte das Unternehmen so seine Tücken. Man darf bei einem derartigen Manöver nicht die an Felsmassiven herrschenden Fallwinde unterschätzen. Also: Nie einen Berg im rechten Winkel anfliegen und sich immer die Möglichkeit offen lassen, rechtzeitig abzudrehen. Man braucht dafür natürlich eine entsprechend hohe Geschwindigkeit und muß noch in der Lage sein, sie durch Nachdrücken zu erhöhen. Nun verfügt die Rockwell Commander mit ihren eintausendvierhundertdreißig Pferdestärken über reichlich Reserven. Außerdem war es in dieser Situation von Vorteil, daß statt der insgesamt zulässigen neun Personen nur zwei in der Maschine saßen. Also los! Ich glaubte nicht, daß die Chinesen auf der anderen Seite über ein Radargerät verfügten, trotzdem ging ich vorsichtig zu Werke. Man konnte ja nie wissen... Außerdem hätten wir bei einer Grenzverletzung große Scherereien bekommen, denn die Chinesen hätten auch die Nepalesen verantwortlich gemacht.

In Katmandu steht zwar ein Radargerät, kann aber nicht in Betrieb genommen werden, weil eben noch wichtige Teile fehlen. Also betreiben die Radarkontroller (auch ohne Radar) die An- und Abflüge selbst bei Wolken noch nach der Oldfashion-Methode, wie sie übrigens auch bei uns nach Wiedererlangung der Lufthoheit 1955 noch üblich war: Die ankommenden Flugzeuge werden nach Höhen gestaffelt und der Lotse verläßt sich auf die Angaben des Piloten. Das heißt, daß eine Flugfläche erst dann für ein anderes Flugzeug freigegeben wird, wenn der Kapitän der diese Fläche zuvor benutzte, eine sichere Entfernung meldet und bestätigt, daß er jetzt eine andere Höhe erreicht hat. Natürlich bleibt dabei diversen Irrtümern und Hörfehlern Tür und Tor geöffnet. Da ist mir die heutige westliche Methode mit Sekundärradar doch sympathischer.

Nepal, ein Königreich, ist eines der ärmsten Länder dieser Erde. Deswegen gab es dort auch vor einigen Jahren einen Volksaufstand, der aber von Polizei und Militär niedergeschlagen wurde. Wir sahen dort viele Flüchtlinge aus Tibet, die bei Nacht und Nebel über die Grenze kommen. Auf den Straßen von Katmandu würde es sich eigentlich empfehlen, eine Gasmaske zu tragen, weil die dreirädrigen 'Tuk-Tuks', eine Mischung aus Moped und Auto, einen derartig hohen Schadstoffausstoß haben, daß man leicht bei einem Spaziergang zu Kopfschmerzen kommt. Wir wohnten im vorzüglichen Jak-und-Yeti-Hotel. Durch die Klimaanlage war es erträglich.

Im Jahre 1997 sah ich Nepal noch einmal wieder. Hilde und ich veranstalteten dort mit Freunden - Hans Micketeit, Sabine Schulte, Heinz Schulte, Heinz Koch, Lutz König und

Dieter Specht - mehrere Ballonfahrten von Katmandu, aber auch von Prokara aus. Es war wunderschön, aus dem Ballon die Himalajakette zu bewundern. In dieser Gegend blühen wahrhaftig die Blumen anders, man hört auch anders und erliegt unweigerlich der Faszination dieser unglaublichen Berge, besondere beim Anblick der beiden Achttausender Lhotse (8 511 Meter) und Mount Everest (8 848 Meter). So phantastisch das Ballonfahren dort oben war, das Landen ist in dieser Region nicht immer einfach zu bewerkstelligen. Es gibt ja kaum größere ebene Flächen. Beim Bergen des Ballons mußten wir unter diesen Umständen manchmal regelrechte Kunststücke vollbringen. Aber Dank unserer perfekt eingespielten eigenen Mannschaft und der uns zur Verfügung stehenden Sherpas ging dann doch noch alles ganz gut. Eines haben wir, obwohl wir uns große Mühe gaben, nicht geschafft: Wir haben keinen Yeti zu Gesicht bekommen.

Zurück zu unserer Reise um die Welt. Die nächste Station sollte Kalkutta, die größte Stadt Indiens, sein. Wir starteten am 21. Januar 1979 bei dichtem Bodennebel. Auf der Startbahn in Katmandu konnte man gerade noch die Mittellinie erkennen. So etwas nennt man dann 'Instrument take off'. Dabei ist es wichtig, daß man nach dem Abheben sofort den künstlichen Horizont mindestens eine Balkenbreite auf Steigen hält, um tatsächlich nach oben zu steigen. Außerdem muß der Kurs der Startbahn präzise gehalten werden, da muß man schon aufpassen. Umso schöner wurde es, als wir aus dem Nebel herauskamen und wieder das Himalaja-Massiv in der Sonne liegen sahen. In einem solchen Moment wird es noch einleuchtender, warum viele Bergvölker glauben, daß dort oben in den schneeglitzernden Höhen die Götter wohnen. Mit entsprechender Hochachtung stehen sie nicht nur dem Gebirge gegenüber, sondern auch den Tempeln ihrer Götter. Wenn man in Nepal in so einen Tempel eintrat, die Gebetsmühlen sah und die blutenden Tieropfer, glaubte man sich in eine vollkommen andere Welt versetzt.

Der Flug nach Kalkutta führte uns zunächst über Bangladesch, ein anderes sehr armes Land dieser Erde. Im Landeanflug auf Kalkutta hatten wir dann den Eindruck, daß auf Kalkuttas Tower-Frequenz die halbe Welt miteinander sprach. Jedenfalls war kaum dazwischen zu kommen. Nach der Landung mußten wir erst einmal unsere vorher präparierten und vervielfältigten General Declarationen an verschiedenen Stellen abgeben. Man drückte uns einen Laufzettel in die Hand, der dann jeweils vom betreffenden Beamten abgestempelt werden mußten. Von Rationalisierung hatte man in Kalkuttas Flug-Bürokratie offenbar noch nichts gehört. Aber vielleicht handelte es sich auch um eine wohlkalkulierte Arbeitsbeschaffungsmaßnahme für Beamte. Die Tatsache, daß der eine oder andere ganz offenkundig an seinem Schreibtisch ein Nikkerchen machte, als wir anklopften, läßt das vermuten...

Endlich konnten wir uns auf den Weg in die Stadt machen. Kalkutta liegt übrigens nicht am Ganges, wie es in einem Schlager heißt, sondern am Hooghly, einem Seitenarm des Ganges. Es ist eine sehr schmutzige Stadt, die zwischen acht und zehn Millionen Einwohner haben dürfte, genaue Angaben fehlen. Außerdem leben hier sehr viele nichtregistrierte Flüchtlinge aus den noch ärmeren Nachbarländern. Überall Bettler, man sieht bettelnde Mütter mit halbtoten Kindern auf dem Arm. Wenn man als Mädchen geboren wird, ist man schon von Anfang an gestraft, da Mädchen dort nichts wert sind. Jedenfalls waren Martin und ich froh, als wir im Grand Hotel ankamen und erst einmal richtig durchatmen konnten. Sofort steuerte ein Zuhälter auf mich zu, um mir ein junges Mädchen anzubieten: „You want young girl? Only five Dollar! Girl is very hungry!" - „Das Mädchen ist sehr hungrig", wirklich eine ziemlich schockierende Einladung.

Am nächsten Morgen wachte ich wegen des Jetlegs schon gegen vier Uhr auf und konnte nicht mehr schlafen. Wie sich herausstellte, öffnete der Kaffeeshop des Hotels erst um fünf Uhr. Also beschloß ich, einen Morgenspaziergang zu machen. Der Portier sah das mit skeptischen Blikken und warnte mich eindringlich, ich dürfe auf keinen Fall tote Menschen und Bettler fotografieren! Vorsichtig ging ich nur durch beleuchtete Straßen und stets so, daß ich auf meinem Weg das Hotel im Auge behielt. Was ich dann sah, war unvorstellbar. Ein LKW-Fahrer fuhr durch die Straßen und lud die Toten auf, die über Nacht gestorben waren. Entsetzt sah ich zu, daß ich zurück zum Hotel kam, mein Magen schmerzte. - In Kalkutta ist nur der Victoria Memorial Park attraktiv. Ansonsten gibt es außer Slums nicht viel zu sehen.

Ursprünglich hatten wir von Kalkutta aus nach Burma fliegen wollen, es soll ein sehr schönes Land sein. Man gab uns zwar ein Visum für Burma, aber keine Einflugerlaubnis. Wahrscheinlich hat die Regierung dieses sozialistischen Landes etwas gegen Privatflugzeuge. Im Nachhinein waren wir auch gar nicht böse, denn man muß ja nicht ein Land unterstützen, in dem die Menschenrechte noch mit Füßen getreten werden. Was bot sich als alternative Route an? Thailand kannte ich schon. So entschlossen wir uns, nonstop über das Bengalische Meer nach Malaysia zu fliegen, also sechs Stunden über Wasser! Ein solches Unternehmen will präzise vorbereitet sein, da muß man schon genau rechnen. Das Bengalische Meer ist, besonders während der Monsunzeit, für seine heftigen Tropengewitter bekannt. Selbst bei einer Flughöhe von neuntausend Metern kann man da noch ganz schön in Schwierigkeiten geraten. Im Notfall landet man besser am Strand, als weiterzufliegen. Außerdem kann man sich auf die Wetterprognosen nicht verlassen. Die aktuellen Berichte aus Malaysia konnten schon ein bis zwei Stunden alt sein. Ehe man getankt hatte und eine Starterlaubnis bekam, konnten noch weitere zwei bis drei Stunden vergehen. Wenn man dann im Flug den point of equal time erreicht hat, konnte diese Vorhersage für Penang, der Ausweichflughafen war Phuket, schon acht Stunden alt sein. Also muß man bei so einem Flug, bei dem es im Ernstfall nur wenige Ausweichmöglichkeiten gab drei Punkte beachten: Den point of equal time, also den Punkt gleicher Zeit, den point of safe return, also den Punkt, an dem eine sichere Umkehr noch möglich war, sowie den point of no return, den Umkehrgrenzpunkt. Der point of safe return konnte je nach Windverhältnissen schon zehn bis zwanzig Prozent über die Hälfte der Flugstrecke hinaus liegen. Man bedenke, daß man in den Jetstreams Windgeschwindigkeiten von zweihundert bis dreihundert Stundenkilometern erleben kann. Zur Erklärung: Jetstreams sind sehr starke Winde in zehn- bis zwanzigtausend Metern Höhe, die auf der nördlichen Halbkugel von West nach Ost verlaufen. Nur so ist es ja auch zu erklären, daß zuweilen ein Linienflug von New York nach Frankfurt früher ankommt, als der Flugplan ausweist, dann wurde die betreffende Maschine vom Jetstream geschoben. Hat man den Point of no return erreicht, gibt es logischerweise nur noch ein Weiterfliegen. Wir hatten dank unseres Computers an Bord immer die Möglichkeit, den aktuellen Wind in unserer Höhe abzurufen. Solchen Komfort besaßen die alten Flieger nicht. Man denke an Charles Lindberg mit seiner Spirit of St. Louis, der sich auf seinen Magnetkompaß verlassen mußte. Unter Fliegern heißt dieser Kompaß auch Whiskykompaß, da er beim Steigen, Sinken oder Kurven zu Fehlanzeigen führt. Übrigens konnte Lindbergh zwar bei seinem Flug über den großen Teich aufgrund der Erdrotation mit etwas Rückenwind rechnen, aber nicht mit Jetstreams, da seine Spirit of St. Louis dafür zu niedrig flog.

Bei so einem langen Flug über Wasser, wie wir ihn an diesem Tag vorhatten, möchten die Bodenkontrollstellen, daß man sich stündlich meldet, um die jeweilige Position des Flugzeuges, die zugewiesene Flugfläche und die voraussichtliche Überflugzeit des nächsten Punktes durchzugeben. Spielt das Wetter mit, werden es dann unterwegs recht ruhige Stunden. Man muß sich vorstellen, daß der Bordcomputer, gefüttert mit den entsprechenden Zielkoordinaten, die Maschine praktisch allein fliegt. Selbstverständlich schaut der Pilot dabei immer wieder auf die Triebwerksüberwachungsinstrumente, ob Drehzahl, Temperatur und Öldruck im grünen Bereich liegen. Trotzdem bleibt viel Zeit. Martin und ich hatten uns unterhalb des Cockpits einen kleinen Tisch gebaut, um zwischendurch Karten spielen zu können.

Langsam näherten wir uns der Küste von Thailand und konnten die wunderschöne Gegend von Phuket aus neunundzwanzigtausend Fuß Höhe bewundern. In Malaysia landeten wir nicht auf dem Festland, sondern auf der Insel Penang. Was für ein Unterschied gegenüber Kalkutta. Im Flughafengebäude hätte man wahrhaftig vom Fußboden essen können. Unser Hotel Rasasyan war eine Perle. Wir setzten uns ins Restaurant, die Kapelle spielte immer wieder das flotte Liedchen YMCA und unser Bourbon-Whisky brachte uns richtig in Stimmung. Es saßen auch einheimische Frauen dort. Bei den Moslems in Malaysia ist es nicht so wie bei den Arabern, daß die Frau verschleiert und mit demütig gesenktem Kopf vier Schritte hinter dem Mann hergehen muß. An einem der Tische fiel mir Anna auf, eine asiatische Schönheit mit moslemischen Glauben, die elastisch wie eine Schlange tanzte. Da muß ein Mann schon ganz schön an sich halten, um nicht vor Begierde durchzudrehen. Am nächsten Tag kamen Anna und ich uns näher. Nachdem sie vom eigenen Flugzeug hörte, äußerte sie spontan Heiratsabsichten, erklärte aber gleich, daß ich dann zu ihrem Glauben übertreten müsse. Ich sagte ihr, daß mir das sehr recht wäre, denn dann dürfe ich ja vier Frauen gleichzeitig haben. Anna wäre auch damit einverstanden gewesen. Die vier Frauen nennen sich Eheschwestern! Sie meinte nur, wenn ich ihr dann einen neuen Porsche kaufen würde, müßte ich den anderen drei Frauen auch einen schenken. Sicher, Gerechtigkeit muß schließlich sein, sonst kommt Eifersucht auf. Wegen der Verwechslungsgefahr sollte jeder Porsche in einer anderen Farbe gekauft werden. Anna schrieb mir tatsächlich noch mehrmals. Ich habe aber nicht geantwortet. Schließlich wollte ich weder Moslem werden, noch vier Porsche verschenken.

Bevor wir weiter nach Singapur flogen, nutzte ich die günstige Gelegenheit, in der glasklaren Bucht vor dem Hotel ausgiebig Wasserski zu laufen. Sie wurde Affenbucht genannt. Martin saß mit im Boot und hat die Affenbucht anschließend verflucht. Die Wellen gingen dort nämlich so hoch, daß das Motorboot ziemlich stampfte und immer wieder hart auf die Wasseroberfläche aufprallte. Martin's

Bandscheiben wurden dabei arg in Mitleidenschaft gezogen und mögen um einige Millimeter geschrumpft sein.

Auf dem Flug von Penang nach Singapur flogen wir bis Kuala Lumpur in sechshundert Meter Höhe auf Sicht. Unter uns war nur Dschungel und Mangrovensümpfe. Gut, daß wir zwei Motoren hatten, denn bei einem Motorausfall eines einmotorigen Flugzeuges samt Notlandung hätte uns in diesem dichten Dschungel niemand gefunden. Nach der Landung in Singapur ging es gleich in den Flughafen-Shops an's Handeln. Ich hatte mir vorgenommen, mir in Singapur eine Videokamera anzuschaffen, weil ich gehört hatte, daß man sie dort um ein Drittel billiger kaufen konnte als bei uns. Ich feilschte nach allen Regeln der Kunst und hatte am Ende sogar fünfzig Prozent Preisnachlaß herausgeholt. Beim Bezahlen merkte ich dann, daß dem Gerät, um das wir gefeilscht hatten, die Kameratasche und die Batterien fehlten. Ich mußte diese Teile also extra bezahlen, war also wieder ungefähr bei einem Drittel weniger angelangt.

Abends ging es dann in die chinesischen Garküchen, wo man auf dem Bürgersteig phantastisch kantonesisch essen kann. Sechzig Prozent der Bevölkerung von Singapur sind Chinesen, zwanzig Prozent Malaien und zwanzig Prozent Europäer. Übrigens bedeutet der Name Singapur „Stadt der Löwen". Früher war Singapur britische Kronkolonie, gehörte dann nach dem Zweiten Weltkrieg zu Malaysia und wurde 1965 ein unabhängiger Stadtstaat. Der liegt auf einer Nußschale von Insel, um die sich vierundfünfzig kleine Inselchen gruppieren. Durch Sandaufschüttungen und das Trockenlegen von Sümpfen versucht man, Land zu gewinnen. Singapur soll früher eine sehr schmutzige Stadt gewesen sein. Dann wurden sehr hohe Strafen für jede Art von Verunreinigung eingeführt, und siehe da, man bekam die Stadt sauber. Außerdem wurde mit dem wirtschaftlichen Aufschwung viel Neues gebaut. Heute ist Singapure eine moderne Großstadt, die sich sogar eine Weile damit schmücken konnte, den höchsten Hotelbau der Welt zu haben, höher als alles was in New York oder Chikago stand. Am besten ißt man in der Albert Street. Die Inneneinrichtungen sind spartanisch weiß und erinnern eher an einen Friseurladen. Gastronomischer Geheimtip sind Hokkien Mee, eine Brühe mit Nudeln, Garnelen und sonstigen Meerestieren. In Chinatown begegnet man fliegenden Händlern, Wunderdoktoren oder man geht in eine improvisierte Straßenoper. Viele Clubs bieten eine gründliche Massage unter den Händen einer geschickten Masseuse. Empfehlenswert ist aber der „Social Escort Service", da hat man im Preis eine Stadtführung inbegriffen und überhaupt die schöneren Mädchen. Daß Singapur die schönsten asiatischen Mädchen hat, stellt man ja schon bei einem Flug mit Singapur-Airlines fest. Diese Stewardessen sind geschmeidig wie Schlangen und wissen, worauf es ankommt. Außerdem bietet Singapur Airlines auf Langstreckenflügen sogenannte Sleepers, Liegebetten, die ihren Aufpreis wert sind.

Es ging nach Hongkong weiter. Vor dem Weiterflug bedurfte es erst einmal einer umfangreichen Wetterberatung, da das Gebiet in der intertropischen Konvergenzzone liegt. Laufend gehen gewaltige Gewitter und tropische Regengüsse nieder! Zunächst mußten wir zum Tanken nach Kota Bahru, was in Malaysia liegt. Wieder flogen wir über Mangrovenwälder, die gegenüber Umweltverschmutzungen noch empfindlicher sind, als der tropische Regenwald.

Martin war mittlerweile für jede Zwischenlandung dankbar, da ihm das lange Sitzen Probleme bereitete. Jetzt flogen wir eine lange Zeit an der Küste von Vietnam entlang. Die Luftstraße liegt zwar außerhalb des vietnamesischen Hoheitsgebietes, weil die Sicht sehr gut war, konnten wir trotzdem Ho-Chi-Minh-Stadt erkennen. Wenn wir in dieser Höhe vor Vietnam einen echten Notfall gehabt hätten, wäre ich natürlich sofort zur Landung auf den erstbesten Flugplatz in Vietnam abgedreht. Wegen der Grenzverletzung und des nicht genehmigten Eindringens in vietnamesisches Hoheitsgebiet hätte man uns dafür vermutlich ins Gefängnis gesteckt und das Flugzeug konfisziert, wenn nicht sogar abgeschossen. Aber der Rockwell Commander flog und flog und flog. Das Flugzeug war ja auch gerade erst anderthalb Jahre alt und erst richtig eingeflogen. Außerdem saß ja Edy immer auf der linken äußeren Tragfläche und Fredy auf der rechten...

In Hongkong kam der Wind vom Meer, so daß wir das Instrumentenlandesystem nicht nutzen konnten. Wir mußten von Land aus anfliegen, was sehr kompliziert ist. Piloten von Airlines, die Linienflüge hierher durchführen, müssen in Hongkong prinzipiell erst einmal unter Aufsicht landen, bevor sie selbst landen dürfen. Für den Anflug von Land waren damals an einem geeigenten Berg gut sichtbare Nummernschilder angebracht worden. Nach diesen Nummern drehte man in die Landebahn ein. Da die Bahn unmittelbar hinter einem Wohnviertel liegt, soll es schon vorgekommen sein, daß der eine oder andere Airliner wegen des flachen Anfluges über den Häusern Wäscheleinen mitgenommen hat. Da mir für den Rockwell Commander die halbe Landebahn genügte, konnte ich etwas höher anfliegen und die Reizwäsche hängen lassen. Inzwischen hat Hongkong einen neuen größeren Flughafen bekommen, so daß man die Nummern an den Bergen demontieren konnte.

Die ursprüngliche Reiseplanung hatte vorgesehen, als nächstes in Rot-China zu landen. Leider erhielten wir zwar ein Visum, aber keine Landegenehmigung. Also beschlossen wir, per Zug von Hongkong nach Kanton zu fahren. Vor der Einreise nach Rot-China war ein Aufenthalt von vier Tagen in Hongkong erforderlich. Den nutzten wir, um die Stadt und die nähere Umgebung kennenzulernen. Außerdem unternahmen wir per Tragflächenboot einen Abstecher nach Portugiesisch-Macao. Es war schon ein Genuß, über das südchinesische Meer zu gleiten. Macao ist eine kleine Halbinsel, zirka vier Kilometer lang und einen Kilometer breit. Vor vierhundertsiebzig Jahren landeten hier die Portugiesen, die im Kolonialzeitalter, ähnlich wie die Spanier in diesem Teil der Welt ihre Stützpunkte ausbauten. Damals blühte der von europäischen Kaufleuten betriebene Tee- und Seidenhandel, die einheimischen Produzenten hatten allerdings herzlich wenig davon. Heute wird in Macao viel Geld in den Spielcasinos umgesetzt. 1557 traten die Chinesen Macao offiziell an Portugal ab. Das war genausoein schlechtes Geschäft wie der russische Verkauf Alaskas an die USA. Wir machten uns in Macao den Spaß, zu Fuß an die chinesische Grenze zu gehen, wo man chinesische Soldaten patrouillieren sah. Damals, 1979, gab es aber noch keinen offiziellen Grenzübergang.

Dann ging es also mit dem Eisenbahnzug nach China hinein. Wir gehörten damals mit zu den ersten Individual-Touristen, die auf eigene Faust einreisen durften. Zuvor wurden Gruppenreisen erlaubt. An der Grenze wurden wir von den Chinesen erst einmal ausgiebig unter die Lupe genommen, jedenfalls hat man uns sehr gut beschrieben und die entsprechenden Informationen nach Kanton per Telefon weitergegeben. Im Zug war ein Waggon für Parteibonzen, Messebesucher und Touristen reserviert, der auch eine Toilette hatte. In allen anderen Waggons gab es lediglich ein Loch im Fußboden, durch das die Fahrgäste ihre Notdurft verrichten mußten.

In Kanton angekommen waren wir eben aus dem Zug gestiegen, als ein sehr freundlicher Chinese zielsicher auf uns zusteuerte und sagte: „Guten Tag Herr Gräbner, guten Tag Herr Meyer, ich hoffe, Sie hatten eine angenehme Reise." Sein Deutsch artikulierte er klarer als es viele Deutsche fertigbringen. - Jedenfalls wurden wir nun perfekt geführt und damit sicher genauso perfekt überwacht. Als wir auf dem Bahnhofsvorplatz traten, sahen wir auf den Straßen unendlich viele Fahrräder. Ungefähr eine Million Chinesen, alle im blauen Einheitslook mit Maomütze auf ihren Rädern, gaben ein außerirdisches Bild ab. 1979

1979. Nur Fahrräder und Busse. Ein Motorrad ist die Ausnahme.

waren in dem riesige Land gerade einmal hunderttausend Autos registriert. Das heißt, auf zehntausend Menschen kam ein Auto. Man bewegte sich eben auf den Millionen von Fahrrädern. Als ich 1988, wieder auf eigene Faust, mit Hilde eine Chinarundreise machte, hatte sich das Bild bereits wesentlich geändert. Viele Chinesen trugen jetzt auch bunte Kleidung und es fuhren deutlich mehr Autos.

Unser Stadtführer zeigte uns die Sehenswürdigkeiten von Kanton, den sehr schönen Yuehsiu Orchideen Park mit botanischem Garten und den großen Zoo mit über zweihundert Tierarten, unter anderem vier Panda-Bären. Hin und wieder äußerte er sich dezent zu den Errungenschaften der Volksrepublik, die natürlich allesamt dem großen Mao zu verdanken waren.

Unser Hotelzimmer im Tung Fang Hotel hatte weder Teppichboden noch sonstigen Belag. Für zehn Dollar pro Nacht kann man ja auch nicht so viel erwarten! Dafür standen aber Gummisandalen in verschiedenen Größen zur freien Benutzung bereit. Einen Zimmerschlüssel gab es ebenfalls nicht! Die Matratzen der Betten hatten kein Federwerk, sondern lediglich eine Polsterung. Na ja, hart liegen soll ja gut für den Rücken sein! Das Abendessen bestand aus einer Wassersuppe, in der ein Fischkopf schwamm, sowie Hühnerfleisch mit Reis und Gemüse. Pekingente wäre mir lieber gewesen! Ein Glas Reiswein rundete das Bild ab. Es gibt in China die Kanton-, die Cichuan- und die mongolische Küche.

Am nächsten Morgen beobachtete ich schon sehr früh vom Hotelfenster aus emsiges Treiben. Die Million Fahrradfahrer war wieder unterwegs und schleppte alles mögliche per Fahrrad durch die Stadt. Einer hatte vorn am Rad quer eine Stange angebracht, an der links und rechts je zehn Hühner hingen. Das gleiche noch einmal auf einer Stange am Gepäckträger. Beim anschließenden Stadtbummel durch die Drei-Millionen-Stadt wurde uns eine blaue Mao-Jacke aus Baumwolle für elf Dollar und eine Mao-Mütze für zwei Dollar angeboten. An der nächsten Ecke konnten wir unsere Hemden für zehn Pfennig das Stück aufbügeln lassen. In öffentlichen Gebäuden stehen überall große Behälter mit heißem Wasser und Trinkbechern bereit, so daß der Besucher seinen mitgebrachten Tee selbst aufbrühen kann. Die Chinesen kennen keinen Urlaub. Sie arbeiten sechs Tage pro Woche. Zu den freien Sonntagen kommen aber noch sechs nationale Feiertage.

Manpower in China. Urlaub ist unbekannt. Ein paar Hände voll Reis und grüner Tee reichen als Tagesration!

Ich fragte eine sehr alte Frau, ob ich sie fotografieren dürfe, indem ich zunächst „Nihao! Nihao!" sagte, ein allgemein üblicher Gruß, der „Guten Tag" oder auch „Wie geht's" bedeutet. Als ich dann mit meiner Sofortbildkamera eine leichte Bewegung in Richtung auf ihr Gesicht zu machte, wußte sie, was gemeint war und nickte. Drei Minuten später überreichte ich ihr ein Farbfoto. Höchstens drei weitere Minuten später war die alte Frau von mindestens zweihundert Menschen umlagert, die alle das Sofortbild sehen wollten. Man kam aus dem Staunen nicht mehr heraus.

Von Kanton aus ist ein Abstecher zur alten Stadt Kweilin am Li Kiang Fluß zu empfehlen. Die Kegelberge sind einzigartig auf der Erde.

Nach Hongkong zurück fuhren wir mit einem Tragflächenboot über dem Pearl River. In Aberdeen, einem Stadteil von Hongkong, wo die Menschen auf Dschunken wohnen und wo sich das gesamte Leben auf dem Wasser abspielt, aßen wir auf einem schwimmenden Hotel Abalone. Dieser Fisch gilt bei den Chinesen als besondere Delikatesse, ist aber sündhaft teuer. Ein kleiner drahtiger Chinese wollte uns unbedingt in seiner Kung-Fu-Schule unterrichten. Martin lehnte dankend ab. Am Flugplatz in Hongkong glaubten wir dann, unter die Straßenräuber gekommen zu sein. Dafür, daß wir dort eine Woche lang unser Flugzeug geparkt hatten, mußten wir umgerechnet rund tausend Mark bezahlen. Man erklärte uns, daß diese abschreckenden Preise dazu dienten, die Piloten zu bewegen, spätestens nach zwei, drei Stunden wieder zu starten. Es fehlte einfach an Parkplätzen.

Nur die Liebe läßt uns leben! In jüngeren Jahren war der Autor nicht abgeneigt, einen flotten Dreier zu machen!

Weiter ging es nach Taipeh-Taiwan, dem früheren Formosa. Chiang Kai Sheks Nachfolger haben eine Industrienation daraus gemacht und behaupten, das einzig wahre China zu sein. Auf dem Flughafen parkte man uns neben einem Jumbo der Pan Am, so daß wir uns ganz klein vorkamen. Welche Überraschung, als wir in das Grand Hotel einzogen. Dieses gewaltige Hotel mit seinen überdimensionalen Pagodendächern und seiner einmaligen Hotelhalle bleibt für immer in Erinnerung. Hier im freien China konnten wir natürlich eine schöne Pekingente essen. Man sitzt dazu um einen runden, meist grünen, Tisch, auf dem sich viele Näpfchen und Schälchen befinden. Ein lächelndes Mädchen serviert und trägt unentwegt kleinste Häppchen zum Naschen und zum Tunken herbei, Kaltes und Warmes, Saures oder Süßes. Darauf folgt eine dampfende Suppe. Anschließend kommen wieder Häppchen auf den Tisch. Zwischendurch werden mit heißem Dampf angefeuchtete Tücher gebracht, mit denen man sich Gesicht und Hände erfrischend reinigen kann. Außerdem werden Reisschnäpse gereicht. Die komplette Speisezeremonie zieht sich über mindestens zweieinhalb Stunden hin.

Ansonsten hat die Insel außer ein paar Wasserfällen und dem üblichen Touristenkram nicht viel zu bieten. Also weiter in neue Regionen. Japan war für uns zumindest als Tankstop unentbehrlich. Bei einem Direktflug von Taiwan nach Guam wäre es mit dem Kraftstoff vermutlich ziemlich eng geworden. Nur hatte Japan uns, obwohl wir sechs Monate zuvor eine Landegenehmigung beantragt hatten, keine erteilt. Verstanden haben wir das nicht. Jedes Land sollte doch froh sein, wenn Devisen herein kommen. Wir waren wild entschlossen, trotzdem auf japanischem Territorium zu landen. Dafür mußte man allerdings ganz tief in die Trickkiste greifen. Also wurde ein Flugplan nach Guam aufgegeben, auf dem als Ausweichflughafen Okinawa-Japan stand. Bei einem Flug nach Instrumenten ist der Pilot ja zur Angabe mindestens eines Ausweichflughafens streng verpflichtet. Dieser Flugplan wurde angenom-

Martin Gräbner vor unserem Jetprop Rockwell 690 B nach der Landung in Taipeh-Taiwan (früher Formosa-China). Die Boeing 747-Jumbo der Pan Am stiehlt uns etwas die Schau.

men. Wir achteten ohnehin immer darauf, daß unsere Kopie des Schriftstückes eine Unterschrift und einen Stempel der entsprechenden Flugsicherungsstelle trug, um uns gegebenenfalls später entlasten zu können. Dieses Mal verwahrten wir die gestempelte Kopie besonders sorgfältig, wir würden sie dann ja brauchen. (Wie lautet noch der schöne Spruch: „Warum hat der Teufel seine Großmutter erschlagen? Weil sie keine Ausrede hatte.") Dann flogen wir los und ließen auf der Höhe von Okinawa die zuständige Flugsicherungsstelle wissen, daß wir unseren Ausweichflughafen Okinawa-Naha anfliegen möchten. Eine derartige Entscheidung liegt immer beim Kapitän und kann vom Boden her nicht verhindert werden. Wir wußten, daß man sich in Japan bei einer Begrüßung verbeugt. Als der Zoll und die Paßbehörde zum Flugzeug kamen, fiel unsere Verbeugung besonders tief aus, um gut Wetter zu machen. Merkwürdigerweise verloren die japanischen Beamten dann kein Wort über die fehlende Landegenehmigung. Also: Viel Lärm um eigentlich nichts...

Mit einem Leihwagen fuhren wir die Insel Okinawa ab und stellten dabei fest, daß sie sich wirklich überwiegend in der Hand der amerikanischen Air-Force befindet. Aber immerhin, wir hatten unseren Fuß bei unserer Weltreise auch auf japanischen Boden gesetzt.

IFR-Streckenausschnitt für den Anflug auf Naha-Okinawa-Japan.

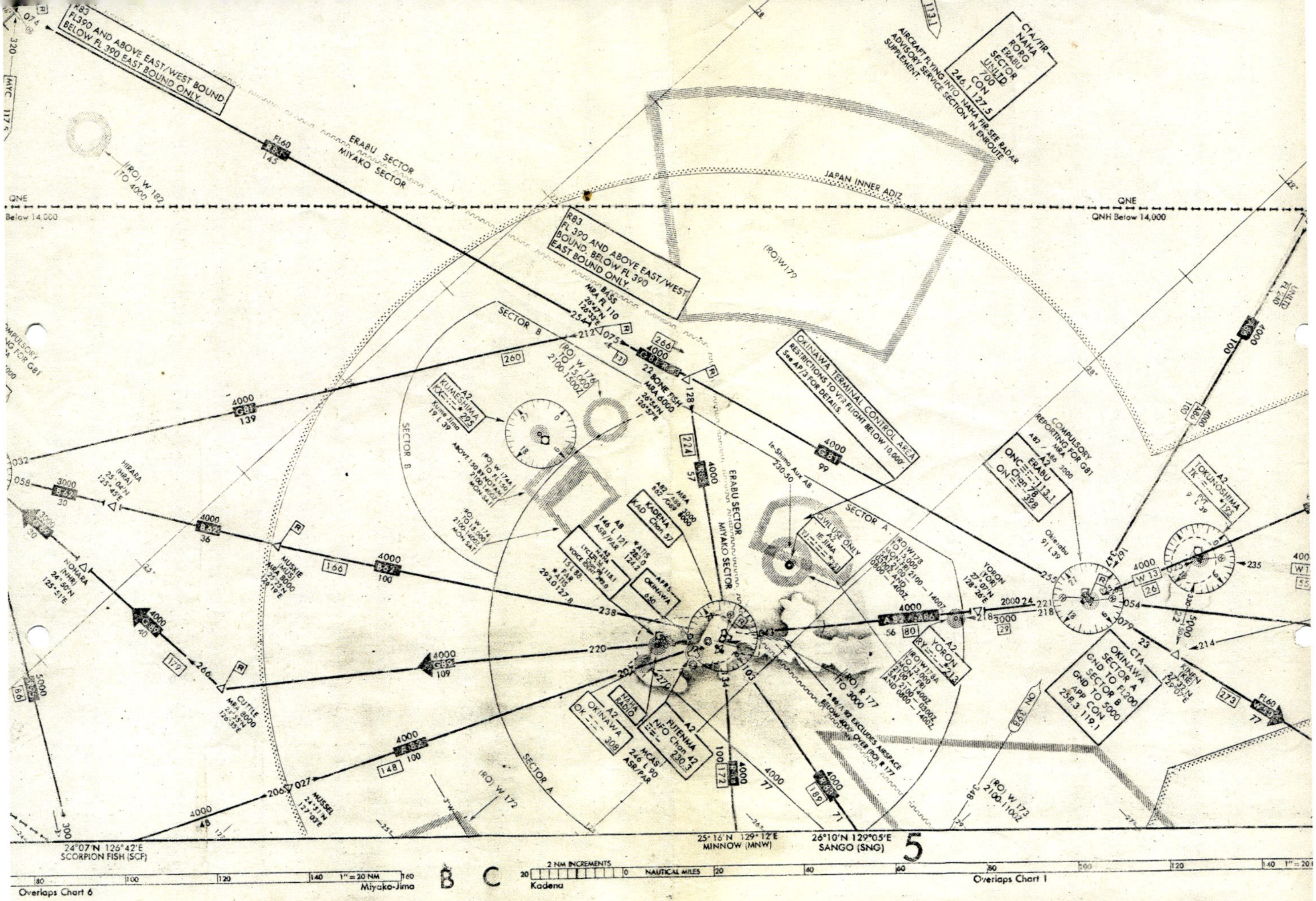

R83 FL390 AND ABOVE EAST/WEST BOUND BELOW FL 390 EAST BOUND ONLY.
ERABU SECTOR
MIYAKO SECTOR
JAPAN INNER ADIZ
QNE
Below 14,000
QNH Below 14,000
CTA/FIR NAHA RORG ERABU SECTOR UNLTD 700 CON 246.1 127.5
AIRCRAFT FLYING INTO NAHA FIR SEE RADAR ADVISORY SERVICE SECTION IN ENROUTE SUPPLEMENT.
(RO)W179
R83 FL 390 AND ABOVE EAST/WEST BOUND. BELOW FL 390 EAST BOUND ONLY.
BASS MRA FL 110 26°47'N 126°33'E
SECTOR B
SECTOR A
22 BONE FISH MRA 6000 26°54'N 126°57'E
OKINAWA TERMINAL CONTROL AREA RESTRICTIONS TO VFR FLIGHT BELOW 10,000'. See AP/3 FOR DETAILS.
COMPULSORY REPORTING FOR G81
A2 ERABU ONC Chan 78 ON 398
Okierabu 91 L 39
A2 TOKUNOSHIMA TK 195
A2 KUMESHIMA KX 295
Kume Jima 19 L 39
KADENA KAD Chan 57
Ie-Shima Aux AB 230.50
CIVIL USE ONLY A2 IE JIMA
YORON (YOR) 27°07'N 128°26'E
A2 YORON RY 213
(RO) R 177 TO 3000
A2 FUTENMA NFO Chan 42 230.3
A2 OKINAWA OK 308
NAHA RADIO
MCAS 246 L 90 ASR/PAR
AFRS OKINAWA 650
CTA OKINAWA SECTOR A GND TO FL200 SECTOR B GND TO 5000 APP CON 258.3 119.1
KINEN (KIE) 27°31'N 129°07'E
HIRARA (HRA) 25°04'N 125°45'E
NOHARA (NHR) 24°50'N 125°51'E
MUSKIE MRA 8000
CUTTLE MRA 8000
MUSSEL 24°51'N 127°03'E
(RO) W 172
(RO) W 173 2100-1100Z
(RO) W 182 TO 4000
24°07'N 126°42'E SCORPION FISH (SCF)
25°16'N 129°12'E MINNOW (MNW)
26°10'N 129°05'E SANGO (SNG)
5
B
C
2 NM INCREMENTS
NAUTICAL MILES
Kadena
Miyako-Jima
1" = 20 NM
Overlaps Chart 6
Overlaps Chart 1

Es ging weiter nach Guam, wo ebenfalls die Amerikaner eine große Basis mit GIs hatten. Guam war ein internationaler Puff, mußten doch die GIs zufriedengestellt werden. Ich sagte mir, warum für etwas Geld ausgeben, was es auf Saipan in Micronesien umsonst gibt. Auch erinnerte ich mich an Hildes Zettel, den ich im Gepäck gefunden hatte: „Gib' nicht für etwas Geld aus, was Du zu Hause umsonst haben kannst." (Und viel besser!)

In der Tat ist Micronesien ein Paradies. Die Insel Saipan empfängt ihre Gäste mit einem offenen, schön angelegten Flughafengebäude. Die Insel hat tolle Sandstrände und zwei sehr gute Hotels. Im letzten Krieg haben sich die Japaner mit den Amerikanern hier große Gefechte geliefert. Ein Teil des Strandes ist heute noch mit Landungsfahrzeugen, Panzern und abgeschossenen Flugzeugen übersät. Wenn man dort taucht, findet man eine Reihe von Kampfflugzeugen auf dem Grund. Kurz bevor die Amerikaner die Insel dann einnahmen, stürzten sich die letzten hundert Japaner gemeinsam von einer Klippe. Sie glaubten wohl, diesen kollektiven Selbstmord ihrem Kaiser schuldig zu sein: Lieber in den Tod gehen, als die Demütigung einer Gefangenschaft über sich ergehen lassen.

Am nächsten Tag stand mein 43. Geburtstag an. Das Continental- Hotel mit seinem österreichischem Manager Alfred Radecky organisierte für mich am Strand unter einem großen Sonnenschirm einen hervorragenden Brunch, zu dem ich den Hoteldirektor nebst Gattin einlud. Die Sechs-Mann-Kapelle kostete mich nur ganze fünfzig Dollar. Saipan ist zollfrei und die Preise sind noch nicht so verdorben, wie leider in vielen anderen schönen Gegenden dieser Welt. Wir feierten also recht unbeschwert. Im Laufe des heißen Tages war es mit dem Alkohol doch wohl ein bißchen viel geworden, so daß ich abends an der Bar den guten alten Martin wahrhaftig doppelt sah.

Ein paar Tage blieben wir noch, um ausgiebig Wasserski zu fahren. Auch der Waverunner, eine Art zweisitziges Motorrad ohne Räder, das mit Düsenantrieb über die Wellen schießt, machte mir großen Spaß. Abends zeigten die Micronesier ihre Folkloretänze. Die Einheimischen ähneln vom Äußeren her den Polynesiern, sind nur nicht so dick. Alte Männer erzählten uns Geschichten vom Fischfang und von großen Kanufahrten über die Meere. Fazit: Ich weiß nicht ob ich es bedauern oder begrüßen soll, daß es von Deutschland aus noch keine regulären Flüge nach Saipan gibt.

Von Saipan aus ging es, wieder mit einem großen Sprung über das Wasser, nach Papua-Neu Guinea. Unterwegs mußte Martin seine Äquatortaufe über sich ergehen lassen. Ich taufte ihn ordentlich mit Whisky und murmelte dazu geheimnisvoll den Spruch der Leute, die am Äquator wohnen: „Oben ist unten und unten ist auch oben."

In Neu Guinea landeten wir in Wewak und ließen uns an der Whisky Bay nieder. Als man hörte, daß wir von Old-Germany kamen, wurden wir herzlich willkommen geheißen. Immerhin gab es eine Zeit, in der Kaiser Wilhelm versuchte, dort eine deutsche Kolonie aufzubauen, die Leute erinnern sich daran offenbar nicht ungern. Andererseits sind die Einheimischen durchaus schon in der Gegenwart angekommen, denn im Hotel fragte mich ein Junge: „Du, deutscher Mann oder Du Neckermann?" Übrigens ist auch Neu Guinea ein geteiltes Land. Der Westen heißt heute Irian Jaya und gehört zu Indonesien. Wir waren offenbar im preiswerteren Teil gelandet: Das Windjammer-Hotel kostete nur zehn Dollar pro Nacht!

Am Flugplatz befreundete ich mich mit Jim, einem australischen Piloten, der die hier noch lebenden Kannibalen mit Mehl und anderen Lebensmitteln versorgte. Am nächsten Morgen durfte ich als Co-Pilot mit seiner Cessna 206, einer Frachtmaschine, mitfliegen. Im Dschungel von Neu Guinea wurden bei den einzelnen Stämmen Abwurfplätze für Lebensmittel eingerichtet, damit der Kannibalismus ein Ende findet. Beim nächsten Flug landeten wir auf einer Graspiste mitten im Dschungel. Sofort war das Flugzeug von furchterregenden, bunt angemalten Gestalten umringt. Jim beruhigte mich: Dieser Stamm würde regelmäßig von ihm beliefert, die Männer wären bestimmt ziemlich satt. Mich beschlich trotzdem ein ungutes Gefühl. War doch hier erst vor ein paar Jahren Michael Rockefeller verschwunden. Von der Sprache dieser Urmenschen verstand man kein Wort, allerdings konnte der Häuptling ein paar Brocken Englisch.

Martin machten die enorme Hitze und Luftfeuchtigkeit schwer zu schaffen, so daß er es vorzog, in unserem klimatisierten Windjammer-Hotel zu bleiben. Ich schloß mich einer Touristengruppe an, um auf dem Sepik-Fluß, der sich durch den Urwald von Papua zieht, in's Landesinnere zu fahren. Ein Geheimnis von Geistern und Dämonen liegt über diesem Fluß. Das Landesinnere von Neu Guinea ist bis heute nicht über gebahnte Wege, geschweige denn Straßen, zugänglich. In einer sehr entlegenen Gegend hatte man bis vor einigen Jahren noch nicht einmal ein Rad gesehen. Als dann ein Flugzeug dort abstürzte, glaubte man an Gesandte aus dem All!

In Pagwi, einem kleinen Ort im Urwald, wurde gerade Markttag abgehalten. Wir hielten an und konnten uns etwas umsehen. Die am Rande des Flusses stehenden Hütten sind auf Pfähle gebaut, da das Wasser des Flusses durchaus um zwei Meter ansteigen kann. Jahreszeiten kennt man kaum. Bei nur gering schwankenden Temperaturen verteilen sich die ausgiebigen Regenfälle auf alle Monate. Die größeren Häuser heißen Tambaran, dort haben Frauen keinen Zutritt. Die Männer sitzen hier beieinander um Gegenstände, überwiegend aus Holz, zu schnitzen und miteinander zu palavern. In früheren Zeiten sollen die Frauen sogar dazu gezwungen gewesen sein, an diesen Männerhäusern vorbei zu kriechen. Über die Bräuche hörte ich noch, daß eine Braut mit Schweinen bezahlt wird. Je schöner sie ist, desto mehr Schweine muß der Bräutigam zu seinem Schwiegervater treiben. Bei einer Beerdigung bemalen sich alle mit Ton und Erde, ein Zeichen der Trauer.

Auf dem Markt bot man Betelnüsse und Süßkartoffeln an, Maniok, Taro, Yam, Zuckerrohr, Schweinefleisch, Limonaden und Tabak. Wie man uns sagte, ernährt man sich hier aber hauptsächlich aus dem Mark der wild wachsenden Sagopalme. Außerdem jagen die Einheimischen mit ihren primitiven Waffen sehr geschickt Krokodile. Vor allem deren Hinterkeule gilt hierzulande als Delikatesse. Apropos Delikatesse: Katzen sind bei den Papua weniger geschätzt, weil man die Mäuse lieber selbst verzehrt. Als regelrechter Festschmaus gelten Sagoraupen, die durch Löcher in Sagostämme eingeführt werden, wo sie sich vermehren. Die Ureinwohner am Sepik haben inzwischen die Zeichen der Zeit verstanden. Sie sind keine Kopfjäger mehr, sondern Souvenirhändler. Kommen Touristengruppen auf den Markt, werden die geschnitzte Masken zunächst zu einem fünffach erhöhten Preis angeboten. Also muß auch hier gehandelt werden. Beim Handeln standen den Männern fast die Tränen im Gesicht, sie beteuerten mit ein paar Brocken Englisch, daß sie fast noch Geld zusetzen. Am Ende der langen Verhandlungen schienen sie dann aber doch recht zufrieden.

Für uns wurde ein -Sing Sing- inszeniert. Diese Zeremonie, an der um die fünftausend vermummte Papuas teilnehmen, muß man erlebt haben! Unter monotonen Sprechgesängen und Trommelschlägen ziehen die Tanzenden vor den Tambaran-Häusern mit stampfenden Schritten auf und ab. Ihre Körper sind mit weißer Farbe, Ruß, Lehm und Fett bemalt. Als Schmuck werden vor allem Muscheln getragen, die Krönung stellen allerdings Federn des Paradiesvogels dar. Dieser Vogel ist das Wappentier von Papua-Neu Guinea. Es ist streng verboten, seine Federn auszuführen. Übrigens gibt es dreiundvierzig Unterarten des Paradiesvogels. Insgesamt sind auf der Haupt- und den Nebeninseln sechhundertfünfzig verschiedene Vogelarten gezählt worden.

Von Wewak aus flogen wir nach Cairns in Australien. Auch hier war es wieder so heiß, daß man schon im Sitzen schwitzen mußte. Nach der Landung in Cairns kam zuallererst, noch vor

Ein Stammeshäuptling der Papuas. Kannibalismus war 1979 noch verbreitet.

Beerdigung auf Neu Guinea. Zum Zeichen der Trauer beschmieren sich alle mit Lehm.

dem Zoll und den Paßbeamten, jemand vom Gesundheitsamt und sprühte, ohne lange zu fragen, den Innenraum des Flugzeuges mit einer Desinfektionsspritze aus. Ich empfand das als ziemlich diskriminierend. Aber dieser Prozedur muß sich in Australien jedes Flugzeug unterziehen, das vom Ausland einfliegt. Die Zoll- und Immigrationsbeamten betrachteten uns dann mit reichlich Skepsis. Möglicherweise hatten sie noch nie ein deutsches Privatflugzeug in Empfang genommen. Nachdem wir unser Gepäck ausgeladen hatten, wurde das Flugzeug vom Zoll versiegelt und durfte bis zu unserem Abflug nicht angerührt werden. Andere Länder, andere Sitten! Wieder fuhren wir mit der Eisenbahn, dieses Mal zu einem Ausflug in den Regenwald. Das subtropische Klima läßt dort die wildwachsenden Blumen, Sträucher, Ranken und auch die

Bäume nur so sprießen. Aber eine der größten Naturschönheiten der Erde wartete hier noch auf uns, das Great Barrier Reef.

Zirka dreißig bis fünfzig Kilometer vor der australischen Ostküste zieht sich auf der Höhe von Cairns das Große Barriere-Riff mit seinen wunderschönen Korallen durch den Ozean, ein Paradies für Taucher und Naturfreunde. Wir flogen mit einem Hubschrauber hin. Damals war das möglich, weil im Riff ein Wasser-Hotel mit Hubschrauber-Landeplatz geankert hatte. Ich selbst tauche gerne bis in Tiefen von etwa dreißig Metern. Danach fühle ich mich nicht mehr sehr wohl, es setzt eine Art Tiefenrausch ein. Umgekehrt setzt der Höhenrausch bei mir allgemein erst ab dreitausend Metern ein. Tauchen ist im Great Barrier Reef eigentlich gar nicht nötig. Schon wenn man nur mit einem Schnorchel unterwegs ist, bekommt man phantastische Pflanzen und Wassertiere zu sehen. Außerdem kann man mit einem Unterseeboot in ein paar Metern Tiefe durch die Gegend fahren und neben den Korallen auch die Fischwelt bewundern. Das Floating-Hotel ist wieder abgezogen worden, wohl weil es unrentabel war. Es dürften auch Umweltschutzgründe eine Rolle gespielt haben. Man hat dem Tourismus im Great Barrier Reef insgesamt Schranken gesetzt. Leider ist ein großer Teil der Korallen bereits jetzt abgestorben. Man führt das auf die zunehmende Wassererwärmung und die Verunreinigung der Meere zurück. Das Korallensterben wird weltweit beobachtet. Wie hat doch ein berühmter Indianerhäuptling bei seiner Niederlage zum weißen Mann gesagt: „Und wenn Ihr den letzten Büffel geschossen und den letzten Fisch gefangen habt, spätestens dann werdet Ihr merken, daß Ihr Euer Geld nicht essen könnt!"

Vom Great Barrier Reef nach Cairns zurück ging es per Tragflügelboot. Dann brachen wir zum ersten Mal seit langem auf dieser Tour wieder gen Norden auf, in Richtung der Neuen Hebriden, einer dieser zauberhaften Inselgruppen im Stillen Ozean. Den Namen hat einst der berühmte britische Weltreisende James Cook für sie geprägt, wohl weil sie ihn an die heimatlichen Hebriden, einer Nordschottland vorgelagerten Inselgruppe erinnerten. Als Staatswesen nennen sich die Neuen Hebriden heute Vanatu, ihre Hauptstadt ist Port Villa.

Stammesältester Aboriginie in den Northern Territory-'s von Australien

Zunächst aber ging es nicht um Seefahrergeschichten oder Naturschönheit, sondern um einen gewaltigen Zyklon, der sich zwischen Australien und den Neuen Hebriden zusammengebraut hatte. Was sollten wir tun? Von der australischen Wetterauskunft, die einen sehr guten Ruf genießt, bekamen wir die Information, daß die Obergrenze des Wirbelsturmes bei sechsundzwanzigtausen Fuß lag. Wahrscheinlich stammten diese Mitteilungen von anderen Flugzeugen, die den Zyklon bereits überflogen hatten. Meteorologen können mit dem ihnen zur Verfügung stehenden Instrumentarium die Obergrenze von Wolken nämlich kaum halbwegs präzise ermitteln. Wir entschieden uns für die Flugfläche Zweihundertneunzig, das entspricht neunundzwanzigtausend Fuß, also etwa achttausend Metern. Die Höhe erwies sich als ausreichend und wir flogen dann tatsächlich einige Zeit lang direkt über dem Auge des Zyklons. Ein toller Anblick, wie sich dieses gewaltige Naturereignis da unter uns in rasenden Wirbeln drehte. Man konnte sich vorstellen, wie unten die Elemente tobten, die Wolkenfetzen flogen, das Meer sich zu haushohen Wellenbergen türmte... Dort hätten wir mit unserer Maschine schwer zu kämpfen gehabt. Es war schon ein merkwürdiges Gefühl, direkt über der entfesselten Naturgewalt vollkommen ruhig seine Bahn zu ziehen.

Auf unseren Flugplan hatte ich als Ziel Port Villa geschrieben und als Ausweichmöglichkeit die Fidschi-Inseln angegeben. Als wir dann unterwegs die Funkverbindung zu Port Villa bekamen, ließ man uns wissen, daß wir nicht landen könnten. Eine Begründung gab es nicht. Oh heiliger Strohsack, jetzt mußte erst einmal neu gerechnet werden. Sollte der Wind nämlich zwischenzeitlich gedreht haben, was wegen des Zyklons gut sein konnte, dann würde es mit unserem Treibstoffvorrat knapp werden. Warum überhaupt dieser Zirkus? Flugplätze sind zum Landen da! Vielleicht war es die Willkür eines Beamten oder mehrerer, die sich Arbeit sparen und ihre Macht ausspielen wollten... Aber Edy und Fredy flogen ja mit und auf die Jungs kann man sich verlassen. Einer von beiden muß wohl an einer Schraube gedreht haben. Jedenfalls fiel urplötzlich die Drehzahlanzeige eines Triebwerkes aus. Übrigens informiert diese Anzeige über die jeweilige Leistung des Triebwerkes nicht, wie beim Auto, in aktuellen Drehzahlen, sondern in Prozenten. Alle anderen Triebwerküberwachungs-Instrumente zeigten völlig normale Werte. Eigentlich hätte also wegen des Ausfalls dieses einen Instrumentes kein Grund bestanden, das Triebwerk abzustellen. Sicherheitshalber, ich hatte keine Lust, irgendwo vor den Fidschi-Inseln auf dem Wasser zu landen und das womöglich dann mitten im Wirbelsturm, deklarierte ich einen Notfall. Nach internationalen Standards, herausgegeben von der ICAO, der Internationalen Zivilluftfahrtorganisation mit Sitz in Montreal, konnte uns der Tower von Port Villa jetzt die Landung nicht mehr verweigern.

Nachdem wir unten auf der Piste ausgerollt waren, nahmen gleich zehn (!) Beamte mit furchteinflößenden Mienen vor unserem Flugzeug Aufstellung. Was sollte denn das werden? Ich schickte ein Stoßgebet gen Himmel. Was wir nicht wußten: Die Neuen Hebriden standen damals sowohl unter britischer als auch unter französischer Verwaltung. Außerdem wurde gerade eine Unabhängigkeitsregierung gebildet. So setzten sich unser schlecht gelauntes Empfangskomitee folgendermaßen zusammen: Als Vertreter der britischen Verwaltungsorgane ein Beamter der Paßbehörde, ein Beamter der Zollbehörde, ein Beamter der

Auswechslung der Drehzahlanzeige durch einen einheimischen Ingenieur auf Port Villa, Neue Hebriden, rechts ein Sicherheitsbeamter der neuen Unabhängigkeitsregierung.

Gesundheitsbehörde; als Vertreter der französischen Verwaltungsorgane ein Beamter der Paßbehörde, ein Beamter der Zollbehörde, ein Beamter der Gesundheitsbehörde; als Vertreter der neuformierten Unabhängigkeits-Regierung ein Beamter der Paßbehörde, ein Beamter der Zollbehörde, ein Beamter der Gesundheitsbehörde... Der letzte in der grimmigen Runde stellte sich als ein Ingenieur heraus, der den von uns gemeldeten Defekt untersuchen sollte. Offenbar hatten wir uns den Beamten irgendwie verdächtig gemacht. Man überprüfte uns genauestens. Vielleicht allein schon deswegen, weil ihnen ein Flugzeug mit deutschem Kennzeichen bisher noch nicht unter die Lupe gekommen war. Aber letztlich konnten sie uns nur bestätigen, daß unsere Papiere allesamt in Ordnung und der Notfall ein Notfall war.

Der Ingenieur wollte nun wissen, wie es denn weitergehen solle. Hier auf der Insel hätte man für ein derartiges Flugzeug keine Ersatzteile. Ich zeigte ihm an Bord unser eigenes Ersatzteillager. Glücklicherweise fand sich darin auch ein Drehzahlindikator. Jetzt zahlte sich wieder einmal aus, daß ich mich vorsorglich bei Herrn Gernhardt von der Firma Nayak in Köln schlau gemacht, was denn bei so einem Flug alles ausfallen könne. Gernhardt hatte eine ordentliche Liste zusammengestellt und mich entsprechend versorgt. Ich packte alles ein und spottete darüber. Meistens kommt es ja im Leben so, daß gerade jene Ersatzteile, die man vorsorglich einpackt, nicht gebraucht werden. Aber, man kann nie vorsichtig genug sein! Und siehe da, jetzt kam uns Gernhardts Depot gut zustatten. Der Austausch des Indikators stellte technisch kein Problem dar und damit war die ganze Aufregung halbwegs umsonst.

Abends an der Bar diskutierten Martin und ich unsere doch an diesem Tag recht außergewöhnlichen Wetter- und Bürokratie-Erlebnisse. Unser Redeschwall ließ einen ebenfalls an der Bar sitzenden älteren Mann aufhorchen. Er entschuldigte sich höflich, daß er sich so einfach in unser Gespräch mische, aber wo wir denn herkämen. Martin sagte von Germany. Der Mann stellte sich als Stewart Straton vor. Er stammte aus Australien und meinte skeptisch, daß es doch von Germany gar keine Flüge zu den Neuen Hebriden gäbe. Wir erzählten ihm von unserem Flugzeug und der Weltreise. Flieger also! Das schien den Australier zu elektrisieren. Er rückte an der Bar vollends zu uns herüber und verwickelte uns in ein mehrstündiges Gespräch. Wie sich heraustellte, war Stewart Pilot und erzählte uns, daß er bereits im Zweiten Weltkrieg sein Heimatland in einem Kampfflugzeug gegen die Japaner verteidigt hatte. Er flog noch immer, jetzt seine eigene Piper. Stewart wollte wissen, was wir nach dieser Weltumkreisung machen würden. Ich sagte ihm, daß wir dann einen Flug über Afrika und Südamerika zum Südpol vorbereiten wollten. Spontan fragte er, ob er sich daran beteiligen könne. Warum nicht? Ein solcher alter Haudegen paßte in jedes Team! Ich sagte ja und tatsächlich sollte Stewart Straton am 4. Januar 1980 pünktlich auf dem Flugplatz stehen. Seitdem ist er jedes Jahr gekommen und wir haben noch viele gemeinsame Flüge gemacht. Aber dazu später. Zunächst wollten wir uns stärken und ich bestellte - neugierig wie ich nun einmal bin - „Flying Fox", was laut Speisekarte eine Delikatesse sein sollte. Gegessen habe ich den angeblichen Leckerbissen nur mit Widerwillen, und die Hälfte der Portion auf dem Teller gelassen. Nach dem Essen machten Martin und ich noch einen Spaziergang, unser neuer Bekannter Stewart war unterdessen mit seiner Freundin Loreen beschäftigt. Unterwegs kamen wir an einer Vogelvoliere vorbei. Martin zeigte mir dort ein komisches Gespinst und erklärte mir, daß ich so etwas gerade zum Abendbrot gegessen hätte, eine Fledermaus. Fast mußte ich mich übergeben. So ist das mit der internationalen Küche... Trotzdem bin ich unterwegs immer darauf neugierig geblieben.

Wir flogen nach Fidschi weiter. Als wir dort problemlos gelandet waren, stand ich auf dem Platz urplötzlich einem meiner Kunden gegenüber, Herrn Bode von der Firma Tischmeister. Verdutzt begrüßten wir uns: „Herr Meyer, was machen sie denn hier?" Mir fiel das Richtige ein: „Herr Bode", sagte ich, „es gehört doch zum Service unseres Hauses, daß wir unsere Kunden jetzt weltweit an den Flughäfen begrüßen." Großes Gelächter, dann machte Bode seinem aktuellen Ärger Luft: Die ortsansässige Fidschi Airline, mit der er unter Blindflugbedingungen von Suva eingeflogen war, hatte nur einen Piloten an Bord. Wenn er in Deutschland mit unserer Firma flog, bestand er aus Sicherheitsgründen immer auf dem zweiten Piloten. So üblich ist das allerdings gar nicht. Auch in den USA kann es passieren, daß bei kleinen zweimotorigen Flugzeugen selbst unter Blindflug-Bedingungen nur ein Pilot an Bord ist. Tatsächlich ist das Risiko sehr gering, bei einem gewerblichen Flug zu Tode zu kommen, von den gründlichen und immerfort zu wiederholenden Gesundheits- und Überprüfungschecks war schon die Rede. Statistisch gesehen geht man als Autofahrer oder mit der Eisenbahn ein vielfach höheres Unfallrisiko ein. Entgegen allen regelmäßig durch die Medien geisternden Katastrophenmeldungen von spektakulären Flugzeugabstürzen, ist das Fliegen die sicherste Verkehrsart. Aber vielleicht ist es den Menschen nach wie vor ein wenig unheimlich, sich von der Erde, auf der sie geboren wurden und für die sie ja auch bestimmt sind, in den blauen Himmel hinaufzuschwingen.

Von Fidschi flogen wir weiter nach American Samoa, wo wir eine Landegenehmigung hatten. In der Hauptstadt Pago Pago ist das Rainmaker Hotel besonders zu empfehlen. Für Western Samoa besaßen wir allerdings keine Landegenehmigung. Sehen wollten wir es trotzdem. Also gingen wir zur örtlichen Vertretung der Polynesian Airline, legten unsere Crew Member Certificate vor und baten um einen Stand-By-Tarif von zehn Prozent. Es ist international üblich, daß Airline-Piloten bei anderen Gesellschaften billig mitgenommen werden, vorausgesetzt, das entsprechende Flugzeug ist noch nicht bis auf den letzten Platz gefüllt. Deswegen können solche Stand-By-Tickets auch erst eine halbe Stunde vor Abflug gebucht werden. Wir hatten Glück. Bei der Polynesian Airline sagte man uns, sie hätten gerade noch zwei Plätze auf ihrer Twin OTTER frei und wir brauchten gar nichts zu bezahlen.

Auf Western Samoa angekommen, fuhren wir zum Aggie Grey's Hotel, wo der Film „Return to Paradise" mit Gary Cooper gedreht wurde. An der Bar hängen Bilder von Hollywood-Schönheiten und die Eigentümerin des Hauses erzählte uns stolz, warum gerade ihr Hotel für die Filmaufnahmen ausgewählt wurde. Martin, ganz der Charmeur alter Schule, hatte bei der Chefin sofort einen Stein im Brett. Ich ließ ihn allein an der Bar, um nicht zu stören. Zeit, sich ein wenig umzusehen. Beide Samoa-Inseln sind sehr schön, wobei American Samoa durch einen hohen Berg hervorsticht, auf den man mit der Seilbahn fahren kann. Die Polynesier erschienen mir als meistens ziemlich dicke, aber gemütliche Menschen. Ihre Häuser bauen sie als eine Art Veranda, nach allen Seiten offen. Je nach Bedarf werden dann statt fester Seitenwände einfach Vorhänge heruntergezogen. - Die Polynesierinnen signalisieren durch eine Blume, die sie sich auf der rechten Seite in's Haar stecken, daß sie ledig sind. Von einer Frau, die die Blume auf der linken Seite trägt, sollte man also tunlichst die Finger lassen. Mir lief in der Hauptstadt Apia eine vollschlanke Polynesierin über den Weg, die nicht nur ihre Blume rechts trug, sondern dazu noch ein T-Shirt mit dem aufgedruckten Slogan: „You can see, what You get", ein Wink mit dem Scheunentor... Wie sich später herausstellte, hatte sie Nippel wie ein Ziegeneuter.

Es folgte ein etwas schwieriger Flugabschnitt. Wir mußten an einem Tag von American Samoa mit einem Tank-Stop auf der Weihnachtsinsel nach Hilo auf Big Hawaii fliegen. Über die Zustände auf dem Flugplatz der

Weihnachtsinsel hatten wir schon allerhand Schauermärchen gehört: Es gäbe dort nur hin und wieder Kraftstoff, neuer würde erst bestellt, wenn der alte restlos verbraucht wäre. Aber da das Kerosin per Schiff angeliefert würde, könne es bis zur Neulieferung Wochen dauern. Außerdem gäbe es dort nur ein kleines Fischerdorf ohne vernünftige Übernachtungsmöglichkeiten. - Wir beschlossen, besonders früh zu starten. Im Flugplan hatten wir um tausend Liter Kerosin gebeten. Da es auf American Samoa nicht viel Flugverkehr gibt, kamen wir ruckzuck in die Luft. Getankt hatten wir schon am Abend zuvor. Dieses Mal zeigte sich der Stille Ozean wirklich in seiner stillen Version und bescherte uns hervorragendes Flugwetter. Bald schon konnten wir die Weihnachtsinsel von oben betrachten, ein Paradies. Das Wasser ist rundum durch den niedrigen Sanduntergrund smaragdgrün gefärbt. Die vorgelagerten Riffe machen das Wasser glatt wie einen See.

Tatsächlich sollte es nach der Landung eine Ewigkeit dauern, bis der Tankwagen aus dem offenbar etwas entfernt liegenden Dorf heranrollte. Da hier pro Woche nur ein bis zwei Flugzeuge landeten, geht der Tankwart meistens im Dorf noch irgendwelchen anderen Beschäftigungen nach und setzt sich erst zum Flugplatz in Bewegung, wenn tatsächlich ein Flugzeug als gelandet gemeldet wird. Während wir warteten, erzählte uns der Flugplatzmanager, daß hier regelmäßig jede Woche eine Boeing 737 des Königs von Nauru ankäme, um frischen Hummer, der hier besonders gut sein sollte, zu laden. Der König kann sich diesen Luxus erlauben, weil er im wahrsten Worte aus Scheiße Geld macht. Auf seiner Insel laden nämlich Millionen von Vögeln Kot ab, den er als den bekannten Dünger Guano in die ganze Welt verkauft. Nauro ist übrigens die kleinste Republik der Welt, etwa so groß wie die deutsche

Insel Amrum. Es leben dort rund achtzehntausend Menschen.

Als der Tankwart endlich kam, zeigte sich, daß er zu allem Ärger auch noch angetrunken war. Jetzt hieß es, besonders wachsam zu sein. Weil der Mann schlicht und einfach Probleme damit hatte, halbwegs gerade auf seiner Leiter zu stehen, dauerte es eine Ewigkeit, bis unsere Tanks ordentlich aufgefüllt waren. Eine zweite Ewigkeit brauchte er, um die Rechnung zu schreiben, immer wieder mußte er irgendetwas berichtigen. Als ich endlich bezahlen konnte, brach die Dunkelheit herein. Was nun? Es gab doch kein Hotel! Der Flugplatzmanager meinte, seinetwegen könnten wir im Dunkeln starten. Andere Piloten würden das auch machen. Glücklicherweise hatten wir gerade Vollmond und die Mittellinie der Startbahn war mit unseren starken Scheinwerfern gut zu erkennen war. Mir erschien ein solcher Start jedenfalls einfacher, als wenn man nachts bei dichtem Nebel mit Startbahnbeleuchtung abfliegt.

Als wir auf Hawaii landeten, zeigte sich der Himmel immer noch sternenklar und man konnte sogar den rauchenden Vulkan auf der Insel erkennen. Allerdings waren Martin und ich nun rechtschaffen müde und wollten endlich in ein Bett. Wenn man dann so spät im Hotel ankommt, ist es besonders nervend, einen ellenlangen Hotelfragebogen ausfüllen zu müssen. Was geht das Hotel beispielsweise mein Beruf an. Ich trage immer - Artist - ein, manchmal auch - Journalist -, immerhin besitze ich einen Ausweis von United Press New York. Neuerdings trage ich auch - Schriftsteller - ein, nur selten - Pilot -. Früher wollten die Hoteliers vielleicht aus der Berufsangabe Rückschlüsse auf die Zahlungsfähigkeit ihrer Gäste ableiten. Heute reicht es doch, einen Blick auf die Kreditkarte zu werfen. Und selbst früher stellte die seriöse Berufsbezeichnung auf dem Formular keine Garantie für eine bezahlte Rechnung dar. Man denke nur an den Hochstapler Felix Krull. Überhaupt, die Hotels mit ihren teilweise unverschämten Preisen. Da verlangen sie für ein Frühstücksbuffet, bei dem man sich den Toast und den Tee selbst zurechtmachen muß, bis zu vierzig Mark. Neuerdings muß man das Brot selbst schneiden, die Orangen ausdrücken. Womöglich müssen die Gäste ihre Frühstückseier eines Tages auch noch selbst legen!

Welcome to Christmas Island. Auf dem Schild an der Flugplatzhalle steht Elevetion 5ft., das bedeutet, der Flugplatz liegt keine zwei Meter über dem Meeresspiegel und ist überflutungsgefährdet.

Am darauffolgenden Tag führte mich notgedrungen mein erster Gang zum Arzt. Ich hatte an mehreren Stellen starke Hautirritationen und wollte mir eine Salbe verschreiben lassen. In Äquatornähe ist man ständig am Schwitzen, besonders wenn man in Bewegung ist. Am Boden war ich das ja, denn das Flugzeug muß vor jedem Flug getankt und nach einer umfangreichen Liste gründlich gecheckt werden. Der Ölstand für die Triebwerke und der Stickstoff für das Notausfahrsystem des Landefahrwerkes müssen kontrolliert werden. Die Enteisungsanlage muß überprüft werden, dabei werden die Propeller elektrisch beheizt und die Tragflächen pneumatisch über Gummiluftbehälter aufgeblasen. Die Beheizung des Pitotrohres (mit dem über den Staudruck die Geschwindigkeit gemessen und angezeigt wird) muß von Hand überprüft werden, undsoweiter, undsoweiter. Der Arzt auf Hawaii sah sich die Geschichte an und fragte sofort, ob ich mich etwa mit diesen Seifen, die die Hotels ihren Gästen hinlegen, waschen würde. Ja, sicher, dazu sind sie doch da. Da meinte der Doktor hohnlachend, daß Hotelseifen allenfalls gut für den Arsch wären. Aber selbst dafür würde er sie nicht nehmen! Er gab mir eine hautschonende, neutralisierende Seife. Eine Salbe, so meinte er, wäre gar nicht erforderlich. Der Mann sollte recht behalten. Meine Haut dankte mir die milde Seife schon nach kurzer Zeit. Wieder etwas gelernt.

Abschied von Martin

Martin hatten die Hitze und das ewige Warten auf den Flughäfen ziemlich zugesetzt, als Rentner war er ja auch schon in den Jahren. Und ein ziemlich schwieriger Teil unserer Weltumkreisung kam erst jetzt. Wir hatten die Route lange diskutiert. Der Weiterflug von Hawaii konnte nur über die Aleuten gehen. Denn ein Flug von Hawaii nach Kalifornien hinüber war für mein Flugzeug trotz der Zusatztanks zu unsicher. Zwar hätte der Kraftstoff möglichweise bis Los Angeles gereicht, allerdings nicht mehr bis zum vorgeschriebenen Ausweichflughafen. Außerdem war ich ja bereits 1977 mit dem Shrike Commander in Los Angeles gelandet und kannte den dichten Betrieb dort. Da war mindestens eine Dreiviertelstunde für die Warteschleifen am Flugplatzhimmel einzukalkulieren. Gesetzt den Fall, man mußte dann wegen Kraftstoffmangels früher herunter und brachte damit die ganze Reihenfolge durcheinander, bekam man behördlichen Ärger. Was aber noch viel schlimmer ist: die Versicherung wartet bei einem Schaden nur darauf, einen Piloten-Fehler zu finden, um die Leistung zu verweigern. Im Haftpflichtfall gegenüber Dritten muß die Versicherung zwar zunächst zahlen, kann aber anschließend den Piloten in Regreß nehmen. Dabei geht dann vielleicht das gesamte Vermögen drauf! Dem Piloten bleibt in einem solchen Fall allein die Abgabe der eidesstattlichen Erklärung übrig, früher nannte man das den Offenbarungseid. Also fiel Los Angeles aus. Es blieb nichts anderes, als die Route über die Aleuten zu fliegen. Den auch denkbaren Überflug über die Kurilen hatte uns Rußland ja verweigert. Von den Cold Bay auf den Aleuten sollte dann über Anchorage und weiter über den magnetischen Nordpol der schon erwähnte Großkreis nach Grönland geflogen werden. Eine Zwischenlandung zum Tanken in Cambridge Bay, im Nordwesten von Kanada, war ebenfalls eingeplant. Dabei würden uns Temperaturen bis zu fünfzig Grad Minus am Boden erwarten. Martin meinte angesichts all dessen, ich solle ihm nicht böse sein, aber für ihn wäre es jetzt wohl besser, von Hawaii aus mit einem Linien-Flugzeug über Los Angeles direkt nach Frankfurt am Main zu fliegen. So machten wir es dann auch. Ich brachte Martin zum Flugschalter. Scheiden tut weh! Trotzdem wollte ich meine Reise um die Welt auch allein zuende bringen, so wie ich es mir vorgenommen hatte!

Also wieder die üblichen Sicherheits-Checks vor dem Start. Ich arbeitete sie wie gewöhnlich ab, als plötzlich eine attraktive junge Dame auf mich zu kam und fragte, ob ich zufällig nach Kauai fliegen würde und sie mitnehmen könne. Jemand, der quasi mit dem Flugzeug per Anhalter reiste, war mir bisher noch nicht untergekommen. Aber warum nicht, Platz hatte ich ja. Ich sagte, nicht direkt nach Kauai, aber wenn sie eine Zwischenlandung auf der Insel Maui mit Übernachtung in Kauf nehmen würde, wären wir morgen Abend auf Kauai. Sie willigte ein. Wir sprachen Englisch und ich sagte, sie wäre nach ihrem Akzent zu urteilen doch bestimmt Französin. Ja, sagte sie, aus Paris. Nachdem ich meiner Anhalterin Janett Maui und sonstiges gezeigt hatte, flogen wir weiter.

Kauai, die Garteninsel, erwies sich als die schönste aller Hawaii-Inseln. Wegen der hohen Niederschlagsmenge gibt es dort eine üppige Vegetation und dazu Berge mit Wasserfällen, alles sehr romantisch anzusehen. Ein Teil der TV-Serie „Magnum" wurde dort gedreht. Jedenfalls kann ich nur empfehlen, Kauai zu besuchen. Hawaiis Hauptinsel Oahu, auf der ich bereits 1977 war, ist mir zu kommerziell und überlaufen. Es lohnt sich dort aber, nahe Honolulu den Hafen Pearl Harbor zu besichtigen, in dem die von den Japanern versenkten US-amerikanischen Schiffe noch heute an den Zweiten Weltkrieg erinnern. Das Royal Hawaiien Hotel in Honolulu ist ein Traum. Wenn man dann noch am Diamond Head bei Michel's direkt am Wasser einen Tisch zum Abendessen bestellt, dann kann man sagen: „A perfect day!" - Janett hatte inzwischen auf Kauai ihre Freundin Sylvia getroffen, um mit ihr weiter nach Tahiti zu reisen. Ich bot beiden an, mit mir zu fliegen. Nach meinem Flugplan hätte ich sie dann etwa eine Woche später in Paris Le Bourget absetzen können. Aber Sylvia wollte partout noch Verwandte auf Tahiti-Bora Bora besuchen. Also machte ich mich allein auf den Weg nach Alaska.

Wegen des Gegenwindes wurde es auf dem Flug von Kauai nach Cold Bay wieder einmal knapp mit dem Kraftstoff. Warum ein Risiko eingehen, wenn westlich der Flugroute noch ein Flugplatz liegt, Midway, auf dem ein amerikanisches Marine-Luftwaffengeschwader stationiert ist. Midway ist dem Verteidigungsministerium der Vereinigten Staaten von Amerika in Alexandria, Virginia, unterstellt. Eine Landegenehmigung ist wegen der militärischen Geheimhaltung nicht zu bekommen, das brauchte man gar nicht erst zu versuchen. Ich rief Midway Tower und erklärte, daß ich wegen des Gegenwindes und geringerer Leistung meiner beiden Triebwerke die Höhe von siebenundzwanzigtausend Fuß nicht halten könne und runter auf zwanzigtausend müsse. Außerdem würde ich mich wegen der Triebwerksleistung als einen Notfall deklarieren. Was sollten sie schon mit mir machen. Die Änderung der Höhe und des neuen Kurses nach Midway zur Landung wurde bewilligt. Ich ging also hinunter und überflog noch einzelne unbewohnte Atolle. Das in der Sonne glänzende smaragdfarbene Wasser werde ich nie vergessen. Nach der Landung mußte ich beim Flughafenkommandanten erscheinen. Er meinte, daß man einen Ingenieur aus Norfolk Virginia einfliegen lassen müsse, da ich ein technisches Problem gemeldet hätte. Oh, wenn er das ernsthaft in die Wege leitete, dann würde es für mich teuer werden. Ich mußte dann die Kosten für den Ingenieur samt dessen Flug von Virginia hierher bezahlen. Was sollte ich darauf erwidern? Zunächst einmal verfaßte ich den für solche Situationen vorgeschriebenen Bericht, in Englisch. Mein Adrenalinspiegel dürfte in diesem Moment Höchstwerte gehabt haben. Der Kommandant nahm den Bericht wortlos entgegen. Während er noch las, ging ich zum Flugzeug. Jetzt mußte mir aber etwas Gescheites einfallen! Von den Kosten ganz zu schweigen, es würde Tage dauern, bis der Ingenieur aus Virgina hier ankam und ich wollte schließlich nicht auf diesem Midway, einem Flugplatz irgendwo in der Mitte von gar nichts, versauern. Nun, es gibt immer irgendwelche technischen Finessen. Schnell öffnete ich den Kraftstoffilter und pustete einige Male hindurch. Nach einer halben Stunde wurde ich beim Flugplatzkommandanten vorstellig und unterbreitete ihm, daß ich das Problem gelöst hätte. Die Ursache allen Übels sei simpler Schmutz im Kraftstoffilter gewesen. Deswegen hätten die Triebwerke nicht genügend Kraftstoff erhalten. Wahrscheinlich hätte ich mir den Dreck in Kalkutta eingehandelt, räsonierte ich ausführlich, dort sei ja alles elendig schmutzig und der Kraftstoff bestimmt nicht sauber gewesen wäre. Würde mir der Kommandant meine Story abnehmen und die Notfall-Version akzeptieren? Der Mann schien mir nun gerade nicht einer zu sein, dem man ein X für ein U vormachen konnte. Tatsächlich bohrte er mißtrauisch nach: Ob ich Mechaniker sei und eine Mechanikerlizenz hätte. Instinktiv sagte ich ohne eine Sekunde zu zögern ja und zog meinen deutschen Führerschein Klasse II hervor, den er natürlich nicht lesen konnte. Die deutschen Stempel, das Lichtbild und die Unterschriften müssen ihn dann doch wohl überzeugt haben. Anmerkung: Man sieht, zu welchen Höchstleistungen das Gehirn im Notfall imstande ist. Vielleicht aber hatten Edy und Fredy dem Kommandanten schnell in's Ohr geflüstert, daß er den harmlosen Deutschen doch ziehen lassen solle! Jedenfalls wollte er nun nur noch wissen, wie ich denn gedenke, weiter zu fliegen. Ich sagte, nach Cold Bay auf den Aleuten mit Ausweichflugplatz Anchorage. Er meinte, auf den Aleuten gäbe es ebenfalls eine amerikanische Station, nämlich Navy Adak, er würde mir aber sehr davon abraten, dort auch zu landen, dann bekäme ich bestimmt große Schwierigkeiten, das könne er mir versprechen. Offenbar hatte er mir meinen Schmutz im Kraftstoffilter wohl doch nicht so ganz abgenommen, konnte mir nur nichts beweisen. Quod erat demonstrandum sagt der Lateiner, was zu beweisen war. Nun gut, dachte ich mir: Im Zweifel für den Angeklagten. Und versprach mit Handschlag, daß ich auf der Insel Cold Bay und sonst nirgendwo landen würde. Damit war der Käse gegessen.

Midway wird die Insel der Guny Birds genannt, der Albatrosse. Dieser Vogel ist ein bißchen schwerfällig und nimmt, ähnlich wie ein Flugzeug, zum Fliegen etwas Anlauf. So ungelenk sich der Albatros auch auf dem Lande ausnimmt, in der Luft wirkt er dann sehr elegant. Auf Midway sind diese Vögel zu Abertausenden anzutreffen und brüten dort. Es wird ihnen auf der einen Straße samt ein paar

Nebenstraßen freundlich Vorfahrt gewährt. Tatsächlich warten die Militärfahrzeuge geduldig, bis die gefiederten Herrschaften gemächlich die Straße gekreuzt haben. Leider habe ich mich nicht danach erkundigt, wie das Vogel-Problem auf der Start- und Landebahn gelöst wird. Übrigens steht auf dieser Insel so ziemlich alles zum Verkauf. Sie sinkt nämlich pro Jahr um zweieinhalb Zentimeter, in zwanzig Jahren wird nicht mehr viel von Midway übrig sein.

Auf dem Flug nach Alaska war in der Luft überhaupt nichts los und ich freute mich über jedes Schiff, das ich sah, dann fühlte ich mich nicht ganz allein. In Cold Bay flog mein Computer-Co-Pilot Jack einen Blind-Anflug bei sehr schlechtem Wetter. In der Entscheidungshöhe von nur zweihundert Fuß, das sind sechzig Meter, übernahm ich das Steuer und landete das Flugzeug von Hand. Ich war froh, als ich sicher am Boden war, weil es auf den Aleuten sehr schnell und oft zu Seenebel kommen kann.

Übrigens war ich am Mittwoch von Midway abgeflogen und landete am Dienstag! Unterwegs hatte ich nämlich die Datumsgrenze überflogen und einen ganzen Tag gewonnen. Wie schön, wo das Leben doch so schnell an einem vorüber zieht. Wenn so ein Flug dann gerade auf den eigenen Geburtstag fällt, darf man am nächsten Tag noch einmal feiern, auch Sylvester kann man zweimal feiern: Vor der Datumsgrenze, wo der Tag beginnt und nach der Datumsgrenze, wo der Tag aufhört.

Als ich auf Cold Bay die Triebwerke abgestellt hatte, begrüßte mich der Flugplatzkommandant mit Handschlag auf der Insel und sagte: „Ich bin ein Deutscher." Germanen trifft man auf der ganzen Welt, außer auf Midway. Wie er mir erzählte, war der Flugplatzkommandant das hektische Leben auf den „Lower Forty eight, den unteren achtundvierzig Staaten, wie man von Alaska aus die anderen US-Staaten nennt, leid. Auf den stillen Aleuten befaßte er sich hauptsächlich damit Fische zu fangen. Hier ginge alles seinen ruhigen Gang. Allerdings sei erst kürzlich eine Lufthansa-Maschine außerplanmäßig zum Tanken gelandet. Damals besaß die Lufthansa noch keine Überfluggenehmigung für Sibirien nach Tokio. Die Flüge gingen also über den Nordpol mit Zwischenlandung in Anchorage zum Tanken. Man nennt diese Route die Luftstraße North Pacific 1 (NOPAC 1), die über die Polroute Tokio-Anchorage-Deutschland geflogen wurde. Nun hatte bei diesem Lufthansaflug zwischen Tokio und Anchorage der Gegenwind dermaßen zugenommen, daß sich die Flugzeit erheblich verlängerte. Die Lufthansa-Crew entschied sich aus Sicherheitsgründen, in Cold Bay Kraftstoff aufzunehmen. - So freundlich der Landsmann auf Cold Bay auch war, ich flog noch am gleichen Tag weiter, übernachtete in Anchorage, um dann auf dem Großkreis mit Zwischenlandung in Cambridge Bay nach Island zu fliegen.

Cambridge Bay ist nur im Monat August einigermaßen eisfrei. Dann liefert ein Tankschiff den Kraftstoff für das ganze Jahr an. Als ich dort landete, hatte ich am Boden dreißig Grad minus. Ich fragte den Tankwart, ob das dort immer so kalt sei? Schlagfertig erwiderte der: „Nein, im Moment ist es warm, wir erwarten über Nacht und in den Morgenstunden fünfzig Grad minus.“ Besorgt fragte ich weiter: „Wie bekommen Sie dann morgen früh ihre Twin OTTER gestartet?" Er erklärte mir, daß sein Flugzeug, sobald es abgestellt würde, eine elektrische Ummantelungsheizung an die Triebwerke bekäme, damit man die Dinger am nächsten Morgen tatsächlich zum Leben erwecken könne. Ich fragte, ob er derartiges Equipment auch für mich hätte. Er grinste und meinte, daß er froh wäre, daß die eigenen mal gerade wieder funktionieren würden. Außerdem würden seine Ummantelungen nicht für meine Triebwerke passen. Was tun? Eigentlich war ich ziemlich müde und hätte gern in Cambridge Bay übernachtet. Und sei es in einer einfachen Flugplatzbude. Selbst der penetrante Lebertrangeruch der Eskimos hätte mich nicht gestört. Aber da weder eine Triebwerksheizung noch eine beheizte Flugzeughalle zur Verfügung standen, zog ich es vor, sofort nach dem Tanken weiter zu fliegen. Ich lief ansonsten Gefahr, daß die über Nacht vollkommen ausgekühlten Flugzeugbatterien am nächsten Morgen nicht genug Kraft haben würden, um den Anlasser ausreichend zu versorgen.

Cambridge Bay im Nordwesten Kanadas. Nur im Monat August ist der Hafen eisfrei und kann per Schiff versorgt werden.

Wo man hinschaut Eisberge. Jeweils nur ein Siebentel ragt über die Wasserfläche hinaus.

Als der Eskimo-Tankwart meinen Flieger voll hatte, überprüfte ich noch sorgfältig alle Tankeinfüllstutzen, da die Eskimos teilweise Alkoholiker sind. Sie trinken bis zum Umfallen, vielleicht, weil sie glauben, daß es am nächsten Tag nichts mehr geben würde.

Ich entschloß mich, die Nacht durchzufliegen. Diese Nacht war sowieso kurz, da ich auf Ostkurs drei Stunden verlor. Sobald ich einen Meter abgehoben hatte, war alle Müdigkeit verflogen und die allgemeinen Sorgen sehen von oben auch viel kleiner aus. Man ist gelöst, bewundert die Sterne, die Milchstraße und den großen Wagen, denkt an Saint-Exupèry und jenen kleinen Prinzen, der einem in der Wüste notgelandeten Piloten Sterne schenkte, die lachen konnten. Viele kennen den Franzosen nur als den Autor des „Kleinen Prinzen", jener ebenso philosophischen wie romantischen Geschichte für kleine und große Kinder. Aber Antoine de Saint-Exupèry war mindestens ein ebenso großartiger Flieger wie Schriftsteller. Mit Einundzwanzig meldete er sich zum Militärdienst in einem französischen Fliegerregiment, das war 1921/22 ziemlich mutig, denn die Luftfahrt steckte noch in den Kinderschuhen. Saint-Exupèry wurde dann Fluglehrer und Postflieger, lernte Südamerika kennen, wurde 1929 sogar Direktor der Argentinischen Luftpost. Später flog er wieder für französische Gesellschaften. Als im Zweiten Weltkrieg die Deutschen in Frankreich einmarschierten, emigigrierte er zunächst in die USA, kehrte aber zurück, um sich der Armee von General de Gaulle anzuschließen. 1944 ist er bei einem Flug über das Mittelmeer verschollen. - Saint-Exypèry hat großen Anteil an der Erschließung neuer Luftwege in Nordafrika. Ihm war das Flugzeug ein Werkzeug des Menschen, wie ein Hobel, oder ein Pflug, mit dem er der Erde in zäher Arbeit immer wieder eines ihrer Geheimnisse abrang. Seine Geschichten gehören zum Besten, was über Flugzeuge und Piloten je geschrieben wurde. Heute ist Antoine de Saint-Exypèry eine Legende. Die Franzosen haben dem Piloten und Dichter ihre Fünfzig-Francs-Note gewidmet.

Auch vor mir lag jetzt ein Weltmeer von Finsternis, wie Saint-Exypèry die Nächte der Piloten so treffend beschrieben hat. Erst als ich die Davis-Straße überflog, färbte sich im Osten der Himmel langsam rot, in neunundzwanzigtausend Fuß Höhe ein traumhafter Anblick. Da ich der Sonne mit Rückenwind in einer Grundgeschwindigkeit von ungefähr sechshundert Stundenkilometern entgegen flog, änderte sich das Panorama sehr schnell. Schon konnte ich die glänzenden Eisberge erkennen, rasch war Grönland überflogen, dann der Anflug auf Island. In dem Moment, in dem ich in Reykjavik die Triebwerke abgestellt hatte, überfiel mich die Müdigkeit wie mit einer Keule. Ich schwankte noch die zwanzig Meter zum Flughafenhotel hinunter, warf mich ins Bett und schlief mit lediglich Pinkelunterbrechungen fünfzehn Stunden lang. So groß war mein Schlafdefizit.

Der Flug von Island nach Paderborn lief dann als reine Routinesache, eben auf unseren Breiten- und Längengraden, wo die Uhren ganz normal ticken. In Paderborn erwartete mich ein Empfangskomitee von über fünfzig Leuten, meine Familie, Freunde, Bekannte. Die durfte man doch nicht enttäuschen. Vor der Landung setzte ich mir einen Turban auf, den ich in Indien gekauft hatte und sah damit aus wie einer dieser Siks-Piloten der Air India, die noch in den sechziger Jahren in Frankfurt mit Turban landeten! Zuerst umarmte ich Hilde und die Kinder. Unsere Begrüßung fiel sehr, sehr herzlich aus, war es doch keine Selbstverständlichkeit, daß mich meine Familie nun tatsächlich heil und gesund wieder zurückbekommen hatte. Nochmals Dank an Edy und Fredy. - Dann kam Martin mit einem Pokal, auf dem er die Daten unserer Reise um die Welt eingravieren lassen hatte. Nun war das Abenteuer also bestanden und es gab unendlich viel zu erzählen. Lange noch saßen wir im Flughafengebäude bei Speis und Trank zusammen.

Die Franzosen haben dem Piloten und Dichter Antoine de Saint-Expyèry ihre Fünfzig-Francs-Note gewidmet.

Nachdem alle Mitbringsel verteilt waren, hatte mich der Alltag wieder im Griff. Hilde und unsere zwei Prokuristen nebst allen Mitarbeitern hatten sich große Mühe gegeben und das Schiff sehr gut über Wasser gehalten. Nachdem sie mir die positive Bilanz vorgetragen hatten, sagte ich spontan, daß ich das nächste Mal ja ruhig länger wegbleiben könne.

Das Fluggeschäft hatte auch nicht gelitten, da die Monate Januar und Februar sowieso ruhig sind und die angecharterten Flugzeuge von Dr. Sengewald und Dr. Freiwald die Aufträge zufriedenstellend durchgeführt hatten. Die Pipeline-Überwachungsflüge waren von meinen Free-lance-Piloten Klein und Bremer auf unserem Hubschrauber ebenfalls ohne Beanstandungen absolviert worden. Zur Erklärung: Free-lance-Piloten werden von einem Flugunternehmen nicht fest angestellt, sondern arbeiten quasi als Subunternehmer auf Honorarbasis, müssen sich dann allerdings auch um ihre soziale Absicherung selbst kümmern. Das ist in vielen Fällen eine sowohl für den Unternehmer als auch für den Piloten sinnvolle Regelung. - Nun konnte ich wieder vieles selbst übernehmen, flog mit unserem Flugzeug kreuz und quer durch Europa, meistens nach Italien, Frankreich und England. Wenn mir dort Wartezeiten von ein bis zwei Tagen entstanden, nahm ich mir Arbeit vom Büro und, wie gehabt, das Diktiergerät mit.

Bei einem Flug nach Limoges in Frankreich hatte ich ein nicht alltägliches Erlebnis. Die französischen Fluglotsen streikten, so daß die Regierung Fluglotsen von der Militärfliegerei einsetzte. Die aber sind logischerweise im zivilen Bereich nicht sonderlich bewandert. Jedenfalls sagte der Lotse in Limoges zu mir: „Sie haben Kreuzungsverkehr von rechts nach links. Höhe und Typ des Flugobjektes unbekannt." Ich sagte, daß ich mich in Wolken befände und nichts sähe. Dann hörte ich nur noch: „Distanz acht Meilen, Distanz vier Meilen, Distanz zwei Meilen. Hören Sie mich noch?" Ich sagte: „Ja, ich höre Sie." Daraufhin der Fluglotse mit einem Seufzer: „Ja, dann sind Sie jetzt frei vom Kreuzungsverkehr." Deutsche Zivilfluglotsen hätten mir in einem solchen Fall vorsichtshalber eine Kursänderung gegeben. Die Südländer reagieren da etwas phlegmatischer. Wahrscheinlich hatte es sich bei dem Begegnungsverkehr um einen Sportflieger gehandelt, der auf Sicht im unteren unkontrollierten Luftraum ohne Transponder flog. Beim Transponder handelt es sich um ein Sekundär-Radargerät, das dem Lotsen auf dem Radarschirm, die Höhe, den Kurs und die Kennung anzeigt. Mit dem Transponder kann man über besondere Ziffern-Schlüsseln auch wichtige Notinformationen zur Bodenstation schicken. Dieser Ziffern-Schlüssel wurde von der ICAO festgelegt. Die -7700- signalisiert einen Notfall, die -7600- einen kompletten Funkausfall, die -7500- eine Entführung. Gott sei Dank haben heute fast alle Sportflieger einen Transponder mit Höhenangabe, so daß die Arbeit für die Fluglotsen leichter wird.

In diesem Jahr legte ich auch noch vor der Industrie- und Handelskammer eine Sachkundeprüfung als Speditionskaufmann ab. Ich bin im Leben gern mehrgleisig gefahren, immer unter dem Motto „Nicht alle Eier in einen Korb legen!" Sollten die Geschäfte auf dem LKW-Sektor einmal schlechter gehen, konnte ich von nun an als Spediteur meine LKW auch mit Berufskraftfahrern einsetzen. Dazu ist es aber nie gekommen. Das Selbstfahr-LKW-Geschäft boomte weiter. Heute setzen wir in Ostwestfalen-Lippe über zweihundert eigene LKW ein.

Auf zum Südpol

Nebenher bereitete ich unverdrossen Stück für Stück das nächste große Abenteuer vor, den schon erwähnten Flug zum Südpol. Offensichtlich hatten Martins und meine begeisterten Berichte von der ersten Welt-Tour doch das ihre getan, denn dieses Mal reisten wir zu viert, eine richtige Männerunde mit Humor, Mut, deftigen Sprüchen und passenden Spitznamen: Unser Australier Stewart Straton kam pünktlich aus Melbourne und wurde fortan wegen seines Aussehens 'General' genannt. Hinzu kam mein, inzwischen leider verstorbener Freund der 'Professor'. Als ich ihn irgendwann einmal einigen Damen im Scherz als 'Professor' vorgestellt hatte, nahm er den Spitznamen sofort an und erklärte fortan regelmäßig, er sei 'Professor de l'amour' und täglich vierundzwanzig Stunden bei der Arbeit, zwölf Stunden lang befasse er sich mit der Theorie, zwölf Stunden übe er praktisch. Ich selbst wurde der Einfachheit halber 'Capitano' genannt. Als Vierter sollte dann noch mein Kollege Hans in Brasilien zu uns stoßen. Hans konnte wegen seiner beruflichen Verpflichtungen nicht die drei kompletten Monate, die ich für die gesamte Tour veranschlagt hatte, erübrigen, flog also später mit einem Linienflug nach Porto-Alegre in Brasilien und komplettierte dort unser Team.

Am 4. Januar 1980 war es soweit. Wir flogen, nachdem wir gebührend verabschiedet wurden, zunächst von Paderborn nach Faro an die Algarve zum Hotel Dona Filipa. Stewart, der passionierte Golfer mochte die dortigen Golfplätze inmitten herrlicher Landschaft und wollte sie uns unbedingt zeigen. Tatsächlich begeisterten auch der Professor und ich uns an der wunderschönen Algarve-Küste.

Unsere Rockwell Commander 690 B am 4.1.1980 vor dem Start zum Südpol auf dem Flughafen Paderborn-Lippstadt.

Weiter ging's nach Marakesch in Marokko, wo wir im La Mamounia Hotel wohnten, das wohl seinesgleichen auf der Erde sucht. Vom Hotel aus geht man zu Fuß in den riesigen Basar, wo wir Drei uns erst einmal einen schicken Lumberjack in Flieger-Hellgrau anschafften. Sportpiloten mögen solche Jacken.

Die nächste Station hieß Dakar im Senegal. Vor diesem Abschnitt unseres Fluges war uns nicht so recht wohl, da die Luftstraße über Mauretanien führte. Immerhin hatten Rebellen hier schon eine zweimotorige deutsche Dornier abgeschossen. Als Vorsichtsmaßnahme beantragten wir im Flugplan, in einer Höhe von neuntausend Metern fliegen zu dürfen. Wir hofften, daß die Rebellen mit ihren alten Mörser-Raketen nicht so hoch schießen konnten. Es blieb aber unterwegs vollkommen ruhig, trotzdem entspannten wir uns an Bord erst, als wir die Grenze zum Senegal erreichten. Im Stillen bedankte ich mich einmal mehr bei

Edy und Fredy, die offensichtlich wieder auf den äußersten Tragflächenende Platz genommen und uns gut beschützt hatten.

Nachdem wir in Dakar gelandet und im schönen Meridian Hotel zur Crew-Rate von nur fünfzig Prozent des üblichen Zimmerpreises untergekommen waren, kam ich in's Sinnieren: Nun also war ich also wieder hier, an diesem westlichsten Punkt Afrikas auf der Halbinsel Kap Verde. Einst ein unbedeutendes Fischerdorf bauten die Franzosen Dakar im neunzehnten Jahrhundert zu einem wehrhaften Fort aus, seit 1958 ist es die Hauptstadt der Republik Senegal. Ich erinnerte mich, wie mein Freund Dieter und ich uns bei jener ersten großen Auto-Reise mit dem Dixi die geplante Afrika-Wüsten-Tour von Tanger bis Dakar ziemlich schnell aus dem Kopf schlagen mußten. 1976 machten Hilde und ich hier eine Stippvisite. Damals reisten wir mit dem französischen Überschallflugzeug Concorde von Paris über Dakar nach Rio de Janeiro, um Hildes Vetter Geraldo zu besuchen. Hilde wollte zunächst gar nicht mit der Concorde fliegen. Ich aber hatte mir in den Kopf gesetzt, wenigstens einmal in meinem Leben die Schallmauer zu durchbrechen, wenn schon nicht als Pilot, dann wenigstens als Passagier. Hilde meinte daraufhin trocken: „Das Geld können wir sparen, Du durchbrichst doch jeden Tag die Schallmauer!" Hartnäckig, wie ich nun einmal bin, ließ ich mir den Flug mit der Concorde nicht ausreden.

Was für ein Gefühl, als der Machmeter, der so in der Kabine angebracht war, daß in alle Passagiere sehen konnten, die magische Zahl Mach Eins durchbrach und fast bis auf Mach Zwei kletterte. Bei Mach Eins gab es einen kleinen Ruck und der Lärm blieb hinter uns. Diese Geschwindigkeit ist nur über Wasser zulässig. In fünfundsechzigtausend Fuß Höhe sieht man in der Tat, daß unsere Erde rund ist. Von der Höhe, in der die Concorde fliegt, bis zum Weltraum wären es nur noch zwölf Meilen. Dort oben nimmt der Himmel eine ganz andere Farbe an, er wirkt eher schwarz als blau.

Doch zurück zu unserer Südpolreise. Von Dakar aus flogen wir weiter nach Abidjan an der Elfenbeinküste. Die Millionenstadt Abidjan liegt an einer Lagune, die durch einen Seekanal mit dem Atlantik verbunden ist. Das weiträumige Territorium bietet sowohl Platz für die Industrie und den wichtigste Landeshafen der Republik Elfenbeinküste als auch für breite Sandstrände und ein komfortables Touristenzentrum. Grund genug für uns, uns zwei Tage lang hier zu vergnügen, zumal wir im Interconti-Hotel zur Crew-Rate wohnten. Beim Abflug mußten wir dann feststellen, daß der Computer des Langstrecken-Navigationsgerätes fehlerhaft arbeitete. Wahrscheinlich hatte die hohe Luftfeuchtigkeit am Äquator sein Innenleben schwitzen lassen. Vielleicht war ihm auch die handfeste Temperatur-Differenz von hundert Grad Celsius nicht bekommen, der die Maschine beim Landeanflug ausgesetzt ist. Man muß sich das einmal vorstellen: In neuntausend Metern Höhe herrschen außerhalb der Bordkabine fünfzig Grad minus, auf der in der Sonne flirrenden Betonpiste des Flughafens dann fünfzig Grad plus. Die Lufthansa war so freundlich und nahm unser Gerät mit nach Frankfurt, von wo aus es nach Köln befördert wurde. In der Firma Nayack wurde es dann prompt repariert und eilends per Lufthansa wieder nach Abidjan geschickt. Nochmals vielen Dank an die Lufthansa. Wir beschlossen, die Zwangspause ordentlich auszunutzen, nahmen uns einen Leihwagen und fuhren vierzig Kilometer weiter südlich in ein Ferienparadies. Der

Sandstrand dort ist in der Tat einer der schönsten dieser Erde. Es zieht ständig eine angenehme Gischt darüber hinweg, so daß man die starke Hitze gar nicht bemerkt. Heiß werden konnte einem trotzdem, wenn man die vielen schönen Französinnen splitternackt am Strand liegen sah, der ganze Strandabschnitt schien voll in französischer Hand. Das nimmt nicht Wunder, schließlich war die Elfenbeinküste früher französische Kolonie und noch heute ist Französisch die Amtssprache.

Wir sonnten und badeten und paßten lediglich auf, daß wir regelmäßig Malaria-Tabletten schluckten. Das ganze Gebiet gilt als malariagefährdet. Deswegen präsentierte uns das Hotel schon auf dem Frühstücksbuffet die Tabletten, ein kostenloser Service des Hauses. Man soll mit dieser Krankheit nicht spaßen. Ich weiß von zwei Piloten, die nach Flügen in Zentralafrika an Malaria-Tropica verstorben sind. Da deren Symptome zunächst einer Grippe ähneln, wird Malaria von den Ärzten nicht selten falsch behandelt. Man sollte nach vorangegangenem Aufenthalt in Malariagegenden den Arzt also immer darauf hinweisen. Noch besser ist es wahrscheinlich, sich an das Tropeninstitut in Hamburg zu wenden. Ansonsten lebt man vielleicht nach vier Wochen nicht mehr...

Jedenfalls vergingen die Tage in diesem wirklichen Paradies wie im Fluge und am Ende stellten wir alle Drei fest, wie sehr wir den ursprünglichen 'Zwangsaufenthalt' dort genossen hatten. Zuerst hatte ich ja etwas an Edy und Fredy gezweifelt, aber nun sah ich, daß sie uns offenkundig einen Gefallen tun wollten.

Von Abidjan flogen wir dann zunächst wieder einige hundert Meilen gen Norden, nach Liberia, und landeten in dessen Hauptstadt Monrovia. Dabei ging es weniger darum, das Land anzusehen. Vor allem sollte die Atlantik-Überquerung von Westafrika nach Recife in Brasilien in möglichst effektiver Route absolviert werden. Ein paar Wochen später wäre wohl unsere Reise in Monrovia zuende gewesen. Es gab dort einen Aufstand, die Rebellen erschossen kurzerhand die komplette Regierung nebst Präsidenten. Wären wir in dieses Chaos geraten, hätte man vermutlich unser Flugzeug konfisziert, um ein gutes Regierungsflugzeug zu haben. Es scheint ohnehin eine unruhige Gegend zu sein, in der verschiedenste Gruppen mit brutaler, nackter Gewalt um die Macht ringen. Uns wurde in Monrovia erzählt, wie man angeblich mit Verrätern umginge: Sie würden heute noch auf einem geeigneten Waldboden splitternackt an einen Baum gebunden. Dann würden ihnen sämtliche Körperöffnungen mit Honig bestrichen, der natürlich sofort Hunderttausende von Ameisen anlockt, die nun überall hinkriechen können. Das Opfer schreit sich regelrecht zu Tode!

Wir blieben nicht lange dort, für einen Bummel über den Markt von Monrovia reichte die Zeit natürlich. Man bot dort neben den landestypischen Gemüsen und Früchten auch Schimpansen- und Gorillafleisch an. Die Affen werden im Regenwald gefangen. Man erklärte uns, daß die Haut, die Nieren und die Leber der Schimpansen besonders köstlich schmecken sollen. Gorillas werden am besten zu Gulasch verarbeitet.

Einen Abstecher ins Land hinein hatten wir hier nicht geplant. Es ist ja ohnehin davon abzuraten, in Mittelafrika in das Landesinnere zu reisen, schon wegen der über weite Strecken miserablen hygienischen Verhältnisse. Da hat sich seit den Zeiten des berühmten Urwalddoktors

Albert Schweitzer, der in seinem Urwaldkrankenhaus versuchte, wenigstens gewisse hygienische Mindeststandards durchzusetzen, wenig getan. Übrigens sollte man nicht nur im Landesinneren, sondern auch an den Stränden der Ferienparadiese vorsichtig sein. Es empfiehlt sich, am Strand stets Schuhe zu tragen, da dort winzige Hakenwürmer vorkommen, die sich unbemerkt durch die Fußsohle in den Körper bohren. Dort graben sie sich lange gewundene Gänge bis zum Darm. Der Patient bemerkt es erst Wochen oder Monate später, dann ist es oft zu spät.

Im Landesinneren gibt es zudem viele Krankheiten, die bei uns noch gar nicht bekannt und demzufolge nur schwer zu therapieren sind. Die Einheimischen sind dagegen weitgehend immunisiert, trotz mangelnder Vitaminernährung hat ihr Körper entsprechende Abwehrkräfte aufgebaut. Ein Europäer ist natürlich doppelt anfällig dafür. Wer trotzdem dorthin fahren möchte, sollte vorsorglich bei einer deutschen Rettungsfluggesellschaft Mitglied werden. Ereignet sich nämlich ein Unfall, ist es ratsam, sich sofort nach Deutschland in ein entsprechendes Fachkrankenhaus fliegen zu lassen. Aber auch ohne Unfall kann es gefährlich werden: Gleichgültig, ob man nach einer reifen Frucht greift, die einen auf dem Markt anlacht, oder nach einem Stück Brot, in Afrika können sich praktisch überall Erreger lebensbedrohlicher Infektionskrankheiten tummeln. Denen selbst mit moderner Medizin schwer genug beizukommen ist. Um wenigstens in groben Zügen zu wissen, woran man sich im Ernstfall zu halten hätte, besorgte ich mir rechtzeitig eine Liste der gängigen Krankheitsbilder und der dazugehörigen Desinfektionsmethoden.

Liste gängiger Infektionskrankheiten und der dazugehörigen Desinfektionsmaßnahmen.

Infektions- krankheit	Krankheits- erreger	erforderliche Desinfektionsmaßnahmen	a	b	c	d	e	f
Aussatz, Lepra	Hycobakterium Lepra	verschärfte Desinfektion	x	x			x	x
Cholera	Vibrionen Schrauben-Bakt.	verschärfte Desinfektion	x	x	x		x	
Enteritis infectiosa	Salmonellen Stäbchen-Bakt.	einfache Desinfektion, Fliegenbekämpfung	x	x				
Encephalitis	Viren	einfache Desinfektion Mückenbekämpfung	x	x				
Meningitis	Meningokokken Neisseria-Bakt.	einfache Desinfektion	x	x				
Polionyelitis	Viren	einfache Desinfektion	xx	x				
Mikrosporie	Pilze	einfache Desinfektion bes. Wäsche u. Kämme	x	x				x
Milzbrand	Bacillus anthracis Bakt.	verschärfte Desinfektion bes. Decken u. Matratzen	x	x	x	x	x	x
Ornithose Psittacose	Viren	einfache Desinfektion, einschl. Vogelkäfig	x	x		x		
Paratyphus A u. B	Salm. paratyph. Bakt.	einfache Desinfektion, bes. Bettzeug u. Ausscheidungen	x	x	x			x
Pest	Pasteurella p. Bakt.	verschärfte Desinfektion Rattenbekämpfung	x	x	x	x	x	x
Pocken	Variola Virus	bes. Ausscheidungen						
Ruhr	Shigellon Bakt.	einfache Desinfektion	x	x				x
Amöbenruhr	Amöben	einfache Desinfektion bes. Stuhl	x	x	x			
Tollwut	Virus	nur Speichel bzw. Auswurf				x		
Tuberkulose	Bakt.	offene T. verschäfte Desinfektion geschl. T. einfache Desinfektion Sputumdesinfektion	x	x		x	x	x
Typhus	Salmonellen Bakt.	einfache Desinfektion bes. Matratzen, Bettzeug, Ausscheid.	x	x	x			x
Diphtherie	Coryne Bakt.	einfache Desinfektion	x	x		x		
Hepatitis infectiosa	Hepat. Virus	einfache Desinfektion bes. Ausscheidungen	x	x	x			x
Kindbettfieber	Streptokokken Bakt.	einfache Desinfektion bes. Ausscheidungen		x				
Q-Fieber	Coxiella Burneti Riskettsien	Desinfektion erforderlich Übertragung von Kühen, Schafen	x	x				
Rotz	Actinobacillus Bakt.	einfache Desinfektion bes. Sputum	x	x		x		
Scharlach	Streptokokken Bakt.	einfache Desinfektion	x	x				
Leptospirose	Leptospiren Bakt.	Blutinfektion, Desinfektion bes. bei M. Weil, Ratten, Mäuse						
Malaria	Plasmodien einzell. Protozoen	keine Desinfektion erforderlich Mückenbekämpfung, Chinin-Prophylaxe						

a = Flächendesinfektion, Kaltvernebelung (Räume und Gebrauchsgegenstände)
b = Wäschedesinfektion (Textilien)
c = Stuhldesinfektion
d = Sputumdesinfektion
e = Raumdesinfektion (Formalin-Verdampfung)
f = Dampdesinfektion (Bettzeug usw.)

Und dann gibt es noch den berüchtigten Durchfall, in Ägypten Pharaos Rache, in Lateinamerika Montezumas Rache genannt. Er ist in allen südlichen Ländern ein Kapitel für sich. Ich habe dagegen ein ganz spezielles Rezept. Wenn es mich zu erwischen scheint, trinke ich, immer abwechselnd aus zwei Gläsern, folgende Gemische: In das eine Glas kommen 0,2 Liter Fruchtsaft und ein halber Eßlöffel voll Honig. Es funktioniert auch mit Sirup und etwas Salz, Salz ist auf jeden Fall erforderlich. Das zweite Glas enthält 0,2 Liter abgekochtes Wasser, das man wirklich mindestens fünf Minuten lang kochen lassen muß, vermischt mit einem halben Teelöffel Backnatron. Man sollte so lange abwechselnd aus beiden Gläsern trinken, bis alles wieder dicht ist! Dazu dürfen Salzstangen gegessen werden.

Der Plan, von Monrovia nach Brasilien zu fliegen, läßt sich normalerweise ohne Probleme realisieren, gäbe es da nicht den Punkt 'Unvorhergesehenes'. Unser Flugzeug Propjet Rockwell 690 B ist zwar ein hervorragendes Flugzeug, aber trotz Zusatztanks nicht für Langstrecken ausgelegt. Sicher, wir würden mit unserer Betankung die brasilianische Küste erreichen. Aber was passierte, wenn die einzige Landebahn in Recife durch die Havarie eines anderen Flugzeuges blockiert wäre? Ausweichflugplätze wie Rio de Janeiro, Salvador da Bahia, Belem oder Bello Horizonte lagen zu weit entfernt. Außerdem mußte ich wie immer die gesetzlich vorgeschriebene Dreiviertelstunde in der Holding, der Warteschleife, einkalkulieren. Doch warum sollte ich meine Passagiere und mich in Gefahr bringen, gab es doch im Atlantik noch eine Insel mit Landebahn, nämlich Asencion. Diese Insel gehört zu England, ist aber an die amerikanische Luftwaffe verpachtet. Ich rief den Tower auf der militärischen Frequenz und erzählte ihm irgendeine Story, daß wir aus Sicherheitsgründen lieber noch mal tanken möchten. Auch würden wir den Kraftstoff sofort in baren Dollars bezahlen und falls erforderlich, im Flugzeug bleiben und somit amerikanisches Top-secret-Gebiet nicht betreten. Man erteilte uns die Landeerlaubnis. Wäre man im Tower von Asencion weniger entgegenkommend gewesen, hätten wir zu diesem Zeitpunkt auch noch zur afrikanischen Küste zurückfliegen können. Als wir auf der Insel die Triebwerke abgestellt hatten, kam als erster der Airport-Commander Rosko an unser Flugzeug und befahl uns, im Flugzeug zu bleiben. Er wollte unsere Pässe sehen. Als nächstes erkundigte er sich nach dem Zweck unserer Reise sei. Als er hörte, daß wir auf dem Weg zum Südpol wären, fragte er verdutzt: „Was hiermit?" Ich erklärte ihm, daß wir Zusatztanks und VLF-Navigation hätten. Als er beim Blättern in unseren Pässen feststellte, daß wir allesamt Visa für die USA hatten und somit bereits behördlich überprüft waren, hellte sich seine strenge Dienstmiene etwas auf. Vielleicht fürchtete sich der Commander vor einem russischen Spion, der Kalte Krieg war ja noch in vollem Gange. Nach einigen weiteren Fangfragen schien der Commander jedoch überzeugt davon, daß er ein paar harmlose Touristen vor sich hatte und schlug jetzt freundlichere Töne an. Er lud uns ein, als seine Gäste über Nacht zu bleiben, am Abend würde im Kino des Stützpunktes ein anständiger Film laufen. Wir ließen uns nicht zweimal bitten. Stewart kaufte erst einmal reichlich zollfreie Zigaretten ein. Dann stellten wir erfreut fest, daß die militärischen Gästezimmer ziemlich bequem ausgestattet waren. Außerdem: Einem geschenkten Gaul schaut man bekanntlich nicht ins Maul! So hatten wir auf Asencion noch einen schönen Abend und unterhielten uns mit dem Commander, der sich offenkundig über die

Abwechslung freute, über die Fliegerei. Rosko bekam natürlich spitze Ohren, als er hörte, wie viele Japaner Stewart im Zweiten Weltkrieg über Port Moresby abgeschossen hatte. Als wir uns am nächsten Morgen herzlich verabschieden, gab der Commander Stewart noch die Telefonnummer seiner Frau, die in Recife lebte, und bat ihn, ihr Grüße auszurichten.

Der Flug nach Recife war ein Kinderspiel. Die brasilianische Küste lag in strahlendem Sonnenschein, mit der Landebahn war alles in bester Ordnung. Wir sich zeigte, kamen wir zum Höhepunkt des brasilianischen Karnevals gerade richtig. Gleich am ersten Abend stürzten wir uns in's Getümmel, in eines der beliebtesten Lokale der Stadt. Es wurde unablässig und ziemlich temperamentvoll getanzt! Die Brasilianerinnen haben wirklich Musik im Blut. Schon ihr Gang ist Tanz. Ihre Zähne sind weiß wie der Strand und blitzen als schöner Kontrast zur dunklen Haut. Viele leben zwar unter ärmsten Bedingungen, aber in ihren Gemütern scheint wohl meist die Sonne. Kein Wunder bei fünfundzwanzig bis achtzundzwanzig Grad Wärme!

Happiness is a tight pussy! Brasilien unter dem Motto: Laß jucken, Kumpel.

Mir fiel an diesem Abend eine blonde Schönheit auf, die allein an ihrem Tisch saß. Das mußte ja nicht so bleiben. Wir tanzten die ganze Nacht hindurch. Dazu tranken wir Unmengen Cuba Libre, einer Mixtur aus Rum und Cola, die immer wieder nachgeschenkt wurde, da das Zeug im Pauschalpreis inbegriffen war. Tanzpausen gab es nicht, weil sich in diesem Lokal drei Kapellen abwechselten. Claudia, so hieß die blonde Schöne, hatte gerade ihren Freund vor die Tür gesetzt, ich kam ihr wie gerufen. Vielleicht hatten das aber auch Edy und Fredy eingefädelt? Jedenfalls sendeten wir sofort auf einer Wellenlänge, die Chemie stimmte. Ich stellte mich bei ihr als Henry vor, etwas incognito wollte ich doch bleiben. Daß ich verheiratet war, hatte ich natürlich nicht gesagt. Claudia, eine Tochter reicher Eltern, hatte Zeit und brauchte nicht zu arbeiten.

Gegen acht Uhr wurde gefrühstückt, dann zogen wir an den wunderschönen Strand von Recife. Wahrscheinlich dauerte es keine drei Minuten, bis wir auf der mitgebrachten Decke eingeschlafen waren. Das Hotelbett blieb in dieser Nacht unbenutzt, eigentlich schade, dafür den Zimmerpreis bezahlt zu haben. Claudia und ich kamen uns näher. Ich lud sie ein, mit uns zu fliegen. Wir verfügten an Bord ja über genügend freie Sitzplätze. Wie sich zeigen sollte, war Claudias Anwesenheit nicht nur angenehm, sondern auch nützlich, denn wir hatten in ihr fortan eine gute Dolmetscherin. Niemand von uns sprach ja die Landessprache Portugiesisch.

Stewart hatte inzwischen Commander Roskos Frau Grüße bestellt und sich gleich mit ihr zum Essen verabredet. Bei einem Essen blieb es nicht! So etwas nennt man dann Nachbarschaftshilfe! Und unser Professor studierte die Mentalität der kaffeebraunen Brasilianerinnen, waren ihm doch solche Exotinnen noch nicht über den Weg gelaufen. Deren Stringtangas sollten ihn ganz aus dem Häuschen bringen. Übrigens trug auch Claudia einen Stringtanga, der zu ihr paßte wie ihre blauen Augen zu ihrem blonden Haar.

Claudia zeigte uns manches Schöne aber auch Geheimnisvolle von diesem Land, was wir ohne so einen kompetenten Reiseführer vermutlich nicht kennengelernt hätten. Eines abends führte sie uns an eine bestimmte Stelle des Strandes, wo sehr viele der dunkelhäutigen Einheimischen wie im Trance beteten. Sie verehrten ihren eigenen Götter und brachten ihnen Opfer dar, Hühner, die direkt am Strand geköpft und mit Blumen geschmückt wurden. Die Betenden faßten sich an die Hände, gingen im Kreis um ihre Opfergaben herum und stießen dabei temperamentvoll merkwürdige Worte aus. Dann wieder wurde wild gestikuliert und geschrieen. Zwischen den verschiedenen Kreisen loderten einzelne Feuer. Das alles wirkte auf einen aufgeklärten Mitteleuropäer reichlich gespenstisch. Diese Veranstaltung nennt sich Makumba, eine besonders in Brasilien verbreitete Religion, in der sich afrikanische Einflüsse mit katholisch-christlichen und okkultischen auf merkwürdige Weise mischen. Claudia erzählt uns, daß solche Makumba-Treffen nicht nur hier am Strand von den Armen, sondern durchaus auch in den Häusern der Begüterten abgehalten werden.

Wir flogen weiter nach Bello Horizonte und kamen in eine schwere Gewitterfront. Auf unserem Wetterradar waren die Kerne des Gewitters deutlich zu erkennen. Die Wolken reichten bis in eine Höhe von dreißigtausend Fuß.

Als dann Bello Horizonte unter uns lag, zog ich es angesichts dieser Umstände vor, zunächst einmal eine Dreiviertelstunde lang über dem Hauptanflugfunkfeuer Warteschleifen zu fliegen. Erst dann verloren die Gewitter langsam an Gewalt, so daß wir mit dem Instrumentenlandesystem runterrutschen konnten. Wie sich zeigte, sprach hier außer dem Tower Controller niemand Englisch. Claudia erklärte munter allen auf portugiesisch, daß wir VIP's seien und schon öffnete sich der Weg. Steward lobte Claudia, sie würde ihre Sache sehr gut machen, aber sie möge sich doch auch ein wenig um uns drei Männer kümmern. Claudia konterte: „Ich nehme es wie es kommt." Aber immer, wenn ich nicht in der Nähe war, fragte sie die anderen: „Where is my Henry? Where ist my Henry?"

Per Taxi erkundeten wir am nächsten Tag ausgiebig, die nähere Umgebung und lernten dabei eine andere Claudia kennen. Da in Brasilien Taxometeranzeigen weitgehend unüblich sind, glaubte der Fahrer mit den reichen Ausländer leichtes Spiel zu haben und verlangte einen vermutlich um fünfhundert Prozent überhöhten Fahrpreis. Claudia konterte tüchtig und der Mann wurde sichtlich von Sekunde zu Sekunde kleiner. Als sie ihm dann noch mit der Polizei drohte, waren die beiden Streitenden beim normalen Fahrpreis angekommen.

Wir flogen weiter zu den Gorganta del Diablo Iguazu genannten Wasserfällen und landeten dort auf dem Cataratas International Airport. Diese Fälle liegen im Dreiländereck von Brasilien, Argentinien und Paraguay. Der Fluß heißt Parana, wurde vor Jahren gestaut und mit einem gewaltigen Elektrizitätswerk versehen. Er wird von den Einheimischen auch Iguacu-Fluß genannt. Im alten

Stammesland der Guarani-Indianer stürzen sich, verteilt auf eine Strombreite von drei Kilometern zweihundertfünfundsiebzig Cataratas rund achtzig Meter in die Tiefe. Kleine Regenbogen überspannen die aufspritzende Gischt. Nasenbären turnen in den angrenzenden Bäumen. Das ist alles recht hübsch anzusehen. Dementsprechend haben diese gigantischen Wasserfällen 365 Tage im Jahr Saison. Wie schon gesagt, die Iguacu-Wasserfälle sind zwar viel größer als die Niagara-Fälle, trotzdem meine ich, daß die Niagara-Fälle beeindruckender sind. Ich hatte sie schon 1976 bei meiner Brasilien-Reise mit Hilde gesehen. Stewart und der Professor kannten die Fälle nicht und filmten voller Begeisterung den ganzen Tag. Zuletzt sogar aus einem Hughes Hubschrauber, den wir gemietet hatten, um das alles von oben noch besser sehen zu können.

Wir blieben zwei Tage dort und ich kam mittlerweile ins Grübeln. Unsere Reiseroute sah nämlich vor, von den Fällen aus einen Anstandsbesuch bei Vetter Geraldo samt Frau und Kindern zu machen. Denen konnte ich ja nun nicht gut mit meiner blonden Schönen aus Recife unter die Augen treten. Doch wie sollte ich jetzt die nette Claudia auf die sanfte Art wieder loswerden? Not macht erfinderisch! Ich bat Claudia, mir ihren Paß zu zeigen, da wir ja jetzt nach Argentinien fliegen wollten. Der Paß war zwar noch nicht abgelaufen, aber es gab keine einzige Seite mehr, auf die noch ein Stempel der Grenzkontrollen gepaßt hätte. Wie ich nebenbei bemerkte, hatte Claudia auch schon die halbe Welt bereist. Sie mußte nun also einsehen, daß sie für die Weiterreise mehrere Visa benötigte, die aber im vorhandenen Paß keinen Platz mehr finden würden. Es würde Wochen dauern, bis sie sich einen neuen Paß beschafft haben würde. Also ade! Meine Telefonnummer hatte ich ihr nicht gegeben, aber ihre bekommen und feierlich versprochen, mich zu melden. Natürlich hatte ich nicht die Absicht, dieses Versprechen einzulösen. Trotzdem, Happiness is a tight pussy!

Auf nach Canella, zu Geraldo und Familie. Dort mußte ich auf einem kleinen Sportfliegerplatz mit einer Bahn von nur fünfhundert Metern Länge herunter, kein Problem. Das ist eben der Vorteil der Rockwell 690 B, daß sie auf kleinsten Plätzen, dann allerdings nicht vollgetankt, landen und starten kann. Geraldo wartete und begrüßte uns herzlich. Im Stillen bedankte ich mich bei Edy und Fredy, daß ich trotz der Claudia-Geschichte hier eine halbwegs weiße Weste vorweisen konnte. Canella ist sehr schön in den Bergen gelegen und hat einen hohen schmalen Wasserfall. Entlang der Straßen sind links und rechts Hortensien gepflanzt. So etwas Hübsches sollten sich die Stadtväter bei uns doch auch einmal einfallen lassen!

Wir blieben für zwei Tage, dann wollten wir, wie verabredet unseren vierten Mann Hans in Porto-Alegre abholen. Als Geraldo hörte, daß wir von Porto-Alegre aus nach Karasinjo fliegen würden, drängte er darauf, mitgenommen zu werden. Ich wunderte mich etwas, aber warum nicht.

Die Idee zu diesem Abstecher nach Karasinjo hatte übrigens Hans in unsere Reiseplanung eingebracht. Auf seinem Bauernhof arbeitete nämlich ein Verwalter namens Krüger, dessen Eltern nach Brasilien ausgewandert waren, um dort in besagtem Ort Karasinjo Landwirtschaft zu betreiben. Krüger machte gerade bei seinem Eltern Urlaub, Hans wollte ihn dort kurz besuchen, um dann weiter mit uns 'gen Südpol zu ziehen. Mein Gott war die Landebahn in Karasinjo schmal! Warum eigentlich, dort gibt es doch Land genug! Bei Krügers Eltern wurden wir festlich mit Churrasco, einem stark gewürzten Rinderspieß, bewirtet, ein prachtvolles Mahl. Mir schien es, daß man extra für uns ein Rind geschlachtet hatte. Anschließend servierten die Frauen sehr bekömmlichen Mate-Tee. Getrunken wird er einem Gefäß mit einem Rohr, das von Mund zu Mund geht. Auf diesem Rohr sitzt ein Kupfermundstück, Kupfer soll desinfizierend wirken. Mit in unserer Runde saß auch noch ein anderer Deutscher, der von allen Karasinjo-Willi genannt wurde! Er kam schon seit Jahren aus Soest zu Krügers Eltern, um dort seinen Urlaub zu verbringen. Den tatsächlichen Grund für diese Anhänglichkeit sollten wir im Verlaufe des Abends noch kennenlernen.

Nachdem wir uns wirklich phantastisch gestärkt hatten, lud Krügers Vater uns alle in eine Dorfbodega zum Bier ein. Gegen zweiundzwanzig Uhr verkündete er dann vollkommen gelassen: „Und jetzt gehen wir gemeinsam zum größten Puff Südamerikas!" Und dann sollten wir aus dem Staunen nicht mehr herauskommen! Uns wurde erklärt, daß sich in Karasinjo die Nord-Süd- und die Ost-West-Achse des gesamten südamerikanischen Fernverkehrs kreuzen. Exakt an dieser Kreuzung siedelten sich an allen vier Straßen Bordelle an, ein Etablissement neben dem anderen. Sie ziehen sich jeweils über mindestens einen Kilometer lang hin. Bei den Mädchen dort kommt jeder auf seine Kosten. Jetzt verstand ich auch, warum dieser Willi schon seit Jahren nur Urlaub in Karasinjo machte. Von Aids sprach man damals noch nicht, also warum Kondome nehmen? Stewart sagte immer: „Mit Kondom ist so, als wenn man sich die Füße wäscht und die Socken anläßt oder wenn man mit Boxhandschuhen Geld zählt." Den Professor de l'amour sahen wir zwischendurch mal, als er eiligen Schrittes die Häuser wechselte. Ja, Karasinjo ist schon eine Reise wert! Geraldo fuhr am nächsten Tag mit dem Zug nach Hause und ist vier Jahre später beim Tauchen tödlich verunglückt.

Zu viert flogen wir weiter nach Buenos Aires und bummelten dort durch La Boca, die Altstadt. Die Avenida de Florida ist wirklich eine Prachtstraße und der spanische Einfluß nicht zu übersehen. Wenn man dort entlang spaziert, schaut man sich unwillkürlich um, ob nicht irgendwo die schöne blonde Evita Peron auf dem Balkon steht: Don't cry for me Argentina... Zu unserem Argentinien-Programm gehörte natürlich die Besichtigung einer großen Ranch. Die Gauchos führten halsbrecherische Reiterspiele vor und die Senhoritas Folklore. Der argentinische Wein tat das seinige zu unserem Wohlbefinden. Weiter zogen wir nach Mar de la Plata, wo der Strand zwar wunderschön, aber so überlaufen ist, daß wir eilends die Flucht ergriffen. Auf der südlichen Halbkugel herrscht Anfang Februar Hochsommer und wie es aussah, wollte ganz Buenos Aires seine Urlaubstage an diesem Strand verbringen. Die Leute lagen tatsächlich wie die Ölsardinen nebeneinander. Wollte man baden, so hatte man Mühe, durch die Menschenmassen zum Meer vorzudringen. Auf der ganzen Welt habe ich auf so engem Raum nicht so ein kompaktes Tittengeschwader gesehen.

Über Patagonien und die Magellanstraße flogen wir zur südlichsten Stadt dieser Erde, nach Ushuaia auf Feuerland. Damit waren wir den Pinguinen schon sehr nahe, denn auf diesen Breitengraden sind sie zu Hause.

Pinguine auf Feuerland.

In Ushuaia das gleiche Spiel: Hochsaison und kein Zimmer zu bekommen! Lediglich für den nächsten Abend konnten wir uns etwas reservieren lassen. Was blieb anderes übrig, als ein Taxi zu nehmen und damit fünfzig Kilometer bis zur nächsten Ortschaft zu fahren, wo man uns eine Schlafgelegenheit versprochen hatte. Allerdings gab es nur noch ein Zimmer für drei Personen und man durfte es für maximal sieben Stunden nutzen. Als wir ankamen, hatte man uns freundlicherweise in diese Schlafstätte mit drei Betten noch eine Art längere Kiste, die einem Sarg fatal ähnelte, hineingestellt. Wir sahen uns an, Hans stieg ohne ein Wort zu sagen in die Kiste. Wahrscheinlich, weil er der Jüngste unter uns war. - Übrigens ging es in der Tat so vonstatten, daß jedes Zimmer dreimal pro Tag vermietet wurde und jeder Gast nur sieben Stunden bleiben durfte. Dazwischen lag dann jeweils eine Stunde für die Reinigung. Wir wurden also um vier Uhr morgens geweckt, der Bus mit neuen Schlafgästen würde gleich vorfahren. So etwas nennt man eine dreihundertprozentige Auslastung.

Zurück in Ushuaia machten wir einen kleinen Spaziergang und bewunderten die schneebedeckten Berge. Angesichts der kühlen Gletscher sagte Stewart plötzlich: „Mit meinem könnte ich da oben das Eis schmelzen." Wir sahen uns an und konnten nicht so recht lachen, denn Hans und mich betraf das gleiche Malheur: Wir hatten uns in Karasinjo eine Gonorrhoe eingefangen. Mit der Inkubationszeit kam es genau hin. Stewart sagte achselzuckend: „Ein richtiger Mann muß es wenigstens zweimal in seinem Leben gehabt haben." Lediglich der Professor, der alte Fuchs, blieb vom Tripper verschont. Er ließ es sich immer oral machen, wobei er die wulstigen Lippen der Farbigen bevorzugte. Prompt begann er zu lästern: „Hast Du Tripper, Syphilis oder auch Schanker, bis Du noch lange kein Kranker. Erst wenn es kracht und zischt, hat es dich erwischt!" Wer den Schaden hat, braucht für den Spott nicht zu sorgen! Wir gingen gemeinsam zum Arzt, der uns mit seiner Tripperspritze ein paar tausend Einheiten Penicillin verpaßte. Der Arzt gab uns dringend mit auf den Weg, eine Woche Abstinenz zu üben. Stewart, der ja kein Wort Deutsch sprach, drehte am anderen Tag den Spieß um und fragte den Professor: „Professor, did you have your blow job already today?" Wir verstanden uns in unserer Männerunde wirklich in allen Lagen gut und genossen das positive Reiseklima jeden Tag. Natürlich wollten wir Stewart etwas Deutsch beibringen, allerdings auf unsere ganz besondere Weise. So redeten wir ihm ein: Stewart, wenn Du eine deutsche Frau ansprechen willst, mußt Du sagen, daß sie schöne Augen... in der Bluse hat...

Nun wollten wir uns ernstlich dem Südpol nähern. Allerdings fiel die Wettervorhersage für die Antarktis in diesen Tagen nicht gerade berauschend aus. Der Flugplatz Petrel meldete fünf Kilometer Sicht und eine Wolkenuntergrenze bei tausend Fuß. Der Ausweichflugplatz Vicecomodoro Marambio ebenfalls Antarctica, hatte ähnliche Wetterverhältnisse zu bieten. Eine präzise Prognose für den kommenden Tag konnten wir zur Zeit des Abfluges noch nicht bekommen. Also flogen erst einmal bis zum Cap Horn, um dann über Funk nochmals die Wetterlage zu erfragen.

Als wir den letzten Felsen des Cap Horn überflogen hatten, wurden wir kräftig durchgeschüttelt. Hier trifft der Atlantik auf den Pazifik. Die Seeleute aller Zeiten konnten von den daraus entstehenden Wetter-Turbulenzen ein Lied singen, es klingt ähnlich wie das vom Kap der Guten Hoffnung. Die Wettervorhersage über Funk ergab keine Änderung, ein kräftiges Tiefdruckgebiet lag zwischen dem Cap Horn und der Antarktis. Der einzige Lichtblick bestand darin, daß es im Februar in der Antarktis nicht dunkel wird. Sollten wir unter diesen widrigen Umständen tatsächlich unser eigentliches Ziel Petrel ansteuern? Der Antarktis-Flugplatz hat kein Funkleitsystem. Also wäre eine Landung bei diesem miserablen Wetter ziemlich waghalsig. Wir entschieden uns zur Umkehr nach Rio Gallegos. Immerhin, wir hatten nach dem Überflug von Cap Horn einmal die Antarktis-Region erreicht. Der Südpol konnte warten. In der Luftfahrt ist es immer besser, ein wenig feige zu sein. Die allzu mutigen Piloten leben alle nicht mehr. Wir flogen über die Pampas in Patagonien zum größten Gletscher dieser Erde, dem Moreno am Lago Argentino. Eine ziemlich verlassene Gegend. Darwin fand, daß sie dem Ende der Welt ähnele. Wie wir gelesen hatten, waren die Straßenverhältnisse zwischen Rio Gallegos und Lago Argentino grausam. Das wollten wir, noch dazu bei einer Strecke von fünfhundert Kilometern, unseren Wirbelsäulen lieber nicht antun.

Auf der anderen Seite wollten wir unbedingt erleben, wie dieser gewaltige Gletscher kalbt, das heißt, wie sich von ihm kleine Eisberge abspalten und unter Riesengedröhn herabstürzen. Also mußten wir hin! Lago Argentino besitzt zwar eine Landebahn mit Schotterpiste, die damals aber seltsamerweise nicht als öffentlicher Flugplatz galt. (Wie ich las, wurde die Schotterpiste inzwischen zu einem richtigen Flughafen ausgebaut, auf dem wegen des Naturschauspiels am Moreno mehr und mehr Touristen landen.) Wir jedenfalls gaben damals erst einmal einen Flugplan nach San Carlos de Bariloche auf, um dann auf halber Strecke Lago Argentino näher in Augenschein nehmen zu können. Wir überflogen diesen seltsamen Flugplatz einmal und stellten fest, daß die Landebahn lang genug war und der Windsack passend zur Bahn stand. Rio Gallegos teilten wir über Funk mit, daß wir eine Sicherheitslandung in Lago Argentino durchführen müßten, da der Öldruck an einem Triebwerk etwas niedrig wäre. Der Fluglotse konnte dem schlecht widersprechen. Um den Schein zu wahren, füllten wir dann auch etwas Öl nach. Ich hatte ohnehin stets eine entsprechende Reserve bei mir, weil unterwegs viele Flugplätze nicht exakt das richtige Öl auf Lager haben. - Nach der problemlosen Landung hatten wir festgestellt, daß der Flugplatz nicht abgeschlossen, also für jedermann zugänglich war. Wir sahen weit und breit niemanden, den wir um eine Auskunft bitten konnten. Schließlich kam auf der vorbeiführenden Straße ein Auto, das wir anhielten. Der Fahrer verstand glücklicherweise etwas Englisch und schickte uns auch tatsächlich ein Taxi heraus. Mit dem fuhren wir dann zum Gletscher. Der wahrhaft gigantische Perito-Moreno mit seiner über tausend Meter starken Eiskuppel schlug uns alle in seinen Bann. Was für ein gewaltiges Naturschauspiel, wenn sich von ihm Tausende Tonnen Eis

Wir flogen über die Pampas in Patagonien zum größten Gletscher dieser Erde, dem Perito-Moreno

lösen und unter ohrenbetäubendem Getöse einige hundert Meter tief in den Lago Argentino stürzen. Jedes Mal wurde das Wasser durch den Fall des Eises in einer Fontäne von nahezu hundert Metern Höhe empor geschleudert. Der Professor schaute nicht mehr links oder rechts, sondern baute seine Profifilmkamera auf ein Stativ, um jedes Kalben des Gletschers einzufangen. Er gehörte zu Hause einem Hobbyfilmclub an und jetzt hatte seine Stunde geschlagen. Diese grandiosen Aufnahmen würde ihm so leicht keiner nachmachen! - Der Moreno-Gletscher reicht bis über den Kamm der Anden in chilenisches Gebiet. Die glitzernde Eiswand hatte sich weit in den See vorgeschoben. In einigen Monaten würde sie die Lücke zum Ufer der Halbinsel Magellanes schließen und damit den See in zwei Teile spalten. Das wiederholt sich alle vier Jahre. Zwischen dem nördlichen und dem südlichen Teil des Fjordes wirkt der Gletscher wie eine Schleuse. Die Eisbarriere wird unterspült und dadurch der Wasserpegel im südlichen Fjord angehoben. Es kommt zu einer Sprengung, wobei sich Millionen Tonnen Eis und Wasser in den Lago Argentino ergießen. - Wir waren alle so beeindruckt, daß wir dort länger als eine Stunde verharrten. Dann ging es per Taxi zurück zum Geisterflugplatz.

Dort erwartete uns allerdings ein bedrohlicher Anblick: Mindestens zwanzig, mit Stahlhelmen und Gewehr versehene Soldaten umstellten unser Flugzeug. Du kriegst die Motten! Ich hatte keine Erklärung dafür. Der Professor nahm mich rasch zur Seite und sagte: „Helmut, weißt Du, was das bedeutet?" Ich sagte natürlich nein, weil ich, wie schon gesagt, vom Militär keine Ahnung habe. Der Professor meinte: „Wenn ein Soldat den Stahlhelm auf dem Kopf und das Gewehr im Anschlag hat, bedeutet das, daß er sich im Kriegszustand befindet!" Mein Entsetzen muß ich nicht weiter ausmalen. Nun baute sich der Oberst dieser Brigade vor uns auf und verlangte barsch unsere Pässe. Sämtliche Daten gab er über Funk an seine Dienststelle weiter. Es dauerte eine Ewigkeit! Vielleicht wollte er damit testen, ob wir wohl langsam nervös reagierten, weil wir etwas zu verbergen hatten. Mir kam unterdessen siedend heiß zu Bewußtsein, daß Argentinien unter einer Militärregierung stand, die nicht gerade zimperlich mit Oppositionellen umging. Deren Generäle genossen den gleichen zweifelhaften Ruf, allesamt Schlächter zu sein, wie Pinochet in Chile. Während ich solchen unangenehmen Gedanken nachhing, platzte Freund Stewart, dem General, jetzt der Kragen. Laut sagte er: „I am a Australien Citicen and I do have a visa." Wobei er das Wort Visa besonders betonte. Der Oberst sagte nur: „No, no! Stewart: „What do you mean, no, no?" Der Oberst: „Your Visa has expired yesterday!" Dem General fiel schlagartig die Kinnlade herunter. Da stand er also ohne Legitimation, und das in diesem übel beleumdeten Land. Wahrscheinlich sah er sich in jenem Moment bereits in einem der berüchtigten argentinischen Gefängnisse, wo er seine Zelle mit den Ratten teilen konnte. Ich hatte Stewart noch nie so kleinlaut gesehen. - Nach einiger Zeit, die uns verständlicherweise endlos vorkam, erhielt der Oberst von seiner Dienststelle die Anweisung, uns nach Rio Gallegos zurükkzufliegen zu lassen. Dort könne Stewart sein Visum verlängern. Über unsere etwas unorthodoxe Landung auf dem Geisterflugplatz verlor niemand ein Wort. Es sollte uns nur recht sein. Bye bye Gaucholand! Später reimten wir uns die Geschichte als militärische Maßnahme gegen Drogenschmuggel-Flugzeuge zusammen. In Südamerika sind davon nicht wenige unterwegs und benutzen mit Vorliebe solche kleinen, nicht besetzten Flugplätze für ihre Transaktionen.

Von Rio Gallegos flogen wir nun wie ursprünglich angemeldet nach San Carlos de Bariloche-SAZS. Hier erwartete uns ein neues Abenteuer: Der diensttuende Towermensch sprach kein Englisch. Im Prinzip war das hier, am Ende der Welt auch kaum erforderlich, es handelte sich ja nicht um einen internationalen Flugplatz. Aber zwei englische Sätze hatte er auswendig gelernt: „Warten Sie! Warten Sie! Der englisch sprechende Kontroller befindet sich zur Zeit am Strand." Ich hatte natürlich keine Lust, eine Ewigkeit zu kreisen. Außerdem besaß der Flugplatz keine Kontrollzone, so daß man ihn auch ohne Funk in der Mitte überfliegen konnte, um festzustellen, ob laut Signalfeld der Platz gesperrt, welche Landerichtung laut Signalfeld in Betrieb und wie die Platzrunde laut Signalfeld einzuhalten war. Außerdem mußte geprüft werden, wie der Windsack stand und ob die Seitenwindkomponente nicht zu groß war. Letzteres sieht man daran, wie straff der Windsack hängt. Ist dies alles geklärt, gliedert man sich in die Platzrunde ein und landet auf Sicht. Nun sollten mir meine, wenn auch geringen, Spanischkenntnisse beistehen. Entschlossen gab ich durch: „Bariloche torre, buenas dias, Delta India Alfa Tango Sierra, Deci Kilometros Finale Pista Sero Cinco." Ich wußte ja, daß der Wind vom Osten kam und somit nur die Landerichtung Null Fünf gleich = fünfzig Grad in Betrieb sein konnte. Der Towermensch daraufhin: „Positivo, Positivo, Pista sero cinco Bueno, no Problema, no Problema." So kamen wir glatt herunter und die Freunde bestaunten meine Sprachkünste...

Nach der Landung traute ich meinen Augen nicht. Am Flugplatz standen zwei in Kanada zugelassene Flugboote vom Typ Catalina PBY. Für dieses Flugzeug konnte ich mich immer schon begeistern. Es ließ sich ohne großen Aufwand so umbauen, daß man darin wohnen konnte. Während ich noch schaute, war der herbeigerufene englischsprechende Kontroller vom Strand erschienen und würdigte mich als Grande Capitano: No Problema. In dieser abgelegenen Gegend ein Taxi zu bestellen, schien dann problematischer, als die ganze Landung. Als der Wagen endlich kam, paßten nicht alle unsere Koffer in den Kofferraum. Kurzerhand schnallte der Fahrer Stewart's Koffer auf den Dachgepäckträger. Bis wir endlich losfuhren, war es dunkel geworden. Trotzdem raste unser Chauffeur auf der schlechten Straße, als sei der Teufel hinter ihm her. Es kam, was bei dieser Kamikaze-Fahrweise kommen mußte: der Haltegurt des Dachgepäckträger löste sich, Stewart's Koffer rollte die Böschung hinunter und platzte dabei auf. Stewart fluchte wie ein Kesselflicker und ich lernte noch ein paar Vokabeln hinzu. Nachdem wir alle zusammen Stewarts Garderobe aufgelesen hatten, stellten wir fest, daß der Koffer sich nur noch mit einem Riemen zusammen halten ließ. Stewart fluchte weiter und der Taxifahrer wagte es angesichts des wütenden Generals am Ende nicht einmal, von uns das Fahrgeld zu fordern.

Am nächsten Tag wurden wir durch eine besonders schöne Landschaft entschädigt. Stille Bergseen, grüne Almen mit Vieh und ein phantastisches Gebirgspanorama erinnern an die Schweiz. Dementsprechend haben sich viele Hotels in San Carlos de Bariloche schweizerisch klingende Namen wie -Interlaken- oder -Jungfrau- zugelegt. Nach einem zweitätigen Erkundungsaufenthalt flogen wir weiter nach Santiago de Chile, also entlang der Anden. Sie gehören zum längsten Faltengebirge der Erde, den Kordilleren, die sich im Westen Amerikas von Alaska im Norden bis nach Feuerland im Süden über fast sechzehntausend Kilometer hinziehen. Die Anden sind ihr höchster Teil, reichen fast bis an die Siebentausend-Meter-Grenze, gekrönt vom Aconcagua (6959 Meter). Es gilt als einsames, wildes Gebirge. Noch heute findet man an seinen Hängen Gegenden, wo auf eine Entfernung von hundert Kilometern keine Menschenseele wohnt. In so einem Abschnitt ist in den fünfziger Jahren ein Verkehrsflugzeug abgestürzt. Es gab zwölf Überlebende, die aus dem Wrack der Maschine eine Unterkunft bauten und dabei die Kleidung der Toten als Isoliermaterial verwendeten. Daß nicht alle Passagiere ums Leben kamen, war dem Umstand zu verdanken, daß das Flugzeug in mehrere Meter hohe Schneewehen stürzte. Natürlich wurde nach der Absturzstelle gefahndet, aber die Suchflugzeuge hatten keine Chance, weil die Anden alljährlich mehrere Monate lang fest in Wolken eingehüllt sind. Letztlich wurde die Suche eingestellt, und das Unglück geriet in Vergessenheit. Oben im Gebirge vegetierten die Abgestürzten dahin. Wasser gab es genug, aber sonst keine Vorräte. Schließlich starben die Schwächeren unter den Überlebenden und die Stärkeren wurden zu Kannibalen. Wenn es ums nackte Überleben geht, bricht der Mensch auch seine tiefsten Tabus. Als nach langen Wochen die Wolkendecke endlich aufriß, machten sich zwei noch Kräftige auf den Weg in ein weit entferntes Tal, um Hilfe zu holen. Ob und wie die am Ende Geretteten mit ihren entsetzlichen Erinnerungen weiterleben konnten, weiß ich nicht.

Landung in Santiago de Chile. Es waren drei Tage Sightseeing angesagt und jeder von uns ging so ein wenig seiner eigenen Wege. Hans informierte sich über die Hubschrauberfirmen, die in Chile operierten. (Übrigens schaute er auch in jedem Ort der Welt sofort nach, wie oft sein Name im Telefonbuch erschien.) Ansonsten war er mehr ein ruhiger und stiller Genießer. Der Professor und ich nahmen uns nach ein par Gängen durch die Hauptstadt einen Leihwagen und fuhren nach Valparaiso. Aus dem Erdkundeunterricht war mir dieser Name in Erinnerung, weil unser Pauker dieses Tal in glühender Begeisterung beschrieben hatte. Wer weiß, ob ihn dazu lediglich irgendein Zeitschriftenartikel anregte, oder ob es ihn während des Krieges tatsächlich dorthin verschlagen hatte. Immerhin, wir wurden nicht enttäuscht. Ende Februar begann dort so langsam der Herbst. Die Blätter verfärbten sich goldgelb und rot, die Sonne wärmte noch kräftig, der Pazifik leuchtete in tiefblauen Tönen, von denen die weißen Schaumkronen der Meereswellen wunderbar abstachen und die Vögel sangen aus voller Kehle. Ich weiß nicht, ob es dort das ganze Jahr über so schön ist, wir jedenfalls genossen die Tage dort. Am Strand von Vina del Mar aalten wir uns erst einmal ein paar Stunden in der Sonne und freuten uns am Anblicke der sehr reizvollen Chileninnen. Dann ging es zurück nach Santiago de Chile.

Dort wohnten wir übrigens im Sheraton wieder zur fünfzig Prozent reduzierten Crew Rate. Das Sheraton führte im obersten Stockwerk ein schickes Restaurant, in das ich schon am ersten Abend in Santiago die ganze Truppe zum Captains-Dinner eingeladen hatte. Nicht zuletzt auch als Entschädigung für die entgangene Landung in der Antarktis. Wir amüsierten uns prächtig, besonders, weil wir hier nun wirklich nicht auf die Promille schauen mußten. Stewart, der alte Charmeur, fand gleich Kontakt zum Nachbartisch, an dem zwei Chileninnen saßen. Die eine war so glühend, daß Steward's Blut in Wallung geriet. Er ging ran wie Blücher an der Katzbach! Stewart besaß ein hundertprozentiges Auge dafür, ob eine Frau heiß wie ein Ofen oder kalt wie eine Hexentitte war. Jedenfalls verschwand unser General noch am selben Abend mit diesem sprudelnden Vulkan auf seinem Zimmer und ward zwei Tage lang nicht gesehen! Gelegentlich soll der Zimmerservice mit Speisen, Wein und Champagner an seiner Tür geklopft haben.

Von Santiago de Chile flogen wir weiter nach La Paz in Bolivien. Es besitzt, nach Lhasa in Tibet, den zweithöchsten Flugplatz dieser Erde. Seine Daten: Geographische Breite: 16 Grad und 31 Minuten Süd; geographische Länge: 68 Grad und 11 Minuten West; Internationale ICAO-Kennung: SLLP; Höhe über dem Meeresspiegel 13 355 Fuß, also 4 100 Meter; IFR- Sicherheitshöhe im Südosten 23 000 Fuß, gleich 7 000 Meter. Im Osten und Norden des Flugplatzes befinden sich bis zu 26 000 Fuß hohe Berge; Landebahnlänge: 09-27 gleich 13 123 Fuß, also 4 060 Meter. Bemerkung: Mit

Schnellfall muß hier immer gerechnet werden! Da die Landebahn vier Kilometer lang ist, empfehle ich, mit der höchstmöglichen Geschwindigkeit bei voll ausgefahrenen Klappen anzufliegen und diese Geschwindigkeit bis nah über der Landebahn zu halten, um ein Durchsacken zu vermeiden. Es hat dort schon viele Unfälle gegeben, weil der Pilot mit den Gegebenheiten nicht vertraut war. Man überlege, um wie vieles die Luftdichte geringer ist als in Meereshöhe. Hinzu kommt noch das Problem der Density Altitude, der Luftdichtenhöhe. Landet man also am Mittag eines warmen Tages, so kann die Luftdichte vielleicht siebzehntausend Fuß entsprechen und für viele kleinere Flugzeuge überhaupt nicht mehr fliegbar sein. Außerdem sollte man die Fehlanzeige am Geschwindigkeitsmesser auf Grund der Höhe berücksichtigen! Die Grundgeschwindigkeit ist höher als der Geschwindigkeitsmesser anzeigt! Auf dem Flugplatz in La Paz stehen in der Ankunftshalle Sauerstoffgeräte bereit, weil gelegentlich Fluggäste nach dem Aussteigen kollabieren. Man bedenke, daß in der Flugzeugkabine normalerweise ein Innendruck von rund siebentausend Fuß gehalten wird. Sobald nach der Ankunft die Kabinentür geöffnet wird und man bolivianischen Boden betritt, schnellt dieser Druck auf über dreizehntausend Fuß hoch. Die älteren oder schwachen Passagiere bekommen damit natürlich ihre Probleme. Die Einheimischen sind den Luftdruck gewohnt, ihr Körper hat sich den Gegebenheiten angepaßt. Das heißt, daß sich bei ihnen das Verhältnis von roten und weißen Blutkörperchen ändert. Weil damit aber das Herz höher belastet wird, verringert sich die durchschnittliche Lebenserwartung dieser Bergvölker.

Fährt man von La Paz aus auf's Land, bietet sich einem ein Bild, das aus weit zurückliegenden Jahrhunderten zu stammen scheint. Die einheimische Bevölkerung trägt ihre bunten, selbstgestrickten Trachten wie eh und je. Dazu Mützen mit ausklappbaren Ohrenschützern, denn es kann in diesen Bergregionen, besonders wenn die Sonne nicht scheint, ziemlich kalt werden. Die als Tragetiere benutzten braunen Lamas runden das bunte Bild ab. Man lebt hier hauptsächlich von der kargen Landwirtschaft, mit der es die Bergbauern ziemlich schwer haben. Die meisten Felder sind zu klein und haben außerdem noch eine Hanglage, lassen sich also nur von Hand, nicht mechanisch bearbeiten.

Von La Paz aus wollten wir ursprünglich direkt nach Cusko in Peru, bekamen aber für Cusko keine Landegenehmigung. So wendeten wir uns nach Lima. Zunächst flogen wir über den Titicaca-See, eine beeindruckende Landschaft. Man stelle sich vor: Wir bewegten uns mit unserer Maschine ungefähr einhundertfünfzig Meter über dem Wasserspiegel, trotzdem zeigte der Höhenmesser auf der Bordarmatur fast dreizehntausend Fuß an. Der Titicaca-See ist der höchste schiffbare See der Welt (3 812 Meter). Man konnte die Nachfahren der Inkas in ihren vorn und hinten geschwungenen Booten gut erkennen. Ebenso die Mond- und die Sonneninsel, von denen aus die Inkas ihre Berechnungen der Gestirne unternommen und ihre Götter angebetet hatten. Am Sonnentor verabschiedeten wir uns vom Titicaca-See. Wir hatten einen Flugtag für die Seele erlebt! Ja, Happiness is a tight pussy!

In Lima bekam Stewart erneut Probleme mit der Grenzbehörde. Für Australier war ein spezielles Visum erforderlich, das er nicht besaß. Stewart begriff schnell, daß ein größerer grüner Schein Abhilfe schaffen konnte. Der unterbezahlte Beamte nahm dankend die fünfzig Dollar an und kümmerte sich nicht mehr um diesen Australier.

Lima ist eine moderne, schöne Stadt, aber noch deutlich durch die spanische Kolonialzeit geprägt, die der Torre Tagle, der Miraflores, Plaza de Armas und natürlich der Kathedrale ihren architektonischen Stempel aufgedrückt hat. In unserem Hotel saßen die Mädchen wie auf einer Hühnerleiter abrufbar und taten es für einen Appel und ein Ei. Leider hatten wir nicht unbegrenzt Äpfel und Eier dabei.

Es lohnt sich, einen Ausflug nach Pampa Galeras zu machen. Mit dem Auto ist das gut zu bewältigen und dafür bekommt man dort Vikunjas zu sehen, eine kleine Lama-Art, zoologisch gesehen ein höckerloses Kamel. Sie leben in den Hochgebirgen von Peru und Bolivien und sind vom Aussterben bedroht. In Pampa Galeras bekommt man diese Tiere noch in größerer Zahl vor Augen und vor die Kameraobjektive.

Obwohl man uns die Landeerlaubnis für Cusco verwehrt hatte, wollten wir natürlich unbedingt Machu Picchu sehen, jene berühmte, fünfhundert Jahre alte Bergfestung der Inkas. Also flogen wir kurzerhand mit einem Linienflugzeug nach Cusko. Auch Cusko ist eine sehr alte Stadt und die Stadtmauer sucht ihresgleichen. Es sind dort Steine ineinander gefügt, die bis zu zwölf Kanten haben. Das bedeutet, daß jedem einzelnen Stück die umliegenden Bausteine entsprechend angepaßt werden mußten. Zwischen all diese Ecken und Kanten paßt keine Rasierklinge. Auch wenn ihnen nur Hammer und Meißel zur Verfügung standen, vollbrachten die Handwerker einst Höchstleistungen. Interessant ist auch der Sonntagsmarkt der Quetschua-Indianer in Pisak am heiligen Vilcanota-Fluß. Die Kathedrale ist sehr ungewöhnlich.

Von Cusko aus ging es dann mit der Eisenbahn nach Machu Picchu, eine Straße existiert nicht. Bereits diese Zugfahrt war ein einmaliges Erlebnis. Zuerst wurde praktisch an jeder Milchkanne angehalten. Die Bäuerinnen stiegen mit ihren Hühnern, Gemüsekisten und Karnickeln zu, wohl um sie auf den nächsten Markt zu bringen. Dann führte die Strecke durch das wilde Urumbatal hin zu unserer Bergfeste. - Machu Picchu wurde von den Inkas gegründet, als die Spanier das Land besetzten. Die Spanier haben diesen unzugänglichen Ort tatsächlich nie entdeckt. Nachdem die Inkas ausstarben, blieb die Festung verlassen. Erst kamen die Ranken und das Moos, dann die Sträucher und die Bäume und verbargen Machu Picchu. Über vierhundert Jahre hat es gedauert, bis der Forscher Hiram Bingham dieses Versteck 1911 inmitten der faszinierenden Hochgebirgslandschaft der Kordilleren entdeckte. Die Bergfeste war inzwischen derart überwuchert, daß man sie selbst aus der Luft schwer ausmachen konnte. Der Engländer begann die geheimnisvollen Ruinen freizulegen, was ziemlich kompliziert werden sollte, und ihrer Historie auf den Grund zu gehen. Zutage kam etwas sehr Erstaunliches. Die Inkas hatten schon eine sehr hohe Kultur. Die Art, wie sie ihre Wohnungen anlegten, zeugt von Einfallsreichtum. Über in die schweren Bodenplatten eingemeißelte Rillen floß in jede der Wohnungen ständig frisches Wasser. Ihre Felder auf den Hängen der Festung bewässerten die Inkas über ein geschicktes, gut zu regulierendes Kanalsystem. Noch größer war Binghams Überraschung, als er Wandzeichnungen entschlüsselte: Die Inkas mußten recht gute Astronomen gewesen sein, denn über speziell gemeißelte Steine konnten sie Peilungen vornehmen. Auch über Licht und Sonneneinfallwinkel ließen sich Berechnungen vornehmen. Machu Picchu zu besichtigen ist sehr anregend und heilt ein wenig von dem Hochmut, wir, die wir heute leben, wüßten und könnten so viel mehr als die Generationen vor uns. Jedenfalls sollte jeder, der eine Südamerika-Tour plant, Machu Picchu in sein Pflichtprogramm aufnehmen!

Von Lima aus flogen wir bei schlechtem Wetter nach Quito in Ecuador. Quito liegt mitten in's Gebirge eingebettet, ein toller Anblick, doch für den Piloten gestaltet sich so ein Anflug zwischen Bergen weniger erbaulich. Trotz Instrumentenlandesystem beschleicht einen ein ungutes Gefühl, vor allem, wenn man hier zum ersten Mal anfliegt. Zumal man in Lateinamerika schon damit rechnen muß, daß die Vermessungs- und Überprüfungsintervalle nicht so oft und so präzise wie bei uns vorgenommen werden. Ich war jedenfalls froh, als wir bei fünfhundert Fuß Wolkenuntergrenze endlich die Landebahn vor uns hatten. Nun mag es auch Piloten geben, die sagen: „Kommt Zeit, kommt Landebahn." Das ist nicht mein Stil. Ich bin lieber auf der sicheren Seite, denn tot ist man dann noch ziemlich lange.

Unser nächstes Ziel sollten die Galapagos-Inseln sein. Diese Inseln sind vulkanischen Ursprungs, wurden also vor Jahrmillionen aus Asche, Dampf und Lava geboren. Heute stellen sie so eine Arche Noah im Pazifik dar. Neben Schildkröten und uralten Echsen sieht man noch Seelöwen, Pelikane, Tölpel, flugunfähige Kormorane, Sturmtaucher, Blaufußtölpel, Lavaechsen, Reiher und Bussarde. Für uns gab es auf diesem Naturschutzgebiet, das wohl inzwischen zum Weltkulturerbe zählt, allerdings zunächst keine Landegenehmigung. Aber immerhin, irgendwo hatte ich gelesen, daß man Prinz Bernhard von den Niederlanden eine

Ausnahmegenehmigung erteilt hatte. Von uns besaß zwar niemand blaues Blut, dafür waren wir ziemlich hartnäckige Burschen und ließen einfach nicht locker. Jeden Tag auf's Neue wurden wir bei dem zuständigen Beamten vorstellig, bis daß er endlich nachgab. Nun mußten wir aber erst nach Guayaquil fliegen, um noch einmal nachzutanken. Auf den Galapagos-Inseln gibt es kein Kerosin, so daß mit einer Tankfüllung hin- und zurückgeflogen werden mußte.

Die Flughafenhalle auf der Galapagos-Insel Baltra sah wie eine bessere Bretterbude aus und bot außer einem Luftdruckmeßgerät keine Luftfahrtunterstützungsmöglichkeiten. Der Towermensch mußte die Windrichtung und Stärke anhand des Windsackes schätzen. Die wenigen Hotels auf der Hauptinsel waren ziemlich spartanische Unterkünfte, gegessen wurde offenbar, was dem Koch gerade so eingefallen war. Aber wir hatten keine Wahl. Alle übrigen Inseln sind unbewohnt. Für die nächsten Tage zogen wir auf ein kleines Schiff mit acht Schlafkabinen und lernten den bekannten Professor von Hagen mit seiner schönen Tochter kennen. Tagsüber wurden die einzelnen Inseln angelaufen und wir staunten über die doch sehr ungewöhnliche Flora und Fauna. Diese uralten Echsen und Riesenschildkröten sehen im ersten Moment etwas furchterregend aus. Abends an Bord hatten wir dann reichlich Gesprächsstoff. Nicht zuletzt über die Gefahren, die dieser Arche vom modernen Menschen drohen. Die Verschmutzung der Weltmeere schreitet voran. Wenn die Seeleute früherer Zeiten ein zerschlissenes Tau oder eine alte Holzkiste über Bord gehen ließen, schadete das weder dem Ozean noch den Fischen. Heute verpesten regelmäßig strandende Riesentanker die Meereswelt mit tausenden Tonnen schwarzen, klebrigen Erdöls. Da die Tierwelt auf den Galapagos-Insel überwiegend aus Amphibien besteht, ist abzusehen, wie lange dieses Natur- und Tierparadies noch Bestand haben wird. Erst kürzlich strandete ein Tanker unmittelbar davor und hat einen Großteil der Gewässer verunreinigt.

Von Galapagos aus ging es zuerst wieder zurück nach Guayaquil, dann nach Bogota, die Hauptstadt Kolumbiens Die Stadt bot uns im Vergleich zur Einsamkeit der Inselnatur pralles Leben. Hier herrschte 'pura vida' nicht nur wegen der aufregenden Drogenszene. Alles pulsierte und die Cheekas waren willig. Selbst Hans hatte auf einmal kein Interesse mehr an Helikoptern. Auf Bogotas Hauptschlagader, der berühmten Septima, kauften wir alle einen Smaragd für unsere daheim gebliebenen Frauen. Smaragde bekommt man nirgends auf der Welt günstiger als in Kolumbien. Als wir bei unserer ausgiebigen Stadtbesichtigung über die Plaza de Armas bummelten, fiel uns ein riesiges Polizeiaufgebot vor einem Absperring auf. Ich erkundigte mich nach der Ursache. Die Drogenmaffia hielt schon seit zehn Tagen die amerikanische Botschaft besetzt und drohte mit Erschießungen, wenn nicht mehrere Bandenmitglieder aus dem Gefängnis entlassen würden. Das wollte ich mir doch von nahem ansehen. Also zückte ich am Absperring meinen New Yorker United Press-Ausweis und wurde durchgelassen. Man hätte die Gesichter meiner Freunde sehen sollen... Wir vereinbarten, daß ich in einer Viertelstunde zurück sein wollte. Natürlich hielt ich von den Guerillas einen gebührenden Abstand, denn wer sich in Gefahr begibt, wird darin umkommen. Übrigens sind Entführungen in Kolumbien an der Tagesordnung, Amerikaner werden bevorzugt.

Von Bogota aus flogen wir über den tropischen Regenwald nach Manaus, wobei wir von Westen her einige Zeit lang dem Amazonas folgten. Eine Notlandung in diesem Gebiet wäre mit Sicherheit tödlich gewesen, denn dort unten fraß jeder jeden. Ich denke nur an die Piranhas in den Flüssen, die im großen Schwarm in einer halben Stunde eine ganze Kuh vertilgen können. Mit einem Menschen machen sie weniger Umstände... Interessant war es, von oben die Stelle anzusehen, an der Rio Negro in den Amazonas mündet. Der Rio Negro führt allerhand Schlamm mit sich und ist daher dunkel. Fliegt man weiter Richtung Belem, wird der Amazonas schließlich so breit, daß man die Ufer nicht mehr erkennen kann. An seiner Mündung bringt er es auf sage und schreibe zweihundertsechzig

Das Opernhaus der Gummibarone. Teatro Amazonas.

Kilometer Breite! Insgesamt hat er eine Länge von über sechstausend Kilometern. Übrigens bekommt er auf dieser riesigen Strecke nur ein Gefälle von hundert Metern. Der Amazonas mit allen seinen Zuflüssen und den fast undurchdringlichen Wäldern an den Ufern ist wie ein Kosmos für sich, in dem es unendlich viel zu entdecken gibt. Alexander von Humboldt hat ihn von 1799 bis 1804 mit einer kleinen Expedition bereist. Humboldt mußte sich damals per Pferd und auf dem Riesenstrom per Kanu durchschlagen. Wir konnten uns diese geheimnisvolle Welt zunächst einmal aus der sicheren und bequemen Vogelperspektive anschauen.

Dann landeten wir in Manaus, einer Großstadt am Amazonas. Seinen besonderen Charme verdankt Manaus den einst steinreichen Gummibaronen, die hier schon zum Ende des neunzehnten Jahrhunderts mit der Produktion von Naturkautschuk so viel Geld verdienten, daß sie es sich leisten konnten, den Luxus und die Kultur der Alten Welt in den Urwald zu holen. Man ließ sich nicht nur die ersten Autos, die in Europa gebaut wurden, kommen, sondern auch die besten Architekten und Künstler. Der große Marktplatz von Manaus wurde um 1900 mit einer Dachkonstruktion versehen wurde, die Gustave Eiffel, der Erbauer des Eiffelturmes, entwarf. Diese Konstruktion erinnert ein wenig an die alten Markthallen von Paris. Überwältigend dann auch der Anblick des Opernhauses, das ebenfalls um die Jahrhundertwende und ganz im prachtvollen Stil dieser Zeit gebaut wurde.

In den großen Zeiten der Stadt konnte man sich selbst Stars wie Caruso für diese Bühne leisten. Und auch sonst sehr kräftig die Puppen tanzen lassen. Erinnert sei an den

Film „Fitzgeraldo", in dem Claudia Cardinale ein Freudenhaus am Amazonas führt und Klaus Kinski den Helden spielt. - Heute ist Manaus das Wirtschafts- aber auch Kulturzentrum des Amazonasbeckens. An seinen Kais sieht man alle möglichen Schiffe, vom Seelenverkäufer bis zur Queen of Afrika. Sehenswert sind aber auch die alten Schiffswerften. Sie wurden 1901 gebaut und so eingerichtet, daß die schwimmenden Docks mit dem Ansteigen des Amazonas während der Regensaison entsprechend hochsteigen können. So kann zu jeder Jahreszeit optimal an den Schiffsneubauten oder -reparaturen gearbeitet werden.

Jedenfalls fanden wir diese teilweise sehr europäisch anmutende Großstadt mitten im tropischen Urwald schon spannend. Wir wohnten allerdings nicht im Zentrum, sondern im Hotel Tropical, in einem Waldreservat fünfzehn Kilometer außerhalb der Stadt. Man hatte es uns als das schönste Hotel von Brasilien empfohlen. Am besten hat mir dort Parillada geschmeckt, das ist eine Art Mixed Grill. Im Tropical fielen mir noch zwei Dinge auf: Im angrenzenden Park ein Gehege mit einem Ameisenbären, ein merkwürdiges Tier, das ich noch nie gesehen hatte. Und an der Rezeption tat ein Mädchen Dienst, das fürchterlich dünn war. Hätte man ihm ein Glas Himbeersaft zu trinken gegeben, dann hätte es wie ein Fieberthermometer ausgesehen. Manchmal sind es eben die kleinen Dinge des Alltags, die zum Staunen bringen: Als ich im Hotel das Wasser aus der Badewanne abließ, fiel mir plötzlich auf, daß das Badewasser links herum abläuft! Auf der anderen Halbkugel kommt nicht nur der Herbst im Februar, sondern es dreht alles ein wenig anders. Für uns übrigens ein Glück, daß wir die richtige Jahreszeit erwischt hatten. Während der Monsunzeit soll das Gebiet eine reine Waschküche sein. Die Monate Dezember und Januar sind also wegen Dauerregen nicht zu empfehlen. Bei uns blieb es trocken, dafür war es ratsamer, sich über die Mittagszeit im klimatisierten Hotel aufzuhalten, da die Sonne über dem Amazonas gnadenlos brennt. Bei so starker Hitze und gleichzeitig so viel Feuchtigkeit kommt es in dieser Gegend leicht zu Gewittern, die dann bis zu vierzigtausend Fuß emporschießen können. Aber davon blieben wir bei unserem Besuch verschont. Dafür genossen wir jeden Abend den grandiosen Sonnenuntergang. Schaute man in dem Moment, in dem die Sonne gerade im Westen untergegangen war, nach Osten, so sah man, wie es schlagartig dunkel wurde. Auch hier gibt es keine Dämmerung. Natürlich begeisterte uns alle der gigantische Amazonas. Mich ganz besonders die Tatsache, daß es dort auch Wasserflugzeuge gab, für die ich seit einiger Zeit ein ganz besonderes Faible entwickelte. Auf unserer gemeinsamen Bootsfahrt sahen wir Fische, die in unseren Gewässern überhaupt nicht vorkommen. Sogar rosafarbene Delphine konnten wir beobachten, die es wohl sonst kaum auf der Welt gibt. Der Bootskapitän fuhr uns dann zu jener Stelle, wo der Rio Negro in den Amazonas mündet und die wir schon vom Flugzeug aus beobachtet hatten. Da der Rio Negro schneller fließt, kann man gut beobachten, wie dessen von vielen Sedimenten fast schwarzes Wasser in das noch einigermaßen klare Wasser des Amazonas einströmt und sich dann vermischt. An der Stelle kann man keine Fische mehr erkennen.

Mit unserem Bootskapitän unterhielten wir uns noch eine Weile über Schlangen, Krokodile, Taranteln und Skorpione. Er behauptete, daß es im umliegenden Urwald Anaconda-Schlangen von über dreizehn Metern Länge gäbe. Und übrigens auch noch Indianer, die aus den abgeschlagenen Köpfen ihrer Feinde Schrumpfköpfe herstellten.

Von Manaus flogen wir direkt zur schönen Insel Barbados. Da unsere Flugroute aber über Venezuela führte, wollten wir zunächst noch den Angel-Wasserfall überfliegen. Es ist Südamerikas höchster Wasserfall, benannt nach Johnny Angel, einem Buschpiloten, der mit seinem Flugzeug auf der Suche nach Abenteuern im Dschungel von Venezuela in der Nähe abstürzte.

Barbados wirkte auf uns dann schon wieder sehr zivilisiert und unser schönes Sandy Lane Hotel hatte alles zu bieten, wonach ein Pilot und seine Mannschaft sich sehnt. Am nächsten Tag wurde erst mal kräftig Wasserski gefahren, unter dem Motto „Machste mit bleibste fit". Leider hatte man dabei mit ziemlich hohen Wellen zu kämpfen, so daß an 'Mono', also das Kunststück, nur auf einem Ski über die Wellen zu gleiten, nicht zu denken war.

Unsere nächste Station hieß St. Thomas. Diese Insel gehört zu den USA und ist zollfreies Gebiet. Als Kolumbus 1493 die Inseln St. Croix, St. John und St. Thomas entdekkte, nannte er sie die Jungfraueninseln. Die Amerikaner kauften die Inseln 1917 für fünfundzwanzig Millionen Dollar von den Dänen, um einer deutschen Expansion in diesem Gebiet zuvorzukommen. Heute bieten die zollfreien Läden von St. Thomas alles, was es auf dieser Welt anzubieten gibt. Deshalb legen hier auch die großen Kreuzfahrtschiffe an.

Mir erschien die Nachbarinsel St. John interessanter. Man kann sie nur per Boot erreichen. Die Insel ist sehr urig und naturbelassen, alles wirkt noch ein wenig so, wie zu

Kolumbus' Zeiten. Auf dem romantischen kleine Dorfplatz möchte man sich einfach auf eine schattige Bank setzen und nie wieder fortgehen. Nebenan hat der Milliardär Rockefeller eine alte Zuckerrohrmühle zu einem traumhaften Hotel ausbauen lassen, vollkommen von Ranken verhüllt, eine grüne Oase der Ruhe.

Die nächste Station war Porto Rico, das demnächst ein Staat der USA werden könnte. Die Strände und die Hotels können sich sehen lassen. Und die Cheekas-Mädchen auch. Wir besichtigten unter anderem die Barcardi-Rumdestillerie. Es ist die größte und modernste Rumbrennerei der Welt. Als Fidel Castro Kuba besetzte, flüchtete die Barcardi-Familie nach Porto Rico und fing noch einmal von vorn an. Es sei hier angefügt, daß Hilde und ich 1992 auf Kuba das alte Bacardi-Stammwerk in Santiago besichtigten. Damals machten wir Urlaub auf Jamaika und man konnte von Montega Bay mit einer alten Iluschin für einen Tage nach Santiago fliegen. Ich war neugierig genug, diese ungewöhnliche Sightseeingtour, praktisch 'hinter den eisernen Vorhang' zu buchen. Da es sich um eine geführte Tour des kubanischen Reisebüros handelte, wurden uns natürlich zuallererst die Einschußlöcher an der Kaserne gezeigt, an der 1959 die Revolution begann. Danach wurden wir in ein Museum geführt, in dem sehr sorgfältig alle möglichen amerikanischen Militärgerätschaften von wie Motorschlauchboote, MG's usw. ausgestellt wurden, die die Kubaner am Strand der Schweinebucht eingesammelt hatten. Amerikaner hatten versucht, dort an Land zu gehen, um Fidel Castro zu entmachten, diese Aktion ist aber kläglich gescheitert. Als nächstes wurde uns dann die alte Barcardi-Brennerei gezeigt, die jetzt unter einem nichtssagenden Namen geführt wird. Ein ganz trauriger Anblick: Die Anlagen waren veraltert und alles ungepflegt. Typische Planwirtschaft, niemand hat ein persönliches Interesse und so kümmert sich auch niemand. Da lobe ich mir doch die soziale Marktwirtschaft. Überhaupt machten die Menschen auf Kuba einen verhärmten Eindruck. Da offenkundig nicht ausreichend Busse vorhanden waren, wurden die Leute auf LKW wie Vieh transportiert. Unser Reiseführer brachte uns dann noch zu ein paar Vorzeigebauten und hielt flammende Reden über die Vorzüge des Sozialismus. Dann flogen wir unter strengsten Sicherheitsvorkehrungen ab, so wie einst in der DDR. In Montega Bay angekommen, kauften die beiden kubanischen Piloten im Flughafenshop Waschpulver ein. Anzunehmen, daß es bei ihnen zu Hause keins gab oder nur in minderwertiger Qualität. Wie hieß es doch zu DDR-Zeiten: Nicht einmal Klosettpapier, SED wir danken dir. Soweit also von unserem Kuba-Abstecher.

Mit dem General, dem Professor und Hans flogen wir nun Haiti an. Nach der Landung trauten wir unseren Augen nicht, als wir am Boden eine sehr zerschossene DC 3, die militärische Version heißt Dakota, am Boden sahen. War hier Krieg? Erkundigungen ergaben, daß man mit dieser Maschine von Kolumbien aus Drogen geschmuggelt hatte. Der Pilot soll mit einem brennenden Triebwerk gerade noch den Rand des Flugplatzes erreicht haben. Hier war tatsächlich Krieg, Drogenkrieg. In Südamerika und sogar auf den Bahamas und in den USA werden regelmäßig Flugzeuge für Drogenkuriere gestohlen. Man landet mit ihnen meistens auf alten, stillgelegten Flugplätzen, wobei vorher der Radarabschirmgürtel unterflogen wird. Selbst in Fort Lauderdale, Florida, ist einmal ein Flugzeug ohne Anmeldung gelandet und sofort zum Zaun gerollt, wo

Kumpanen auf beiden Seiten des Zauns Leitern aufgestellt hatten. Die Säcke mit den Drogen wurden über den Zaun geworfen. Als die Flughafenpolizei ankam, war der Spuk schon zu Ende. Die Drogenmafia mit ihren kolumbianischen Bossen schreckt einfach vor nichts zurück. Einmal abgesehen von solchen Geschichten konnte einem Haiti schon gefallen! Beim Abendessen geriet der Professor über die hübschen Creolinnen regelrecht in's Schwärmen. Er meinte, daß sie zwar Französisch mit einem Patois-Akzent (also wie bei uns etwa eine Mundart wie Plattdeutsch) sprechen würden, aber im mündlichen eine sagenhafte kreisende Schlagfertigkeit besäßen. Ja, die wulstigen Lippen hatten es ihm wieder angetan. Damals regierte auf Haiti noch Baby Doc Duvalier, der - wie schon sein Vater - das Volk ausblutete. Vielen Mädchen blieb gar nichts anderes übrig, als für ein paar Dollar alles zu tun. Gab man dann noch einen Planters Punch aus, schäumten sie regelrecht über.

Von Haiti flogen wir zu den Bermudas und weiter nach Gander auf Neufundland in Kanada. Von hier aus wollten wir zurück ins alte Europa, nach Shannon Airport in der Nähe von Limerick auf Irland. Vor so einer großen Tour blätterte ich natürlich besonders ausführlich in meinen Windkarten. Nach der 300-Millibar-Karte hatten wir auf dieser Strecke einen durchschnittlichen Rückenwind von sechzig Knoten zu erwarten. Meistens sind die Rückenwinde auf diesen Breitengraden noch stärker, da hier, wie schon erwähnt, eigentlich regelmäßig Jetstreams wehen. Die Flughöhe von neunundzwanzigtausend Fuß war daher richtig. Als ersten Ausweichflughafen gab ich Cork, als zweiten Dublin an. Und los ging es!

Auf halber Strecke des Atlantiks traute ich meinen Augen nicht: Plötzlich zeigte der Bordcomputer kaum noch Rückenwind an, etwas später sogar Gegenwind. Jetzt mußte gehandelt werden. Theoretisch konnten wir nach Gander oder St. Johns zurückfliegen. Eine Rückfrage über Funk ergab jedoch, daß die gesamte kanadische Küste inzwischen im Nebel lag. Oh heilige Mutter Gottes, steh uns bei. Jetzt gab es kein Zurück mehr. Gott sei Dank hatte ich bei meiner Umschulung auf Turbinen in Oklahoma aufgepaßt, als der Dozent so nebenbei erwähnte, daß es eine Möglichkeit gäbe, die Reichweite zu verlängern, falls man einmal in Not wäre. Man solle ein Triebwerk abstellen und dann nur in zwanzigtausend Fuß Höhe fliegen! Nun stellt kein Pilot gern ein gesundes Triebwerk ab. Mir blieb aber nichts anderes übrig. Stewart und der Professor kümmerte es nicht so sehr, weil das Flugzeug weiterhin schön geradeaus flog. Hans merkte man dagegen doch eine gewisse Nervosität an. Er erlebte eine solche brenzlige Situation zum ersten Mal. Die neue Flughöhe brachte zwei Vorteile: Erstens drehte der Wind von voraus auf halblinks. Auf der nördlichen Halbkugel drehen die Höhenwinde ja nach rechts, so daß jetzt der Wind nicht mehr voll von vorne kam. Außerdem war er in zwanzigtausend Fuß etwas schwächer. Inzwischen hatten wir Verbindung mit Shannon Control aufgenommen und vorsichtshalber einen Notfall deklariert. Die neueren Berechnungen sahen zwar gut aus, aber man kann ja nie wissen. Also versetzten sie in Irland den SAR, den Such- und Rettungsdienst, in Bereitschaft. Die gesamte Küstenwache stand Gewehr bei Fuß. Damit es da unten nicht gar zu hektisch wurde, gab ich laufend die Koordinaten unserer Position sowie die noch im Tank verbleibende Kraftstoffmenge durch. Shannon Control hatte uns inzwischen auch auf dem Radarschirm und war bemüht, uns auf kürzestem Wege zu einer akzeptablen Landebahn zu führen. Auf jeden Fall wollten wir verhindern, in den großen Teich zu fallen und nasse Füße zu bekommen. In den fünfziger und sechziger Jahren sind zwar einige Flugzeuge zwischen Hawaii und Los Angeles notgewassert, da zu der Zeit die Triebwerke noch nicht so gut waren wie heute. Das mußte keine Katastophe sein. Die meisten Passagiere konnten von Schiffen aufgenommen werden. Oberstes Gebot bei allem, ist Ruhe zu bewahren. Panik ist grundverkehrt. Eine Wasserung, natürlich mit eingezogenem Fahrwerk, ist nicht so dramatisch, es sei denn, man hat es mit sehr hohen Wellen zu tun. Dann empfehle ich, auf dem Kamm einer Welle zu wassern. In unserem Fall wäre das allerdings schwierig geworden, da wir im Dunkeln unterwegs waren und die Wasseroberfläche trotz Radarfeinhöhenmesser schlecht erkennen konnten. Bei Vollmond geht es aber schon wie-

Rückkehr aus Südamerika am 24. März 1980 in Paderborn: Helmut R. Meyer, der Professor, Stewart Straton, Hans (v.l.n.r.).

der etwas besser. - In Shannon leiteten wir erst relativ spät den Sinkflug ein, um notfalls ohne Triebwerk im Gleitflug die Landepiste zu erreichen. Wie sich dann zeigte, sah es zum Schluß mit dem Kraftstoff gar nicht so ungünstig aus. Wir setzten mit dreißig Minuten Reserve in Shannon auf. Vielen Dank an Edy und Fredy und alle, die hier die Daumen gedrückt hielten. Übrigens bin ich später noch zweimal mit demselben Flugzeug die Strecke Gander-Shannon geflogen, ohne die geringsten Schwierigkeiten zu haben. Zu Hause angekommen, gab es erst mal ein schönes Landefest. Ein Vierteljahr ist schließlich ein Vierteljahr.

Aber damit konnte ich persönlich die doch in jeglicher Hinsicht erlebnisreiche Reise zum Südpol noch nicht ganz abschließen. Es folgte ein kleines Nachspiel. Wenige Tage nach meiner Rückkehr rief Claudia aus Brasilien an. Sie mußte wohl über das Flugzeugkennzeichen meine Adresse ausfindig gemacht haben. Ich hatte mich ihr ja nur als 'Henry' vorgestellt. Nun also meldete sie sich und der Zufall wollte es, daß Hilde an's Telefon ging. Claudia wollte Henry sprechen. Hilde begriff augenblicklich und sagte: „You can tell me, because I am Henry's wife." Darauf Claudia: „No, no I am Henry's wife." So ging das für eine Weile zwischen Recife und Steinhagen hin und her, bis Claudia zum Schluß sagte: „Than I am Henry's brasilien wife". Damit legte sie auf. Da braucht man schon eine sehr verständnisvolle Frau.

Von Paderborn über den Nordpol nach Kalifornien

In der Firma war alles in Ordnung. Die Flugzeuge von Dr. Sengewald und Dr. Freiwald hatten den Flugbetrieb aufrecht erhalten, der Hubschrauber die Pipelineüberwachung ohne Beanstandungen absolviert. Und der Ballon gehört für die Monate Januar, Februar und März sowieso eingemottet. Das Autogeschäft lief unter Hildes Regie bestens, darauf konnte ich mich vollkommen verlassen.

Jetzt mußte ich wieder kreuz und quer durch Europa fliegen. Schließlich kostet der Unterhalt eines Flugzeuges allerhand Geld und das Leben besteht nun einmal nicht nur aus Picknick. In jener Zeit kam ich auf über siebenhundert Flugstunden pro Jahr, die Hubschrauber- und Ballonfahrten inbegriffen.

Nun ist es eine Binsenweisheit, daß sich wirtschaftliches Wachstum nicht automatisch von Jahr zu Jahr fortschreiben läßt. Während wir mit der Autovermietung nach wie vor erfolgreich operierten, ging die Auslastung der Flüge eingangs der achtziger Jahre enorm zurück. Das hing mit der Rezession zusammen, die damals die gesamte Volkswirtschaft erfaßte. Unter dem schlechten Stern der aufkommenden Krise prüften natürlich auch meine Kunden, wo sie Kosten sparen konnten. Weit oben auf der Liste des Entbehrlichen stand da der Luxus von Privatflügen. Schweren Herzens entschloß ich mich deswegen, unseren Jetprop D-IATS zu verkaufen. Verlustgeschäfte muß man in einer Krisenlage immer möglichst rasch abwickeln. Ein früher Verkauf hält die Verluste gering. Wir hatten das Flugzeug seit fünf Jahren in Betrieb und über zweitausend Stunden geflogen, keine schlechte Bilanz. Zudem war es voll abgeschrieben, denn man hatte uns dafür eine Sonderabschreibung in Höhe von fünfundzwanzig Prozent zugebilligt. Diese Sonderabschreibung konnte sofort, oder je nach Progression im Laufe von fünf Jahren in Anspruch genommen werden. Im Normalfall sind Neuflugzeuge erst nach sieben Jahren abgeschrieben.

Schnell entschlossen schaltete ich eine Anzeige in der amerikanischen Zeitung „Trade a Plane". Die brachte an die zwanzig Interessenten, die nun natürlich erwarteten, daß ich sie drüben in den Staaten anflog, um ihnen das Kaufobjekt vorzuführen. Aber warum sollte ich nicht das Nützliche mit dem Angenehmen verbinden? Schon lange wollte unser altes Männerteam von der Südpolreise einmal wieder gemeinsam etwas unternehmen. Die Idee wurde mit Beifall aufgenommen, es fanden sich sogar noch drei weitere Abenteuerlustige, die unbedingt mit von der Partie sein wollten. Auf ging es also: Von Paderborn über den Nordpol nach Kalifornien.

Am 21. Juni 1982 starteten wir mit unserem Jetprop D-IATS in Paderborn: der General Stewart, der Professor de l'amour, Horst, unser Direktor, Doc Winter, Ernst Schmakes und ich als Capitano. Der kürzeste Flug nach Kalifornien führt natürlich über den Großkreis. Wir dehnten die Route noch etwas zum Norden hin aus, weil wir unbedingt Thule auf Nordgrönland einen Besuch abstatten wollen. Dort hatte noch keiner von uns seinen Fuß auf den Boden gesetzt. Nach einem knappen Tank-Stop auf Island ging es gleich weiter nach Thule. Die Sicht war hervorragend, so daß wir eigentlich zehn Meilen vor dem Flugplatz die Landebahn hätten sehen müssen. Merkwürdig, die Sonne blendete nicht und im ewigen Schnee und Eis hätte sich die beheizte, asphaltierte Landebahn deutlich schwarz abzeichnen müssen. Ich rief Thule-Tower und sagte, daß ich die Bahn nicht in Sicht hätte. Daraufhin schaltete der Tower die Landebahnbeleuchtung ein, jetzt konnte man die Bahn ganz deutlich erkennen. Was für eine Überraschung! Sie war weiß gestrichen, damit sie für die Russen bei einer Invasion nicht zu erkennen war. Auch in Thule hatten die Amerikaner eine der erwähnten DEW-Line-Stationen aufgebaut, die sich über den gesamten Norden bis zum Pazifik hinziehen.

Am Abend hatten wir dann mit den dänischen Beamten in deren gemütlicher Kantine viel Spaß. Sie freuten sich über die angenehme Abwechslung in ihrer Einöde dort oben. Außer einem kleinen Eskimodorf gab es rundum nur Eis, Schnee und Felsen. Übernachtet wurde in einem Container-Hotel, das aus Fertigteilen zusammengesetzt worden war. Am nächsten Tag flogen wir direkt über Bocia Felix, den magnetischen Nordpol. Wie nicht anders zu erwarten, spielte unser Kompaß total verrückt. Ohne unser Blindflug-Navigationssystem wären wir hier am Ende gewesen, denn wegen des miserablen Wetters konnte man nicht auf Sicht fliegen. Nach einer Stunde tat sich der Himmel aber wieder auf und wir hatten eine hervorragende Sicht, fast von Pol zu Pol. Hier in den Northwest-territories sagen die Piloten: Flying is marvellous in the north, wundervoll ist das Fliegen nur im Norden.

Wir zogen über das Victorialand nach Inuvik am Mackenzie River. Der kanadische Zöllner dort war so ziemlich der einzige, der nicht nach Eskimo aussah. Die Einheimischen hören den Begriff -Eskimo- ungern, denn übersetzt bedeutet dieses Wort schlicht -Rohfleischesser-. Man sollte von ihnen also besser von -Inuit- sprechen, so nennen sie sich selbst. Außer den Seehunden fielen uns in Inuvik vor allem die Moschusochsen auf. Der Professor erstand in einem Eskimoladen ein prächtiges Eisbärenfell. Der präparierte Kopf des Bären wirkte mit seinem grimmigen Glasaugen-Blick wirklich furchterregend. Dort heißen diese Tiere Polarbären. Stewart hatte es indessen auf ein Eskimo-Mädchen abgesehen. Er sagte: „Ich bin gespannt, wie die es machen." Ich hielt mich da heraus, ich mochte den penetranten Geruch nach Lebertran, der hier allem und jeder anhaftete, nicht. Jedenfalls gingen wir erst einmal zum Abendessen. Als wir dann eine knappe Stunde vor Mitternacht aus dem Restaurant traten, überraschte uns draußen eine merkwürdige Helligkeit. Ach ja, hier war ja Sommer. Die Polarnächte sind schon gewöhnungsbedürftig! Umgekehrt müssen die, die oberhalb des nördlichen Polarkreises leben, auch damit zurecht kommen, daß es im Winter vierundzwanzig Stunden am Tag stockdunkel bleibt.

Zwei Tage später flogen wir über Fort Mc.Pherson nach Dawson-City am Yukon River, einer alten Goldgräberstadt, in deren Umgebung man noch ehemalige Goldwaschanlagen rosten sieht. Also wanderten wir wieder einmal auf den Spuren von Jack London. Heute will man in Dawson-City auf andere Weise an Gold kommen: hier gibt es das einzige Spielcasino Kanadas. Damit dessen Betrieb gut läuft, wird stillschweigend so manche Regel außer Kraft gesetzt, die im übrigen Kanada gilt. Die Mädchen an den Black Jack- und Roulettischen trugen keinen Rock, dafür einen etwas breiteren Gürtel. Aus den Minihöschen schauen die halben Pobacken raus. Ein besonderer Service des Hauses, damit die Spieler möglichst lange am Spieltisch oder an der Bar verweilen und eben möglichst viele Dollars dort kleben bleiben. Auf der Bühne des Casinos läuft von Zeit zu Zeit eine Show, die sich sehen lassen kann. Wir schauten nicht nur im Spielcasino vorbei, wir machten auch eine sehr schöne Bootsfahrt auf dem Yukon River.

Es ging weiter zur Chilko Lake Wildernes Ranch in British Columbia. Diese traumhafte Ranch mit rund zwanzig Gästezimmern liegt inmitten von Bergen an einem schönen See. Leider gab es dort nur eine Kies-Landebahn von sechshundert Metern. Um nicht über das Landebahnende hinauszuschießen, muß man Reverse geben. Das heißt, daß die Propellerblätter so gedreht werden, daß ein Bremseffekt entsteht. Da aber die Propeller relativ niedrig sind, verursachten hochgeschleuderte Kieselsteine deutliche Schrammen darauf. Gut sah das nicht aus. Glücklicherweise handelte es sich ohnehin um Blätter, die schon einige Zeit lang in Betrieb waren und keine hohe Restlaufzeit mehr hatten. Ohne mich noch lange zu ärgern, beschloß ich, neue Blätter anbringen zu lassen. Damit würde das Flugzeug für den Verkauf sogar noch aufgewertet sein.

Am nächsten Tag brachen wir alle hoch zu Roß unter Führung eines Indianers in's Gelände auf. Es dauerte nicht lange, da scheuten die ersten Pferde und die Reiter hatten Mühe, im Sattel zu bleiben. Nicht, weil wir uns so ungeschickt anstellten, sondern weil uns ein kräftiger Braunbär über den Weg zottelte. Da wir in der Überzahl waren, ignorierte er uns einfach und lief weiter. Die zweite Hälfte des Tages verbrachten wir auf dem idyllisch gelegenen See mit Angeln. Unser Fang wurde abends am Lagerfeuer gebraten und mit doppeltem Genuß verspeist. Wer sich einmal sein Abendbrot selbst gefangen hat, kann nachfühlen, wie stolz ein Mann über diese Großtat ist. Irgendwo sind wir wohl alle in unserem tiefsten Innern noch Jäger und Sammler. Am Feuer spielte ein Ranchangestellter auf der Gitarre, alle sangen, so gut es ging.

Nun mußte ich mich aber langsam um den eigentlichen Reisezweck kümmern. In Van Nuys, nördlich von Los Angeles, schickte ich die Maschine noch einmal auf einen Prüfstand und ließ eine Hundert-Stunden-Kontrolle durchführen. Die anderen vergnügten sich derweil bei Mickey Mouse und Donald Duck. In den Universal Studios wurden die Tricks der Filmaufnahmen verraten und die Stuntmänner stürzten sich unerschrocken in die Tiefe, aber hier konnte man sehen, wohin sie dann weich fielen.

Nachdem mir die Firma ordentlich bestätigt hatte, daß sich die Maschine in Bestzustand befand, läutete ich den Rundflug zu allen potentiellen Käufern ein. Wir flogen kreuz und quer durch die Staaten von Texas über Tennessee nach Chicago und New York, schauten uns um, führten die Maschine vor... Die Tage vergingen. Schließlich flogen alle, außer Stewart, mit einem Linienflug nach Deutschland zurück. Zu Hause wartete nun einmal die Firma, die Arbeit. Stewart und ich quartierten uns unterdessen zur Crew Rate im Interconti New York ein, um von dort aus den Verkauf des Flugzeuges zu koordinieren. Zunächst erhielt ich von einem Interessenten aus Kalifornien eine Anzahlung von fünftausend Dollar. Aber trotz mehrfacher Aufforderung, mit Fristsetzung, brachte er die Finanzierung nicht über die Bühne. Wenigstens konnte ich mit der Anzahlung den teuren Aufenthalt in New York bezahlen. Nach vier Wochen waren Stewart und ich im Hotel schon so bekannt, daß der Portier uns jeden Abend mit seinem Sprüchlein aufwartete: „Good evening Captain Straton, good evening Captain Meyer, did you have an nice day?"

Einer meiner Interessenten aus Memphis rief mich eines Tages vom Mac Arthur Airport auf Long Island an und bat um einen Probeflug. Also flog ich von Westchester New

York dorthin. In der Pilotenlounch merkte ich schon, daß ihn die Bordbücher etc. gar nicht so interessierten. Er wollte fliegen und zwar zum zweitgrößten Flugplatz von New York, nämlich La Guardia. Er hätte wenig Zeit und müsse seinen Anschlußflug bekommen, dabei könne er ja das Flugzeug kennenlernen. In La Guardia mußte ich rund fünfhundert Mark für das Handling bezahlen und war um eine Erfahrung reicher geworden: Dieses Schlitzohr wollte einfach umsonst geflogen werden. Ich habe nie wieder etwas von dem Mann gehört. Ein anderer Interessent aus Lafayette, Louisiana, ließ sich bei einem Verkaufsagenten in Oklahoma als Käufer vormerken. Auch bei ihm scheiterte es wohl letzten Endes am fehlenden Geld. Mittlerweile stand ich mit einem Interessenten in Kopenhagen in Verbindung, der schließlich nach hartem Ringen das Flugzeug kaufte und bezahlte. Nachdem das Geld auf unserem Konto eingegangen war, mußte ich die Maschine noch nach Kopenhagen überführen. In Gander stand ich, wie schon zwei Jahre zuvor, erneut vor der Frage, wie der Flug über dem Atlantik nach Irland verlaufen würde. Dieses Mal kam ich in einen schönen Jetstream und verfügte bei der Landung in Shannon noch über eine Kraftstoffreserve von zwei Stunden. Der Weiterflug nach Kopenhagen war reine Routinesache, die endgültige Abwicklung des Geschäftes auch. Anschließend buchte ich mir einen Lufthansa-Flug von Kopenhagen nach Hannover. Der nun wurde für das Kabinenpersonal etwas aufreibend, allerdings erst nach der Landung. Sie hatten es da mit einem merkwürdigen Passagier zu tun, der das dezente Wecken absolut überhörte. Ich schlief noch, als alle anderen Passagiere längst von Bord gegangen waren. Man hatte Mühe mich wach zu bekommen, da ich ja die ganze Nacht zuvor selbst eine Maschine über den Atlantik geflogen hatte.

Zu Fuß von München nach Venedig Präzise: Vom Marienplatz zum Markusplatz

Im Frühjahr 1983 fand ich, daß es wirklich an der Zeit sei, einmal wieder etwas Außergewöhnliches zu unternehmen. Es mußte ja nicht immer mit der Fliegerei zu tun haben. Zufällig las ich von einem berühmten Höhenweg über die Dolomiten, der also quasi von München nach Venedig führt. Der Reiz des Unternehmens bestand nicht nur darin, mit entsprechendem Gepäck auf dem Rücken fünfhundertzwanzig Kilometer durch wild zerklüftete Bergmassive zu laufen, sondern dabei auch noch Höhenunterschiede von rund dreitausend Metern zu überwinden. Außerdem mußte man das Wetter einkalkulieren. Selbst wenn man im Hochsommer startete, konnten unterwegs die Temperaturen zwischen dreißig Grad plus in den Tälern und fünf Grad minus auf den Gipfeln liegen. Bisher kannte ich Wandern, Rücksäcke, Bergstiefel nur vom Hörensagen. Aber warum eigentlich nicht? Man muß zu Lebzeiten alles einmal mitgemacht haben! Nachdem die Wander-Idee Gestalt angenommen hatte, wollte ich sie erst gar nicht auf die lange Bahn schieben. Do it now! The best time is now!

So etwas unternimmt man natürlich nicht allein. Meine Freunde Sylvia und Sigi Hampel konnte ich zu dieser doch etwas anspruchsvollen Tour überreden. Andere fanden, es sei eine rechte Schnapsidee. Uns Dreien war klar, daß wir vor dem ersten Schritt auf dem Höhenweg schon kräftig trainieren mußten, um nicht gleich nach den ersten Kilometern jammernd unsere Blutblasen an den Füßen vorzuzeigen. Fit machen hieß die Parole! Obwohl keiner von uns unsportlich war, kam es uns anfangs hart an, mit zehn Kilgramm Gepäck auf dem Rücken zu trainieren. Da wir es nicht bei Trockenübungen belassen wollten, versuchten wir es mit einem Probelauf. Dafür bot sich der Hermannsweg im Teutoburger Wald an. Wir wanderten von Velmerts Tod bis nach Rheine und wollten dabei unsere neu angeschafften Schuhe einlaufen. Mit dem ordentlichen Schuhwerk steht und fällt so eine Wanderung wie wir sie uns vorgenommen hatten. Wander-Profis behaupten, damit sie weich werden, müsse man in neue Schuhe pinkeln und sie dann eine Weile stehen lassen. Nun gut. Fest steht, daß man auf keinen Fall neu gekaufte Socken anziehen darf. Am besten sind uralte. Und wenn sie dann nach der ersten Tour schweißdurchtränkt sind, muß man sie noch lange nicht wechseln. Als der Hermannsweg geschafft war, ging es an's Intensivtraining: Am Steilhang immer wieder rauf und runter. Dafür hatten wir uns einen Hang am Hermannsdenkmal ausgesucht. Zufällig trafen wir dort den Piloten Siegfried Hambrink, der uns wohl schon eine Weile beobachtet haben mochte. Nach seinem Gesichtsausdruck zu urteilen, nahm er wohl an, daß wir nicht mehr alle Tassen im Schrank hatten. Um nicht ins Gerede zu kommen, mußten wir lange Erklärungen abgeben. Trotzdem zog er kopfschüttelnd von dannen: Zu Fuß nach Venedig, was für eine Schnapsidee!

Inzwischen waren wir alle drei vorsorglich in den Bielefelder Alpenverein eingetreten, denn nur mit einem Alpenvereinausweis hat man die Gewißheit, daß man in Berghütten selbst bei Überfüllung wenigstens auf dem Fußboden noch ein Nachtlager findet. Nach achtwöchigem Intensivtraining glaubten wir für unseren Fußmarsch fit zu sein. Starten wollten wir am 28. Juli 1983. Am 27. Juli 1983 kehrten wir zu einer feuchtfröhlichen Abschiedsparty beim Brandner-Casper, dessen Wirtin ich kannte, in München ein. Die Wirtin ist so exzentrisch wie ihr Etablissement. Fragt man in München einen Taxifahrer nach dem Brandner-Casper, bekommt man Schwierigkeiten, weil diese kleine, urige Kneipe sehr versteckt liegt. Nur Insider wissen, wovon die Rede ist. Da hier die Post abgeht und man auch nicht jeden Gast reinläßt, steht der Brandner-Casper nicht einmal im Telefonbuch. Jedenfalls war es 1983 so. An diesem Abend brachen wir drei Wanderer allerdings noch vor Mitternacht auf. Schließlich wollten wir früh aufstehen und lieber mittags in der Hitze eine Siesta einlegen.

Was für ein schönes Gefühl, morgens um Sieben vom Marienplatz durch das Isartor an der Isar flußaufwärts zu wandern. Beim Brückenwirt wurde die erste Rast eingelegt. Gerade hatte ein Floß, das aus Wolfratshausen stammte, festgemacht. Die Münchener Schickeria ließ sich das Starkbier schmecken. Die Mädchen waren bei fünfundzwanzig Grad im Schatten eher nackt als angezogen. Der Sigi, wegen seiner Figur Spargeltarzan genannt, wäre am liebsten dageblieben, so hatten es ihm diese knusprigen Schönheiten und die Kapelle mit dem dazugehörigen Gaudi angetan. Na ja, Appetit holen muß sein. Ich stand zufällig auf der Brücke, als das nächste Floß vorbeikam. Auf den Flößen gibt es auch eine Toilette, die mehr oder weniger mit Tuch ummantelt, aber nach oben offen ist. Ich schaute von der Brücke direkt auf einen dort Sitzenden und wünschte ihm gute Verrichtung. Er schaute verblüfft nach oben, woher denn diese Stimme komme und wetterte los: „Sau damischer, scher Dich fort!" - Wir drei zogen von diesem stimmungsvollen Waldgasthaus schweren Herzens weiter nach Wolfratshausen, wo wir übernachteten. Die ersten zweiunddreißig Kilometer waren geschafft! Am nächsten Tag überwanden wir die sechsundzwanzig Kilometer bis Bad Tölz. Dabei machte uns die Hitze ziemlich zu schaffen. Umso besser schmeckte nach der Tour das Bier. Mit diesen abendlichen Bieren und den dazugehörigen deftigen Mahlzeiten, nahmen wir an einem Tag vier- bis fünftausend Kalorien zu uns. Aber wir hatten mindestens ebensoviel verbraucht. Jedenfalls schliefen wir prächtig. Mit dem Einschlafen hat man nach solchen Märschen keine Probleme!

Am nächsten Tag machten wir schon nach vierzehn Kilometern in Leger bei Mittermaier Schluß, um unsere ersten Blasen im Freibad zu kühlen. Hier deckten wir uns auch mit hausgemachter Arnika-Salbe ein, die bei wunden Füßen hervorragend hilft. Die oberbayerischen Hausfrauen können diese Salbe besser herstellen, als ein Apotheker. Am vierten Tag schafften wir neunzehn Kilometer und einen Höhenunterschied von fast tausend Metern. Jetzt waren wir in Vorderriß im Vorkarwendel angelangt. Unser Gebirgsgasthof Zur Post lag mehr als achthundert Metern über dem Meeresspiegel. Es ging weiter nach Mittenwald, wo Sylvia leider aufgeben mußte. Ihre Fußgelenke machten einfach nicht mehr mit. Also schafften wir sie in Mittenwald zum Bahnhof und setzten sie in einen Zug Richtung Heimat.

Der sechste Tag ging hoch auf 1 768 Meter zum Halleranger Haus, wo wir das erste Mal in einer Berghütte übernachteten. Wir waren jetzt in Österreich. Am Bier war's zu merken. Auch die Berghütten boten deftige Mahlzeiten, was Wandersleute, wie gesagt, gut gebrauchen können. - Der nächste Tag kam uns ziemlich hart an, mußten wir doch Hunderte Meter vom Karwendel in das Inntal nach

Hall absteigen. Bergauf rannte ich noch wie eine Bergziege. Bergab jedoch mußte ich mein ganzes Gewicht mit den Füßen und Knien abfangen. Die Knie schmerzten. Augen zu und durch! Was uns nicht umbringt, macht uns stärker. Von wem stammt dieser grimme Satz nur, vom Philosophen Friedrich Nietzsche denke ich. Aber mußte sich dieser Kerl jemals über den Dolomiten-Höhenweg nach Venedig quälen? Sei's drum, Augen zu und durch. Spargeltarzan tat sich bergab etwas leichter als ich.

Von Wattens aus ging es wieder ganz schön bergauf, nämlich auf zweitausend Meter zur Lizumer Hütte. Dieses Gebiet ist seit 1934 ein Truppenübungsplatz und man darf von den markierten Routen nicht abweichen. Ab zweitausend Metern Höhe wandert es sich interessanter, weil man nun Berge und Täler aus einer ganz anderen Perspektive sieht. Vorausgesetzt, man kann überhaupt etwas sehen. Sigi und ich gerieten zwei Kilometer vor der Lizumer Hütte in ein heftiges Schneegestöber, so daß wir schon Mühe hatten, die Wegmarkierungen zu erkennen. Malerische Landschaften geraten in so einer Situation ziemlich in den Hintergrund. Der Wind wurde so stark, daß es Sigi die Kapuze vom Regenumhang riß und zu Tal trieb. Ich höre den Sigi noch heute wütend brüllen: „I belive I spin, I belive I spin!" Er war da wohl schon ziemlich demoralisiert. Was sich nicht bessern konnte, als auf der Hütte kein ordentliches Bett mehr frei war. Uns wurden lediglich zwei der achtzig einfachen Lagerstätten in einem großen Schlafsaal zugeteilt. Was erlebten wir in dieser Nacht für ein Geschnarche und Gefurze. Bei einigen der Wandergesellen mußte man den Eindruck gewinnen, daß sie unter chronischem Aftersausen litten. Zum Pinkeln ging es nach draußen an die Latrine, da mußte man bei den herrschenden Minustemperaturen aufpassen, daß einem das Wasser nicht in der Blase einfror. So wie der penetrante Geruch an der Latrine war, so war er auch in der Umgebung! Alles nicht sehr aufbauend.

Oh holy Shit, am anderen Morgen lag ein halber Meter Schnee, die Schneewehen türmten sich noch höher. Es wurde Mittag, ehe der Hüttenwirt mit einigen Helfern den Weg bis zum unterhalb der Hütte quer verlaufenden Nord-Süd-Weg freigelegt hatte. Sigi's Kinn senkte sich immer mehr. Er hatte sich doch eine schöne Bergwanderung bei Sonnenschein vorgestellt! Immerhin waren einhundertfünfundsechzig Kilometer geschafft! Dreihundertfünfundfünfzig lagen allerdings noch vor uns. Es ging weiter zum Tuxer Joch. Wir liefen stundenlang in strömendem Regen. Am Junssee war es dann so weit: Sigi gab auf. Schade! Ich hatte Verständnis für seine Entscheidung und schlug mich alleine bis zum Tuxer Joch durch. Venedig wollte ich schaffen, komme was da wolle! Auch in dieser Berghütte waren die sechzehn ordentlichen Betten bereits belegt, so daß ich im Großlager einen Platz bekam. Immerhin hatte das den Vorteil, daß ich neue Bekanntschaften schließen konnte. Die Jungs wollten zwar nicht nach Venedig, aber immerhin zum Marmolata Gletscher (3 340 Meter). Die Marmolata Hütte, bei der ich vorbei mußte, liegt darunter, in etwas über zweitausend Metern Höhe. Ich war heilfroh, daß ich mich anschließen durfte. Eine sehr vernünftige Wander-Regel besagt ja, da man niemals allein laufen sollte. Auf den teilweise sehr schmalen Graden kann man leicht abrutschen und dann sucht niemand nach einem...

Wir gingen durch die Zillertaler Alpen und ich freute mich über die wild tosenden Gebirgsbäche. Man hört das Rauschen noch lange. Überhaupt wurde die Landschaft jetzt steiniger, wir ließen langsam die Baumgrenze unter uns. - Am Pfitscher Joch (2 250 Meter) überschritten wir die Grenze und standen vor einem amtlich anmutenden „Italia"-Schild. Von einem Zöllner war jedoch weit und breit nichts zu sehen. Ich kann mir vorstellen, daß hier schon einiges am Fiskus vorbeigeschleust wurde. Nun ging es durch Südtirol, beim Abendbrot stieg ich vom Bier auf den süffigen Rotwein des Landes um. Im kleinen Ort Pfunders, immerhin mit siebenhundert Einwohnern, fand ich nach langer Zeit wieder ein richtiges Zimmer mit Badewanne. Oh, was tat das gut! Die Wirtin Viktoria Volgger vom Gasthof Lärcher war so richtig herzerfrischend und zudem konnte sie auch noch gut kochen. Nach einem schönen Abend in Pfunders ging es am nächsten Tag bergab in's Puster Tal. Dann über Lüsen weiter zur schönen Schlüter Hütte in zweitausendreihundert Meter Höhe. Hier gab es sogar fünfundsechzig Betten, so daß jeder weich lang! Die Wirtin wirkte anfangs etwas verschlossen, wie das Gebirgsmenschen meist so an sich haben. Ich dachte mir: „Versuch's mit Liebe und geschlossene Herzen öffnen sich!"

Am 14. August 1983 langten wir in den Dolomiten an und kamen zur Boe Hütte (2 871 Meter). Der Piz Boe erhebt sich noch dreihundert Meter darüber hinaus. Die Bergbauern fristen hier offenkundig ein recht armseliges Dasein. Aber ihr selbstgebackenes Fladenbrot und der Käse schmecken ganz besonders gut. Nach dem Essen setzte ich mich noch eine Weile allein vor die Hütte und schaute mir ganz still das Alpenglühen an. Vielleicht ist es in den Dolomiten besonders schön? Vielleicht ist es auf jedem hohen Berg schön, den man schwitzend und keuchend erklommen hat? Die phantastische Ruhe des Hochgebirges summte mir in den Ohren. Dabei gab es auch Zeiten, wo genau hier ziemlich viel Gedröhn zu hören war. Was wurde hier im ersten und zweiten Weltkrieg gekämpft. Mir fiel dazu nur John Lennon ein: Make love, no war, macht Liebe und keinen Krieg.

Wir zogen weiter. Von der Boe Hütte gingen, besser kletterten wir zur Marmolata Hütte. Da wir den direkten und somit kürzesten Weg nahmen, hingen wir jetzt teilweise an der Steilwand. Hier haben die Alpenvereine Geländer und Seile an der Steilwand angebracht und man muß sich mit dem Brustgeschirr am Laufseil einklinken. Die Füße finden manchmal kaum Halt, weil so manche Stufe nicht breiter als zwanzig Zentimeter ist. Wer nicht vollkommen schwindelfrei ist, sollte hier unbedingt die alternative Route wählen, mit der man zwar einen Umweg von zirka zwanzig Kilometern in Kauf nimmt, dafür aber sicher geht. Die direkte Route ist schon bei gutem Wetter nicht ganz ungefährlich, bei Regen und Schnee braucht man dort oben unbedingt Ruhepunkte, die etwas Schutz gewähren. Deswegen hat man per Hubschrauber einige Biwakhütten aus Metall aufgestellt, in denen jeweils gut zehn Personen Unterschlupf finden können. Wir schafften an diesem anstrengenden Tag in den Steilwänden nur acht Kilometer, aber was für Kilometer! Der Marmolata-Gletscher bietet wirklich einen grandiosen Anblick! Auch die gleichnamige Hütte ist zu empfehlen. Besonders gut schmeckte Spaghetti Bolognese mit italienischem Rotwein.

An diesem Abend lernte ich Otto Rog mit Sohn Heiko kennen. Wir waren uns sofort sympathisch und beschlossen die Wanderung nach Venedig am nächsten Tag gemeinsam fortzusetzten. Die beiden waren nicht ganz so verrückt wie ich, sie hatten sich München-Venedig auf drei

Jahre aufgeteilt und absolvierten in diesem Sommer den letzten Abschnitt. Heiko legte am nächsten Tag gleich ein flottes Tempo vor, um mich abzuhängen. Aber ich ließ mich nicht abhängen. Wenn Heiko zwei Schritte machte, mußte ich drei machen. Die Leute, die uns sahen, mochten glaubten, wir wären vor irgendwem auf der Flucht. Otto blieb zurück. Er hatte Probleme mit seinem Salzhaushalt und mußte Salztabletten einnehmen. Da der Schwierigkeitsgrad der Wege nicht mehr so gefährlich war, konnten wir es verantworten, vorzulaufen und auf der nächsten Hütte auf Otto zu warten. Außerdem traf man auf diesem Abschnitt des Dolomiten-Höhenweges jetzt häufiger andere Wanderer. An jeder Hütte, an der Heiko und ich vorbeirannten, schluckten wir erst einmal ein bis zwei Liter Mineralwasser. Energie lieferte uns unterwegs Ovomaltine, die ich in Riegeln mitgenommen hatte. In flüssiger Form ist es ja das Getränk der Olympiateilnehmer.

Und natürlich holten wir uns, wie es beim Hochgebirgswandern usus ist, an jeder Hütte unseren nächsten Strekkenstempel für das Streckennachweisbuch. Damit kann man dann später belegen, daß die Berichte von wilden Gipfelstürmen und zähen Kilometern kein Wanderer-Latein sind, sondern den Tatsachen entsprechen. Die Gestaltung dieser Stempel bleibt den jeweiligen Hochgebirgsvereinen überlassen, manche wirken ganz schlicht, andere erinnern fast an Adelswappen. Das Refugio Tissi Hütte vom Club Alpino Italiano gab uns zwei ganz besondere Stempel, GAZEBO 1 und GAZEBO 2.

Inzwischen wurde es wieder wärmer und da uns die letzte Wegstrecke nicht noch einmal so hoch führen würde, daß mit Minusgraden zu rechnen gewesen wäre,

Eine Seite aus dem Streckennachweisbuch des Dolomiten-Höhenweges.

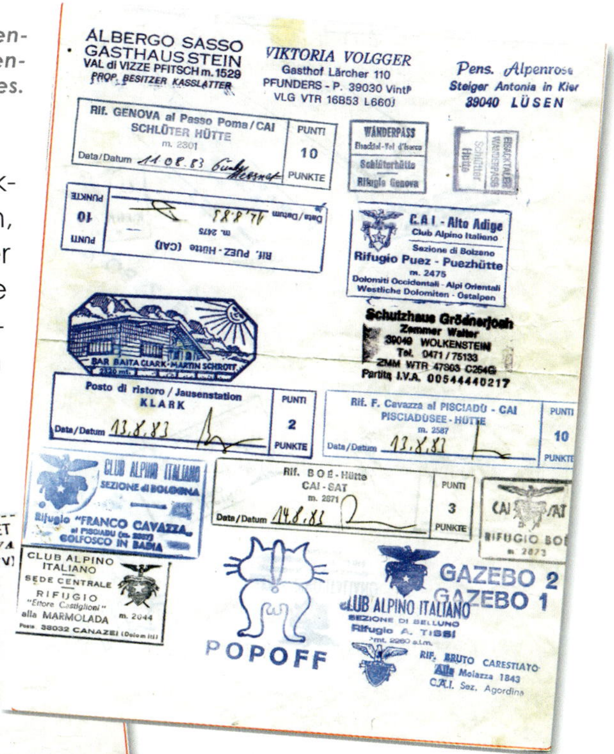

warf ich, um den Rucksack zu erleichtern, einen großen Teil der Wäsche fort. Das meiste war sowieso Einwegwäsche. - Als es dann Richtung Belluno mehr bergab als bergauf ging, bekam ich wieder Probleme mit den Knie- und Fußgelenken. Ich entlastete so gut es ging, indem ich einen Teil meines Gewichtes auf den Bergpickelstock abstützte. - In der reizvollen Bergstadt Belluno tranken wir erst einmal auf der Piazza di

Martiri einen Cappuccino und genossen die Atmosphäre. Daß elegante Damen flanierten, hatte ich ja seit München nicht mehr erlebt. Eine wahre Augenfreude, insbesondere vor dem Bergpanorama. Es folgte die letzte größere Erhebung, der Nevegal mit rund eintausendsiebenhundert Metern. Unser Schuhwerk war inzwischen ganz schön ramponiert und die Füße zeigten zwischendurch neue Blasen. Arnika drauf und weiter. Uns beflügelte, daß nach dem Nevegal die Adria winkte und wir vorher noch die Weißwein- und Rotweinstraße durchwanderten. Was war das doch herrlich, eine Brotzeit mit Sorpressa-Salami, Brot aus dem Steinofen und süffigem Rotwein dazu. Abends gab es zum Abschluß noch einen sehr guten Grappa. Nur nicht den billigen trinken, da einem von dem Fusel die Fußnägel abgehen könnten.

Es ging weiter über Priula, wo wir schon fast auf Meereshöhe wanderten, nach Jesolo. Am Strand von Lido di Jesolo tauchten wir unsere Füße mit Wonne in die Adria ein. Als wir so barfuß mit Rucksack und Pickel am Strand entlang marschierten, um zur Fähre nach San Marco zu kommen, hörte uns ein in der Sonne liegender Bayer sprechen. Er fragte: „Wo kommst den Ihr her?" Wir sagten: „Zu Fuß von München!" Der Bayer: „Na Ihr seids doch wohl ganz narrisch!" Das Ziel der Reise kam in Sicht, Venezia, die Königin der Meere. In Punta Sabbione nahmen wir die Fähre, sie sollte direkt am Markusplatz anlanden. Als Napoleon 1797 Venedig eroberte, nannte er diesen Platz den schönsten Salon Europas. In einem Salon trinkt man Kaffee. Wir kehrten also im berühmten Cafè Florian ein, wo schon Casanova mit seinem Mocca gesessen und den Schönen der Stadt hinterher geschaut hatte. Wir hatten Glück, bekamen einen angenehmen Tisch draußen unter den

In den Dolomiten Augen zu und durch! Was uns nicht umbringt, nacht uns noch härter!

Sonnenschirmen und hörten der, immerhin von einer Fünf-Mann-Kapelle live gespielten, Kaffeehausmusik zu. Voller Genuß schweiften meine Blicke über den Dogenpalast, die Markuskirche und die Arkadenbögen rundum. Angekommen, geschafft, vom Marienplatz zum Markusplatz... Ein Moment absoluten Wohlbefindens überkam mich. Da spielte es auch keine Rolle mehr, daß im Florian ein Espresso zehn Mark kostet. Wir waren stolz, unser Ziel erreicht zu haben. Und würden gewaltige Eindrücke mit nach Hause nehmen. Hinzu kam, daß meinem Körper diese Daueranstrengung in ungewohnter Umwelt hervorragend bekommen war, eine ganze besondere Form von Intensivkur, die ich jedem einmal im Jahr empfehlen kann. Nicht nur, daß am Ende der langen Wanderung die Lunge vollkommen durchgelüftet, der Blutkreislauf in Schwung gebracht, aller Stadtstaub ausgeschwitzt war, die besondere Wirkung beruhte wohl auch darin, daß man unterwegs alles Seelengepäck von sich abwarf. Stück für Stück versanken die Erinnerungen an den Terminkalender, die Sorgen mit der Firma, die nächsten Anforderungen im Beruf, all dieser Alltagskram irgendwo hinter dem Horizont...

Otto, Heiko und ich plauderten vollkommen entspannt und genossen die einmalige Umgebung. Otto fragte, was wir denn als nächstes machen könnten. Ich sagte, eine Steigerung wäre der Pazifik-Trail, eine Tour die über zweitausend Kilometer von Seattle im US-Staat Washington nach San Diego in Kalifornien führt. Otto zweifelte. Ich sagte: „Man muß nicht verrückt sein, um das zu schaffen, aber es hilft!" Für München - Venedig hatte ich sechsundzwanzig Tage gebraucht. Nach Adam Riese müßte also der Pazifik-Trail in hundert Tagen zu schaffen sein. Darauf erst mal einen guten Grappa. Salute! Und allzeit fit for fun!

Geschafft! Otto, Heiko Rog und ich in der Mitte am Ziel auf dem Markusplatz in Venedig.

LKW am Himmel?

Um das LKW-Geschäft weiter ausbauen zu können, mußte ich mir bei der Werbung dafür etwas Originelleres einfallen lassen. Ich hatte von dem exentrischen Verlegermilliardär Forbes aus den USA gehört, der für seine Werbekampagnen die verrücktetsten Ballonformen fertigen ließ. Forbes nahm dafür die Firma Cameron in Bristol, die scheinbar Unmögliches möglich machen konnte. Für eine Good-will-Tour nach Ägypten ließ er sich sogar einen Ballon in Sphinxform nähen und über die Pyramiden in Gizeh schweben. In China fuhr er per Ballon über die Chinesische Mauer, wobei er immer einen Tross von zwölf schweren Harley Davidson Motorrädern bei sich hatte. Auf sämtlichen Lederjacken und dem restlichen Equipment prangte die Werbeaufschrift „Capital Tools". Und die internationale Presse stürzte sich auf die Fotos von dieser Aktion, was natürlich einen enormen Werbeeffekt produzierte.

Nun, es mußte ja nicht gleich die Weltpresse sein, aber ein wenig nationale Aufmerksamkeit wollte ich schon erregen. Also ließ ich mir bei Cameron in Bristol kurzerhand einen Ballon-LKW mit überdimensionalen Abmessungen bauen: Dreißig Meter lang, fünfzehn Meter hoch und zehn Meter breit. Darauf kam unser Firmen-Logo mit den Schriftzügen Europa Service Autovermietung Auto-Meyer. Damit konnte ich das Finanzamt an den Kosten beteiligen, denn der LKW-Ballon stellte ja nun zweifelsfrei ein Werbemittel dar. Je nach Steuerprogression kann so etwas im Spitzensatz rund fünfzig Prozent der Kosten ausmachen. Achtung: Eine solche Rechnung setzt natürlich voraus, daß das Unternehmen, für das geworben wird, einen entsprechenden Gewinn erwirtschaftet. Bringt die Firma keinen

Gewinn oder nur wenig, so kann man das Finanzamt natürlich nicht an den Kosten beteiligen.

Neben den technischen Problemen beim Bau meines LKW-Ballons mußte ich mich auch rechtzeitig auf die Bürokratie einstellen, denn wie sich herausstellte, gibt es in Deutschland keine Musterzulassung für solche Ballon-Sonderformen. Kurz-

erhand wich ich auf Großbritannien aus, wo derartige Angelegenheiten zu klären sind. In London gründete ich die Firma Heather Flight Ltd., wurde deren Präsident und meldete den Ballon ordentlich an. Da ich ja bereits im Besitz einer englischen Ballonlizenz war, konnte ich dann meinen LKW-Ballon mit englischem Kennzeichen auch in Deutschland betreiben. Viel Aufwand, aber der Erfolg sollte mir recht geben! Nie vergesse ich die Reaktionen der Leute, als ich den Riesen-Ballon das erste Mal über Bielefeld am Himmel hatte. Überall wurde darüber geredet. Es soll Leute gegeben haben, die wegschauten, als sie meinen fliegenden LKW zum ersten Mal erblickten, weil sie meinten, einer Halluzinationen erlegen zu sein. Besonders verblüffend wirkte es, wenn der LKW über dem Teutoburger Wald stand, aber der Korb noch unterhalb des Kammes war, so daß es wirklich schien, als fahre da ein großer LKW Richtung Himmel. Und welcher Spaziergänger sagt dann schon zu seiner Begleitung: „Schau mal, da fliegt ein LKW!" Da geriet man doch glatt in den Verdacht, nicht mehr alle Tassen im Schrank zu haben.

Dann kam noch ein Zufall zu Hilfe: Gerade als wir im Februar 1984 die ersten Ballon-Starts machten, streikten die italienischen Zöllner, so daß sich am Brenner und anderen Grenzübergängen riesige LKW-Staus bildeten. Die Wagen standen dort tagelang. Die Neue Westfälische Zeitung in Bielefeld hatte nun vom fliegenden LKW ein phantastisches Foto geschossen, auf dem man nur den LKW in der Luft, nicht den Ballonkorb sah, und veröffentlichte es mit der Überschrift: Das ist die Antwort auf die Brennerblockade. Jetzt gehen die LKW einfach in die Luft! Alles in allem konnte ich meine Ballonwerbung wirklich als vollen Erfolg verbuchen. Noch heute erinnern sich die Leute hier an den fliegenden LKW von Auto-Meyer.

Karibik

In die Karibik, zu den grünen Inseln im Sonnenschein, bin ich immer wieder zurückgekehrt. Die ersten Berührungen mit dieser wunderschönen Gegend hatte ich bei jener Reise in deren Ergebnis Hermalee aus Jamaika der gute Geist unserer Familie wurde. Bereits damals faszinierte mich die Mentalität der Bewohner dieser Inseln. Sie brauchen ja nicht viel zum Leben. Früchte gibt es reichlich und die sind viel gesünder als unser denaturalisierter Fast Food-Mist! Man kommt mit ein paar dünnen Baumwollkleidern vollkommen aus, baut sich eine Holzhütte am Hang und hat Meeresblick zum Nulltarif. Steuern kennt man nicht. Ist ja auch klar, wenn man nicht arbeitet, braucht man ja auch keine Steuern zu zahlen. Trotzdem haben viele Gelegenheitsjobs und dann heißt es, brutto für netto! Insgesamt bereiste ich die Karibik achtmal. Von den Insel-Stops während des Südpol-Fluges war schon die Rede, aber es gibt noch einen anderen Flug, von dem ich erzählen möchte.

1988 flogen Hilde, Peter Schöning und ich nach Florida. Peter hatte ein Jahr zuvor mit mir und vier anderen im Ballon die Alpen von Thun nach Italien überquert und Geschmack an der Luftfahrt gefunden. Wir wollten uns bei der Firma Dolphin Air in Sarasota eine Cessna 172 chartern und damit quer durch die Karibik reisen. In Sarasota angekommen ging alles ganz routiniert vonstatten. Ich legte meine Lizenzen vor, dann mußte ich mit einem Fluglehrer der Dolphin Air drei Platzrunden fliegen. Man nennt das Ausschecken, so werden alle Piloten getestet, denen die Firma eines ihrer Flugzeuge anvertraut. Die Dolphin Air vermietete uns nicht nur die Cessna, sondern gab uns dazu noch ein riesiges Schloß mit Stahlkette. Wir sollten die Cessna nach jedem Flug ordentlich an die Kette legen, weil es in der Karibik gar nicht so selten vorkommen soll, daß Flugzeuge von Drogenschmugglern gestohlen werden. Andere Länder, andere Sitten. In Bielefeld würde man mich für verrückt erklären und fragen, ob ich nicht mehr mein Flugzeug und mein Fahrrad auseinanderhalten könne...

Unseren ersten Stop legten wir in Freeport auf Grand Bahama Island ein. Außer mehreren Casinos und Stränden gibt es von dort nichts zu berichten. Danach wurde es aber richtig interessant. Es ging nämlich weiter zu den Exumas. Erster Halt war auf der Insel Staniel cay, einer richtigen Robinson-Crusoe-Insel. Wenn jemand absolute Ruhe braucht, sollte er hier Urlaub machen. Auf dem kleinen Flugplatz hängt lediglich ein Windsack und ein paar betagte Flugzeuge stehen herum. Landet jemand, kommt automatisch ein kleiner Golfcady vom einzigen Restaurant der Insel angerollt - wo will man denn auch sonst hin. Also treffen sich die wenigen Gäste an der Bar und reden von Gott und der Welt. Das Restaurant vermietet auch kleine Holzhäuser, die auf Pfählen über dem Wasser gebaut wurden. Als wir dort waren, legte gerade ein holländischer Aussteiger mit seiner Jacht am schmalen Holzsteg an. Schon wurde Seemannsgarn gesponnen. - Übrigens fragten wir eine ältere einheimische Frau, ob es denn auf der Insel ein Krankenhaus gäbe. Sie meinte nur, sie brauchten kein Krankenhaus, da niemand krank würde. Bei der Lebensweise kann ich das verstehen. Beim Angeln hat man auch keinen Streß.

Wir flogen weiter nach Georgtown-Exuma, um uns bei der Paßbehörde sehen zu lassen. Wenn man die Bahamas verläßt, muß man, anders als in den USA, zuvor noch seinen Paß vorlegen. Anschließend flogen wir zu den Briten, nämlich auf die Turks- und Caico-Inseln, die noch zu Großbritannien gehören. Wie es sich angesichts dieser geopolitischen Umstände gehört, begrüßte uns auf dem internationalen Flugplatz von Grand Turk ein stattliches Foto von Königin Elisabeth, der Zweiten. Ansonsten passierte nichts, Mittagsruhe. Aber ich wollte tanken. Der Tankwart sei zum Essen gegangen, hieß es, gegen vierzehn Uhr würde er zurück sein, falls er es nicht vergaß. Siehe da, in der Karibik finden selbst penible Briten nichts dabei, zu spät zu kommen. Uns blieb nichts anderes übrig, als auch Mittagspause zu machen, obwohl ich lieber geflogen wäre. Mit so einem kleinen Flugzeug hat man bei Tageslicht bessere Karten, falls etwas Unvorhergesehenes passiert. Der Tankwart kam Viertel nach Zwei und begrüßte uns fröhlich, als sei es völlig normal, daß alle auf ihn warteten. Was für ein Theater wegen ein bißchen Benzin. Wir verabschiedeten uns höflich vom Konterfei der Königin und hatten den Eindruck, daß auf diesen Inseln der Hund erfroren war, trotz dreißig Grad Wärme. Heute sind fast alle karibischen Inseln in die Unabhängigkeit entlassen worden.

Weiter ging es nach Porto Rico, das ich ja schon kannte. Wir gerieten unterwegs in eine Regenfront, so daß ich in Georgetown einen IFR-Flugplan aufgeben mußten. Die kleine viersitzige Cessna war für den Blindflug zugelassen. Eine Enteisungsanlage hatte sie nicht. Die braucht man auch nicht, weil man in dieser Gegend Minustemperaturen in aller Regel erst bei über viertausend Meter Flughöhe erlebt. Der Schlechtwetteranflug auf Porto Rico stellte dann gar kein Problem dar, weil uns die versierten amerikanischen Lotsen ein Radar Vector zum Instrumentenlandesystem gaben.

Es ging weiter über St. Thomas nach Guadelupe, zu dieser faszinierenden Welt aus Hibiskusblüten, Mangrovenwälder und Bougainvillea-Bäumen. Guadelupe hat einen sehr französischen Einschlag mit creolischem Akzent. Wir wohnten in Pointe-à-Pitre. Am Strand präsentierte ein Franzose Flüge mit einem zweisitzigen Ultraleichtflugzeug. Herrlich, alles offen. Damit mußte ich fliegen. Zum österreichischen Rotax Motor hatte ich gleich Vertrauen. Meine Freunde blieben skeptisch. Was sollen die Bedenken? An der Küste kann man ja bei einem Motorausfall überall wassern. Ich entrichtete für den Flug meinen Obolus und zu zweit zogen wir diesen Vogel, der stark an die alten Kisten der Gebrüder Wright erinnert, vom Strand aufs Wasser.

Apropos Gebrüder Wright: Im Jahr 2003 wird der hundertste Jahrestag des ersten Motorfluges der Welt gefeiert werden. In der Gegend von Kitty Hawk, North Carolina, wo die Wrights damals aufstiegen, erinnert heute ein VOR-Drehfunkfeuer mit dem Namen „First Flight" an die Geburtsstunde der modernen Fliegerei. Es ist ratsam, sich dort schon jetzt ein Hotelzimmer zu reservieren, denn zur Hundert-Jahr-Feier der motorisierten Luftfahrt wird es dort bestimmt einen Riesenauftrieb von Luftfahrtbegeisterten geben! Nebenbei bemerkt: Heute gilt es unter Luftfahrt-Historikern als erwiesen, daß eigentlich nicht den Gebrüdern Wright, sondern dem weitgehend unbekannten Deutschen Gustav Weißkopf der Ruhm gebührt, das erste funktionstüchtige Motorflugzeug der Welt gebaut und geflogen zu haben. Der gebürtige Franke, ein gelernter Schlosser, arbeitete einige Zeit lang mit Otto Lilienthal zusammen. Dann wanderte er nach Amerika aus, nannte sich dort Whitehead und baute bereits 1895 sein erstes eigenes Gleitflugzeug. Gustav Weißkopf gelangte dann, wie andere auch, zu der Überzeugung, daß ihn die Gleitfliegerei-Experimente nicht entscheidend voran brachten und die Zukunft wohl den maschinengetriebenen Flugapparaten gehören würde. Zunächst experimentierte er glücklos mit einem dampfgetriebenen Flugapparat und befaßte sich dann mit der Konstruktion eines Flugmotors. Am 14. August 1901, also zwei Jahre vor den Wrights, startete er in Bridgeport, Connecticut, seinen ersten erfolgreichen Flug in einer motorgetriebenen Maschine, das ist zweifelsfrei bewiesen. Diese Maschine besaß bereits einen geschlossenen Rumpf, ein Fahrwerk sowie zusammenklappbare Flügel und bot zwei Personen Platz. Vielleicht bestand Weißkopfs Problem darin, daß er so vielseitig war, an so vielen verschiedenen Projekten gleichzeitig arbeitete. Unter anderem baute er bereits eine Beton-Startbahn und entwickelte dafür eine Beton-Straßenbaumaschine. Vieles, was Weißkopf ersann und testete, wurde später von anderen aufgenommen, der eigentliche Erfinder jedoch vergessen.

Doch zurück zum Strand von Pointe-à-Pitre auf Guadelupe. Der Rundflug mit Jac war für mich ein solches Erlebnis, daß ich mich entschloß, bei meiner Rückkehr nach Florida in Winterhaven gleich eine Wasserflugausbildung zu absolvieren. Man macht am besten alles sofort! Nichts auf die lange Bank schieben, sonst wird sowieso nichts daraus. Zurück am Strand ging mir die Wasserflugsache den ganzen Tag nicht aus dem Kopf. Wenn Träume wahr werden...

Auf Guadelupe begegnet man vielen Aussteigern, darunter auch Rastamännern. Die Inseln unter dem Wind hatten es mir, Hilde und auch Peter angetan, so daß wir einen Hüpfer nach Martinique machten. Das nennt man Island Hopping. Martinique ist die Insel der schönen Mädchen und der Blumen. Sie ist die Hauptstadt der französischen Antillen. Die Mädchen sind so schön, weil sie zum Teil eine Mischung aus Afrikanerinnen, Französinnen, Spanierinnen und anderen Weißen sind. Die Kreolinnen können auch gut kochen. Martinique ist das Mekka der Feinschmecker. In Fort-de-France fanden wir ein Restaurant, in dem es Hummer bis zum Abwinken gab und das alles zu einem niedrigen Festpreis.

Die Landschaft ist sanft und wild zugleich, im Norden winkt der anderthalbtausend Meter hohe Vulkanberg Mont Pelee. Und es lohnt sich, hier ein Boot zu chartern, um die Küsten näher kennenzulernen. Überhaupt vergißt man auf dem Wasser die Sorgen, die man auf dem Land hat. Wenn man dazu noch ein bißchen Hochseefischen geht, denkt man höchstens an Hemingways alten Mann und das Meer.

Als wir von Martinique abhoben, lagen noch rund fünfhundert Kilometer der schönen Antillen in südlicher Richtung vor uns. Als nächstes überflogen wir Dominica mit seinen schönen Regenwäldern und dreihundertfünfundsechzig Flüssen. Für jeden Tag einen Fluß, das heißt doch schon was. Hilde, Gisela und Werner sind hier einmal unter Führung in den Regenwald vorgedrungen, als wir bei einer Kreuzfahrt mit der Sea Cloud dort anlegten. Als Kolumbus diese Insel entdeckte, hat sie bestimmt nicht viel anders ausgesehen. Ein wesentlicher Unterschied: heute gibt es keine Kannibalen mehr. Wir kreisten noch ein paar Mal und flogen weiter nach St. Lucia. Auf dem kleinen Dorfplatz im Herzen von St. Lucia, außerhalb der Touristenburgen, geht es abends sehr bunt zu. Die Einheimischen tanzen zu Steelbands auf der Straße Rumba, Samba und Cha-Cha-Cha und die Touristen machen mit. Die Musikinstrument-Fässer dieser Bands wurden ursprünglich aus alten Öl- oder Benzinfässern gebaut. Heute sind diese zu klangvollen Instrumenten weiterentwickelt worden. Noch amüsanter geht es im Süden der Insel zu, wo ein paar nette Hotels mit gutem Essen für einen angenehmen Urlaub sorgen. Da in der Bucht keine Wellen sind, macht das Wasserskilaufen besonderen Spaß. So hüpften wir also von einer Insel zu anderen. Leider hatte Peter nur drei Wochen Zeit, so daß wir überall nur kurz bleiben konnten. Ja, Tourismus ist die Sklaverei des zwanzigsten Jahrhunderts. Weiter ging es zu den Grenadine Inseln. Vorher überflogen wir noch St. Vincent, und erinnerten uns an unsere Hermalee, deren Freund von dieser Insel stammte. Jetzt waren wir schon kurz vor der Küste von Venezuela. Hier herrscht in den unteren Etagen wenig Flugverkehr, so daß wir bei gutem Wetter auf Sicht flogen, die Funkgeräte kaum brauchten.

Auch in St. Georges auf Grenada waren Hilde, Gisela, Werner und ich von Bord der Sea Cloud gegangen, um uns umzusehen. Diese Bananenrepublik ist ja dadurch bekannt geworden, daß der Revolutionär Maurice Bishop, der mehr an Che Guevara als an die Marktwirtschaft glaubte, 1979 mit kubanischer Unterstützung die Insel einnahm, während sich Grenadas Präsident Eric Gairy im Ausland befand. Die Kubaner bauten fleißig eine dreitausend Meter lange Landebahn. Sehr wahrscheinlich, damit die Russen dort mit schwerem Gerät landen konnten. Damit hätten die Kommunisten einen zweiten Stützpunkt in der Karibik gehabt. Das konnte den Amerikanern natürlich nicht gefallen. Im Oktober 1983 nahmen die Amerikaner den Kommunisten die Insel in einem Husarenstreich wieder ab. Nach einer Invasion mit Fallschirmspringern und Seeunterstützung wurden die Kubaner gefangen genommen, Maurice Bishop dabei getötet. Ordnung kehrte ein. Ein normales Leben mit wiedereröffneten Hotels ging auf der Spice Insel seinen Gang. Die Busse hatten Plakate mit der Aufschrift -Confidence-, das bedeutet Zuversicht, angebracht. Ich glaube, daß die Amerikaner erst dann eingriffen, als die Kubaner die neue Landebahn schon fast fertig hatten. Gar nicht so dumm!

Die Inseln hier besitzen schon tropische Klimaverhältnisse und eine entsprechend üppige Vegetation. Auf einigen sind noch Vulkane aktiv. So bricht der Montserrat gelegentlich wieder aus. Da die Westflanken der Inseln durch die bis über tausend Meter hohen Berge vor den hier herrschenden, von Afrika kommenden Ostwinden geschützt sind, finden Segler ein wahrhaftes Paradies. Zum Segeln ist nämlich immer noch der passende Wind vorhanden.

Übrigens kennt man hier ein Aphrodisiakum, das die einheimischen Männer gerne nehmen, um sich bei den Frauen sehr lange betätigen zu können. Die seltenen Wurzeln werden in Alkohol eingelegt und mit anderen Zutaten vermischt. Nach einer Wartezeit von zwei Wochen ist der Liebestrank fertig. Es soll einmal jemand viel zu viel davon genommen haben, so daß er drei Tage lang eine Erektion hatte!!! Wie sagt der Amerikaner doch so schön: Learning by doing.

Wer sich für die Historie der Karibik interessiert, sollte James Micheners Buch „Karibik" lesen. Michener holt zwar bis zur Urgeschichte, der geologischen Entstehung der Inseln weit aus, beschreibt dann aber sehr detailliert deren Eroberung durch Spanier, Engländer, Franzosen und auch Holländer. Da diese Nationen im Laufe der Zeit verschiedenste Kriege gegeneinander führten, wechselte fast jede der Inseln mehrmals die Nationalität. Selbst heute gibt es noch Inseln, die beispielsweise zur Hälfte holländisch und zur Hälfte englisch sind. Ausführlich beschreibt Michener die Situation der aus Afrika in die Karibik verkauften Sklaven und deren trostloses Leben auf den Zuckerrohrplantagen. Jede Verfehlung, erst recht Meuterei zog drakonische Strafen nach sich. Kein Wunder, daß es zu Aufständen kam und später zur Sklavenbefreiung.

Wir flogen jetzt wieder gen Norden und landeten zum Tanken auf der Insel St. Marten. Im Empfangsgebäude hing ein Foto von der holländischen Königin Beatrix an der Wand. So wechselt es hier, wie schon gesagt, von Insel zu Insel. Einheimische Politiker und Unternehmer sehen durchaus, daß sie ein einheitliches Vorgehen stärker machen würde. So gibt es inzwischen einen Währungsverbund unter einigen Inseln. Die Währung heißt Karibean Dollar, ein Art Mini-Euro.

Nachdem wir uns von der holländischen Kö nigin verabschiedet und unseren Kraftstoff mit US-Dollars bezahlt hatten, flogen wir weiter zur Dominikanischen Republik. Santo Domingo hieß uns willkommen! Hier tobte nun wieder das volle Leben, pura vida! Der unverwüstliche Karibik-Song „Guantanamera" dröhnte aus den Bodegas und die kurzröckigen Senhoritas, oft spanischer Abstammung, rundeten das Bild ab. Selbstverständlich hielt ich mich ganz keusch und züchtig - Hilde war ja dabei! Aber was für ein Gefühl, als wir im alten Grand Hotel residierten. Dort hatte man uns zwar nur zwanzig Prozent Crew-Preisnachlaß gegeben, trotzdem lebten wir, an europäischen Verhältnissen gemessen, noch recht preiswert. Vor allen Dingen, wenn man den Service betrachtete. So fuhren die alten, mit Palisanderholz verkleideten Fahrstühle noch mit Fahrstuhlführer. Die Boys mit ihren schicken Uniformen verbeugten sich bei einem guten Trinkgeld, als wenn sie die Erde küssen wollten. Es gab noch Schuhputzer, bei denen man auf einem erhöhten Sitz nebenbei erstmal die New York Times lesen konnte. Das Restaurant war im alten spanischen Stil ungefähr bis Blickhöhe mit Holz verkleidet, darüber hatte man wahrhaftig echte Seidentapeten angebracht. Die von der Decke hängenden Kronleuchter rundeten das Interieur geschmackvoll ab. Hoffentlich bleibt uns ein bißchen Nostalgie noch lange erhalten! Unter die Rubrik Nostalgie fiel dann auch die abendliche Kutschfahrt durch die Stadt, die großen Spaß machte. Santo Domingo ist eine Hochburg der Homosexuellen. Man könnte es auch so sehen: Gays aller Länder vereinigen sich hier zum internationalen Happening. Wie sagt man doch so schön: Wahre Liebe gibt es nur unter Männern! Es soll einmal eine Anfrage an Radio Jerewan gegeben haben: Kann ein Mann von einem anderen Mann ein Kind bekommen? Radio Jerewans Antwort: Im Prinzip nicht, aber es wird immer wieder versucht! Nach Santo Domingo würde ich immer wieder fliegen, während die Touristenburgen im Norden und Osten nicht mein Ding sind.

Wir zogen weiter nach Fernandez auf den Bahamas. Vorher hieß es aber, in Georgetown auf den Exumas unserem Zöllner einen Guten Tag sagen. Die Hautfarbe des Zöllners war so etwas von Tiefschwarz, daß man im ersten Moment vor dem blitzenden Weiß seiner Augen und Zähne etwas erschrak. Aber der Mann war die Freundlichkeit in Person. Er erkannte uns sofort wieder und erkundigte sich neugierig nach unseren Reise-Stationen. Die Stempel haute er nur so nebenbei in die Pässe. Ich glaube, wenn wir ihm etwas anderes zum Stempeln hingelegt hätten, er hätte es gar nicht bemerkt, so sehr interessierten ihn die Details unserer Tour. Nun lud die alte Bretterbude des Zolls wahrhaftig nicht zum Verweilen ein, trotzdem schwatzten wir gemütlich und erzählten ausführlich von unseren Erlebnissen. Dann wurde es allerdings höchste Zeit, daß wir uns nach Fernandez auf den Weg machten. Dort gab es nämlich kein Licht am Flugplatz und die tausend Meter lange Asphaltbahn sollte sich auch nicht gerade in Bestzustand befinden. Wir schafften es so eben mit dem letzten Büchsenlicht sauber herunter zu kommen! Die Dämmerung ist ja kurz. Der Inkeeper war schon mit seinem Jeep am Flugplatz, wenn man diese komische Landebahn überhaupt einen Flugplatz nennen konnte. Wir hatten vorher miteinander telefoniert und uns ein Ferienhaus reservieren lassen. Die Insel hat nämlich nur eine kleine Hotelanlage mit sechs einzelnen Häusern, die jeweils wie eine größere Ferienwohnung ausgestattet sind. Im dazugehörigen Haupthaus gibt es ein schlichtes aber schönes Restaurant. Man konnte nur ein Haus mieten, gleichgültig, ob man allein oder zu Sechst anreiste. Trat man aus dem Haus, stand man sofort an einem wunderbaren Sandstrand. Nur tat man gut daran, mit einsetzender Dämmerung nicht mehr lange draußen zu bleiben, da man sich sonst unweigerlich den Moskitos zum Fraß vorwarf. Wie sich zeigte, stammte der Verwalter aus den USA und war selbst Pilot. Mit seiner betagten Mitsubishi Turboprop holt er gewöhnlich die Insel-Gäste vom internationalen Flugplatz in Nassau ab. Seine Frau, auch Amerikanerin, erwies sich als eine hervorragende Köchin, was man bei den Amerikanern ja nicht häufig findet. Eine Speise- und Getränkekarte gab es nicht. Dafür wechselte das Menü täglich. Madame kochte sehr kreativ und alles war bezahlbar. Wir haben mit anderen Gästen an diesem Abend köstlich gegessen. Hier wären wir gerne noch ein paar Tage geblieben, aber the show must go on. Peter war von der Fliegerei inzwischen so begeistert, daß er sich entschloß, einen Flugschein zu machen. Vor unserem Abflug von Fernandez demonstrierte ich ihm noch ein paar Landungen, wobei wir nur die halbe Bahn benötigten. Landegebühren gibt es auf derartigen Plätzen ja nicht. Peter machte dann in Deutschland nicht nur die Privatpilotenausbildung, sondern gleich den Blindflugschein hinterher, hatte er doch erlebt, wie nützlich der sein konnte, wenn man bei aufkommendem Schlechtwetter genötigt war, auf den Blindflug zu wechseln.

Auf Abaco Island mußten wir uns wieder von Bahamas Behörden verabschieden. Dann flogen wir nach Fort Lauderdale, USA, hinüber. Wir erwischten dafür so gutes Wetter, daß wir schon von weitem die amerikanische Küste erkennen konnten. Bei der amerikanischen Radarkontrolle muß man sich sehr früh melden, weil vor der Küste eine besondere Pufferzone eingerichtet wurde, um darin die ankommenden Flugzeuge genau unter die Lupe nehmen zu können. Auf diese Weise hofft man, Drogenschmuggler rechtzeitig zu identifizieren. Auch nach der Landung in Fort Lauderdale kontrollierten uns die amerikanische Behörde noch einmal sehr genau, sowohl die Koffer als auch das Flugzeug wurden gründlich inspiziert.

Unser Weiterflug nach Sarasota führte zum Teil über die Everglades, wo über eine Million Krokodile darauf warten, daß einmal ein Flugzeug abstürzt. In Winterhaven wartete bereits Jack Brown, um mit mir auf einer uralten Piper Cub die Wasserflugausbildung zu beginnen. Dieser betagte Vogel verfügte lediglich über einen Drehzahlmesser, einen Fahrtmesser plus Kompaß sowie ein paar Instrumente, um das Triebwerk zu überwachen. Einen Anlasser gab es nicht, schließlich kann man ja einen Vierzylinder-Motor ganz gut mit dem Propeller anreißen...

Ballons, Luftschiffe und endlich ein Flugboot

Etwa seit 1983 verlagerte ich den Schwerpunkt meiner Luftfahrtaktivitäten auf das Ballonfahren. Ballons sind weniger wartungsintensiv als ein Flugzeug mit zwei Turbinen und außerdem tat sich hier für mich eine völlig neue Klientel auf: Leute, die sich in der Seele ihr Quentchen Romantik bewahrt hatten und auch einmal frei wie ein Vogel an der frischen Luft über die Erde schweben wollten. Einfach nur um zu genießen. Nach dem LKW-Ballon schaffte ich also drei Großballons mit jeweils zwölf Passagierplätzen an. Gestartet wurde und wird von März bis November. In den Spitzenzeiten ließen sich mit den drei Ballons an einem einzigen Wochenende bis zu zweihundert Passagiere befördern. Denn noch bis vor einigen Jahren durften bei einer Ballonfahrt Zwischenlandungen eingelegt werden, um die Passagiere zu wechseln. Das geht aus Sicherheitsgründen inzwischen nicht mehr.

Die Zahl der Ballon-Fans wuchs. Fast jeder hat irgendwo schon einmal von der Geschichte der Brüder Montgolfiere gehört, die 1783 als erste Menschen mit einem Heißluftballon aufstiegen. Den technisch begabten und ihrer Zeit weit vorauseilenden Franzosen war aufgefallen, daß der Rauch von Herdfeuern und Kaminen gen Himmel steigt. Also wollten sie diesen Rauch praktisch mit ihrem Ballon einfangen und dessen Kraft ausnutzen. Sie vermuteten, man könne mit dem 'eingefangenen' Rauch umso besser fliegen, je 'dicker' er wäre. Deshalb verbrannten sie damals Stoffe, die besonders viel Qualm erzeugte: Lumpen, nasses Holz, Stroh. Da die Ballonhüllen aus Papier angefertigt wurden, stellten jene ersten Ballonfahrten natürlich eine ziemlich heikle Angelegenheit dar. Wegen der vielen Unfälle, die dabei passierten, kamen sie bald wieder aus der Mode. Aber für Neugierige und Mutige behielt die Idee ihren Reiz: Wer wollte sich nicht in die Lüfte aufschwingen... Nachfolgende Ballon-Pioniere suchten die Gefahren dadurch zu minimieren, daß statt der heißen Luft, für die man ja immer eine gefährliche Flamme brauchte, leichter Wasserstoff in die Ballons gefüllt wurde. Aber auch das führte nicht zu befriedigenden Ergebnissen und immer wieder zu Unfällen. Erst in den sechziger Jahren des zwanzigsten Jahrhunderts kam man dann wieder auf das alte Prinzip zurück, daß erhitzte Luft leichter ist als ihre kalte Umgebungsluft und deswegen aufsteigt. Man konnte es jetzt viel besser ausnutzen, weil inzwischen sehr leichtes, sehr reißfestes und vor allem nichtbrennbares Nylongewebe entwickelt worden war. Die Ballonkörbe werden übrigens wie eh und je aus Korbweiden geflochten, es wurde noch nichts besseres erfunden. Die Weide ist leicht, elastisch und doch sehr, sehr haltbar. Jedenfalls wird nun wieder mit Brennern die Luft in den Ballons bis fast auf hundert Grad erhitzt. Dabei gilt folgende Faustregel: Je größer das Ballonvolumen und je größer die Temperaturdifferenz, desto größer die Tragkraft. Kühles Wetter ist dem Ballon günstig. An einem heißen Tag, wenn also der erhitzten Ballonluft sommerliche fünfunddreißig Grad gegenüberstehen, verringert sich notgedrungen das Abfluggewicht des Ballons, manchmal um bis zu vierzig Prozent. Sind an so einem heißen Sommertag die Ballons ausgebucht, muß genau gewogen und gerechnet werden. (Keine Sorge, unsere Personenwaage in der Abflughalle ist ganz dezent versteckt. Nur das Abfertigungspersonal registriert, wieviel Kilo jeder Passagier so auf die Waage bringt.)

In jedem Korb gibt es vier Hochleistungsbrenner, die übrigens mit ganz simplem Propangas betrieben werden. Wir nehmen gewöhnlich fünf Flaschen mit, die reichen für etwa zwei Stunden Fahrt. Wohin die Reise geht, bestimmt allerdings der Wind. Gegen den Wind segeln kann ein Ballon nicht. Wir haben hier viel Westwind, kommen also häufig in Richtung Osten auf den Teutoburger Wald zu, über eine angenehme Parklandschaft, kleine Ortschaften. Es ist wunderschön, so still dahinzugleiten. Da der Ballon mit dem Wind geht, gibt es auch kein plötzliches 'Durchsacken', keine Turbulenzen wie im Flugzeug. Alles wirkt völlig ruhig und irgendwie sehr der Natur verbunden. Meistens schaffen wir so um die fünfundzwanzig Kilometer, bei günstigem Wind können es aber auch schon einmal fünfzig Kilometer sein. In der Kunst des Piloten liegt es, die Windströmungen geschickt auszunutzen und am Ende eine hübsche Wiese zum Landen zu finden. Natürlich ist das Ballonfahren auch heute noch eine komplizierte Angelegenheit, bei der mit viel Sorgfalt zu Werke gegangen werden muß. Aber man kann sicher sein: Ballonpiloten besitzen eine Speziallizenz, die entsprechende Ausbildung erstrekkt sich in der Regel über zwei Jahre. Ihre Flugtauglichkeit wird alljährlich kontrolliert. Mit an Bord sind immer ein Funkgerät, ein Höhenmesser, ein Hüllenfernthermometer sowie ein Gerät, das das Steigen und Fallen des Ballons präzise anzeigt. Und auch die Passagiere bekommen vor jedem Flug genaue Verhaltensregeln erklärt. Selbst wenn ein Brautpaar (samt Pfarrer) mit in die Luft geht, was wir durchaus schon hatten, muß die Braut, wie alle anderen Fluggäste, solides Schuhwerk, am besten Turnschuhe tragen, damit auch sie sich nicht bei der Landung die Knöchel verstaucht. Normalerweise empfehlen wir unseren Fluggästen sportliche Kleidung. Man ist darin einfach beweglicher.

Bräute dürfen aber auch ganz in Weiß kommen.... Und wer dazu Lust hat, kann sich am Auf- und Abbau des Ballons beteiligen.

Parallel zur Ballonflotte bauten wir meinen elterlichen Hof zu einem gemütlichen Ballonflughafen aus. Ich hatte Hof, Stallungen und sonstige Wirtschaftsgebäude früher verpachtet und nur das Querhaus als unser Wohnhaus genutzt. Nachdem der Pächter ohnehin aus Altersgründen ausschied, wurden aus ehemaligen Stallungen und Remisen neue Ballon- und Hubschrauber-Quartiere, aus der ehemaligen Tenne und dem früheren Heuboden die Abflughalle und ein großer Gesellschaftsraum. Im Haus entstand eine bunte Welt der Ballons, Zeppeline und Flugmaschinen. Über die Ausstattung und die Gastronomie wacht Hilde. Meine Frau hat für innenarchitektonische Belange ein sicheres Händchen. Alles in allem sind wir nun für einhundert Ballongäste an einem Tag gerüstet.

1987 kam zur Ballonflotte noch das Heißluftluftschiff AS 105 hinzu, im Volksmund immer noch 'Zeppelin' genannt. Mit ihren fast vierzig Metern Länge eignete sich die Luftschiffhülle hervorrgend als Werbeträger. Die jeweiligen Werbebanner für verschiedene Firmen konnten relativ einfach auf die Hülle aufgezogen und auch wieder abgenommen werden, das machte den Einsatz flexibel.

1988 nahm ich an der ersten Weltmeisterschaft für Heißluftluftschiffe in Luxemburg teil. Es kamen zwanzig Luftschiffer zusammen, ein spektakulärer Anblick, wenn sie gemeinsam über das Land schwebten. Natürlich ließen sich die Journalisten das nicht entgehen. Die Reportagen in wohl sämtlichen deutschen Fernsehprogrammen waren hervorragende Werbung. Im Wettbewerb konnte ich trotz zweier Motorpannen immerhin noch den 13. Platz belegen, bei einem der Wertungsläufe wurde ich fünfter.

Die Heißluftluftschiffe G-BTFR und G-BNAO

1989 war es dann endlich soweit, ich kaufte das langersehnte Flugboot Lake Renegade. Die Verhandlungen mit der Herstellerfirma zogen sich fast ein halbes Jahr lang hin. Ich bestand darauf, daß dieses Flugzeug ganz nach meinen Vorstellungen ausgerüstet wurde. Natürlich wollte ich es so, daß es für den Blindflug zugelassen werden konnte. Am Ende drängte die Zeit ziemlich, weil die Übergabe noch im Juni 1989 erfolgen mußte, um beim Finanzamt eine volle AfA-Abschreibung für Anlagegüter in Anspruch nehmen zu können. Außerdem kam die Sonderabschreibung zum Tragen.

Also flog ich in letzter Minute mit Hilde und unserem Freund Horst Schminke einmal wieder über den großen Teich. Die Umschulung der Firma Lake für ihre Flugboote fand in Kissimmi, Florida, auf einem schönen See statt. Danach wollten wir eigentlich gleich zurück nach Deutschland, gönnten uns dann aber doch ein paar hüb-

Piloten müssen Ruhezeiten einhalten!
Die „Myrtel Beach" in South Carolina ist dafür ideal!

sche Zwischenstops. Zunächst landeten wir an der phantastischen Myrtel Beach in South Carolina. Danach flogen wir über das schon erwähnt First-Flight-Drehfunkfeuer in Kitty Hawk und weiter Richtung New York. In Abstimmung mit der New Yorker Radarkontrolle durften sogar wir mitten über New York fliegen, um in Westchester New York zu landen. Auf den tausend Seen der Andirondacks in Upstate New York wurde erstmal kräftig gewassert, bevor es nach Kanada weiterging . In Ontario am Georgian Bay hat der bekannte Dr. Hunecke (Dr. Hunecke Procain Neuraltherapie) eine Lodge mit etwa dreißig Gästebetten. Hier konnten wir nach der Wasserung das Fahrwerk ausfahren und das Flugzeug direkt vor dem Schlafzimmerfenster abstellen. Wer es nicht gesehen hat, glaubt es nicht. Über La Grande Riviere, Fort Chimo, Frobischer Bay erreichten wir am 12. Juli Ilulissat auf Grönland. Dieser Ort ist malerisch an der Westküste Grönlands gelegen und hieß früher Jacobshavn. Die Inuits bestanden hier ebenso wie bei anderen Orten auf einer Namensänderung. So heißt Fort Chimo jetzt Kuujjuaq und Frobischer Bay Iqaluit. In Ilulissat kann es passieren, daß man im Anflug einem Eisberg ausweichen muß. Diese Berge schwimmen ja und sind gerade dort, wo man sie nicht gebrauchen kann. Das ist kein Fliegerlatein, sondern eine für Piloten gelegentlich unangenehme Tatsache. Über Kulusuk und Island ging es weiter zum Honeymooner Paradies Loch Lomon in Schottland. Der See Lomon nördlich von Glasgow ist wahrhaftig ein See zum Verlieben. Mit seinen Inseln und Sandstränden erinnert er etwas an die Karibik. Wenn man dann noch etwas Geld übrig hat, um im Cameron House, ein altes Schloß am südlichen Ende des Sees, zu übernachten, ist das Glück vollkommen.

Die Lake Renegade über den Niagara Wasserfällen.

Auf dem Georgian Bay in Ontario-Kanada bei Dr. Hunecke.

Eisberge vor Jacobshavn Grönland, heute Ilulissat.

Motorkontrolle an der Lake Renegade.

Zu Hause angekommen, kümmerte ich mich gleich um eine Berechtigung, auf Flugbooten andere Piloten ausbilden zu dürfen. Da das in Deutschland kaum möglich ist, wurde die Ausbildung in Dänemark durchgeführt, wo man willkommen ist. Inzwischen habe ich über hundert Piloten auf dem Wasser ausgebildet und einen Großteil davon glücklich gemacht. Das Wasserfliegen ist ein richtiger Virus,

Hilde, Horst Schminke und ich auf dem Flugplatz Bielefeld nach der Überführung des Flugbootes Lake-Renegade am 17. Juli 1989.

mit Ansteckungsgefahr... Es liegt wohl an den vielfältigen Möglichkeiten, die eine solche Maschine in sich vereint.

Von einem Wasserflugzeug geht eine gewaltige Faszination aus, verkörpert es doch gleichzeitig mindestens Dreierlei: Erstens ist es ein Flugzeug, das als Amphibium auch auf Land landen kann. Zweitens ist es ein Wasserfahrzeug, das auch an Land rollen kann. Drittens kann es auch als Rennboot benutzt werden, sobald es auf Hochtouren gebracht wird. Am besten eignet sich hierfür das klassische Flugboot, das auf dem Rumpf wassert. Fährt man damit auf dem Wasser langsam, funktioniert es als ein Verdränger. Von einer bestimmten Geschwindigkeit an und je nach Gewicht kommt das Wasserflugzeug oder Flugboot auf Touren und es verwandelt sich in einen Gleiter. Erst dann kann man wie ein Rennboot mit annähernd hundert Stundenkilometern eine Acht auf dem Wasser drehen, vorausgesetzt, daß in der näheren Umgebung keine anderen Boote fahren und der Wellengang minimal ist. Nimmt der Wellengang so zu, daß erste Schaumkronen auf dem Wasser rollen, dann ist ein solches Manöver nicht mehr möglich. Im Gegenteil, jetzt hat man mit der Tauchstampf-Neigung zu tun. Unter Tauchstampf-Neigung eines Wasserflugzeuges versteht man sich von Welle zu Welle vergrößernde Schwingungen um die Querachse, bis die Nase entweder eine Welle unterschneidet oder das Flugzeug von einer Welle zu früh in die Luft katapultiert wird, damit Geschwindigkeit erreicht, aber noch nicht flugfähig ist. Zwangsläufig schlägt es dann unkontrolliert auf der Wasseroberfläche auf. Damit sind Schäden vorprogrammiert, besonders, wenn einer der beiden Unterflügelschwimmer zuerst in das Wasser eintaucht und damit einen Ringelpietz verursacht.

Ein reines Wasserflugzeug hat zwei Schwimmer, das sind mehrteilige Hohlkörper. Sie wurden aus Sicherheitsgründen mit diesem Kammersystem entwickelt. Schlägt der Schwimmer an einer Stelle leck, dann geht nicht gleich das ganze Flugzeug unter. Diese Schwimmer nennt man auch Pontoons. Anstatt mit Unterflügel- oder Unterflächenschwimmern werden verschiedene Flugboote auch mit Flossenstummeln, Sponsons genannt, als Stabilisatoren ausgerüstet. Bei einer extremen Neigung kann das Ende der Tragfläche noch wie ein Ski wirken und somit das komplette Eintauchen der Fläche verhindern. Wie gesagt, sich mit einunddemselben Gefährt zu Lande, zu Wasser und in der Luft bewegen zu können, das ist schon sehr reizvoll!

Lake Renegade auf dem See Lomon, Schottland

In den Anfängen der Fliegerei ist man davon ausgegangen, daß nur ein Wasserflugzeug Zukunft haben könnte. Die Überlegungen waren folgende: Erstens bedeckt die Erdoberfläche zu mehr als siebzig Prozent Wasser. Zweitens braucht man für Wasserflugzeuge keine kostspieligen Flugplätze zu bauen und drittens besteht in den meisten Fällen die Möglichkeit, gegen den Wind zu landen, was am vernünftigsten ist. Immerhin hatte man 360 Landerichtungen, nämlich pro Grad eine Richtung. Erst im Laufe der Zeit stellte sich heraus, daß die Schadensquote auf dem Wasser höher ist als auf dem Land, auch heute noch. Bei hohem Wellengang ist in den meisten Fällen eine sichere Landung nicht möglich. Eine Blindlandung nach dem ILS System ist ebenfalls nicht möglich, beziehungsweise wäre es sehr aufwendig, so etwas zu installieren. Eine Nachtlandung würde ebenfalls kompliziert, da man auf dem Wasser nun einmal keine beleuchtete Mittellinien zur Orientierung hat. Mit einem Radarfeinhöhenmesser könnte allenfalls die Höhe kontrolliert werden, wobei die Höhe der einzelnen Wellen noch nicht angezeigt wird. Da es heute reichlich Flugplätze mit entsprechenden Landehilfen gibt, ist das Wasserflugzeug oder Flugboot mehr oder weniger für folgende Aufgaben am Tage gedacht: 1. Löschflugzeug, 2. Schulflugzeug, 3. Zubringerflugzeug in der Wildnis ohne Flugplätze, 4. Zubringerflugzeug zu Inseln ohne Flugplatz, 5. Attraktion auf Seefesten, verbunden mit Rundflügen, 6. See- und Küstenüberwachung um vor allem Umweltsünden und illegale Einwanderung zu unterbinden.

Mit den Motorflügen der Gebrüder Wright fing 1903 alles an, aber die Franzosen holten den Vorsprung der Amerikaner schnell auf und waren mit die ersten, die ihre Fluggeräte einigermaßen wassertauglich machten. Im

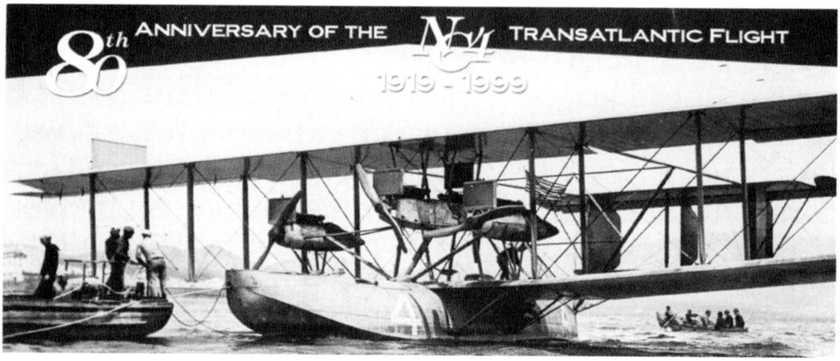

1918 hatte Curtiss ein viermotoriges Flugboot im Bau, das im Mai 1919 unter der Bezeichnung NC-4 den Atlantik mit einer Zwischenlandung auf den Azoren überquerte.

Jahre 1908 baute dann der Amerikaner Glenn Curtiss seinen Doppeldecker Loon zu einem Schwimmer um und war fortan ein Pionier der Wasserfliegerei. 1910 startete er bereits mit einem Druckschraubendoppeldecker von dem Schiff „Birmingham" in Virginia. 1918 hatte Curtiss ein viermotoriges Flugboot im Bau, das im Mai 1919 unter der Bezeichnung NC-4 den Atlantik mit einer Zwischenlandung auf den Azoren überquerte. Es wurden zwei weitere NC-4 gebaut. Leider mußten alle drei gemeinsam bei einer der nächsten Atlantiküberquerungen in der Nähe der Azoren wegen Nebel notwassern und wurden dabei erheblich beschädigt. Piloten und Besatzungen konnten glücklicherweise von Schiffen aufgenommen werden. Im schönen Luftfahrtmuseum Pensacola-Florida ist ein NC-4 Flugboot von Curtiss zu bewundern. 1919 wurde von der Firma Curtiss ein weiteres Flugboot unter der Bezeichnung HS 2 L gebaut und von der Firma Chalks im Linienverkehr betrieben. Chalks ist eine der ältesten Airlines der Welt und fliegt heute noch mit Grumman Mallard Flugbooten im Liniendienst vom Miami-Hafen zu den Bahamas.

Von Douglas wurde 1923 der einmotorige Doppeldekker Douglas World Cruiser gebaut. Dieses mit Schwimmern (Pontoons oder Floats) versehene Wasserflugzeug hatte vierhundertzwanzig Pferdestärken und flog einhundertsechzig Kilometer pro Stunde. Bereits 1924 flogen vier Flugzeuge dieses Typs mit fünfunddreißig Zwischenlandungen rund um die Erde. Damals brauchten die vier Flugzeuge für die siebenundzwanzigtausend Meilen noch ein halbes Jahr. Dabei wurden achtundzwanzig Länder überflogen. Der Liberty Zwölf-Zylinder-Sternmotor schaffte einhundertdreißig miles per hour, also Meilen pro Stunde als Landflugzeug. Als Wasserflugzeug, wegen des höheren Widerstandes, jedoch nur hundert Meilen pro Stunde.

Douglas World Cruiser

In Deutschland entwickelte Dornier 1929 das Riesenflugboot DoX. Die schon erwähnte amerikanische Firma Curtiss lieferte für die DoX die zwölf Neun-Zylinder Sternmotoren Curtiss Conqueror mit insgesamt siebentausendzweihundert Pferdestärken. Als die DoX am 12. Juli 1929 vom Bodensee abhob, war sie mit ihren zweiundfünfzig Tonnen und dreiundzwanzigtausend Litern Kraftstoff an Bord das mit Abstand größte Flugzeug der Welt. Einhundertneunundsechzig Personen flogen an Bord mit. Als die DoX nach ihrem ersten Atlantikflug auf dem Hudson River in New York wasserte, waren die Zuschauer von diesem antriebsstärksten Flugzeug der Welt begeistert. Der Nachteil bestand darin, daß dieses Flugzeug einen Luftwiderstands-Wert fast wie ein Kirchturm hatte und deswegen nur eine Geschwindigkeit von einhundertfünfundsiebzig Stundenkilometern erreichte. Damit schaffte die DoX trotz ihrer beeindruckenden Größe am Ende doch nicht den Durchbruch zum Verkehrsflugzeug und landete schließlich in einem Berliner Museum, wo sie im Zweiten Weltkrieg bei einem Angriff zerstört wurde. Dagegen war das von Dornier in den dreißiger Jahren gebaute Flugboot Do 24 sehr erfolgreich und späteren Neubauten ein gern kopiertes Vorbild. Es war hochseetüchtig und konnte deswegen für den Seenotdienst eingesetzt werden.

Ebenfalls in den dreißiger Jahren begannen die Amerikaner mit Martin M 130 und Boeing Flugbooten vom Typ 314 einen Liniendienst nach Südamerika, wobei vor allem in Rio-Porto Alegre und in Montevideo gewassert wurde.

Die Engländer bedienten mit ihrer Imperial Airways und Short Flugbooten vom Typ Calcutta, das waren Doppeldecker mit vier Motoren, die Strecke nach Indien, für die damals sieben Tage gebraucht wurden. Die Calcutta wurde später durch das luxuriöse Flugboot Empire ersetzt.

Bei der englischen Firma Short wurde dann während des Zweiten Weltkrieges das Kriegsflugboot Sunderland, das sich auch zur U-Boot-Bekämpfung eignete, konstruiert. Dieses viermotorige Flugboot mit Sternmotoren wurde nach dem Kriege zu einer zivilen Version umgebaut und bekam den Namen Solent. Die englische Fluggesellschaft BOAC bot über mehrere Jahre hinweg Südafrikaflüge mit Solent-Flugbooten an. Dabei gab es auf der Strecke Southampton-Johannesburg fünf Wasserungen, so daß der Flug mit drei Übernachtungen noch vier Tage dauerte. Dieses sehr schöne große Flugboot kann man heute im Museum „Fantasy of Flight" in Polk City Florida bewundern.

Auch die Franzosen waren nicht untätig. Mit ihren viermotorigen Flugbooten Latecoere 302, Latecoere 521 und dem sechsmotorigen Flugboot Latecoere 631 leiteten sie

Latecoere Flugboot 631

FLY TO AFRICA by
G-AFCT
IMPERIAL AIRWAYS

den Flugdienst über den Atlantik ein. Sie planten, einen riesigen Flugboot-Terminal am Etang de Biscarrosse zu bauen. Dazu kam es nicht mehr, die deutsche Besetzung während des Krieges brachte auch dafür das Aus. Aber ein sehr sehenswertes Flugbootmuseum in Biscarrosse erinnert noch an die glorreiche Zeit.

1926 schlossen sich die deutschen Luftverkehrsgesellschaften zusammen und gründeten die Deutsche Luft-Hansa. Parallel dazu begann das Condor Syndikat mit der Entwicklung von Flugbooten. 1938 begann der Hamburger Flugzeugbau mit dem Bau des sechsmotorigen Riesenflugbootes BY 222. Mit diesem Flugboot wollte die Luft-Hansa den Nordatlantik bedienen. Als die ersten sieben Riesenflugboote 1940, also im Krieg, fertig wurden, war von ziviler Luftfahrt nicht mehr die Rede und sie wurden für militärische Zwecke umgerüstet.

Während des Zweiten Weltkrieges bekam der exzentrische Milliardär Howard Hughes vom amerikanischen Verteidigungsministerium den Auftrag, ein Riesenflugboot als Truppentransporter zu bauen. Das daraufhin in Holzbauweise mit acht Motoren konstruierte Flugboot hätte siebenhundertfünfzig Soldaten transportieren können. Die acht Triebwerke erbrachten zusammen vierhundzwanzigtausend Pferdestärken. Dieser Gigant war größer als eine Boeing 747, also als ein moderner Jumbo-Jet. Die Spannweite betrug achtundneunzig Meter. Allerdings wurde man mit dem ersten Exemplar erst nach Kriegesende fertig, an Truppentransportern war kein Bedarf mehr vorhanden. Die Vereinbarung mit dem amerikanischen Verteidigungsministerium lautete aber, daß das Flugzeug abzunehmen sei, wenn es flugfähig war. So ließ es sich

Howard Hughes nicht nehmen, 1947 selbst den ersten offiziellen Start in Long Beach zu zelebrieren. Mit Hut auf dem Kopf. Die beiden berühmten amerikanischen Flugzeugbauer Howard Hughes und Igor Sikorsky hatten eines gemeinsam: Sie flogen beide mit Hut, was in Pilotenkreisen unüblich ist. Aber ihre Marotte wurde als Markenzeichen akzeptiert, weil dahinter eine Leistung stand. Heute wird der hölzerne Truppentransporter von Hughes im Museum von Portland Oregon gezeigt.

Ein anderes, sehr bewährtes Amphibien-Flugboot war die PBY 5A auch Catalina genannt. Sie hatte zweimal eintausendzweihundert Pferdestärken und konnte bis zu

Das Flugboot Catalina PBY-5A CONSOLIDATED vor den Tempeln von Abu Simbel

zwanzig Stunden in der Luft bleiben. Die Stützschwimmer wurden während des Fluges zu den Enden der Tragflächen angeklappt, so daß die Tragflächen eine Verlängerung bekamen und der aerodynamische Widerstand reduziert wurde. Dieses von Consolidated Aircrafts in den Jahren 1941 bis 1945 gebaute Flugboot wurde sechshundertfünfzehnmal hergestellt und hauptsächlich zur Seeaufklärung und zur U-Boot Bekämpfung während des Zweiten Weltkrieges eingesetzt. So spürte eine Catalina die berühmte „Bismarck" auf, die sich im Atlantik versteckt hielt, und führte die alliierten Truppen an das Schiff heran. Noch heute werden einige PBY 5A von Privatpiloten geflogen.

Sehr zuverlässige Flugboote in größerer Stückzahl wurden auch von der Firma Grumman in Bethpage Long Island gebaut. Es waren die Typen Widgeon, Goose, Mallard und Albatros. Die Widgeon ist schwierig zu fliegen, besonders, wenn einer der beiden Motoren ausfällt. Die Goose wurde schon früh mit Propellerturbinen modifiziert, um eine bessere Leistung zu erzielen. Auch die Mallard wurde bald mit Propellerturbinen versehen und so beispielsweise von Chalks International Airlines auf den Strecken von Fort Lauderdale, Watson Island, Key West, Paradise Island und Bimini eingesetzt. Auch König Faruk hatte übrigens eine Mallard in seinem königlichen Flugzeugpark. Die Albatros mit achtzundzwanzig Plätzen wurde von 1949 bis 1961 gebaut und zunächst mit zwei Curtiss Wright Sternmotoren versehen. Eingesetzt wurde dieses Amphibium bei der Marine, dem Such- und Rettungsdienst und der Küstenwache. Insgesamt wurden vierhundertvierundsechzig Albatrosse produziert, von denen heute noch zirka hundert fliegen. Ein Großteil dieser Albatrosse wurde aber mit der Zeit durch Pratt & Whitney Propellerturbinen modifiziert, so daß es zu einer besseren Dienstgipfelhöhe kam, die Zuladung erhöht werden konnte und auch die Geschwindigkeit zunahm.

1952 baute die englische Firma Saunders-Roe drei gewaltige Flugboote mit dem Namen Princess. Diese Flugboote hatten je zehn Triebwerke mit dreitausendsiebenhundertachtzig Pferdestärken pro Triebwerk. Die wurden auch gebraucht, um die einhundertfünfzig Tonnen in die Luft zu bekommen. Außer einem Testflug tat sich aber nichts, da mittlerweile die Luftverkehrsgesellschaften zu Landflugzeugen übergingen.

Auch die Italiener bauten brauchbare Flugboote. So war allen voran Caproni ein großer Flugbootkonstrukteur. Rinaldo Piaggio fing schon vor dem ersten Weltkrieg mit der Erprobung von Wasserflugzeugen an. Piaggio baute nach dem Kriege das Amphibien-Flugboot Royal Gull mit Verstellpropellern, die man so weit regulieren konnte, daß es sogar möglich wurde, mit diesem Flugboot rückwärts zu fahren. Mit einem derartigen Flugzeug stürzte in den siebziger Jahren der Sohn des reichen Reeders Onassis ab. Allerdings soll es sich dabei um einen Mordanschlag gehandelt haben.

Die Entwicklung der russischen Flugboote begann bereits vor dem zweiten Weltkrieg, damals wurde allerdings überwiegend nach westlichen Lizenzen gebaut. 1947 führte der Flugzeugbauer Beriew eine eigene, sehr gelungene Konstruktion vor, das Flugboot Be 6 Madge. Die Be 6 hatte ein Abfluggewicht von neunundzwanzig Tonnen und wurde durch zwei Sternmotoren angetrieben. Als ich 1992 meinen Flugboot-Trip rund um die Erde, von dem noch zu reden sein wird, plante, wollte ich auch einer Einladung zu den Flugbootwerften der heutigen Firma Beriew in Taganrog, nahe Rostow am Don folgen. Leider gaben die Moskauer Beamten mir keine Landegenehmigung für Taganrog. Aber 1998, bei einer Wasserfliegerveranstaltung auf dem Wannsee, konnte ich dann doch noch Beriews Nachfolgeversion, die Be 12 Tschaika bewundern. Dieses Flugboot wurde 1960 gebaut und besitzt zwei Propellerturbinen mit je viertausendzweihundertfünfzig Wellen-PS. Das Abfluggewicht beträgt dreißig Tonnen. Die neueste Entwicklung ist das Amphibium Be 103. Die Firma Beriew hat aber auch ein zweistrahliges Flugboot unter der Bezeichnung Be 10 konstruiert, das auf neunhundert Stundenkilometer kommt. Nach dem mir vorliegenden Foto hat dieses schnelle Flugboot die Triebwerke direkt auf den Tragflächen liegen. Die Enden der Tragflächen sind nach unten abgewinkelt, so daß die Flächenenden gleichzeitig als Stützschwimmer dienen. Aber nicht nur die Beriews haben ein Flugboot mit reinen Düsentriebwerken entwickelt. Die amerikanische Firma Martin baute bereits 1954 ein vierstrahliges Flugboot unter der Bezeichnung Seamaster, das tausend Stundenkilometer schnell war.

In dieser kleinen Geschichte der Flugboote müssen unbedingt noch die Feuerlöschflugzeug der Canadair erwähnt werden. Die Firma Canadair stellt bereits seit 1967 in Montreal das Amphibien-Flugboot CL-215 her, das hauptsächlich als Feuerlöschflugzeug eingesetzt und heute noch gebaut wird. Die Turbopropversion hat ein maximales Abfluggewicht von zwanzig Tonnen und kann dabei über sechstausend Liter Wasser aufnehmen. Beim Löschen fliegt dieses Boot in dreißig Metern Höhe über die

Baumspitzen, um innerhalb von Sekunden sechs Tonnen Wasser auf das Flammenmeer zu gießen! Besonders effizient wurde geregelt, wie anschließend die Wassertanks neu gefüllt werden: Das Flugboot gleitet mit einer Geschwindigkeit von neunzig Knoten über das Wasser und dabei füllt ein spezielles Schöpfwerk die Tanks innerhalb von zehn Sekunden. Die CL 215 kann aber auch an einem Flugplatz mit chemischen Löschmitteln, Insektiziden oder Ölbindemitteln befüllt werden. Hauptsächlich wird sie aber in Spanien, Frankreich, den USA und Kanada zur Brandbekämpfung eingesetzt.

Und zum Schluß noch ein paar Worte zur Dornier Seastar. Dornier, seit Jahrzehnten ein führendes Unternehmen im Flugzeugbau, kann auch auf eine langjährige Tradition im Flugbootbau verweisen. 1984 brachte man dort eine umwerfende Neuerung heraus, die aus einem Verbundwerkstoff, genannt Fiberglas, gebaute Seastar. Während alle aus Metall hergestellten Wasserflugzeuge früher oder später, insbesondere an den Nieten, undichte Stellen bekommen, kann einem das beim Verbundwerkstoff nicht passieren. Die Fiberglasbauweise bringt noch einen weiteren Vorteil, man kann diese Flugboote ohne Bedenken im Salzwasser benutzen. Salzwasser ist sehr aggressiv und läßt Metallflugzeuge leichter korrodieren. Die zwei PT 6 A-135 A-Turboproptriebwerke der Seastar, in Tandembauweise angeordnet, bringen ebenfalls Vorteile. So ist bei einem Triebwerksausfall kein Giermoment zu verzeichnen. Die Tragflügelstummel (Sponsons) haben auch Vorteile gegenüber von Stützschwimmern, da sie weniger Widerstand aufweisen und keinen Ringelpietz bei einem einseitigem Eintauchen verursachen können. Außerdem sind die Sponsons angenehme Plattformen zum Ein- und Aussteigen und zum Beladen des Flugzeuges. Günstig ist auch die Verlagerung des Schwerpunktes, damit kann die Seastar die Wellen besser durchschneiden und das Tauchstampfen verhindern. Beim Durchschneiden der Wellen entsteht zwar Widerstand, der aber durch die beiden Turbinen mit insgesamt eintausenddreihundert Shaft Horsepower also Wellen-Pferdestärken leicht überwunden werden kann. (Zur Erklärung: In Deutschland verwendet man die DIN, die Deutsche-Industrie-Norm, in Amerika wird die Leistung nach SAE angegeben, das heißt ohne Aggregate.)

Eine Dornier Seastar soll, nach langen Überlegungen, demnächst auf einer neuen Brandenburger Flugzeugwerft in Serie gehen. Es besteht nämlich weltweit, besonders im

Auf dem Luganer See, italienische Seite.

In Schweden auf dem Strand.

asiatischen Raum, durchaus wachsender Bedarf an guten Wasserflugzeugen. Viele Inseln verfügen über keine keinen Flugplatz auf dem Land und können auch keinen bauen, weil sie entweder nicht genügend Fläche oder nicht genügend Geld dafür besitzen. Inzwischen gibt es allerdings noch eine andere neue Sea Star! Seit November 2000 wird in Weatherford Oklahoma von der Firma Sea Star Aviation ein neues Flugboot in Verbundwerkstoff gebaut. Es hat eine Propellerturbine mit sechshundertfünfundsiebzig Pferdestärken und ist vierhundertfünfzig Stundenkilometer schnell. Auch die Lake Renegade wird ab 2002 mit einer Turbine gebaut. Der Trend geht zu Kerosin betriebenen Triebwerken, da Avgas, also Benzin für Kolbentriebwerke schon heute in vielen Ländern nicht mehr zur Verfügung steht.

Bei allen Vor- und Nachteilen eines Flugbootes darf man eines nicht verkennen. Sollte es zu einem erneuten Krieg kommen, ist die Zerstörung der Flugplätze primär. Ein Flugboot kann sich getarnt in Seewinkeln verstecken und ist von Flugplätzen unabhängig.

Mein persönlicher Traum ist ein Grumman Albatros Amphibien Flugboot, umgerüstet als Wohnmobil. In der Mitte wird ein französisches Bett hydraulisch bei Tag unter die Decke gezogen, so daß darunter tagsüber ein Wohnraum entsteht. Unter den Tragflächen würde rechts und links je eine Gondel angebaut, aus der hydraulisch ein Waverunner zur Wasseroberfläche abgesenkt werden könnte. Man hätte dann ein Wohnmobil zu Lande, zu Wasser und auch zur Luft.

Als Head Hunter in Afrika

Das Ballongeschäft lief immer besser. Allerdings drückt mich immer wieder ein Problem. Bei unseren Großballonen hatten wir einen Engpaß mit Piloten. In Deutschland gibt es einfach zu wenige Ballon-Kapitäne mit einer dementsprechenden Qualifikation. Ich wußte, daß in Kenia und Tansania reichlich Großballone für Ballonsafaris eingesetzt wurden. Da mußte man doch jemanden finden können? Wenn man ein so spezielles Personalproblem einer Agentur übertrug, dann konnte man womöglich Monate auf deren Ergebnis warten. da war es gescheiter, sich gleich selbst und vor Ort als Head Hunter, als 'Kopfjäger' zu betätigen. Kurzerhand entschloß ich mich am 28. November 1989 mit Hilde und dem Flugboot mal kurz nach Kenia zu starten, um dort mehrere Piloten abzuwerben.

Über Portoroz und Kreta ging es zunächst nach Luxor, wobei ich mich in der Höhe von Kairo für eine Zwischenlandung dort entschied. Der Gegenwind nahm ständig zu, Edy und Fredy schienen an diesem Tag wohl frei zu haben. Während eines schönen Sonnenunterganges gestaltete sich die Landung in Luxor dann als reine Routinesache. Eine Wasserung auf dem Nil, direkt am Hotel, hätte ich zwar bevorzugt, aber dazu fehlte uns die Genehmigung. In Luxor mußten wir nach der Paß- und Zollkontrolle auch noch zur Gesundheitskontrolle. Ich fand es eine Zumutung und Beleidigung zugleich, wenn man in einem ekelerregend schmutzigen Büro vor auch nicht sehr reinlich wirkenden Beamten eine Health-Declaration abgeben soll und dabei noch unsinnige Fragen gestellt bekam. Die sollten erst mal bei sich selbst mit der Sauberkeit anfangen.

Die Taxis von Luxor besaßen keinen Taxometer, so daß man gut daran tat, den Preis vorher auszuhandeln. Immerhin, das Mövenpick Hotel erwies sich als sauber und gut, so daß wir bequem übernachten konnten. Am nächsten Tag mußte ich den Flugplan für den Weiterflug nach Dschidda, Saudi-Arabien, im Tower des Luxor Airport abgeben. Es handelte sich hier noch um den alten Tower, der von den Engländern im Zweiten Weltkrieg gebaut wurde und ziemlich vorsintflutig ausschaute. Inzwischen ist dort ja ein moderner Tower errichtet worden. Wie sich zeigte, kam ich ungelegen. In der ersten Etage des Towers war kein Weiterkommen, da dort jede Menge in Kaftane gekleidete Moslems auf Knien gen Mekka beteten. Ich wagte nicht, mich einfach durchzudrängen und diese Andacht zu stören. Also nahm ich etwas später den zweiten Anlauf. Es würde etwas heikel werden. Ich war mir darüber im Klaren, daß ich für Saudi-Arabien keine Landegenehmigung besaß und wahrscheinlich nicht einmal über diplomatische Kanäle bekommen konnte. Ein Flug über den Sudan war nicht ratsam, da dort in einigen Gebiete immer wieder Kämpfe zwischen rivalisierenden Militärs aufflackerten. Außerdem gab es in Khartum keinen Kraftstoff für Kolbentriebwerke. Nun hatte ich aber von einem Ferry-Piloten, der neue Flugzeuge in die ganze Welt überführte und sich in den hiesigen Sitten etwas auskannte, einen hilfreichen Tip gehört. Es wäre günstig, in Saudi-Arabien nachmittags zu landen, da das Flughafenpersonal dann dort nicht mehr so die Übersicht besaß. In der Tat nehmen die meisten Menschen dort vom späten Vormittag an Kat, ein weitverbreitetes Rauschmittel in Form grüner Blätter. Man kaut diese Blätter und wird in einen tranceähnlichen Zustand versetzt. Es heißt, daß die besten Kat-Blätter aus Äthiopien kommen. Ich folgte diesem Rat, gab meinen

Flugplan für Dschidda so spät wie möglich ab und beantragte VFR, also Sichtflug, damit die zuständigen Stellen nicht viel Zeit zum Nachdenken hatten. Schließlich würde es ja irgendwann dunkel werden. Nach dem Start in Luxor sah ich zu, daß ich eilends aus deren Empfangsbereich herauskam. Die veralteten Funkgeräte reichten wohl ohnehin gerade einmal für die Kontrollzone. Danach fliegt man dann stundenlang über die Wüste, wo sowieso niemand ist.

Für den Fall, daß ich von Dschidda nicht akzeptiert worden wäre, hatte ich mich stillschweigend auf eine Wasserung auf dem Roten Meer außerhalb des saudischen Hoheitsgebietes eingestellt. Notfalls hätte ich mich dann von einem Schiff mit neuem Kraftstoff versorgen lassen. Ich rief Dschidda Control kurz vor dem saudischen Hoheitsgebiet und bat um Landeanweisungen. Als sei es das Normalste auf der Welt, wies man mir eine Landebahn an und der Follow-me-Wagen führte mich zum General Aviation, also der für die - Allgemeine Luftfahrt- zuständigen Stelle. Dort werden die Landegebühren bezahlt, der Flugplan für den nächsten Flug aufgegeben und das Wetter abgerufen. Da ich nur tanken wollte, machte auch der Zöllner keine Anstalten, irgendwelche Kontrollen durchzuführen. Vielleicht wollte ja auch er seinen Kat weiterhin ungestört genießen!

Nach dem kurzen Tankstop ging es weiter nach Yemen. Der IFR- Flug führte uns über das Rote Meer Richtung Süden. Erst, als wir die westliche Grenze des Yemen erreichten, flog ich auf fast Ostkurs nach Sanaa. Der Anflug im Dunkeln war schon sehr interessant. Wegen der hohen Berge mußten zwölftausend Fuß, also dreitausendsiebenhundert Meter gehalten werden.

JEPPESEN 21 OCT 88 (11-1) Eff 28 Oct

SANAA, YEMEN A.R.

SANAA INTL

ILS DME Rwy 18

LOC 110.9 ISAN

Apt. Elev 7237'

VHF/DF

SANAA Approach **125.3**

SANAA Tower **118.9 118.1**

Alt Set: MB (QFE O/R) — Trans level: FL 150

TDZ Elev: 237 MB — Trans alt: 13000'(5817')

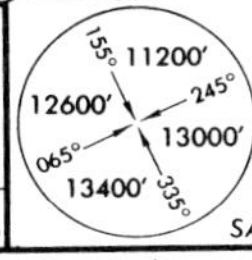

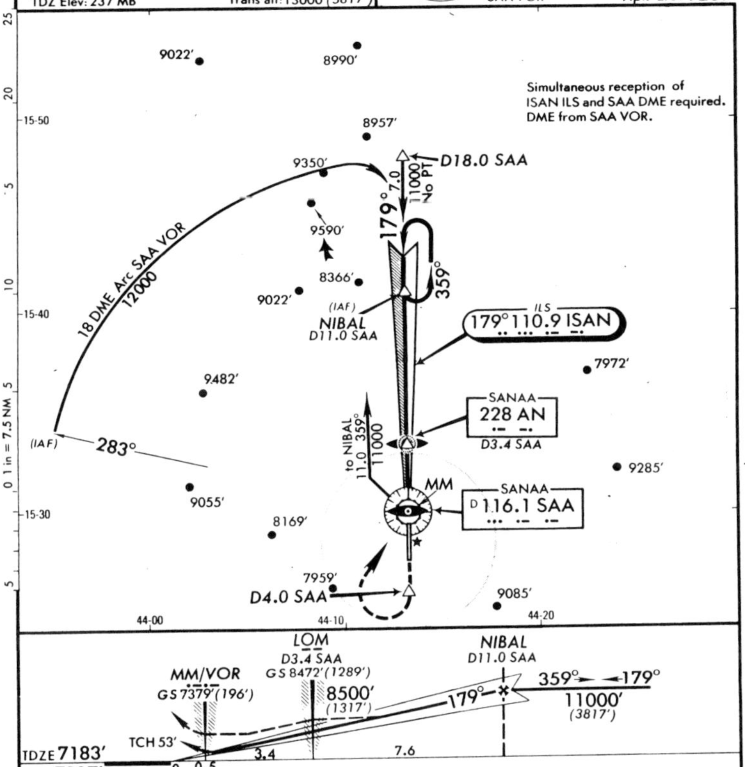

MISSED APPROACH: Climb to 8000'(817') or above via outbound SAA VOR R-179 to D4.0, then climbing RIGHT turn via SAA VOR to 11000' (3817') on SAA VOR R-359 to NIBAL D11.0 and hold. CAUTION: High terrain in the missed apch area requires a rate of climb of: 340 FPM 100 KT, 500 FPM 150 KT, 670 FPM 200 KT (No wind condition).

	STRAIGHT-IN LANDING RWY 18						CIRCLE-TO-LAND
	ILS			LOC (GS out)			Not authorized East of Rwy
	DH 7383'(200')		DH 7433'(250')	MDA 7560'(377')			MDA
	FULL	ALS out	MM out		MM out	ALS out	
A	800m	1200m	800m	800m		1600m	7940'(703') 1600m
B	800m	1200m	800m	800m		1600m	7940'(703') 1600m
C	800m	1200m	800m	800m		1600m	8040'(803') 3600m
D	800m	1200m	1200m	1200m	1600m	2000m	8040'(803') 4000m

Gnd speed-Kts	70	90	100	120	140	160
GS 3.00°	377	484	538	646	753	861
MAP at VOR/MM						

AMEND 4

CHANGES: Circling minimums.

Der Anflug in Saana erfolgt in 3 700 Meter Höhe über hohen Bergen. Ein nächtliche Landung setzt großes Vertrauen in den Lycoming Motor IO-540 voraus.

Achtzehn nautische Meilen vor Erreichen des Sanaa-Funkfeuers VOR 116,1 Megaherz - akustische Kontrolle SAA - gab es einen ungewöhnlichen circling approach, einen Platzrundeneinflug. Das heißt, man fliegt in nordöstliche Richtung, um sich in das Instrumentenlandesystem einzudrehen und hält ständig nach dem DME-Entfernungsmeßgerät einen Abstand von 18 DME, bis man auf dem Landekurssender ist. Der Flugplatz hat eine Höhe von 7.237 Fuß, gleich 2226 Meter. Bei 7437 Fuß hat man die decision hight, die Entscheidungshöhe erreicht. Ist die Landebahn dann nicht in Sicht, bleibt nur eines: durchstarten. Wir brauchten es Gott sei Dank nicht.

Nach der Landung bot sich uns in der Ankunftshalle ein buntes Bild. Die Yemeniten knieten allesamt gen Mekka und waren am Beten. Das kannten wir ja aus der arabischen Welt. Nur waren die Menschen hier offenbar von ganz anderem Schlag. Sie stammen aus Bergvölkern und jeder Mann trug einen Krummdolch. Auch die Gewänder unterschieden sich sehr von denen der meisten arabischen Länder. - Dann mußten wir eine umfangreiche Kontrolle über uns ergehen lassen. Dazu gehörte in diesem Falle auch eine money declaration. Man bestand tatsächlich darauf, daß wir unser ganzes Geld, verschiedene Währungen, auf einem Tisch ausbreiteten, damit gezählt werden konnte. Aus Erfahrung habe ich ja auf jeder Reise einige hundert Ein-Dollar-Scheine dabei, weil ja, wie schon erwähnt, kein Tankwart oder Flughafenbüro wechseln kann. Selbst wenn man das Geld zurückbekommt, ist es die Landeswährung, die in den allermeisten Fällen nicht konvertierbar ist. Also, wir packten unsere Dollars aus. Dann passierte es: Zwei Türen gingen gleichzeitig auf, es gab einen gewaltigen Windzug und das ganze Geld wirbelte fröhlich durch den Raum... Und alle die umstehenden, finster dreinblickenden Beamten sprangen hilfsbereit den grünen Dollarnoten hinterher. Ich glaube kaum, daß wir unser Geld vollzählig zurückbekommen haben.

Am nächsten Tag besichtigten wir die wirklich beeindruckende Altstadt von Sanaa. Mit dem Taxi fuhren wir zu verschiedenen Sehenswürdigkeiten, einige mochten noch aus den biblischen Zeiten der Königin von Saba stammen. Der Taxifahrer hatte auf dem Beifahrersitz ein Bund Kat deponiert. Pünktlich um elf Uhr begann er damit, diese Blätter zu kauen und fuhr anschließend wie eine besengte Sau. Er überholte trotz Gegenverkehr, so daß ich ihm sagte, er möge sofort anhalten. Meine Proteste ignorierte er vollkommen. Schweißgebadet kamen wir im Hotel an. Die Alternative zu einer solchen rasanten Taxifahrt wäre der Leihwagen gewesen. Aber auch von dem wäre in Sanaa eher abzuraten, weil es im Jemen noch die vorsintflutliche Institution des Blutzolles gibt. Das heißt, wenn man einen Unfall mit Verletzten hat, wird vom Stammesältesten ein Blutzoll festgelegt. Dieser Zoll richtet sich nach dem Grad der Verletzungen und der Zahlungsfähigkeit des Verursachers. Unter den Einheimischen wird er nicht nur in Form von Geld, sondern auch in Naturalien, beispielsweise Ziegen, entrichtet. Bei Zahlungsunfähigkeit wird der Krummdolch aus dem Halfter gezogen. Ich erinnere nur an die vielen Entführungen im Jemen, bei denen deutsche Touristen bevorzugt werden, weil man sie für besonders zahlungskräftig hält.

Unser Abflug gestaltete sich dann wieder schwierig, da es am Flugplatz auf der Seite für die zivile Luftfahrt keinen Kraftstoff für Kolbentriebwerke gab. Nach längeren Verhandlungen konnte dann von der gegenüberliegenden militärischen Seite Benzin mit hundert Oktan beschafft werden. Wegen dieser Verzögerung hatten wir inzwischen die Mittagsstunde erreicht. Dementsprechend war die Density Altitude, die Luftdichtenhöhe auf über zehntausend Fuß angestiegen. In so einem Fall ist es angebracht, daß man schon in Startposition das Gemisch mit dem Mixture nach dem EGT etwas ärmer macht, da sonst der Motor zu fett läuft und weniger Leistung bringt. Die Zylinderkopftemperatur war ebenfalls im Auge zu behalten! Sanaa liegt fünfzehn Grad nördlich des Äquators. Bei einem IFR-Abflug hätte ich die Abflugstrecke nicht einhalten können. Also Start nach den Sichtflugregeln und dann mit hundert Fuß steigen, immer im Winkel von fünfundvierzig Grad über die Berge. Die Hauptflugrichtung war gen Westen, zurück zum Roten Meer. Richtung Süden durfte ich auf keinen Fall fliegen, da der Süden des Jemen damals noch kommunistisch war und ich einen Abschuß riskiert hätte.

Nach dem Überfliegen des Roten Meeres wurde es wiederum prekär. Unser Ziel war Djibouti-HFFF. Hier gibt es aber beim Einflug nur ein Nadelöhr von drei Meilen und im Süden dieses Nadelöhrs lag dann wieder die Grenze der Demokratischen Volksrepublik Jemen, bei der wir auf keinen Fall eine Grenzverletzung riskieren konnten. Im Norden durfte die Grenze zu Eritrea nicht berührt werden, dort wurde schließlich gekämpft. Also Augen zu und durch? Nein Danke! Die Einflugschneise mußte anhand der Karte präzise gefunden werden. Ich fand sie und wir landeten in dem Miniland Djibouti.

Oh Graus, was hatten die für Taxis am Flugplatz stehen. Bei dem Exemplar mit dem wir uns abfanden, konnte man durch die verrosteten Bodenbleche bis auf die Erde sehen.

Außerdem mußte ich mit einer Hand die rechte Tür festhalten, sonst hätte der Fahrer gar nicht starten können. Von einem Tachometer weit und breit keine Spur, geschweige denn von einen Wegstreckenmesser. Mit Mühe und Not erreichten wir das Sheraton Hotel. Hilde strapazierte diese Taxitour mehr als der ganze aufregende Flug zwischen den heiklen Grenzen... Aber das gut geführte Hotel, das etwas außerhalb der Stadt lag, entschädigte uns dann ganz und gar.

Am nächsten Tag pilgerten wir neugierig auf den Markt, fanden ihn aber ziemlich unappetitlich. Das Fleisch wurde auf Zeitungspapier, teilweise sogar auf dem schlammigen Boden angeboten. Tausend Fliegen legten darauf ihre Eier ab. Schleunigst drehten wir um und fuhren erst einmal zum Flugplatz, um uns eine Landegenehmigung für Addis Abeba zu besorgen. Eine Genehmigung hatten für nur für Mogadischu, Somalia, dort, wo einst die spektakuläre Entführung der Lufthansa-Maschine Landshut passierte. In Somalia war aber inzwischen Bürgerkrieg ausgebrochen. Also sollte man besser einen großen Bogen darum ziehen. Am Flugplatz von Djibouti fanden wir beim AIS-Luftfahrtinformationsdienst einen tollen jungen Mann, Oman, den wir für unser Wasserflugzeug so begeistern konnten, daß er unser Problem als persönliche Herausforderung übernahm. Er schickte jetzt fast stündlich ein Telex (AIS hat ein eigenes Flugsicherungsfernschreibsystem) mit Dringlichkeitsstufe I nach Addis Abeba. Dort war man wohl irgendwann diese Drängelei leid und schickten die Genehmigung. Zum Dank lud ich Oman und seinen französischen Freund Francis vom Aero-Club Djibouti zu einem Rundflug mit drei Wasserungen ein. Die Jungs waren so begeistert, daß sie vorschlugen, doch auch noch unterhalb des Meeresspiegels zu fliegen. Wie das? Ein Flugboot eignet sich nicht als Unterseeboot. Sie wollten mich überraschen! Wir flogen bis fast an die Grenze von Äthiopien. Dort tauchte dann ein riesiger Salzsee vor uns auf. Am Rande des Sees zog gerade eine Kamelkarawane bepackt mit Salzsäcken aus einer Tiefe von dreihundert Metern nach oben. Das paßte gut. Wären Tiere und Menschen noch in der Mitte des ausgetrockneten Sees gewesen, hätten wir den Sinkflug bis auf einhundertfünfzig Meter unterhalb des Meeresspiegels nicht riskieren können. Jetzt zog ich nach unten. Die Renegade hat drei Propellerblätter deren Enden gekröpft sind und dadurch einen einmaligen Sound, der sich beim Sinkflug mit höchster Anstellung der Propellerblätter fast wie ein Kampfflugzeug anhört! Was für ein Gefühl! Schließlich zeigte der Höhenmesser fünfhundert Fuß minus an. So etwas kann man sonst nur noch am Toten Meer erleben. Dort befindet sich der niedrigste Punkt der Erdepberfläche mit dreihundertsechsundneunzig Metern unterhalb des Meeresspiegels. Bei einer Landung in Lelystadt (Holland) zeigt der Höhenmesser zwar auch dreizehn Fuß, gleich vier Meter minus an, aber was ist das schon... Die Erdkruste soll im Raum Djibouti am dünnsten sein, also zieht diese Gegend viele Geologen an, die hier nach den letzten Geheimnissen der Erde fahnden.

Francis machte uns mit Kongo Charlie, einem deutschen Fremdenlegionär bekannt. Nach dreißigjähriger Zugehörigkeit zur Legion étrangère, war er zum Oberst aufgestiegen und lud uns in das Offizierscasino seiner Division in Djibouti zum Essen ein. Dort haben Zivilisten, wenn überhaupt, nur als Gäste von Offizieren Zutritt. Zuerst gab es an der Bar einen Sueze, meinen Lieblingsaperitif. Das Essen wurde von jungen Legionären serviert, die eben erst in den Dienst genommen worden waren. Diese bis auf die Kopfhaut rasierten jungen Männer hatten gerade die Grundausbildung hinter sich gebracht, bei der sie sich offenbar auch das letzte Gramm Fett abgearbeitet hatten. Muskulös, drahtig und gehorsam verrichteten sie ihren Dienst und machten durchaus den Eindruck, als würden sie es notfalls auch mit dem Teufel aufnehmen. Kongo Charlie freute sich, einmal wieder in Deutsch plaudern zu können und beschrieb uns ausführlich seine verschiedenen Afrikaeinsätze. Im Kongo wurden die Rebellen bei Nacht- und Nebelaktionen meistens auf den Flugplätzen überwältigt. Die Fremdenlegionäre landeten ohne Licht im Morgengrauen auf den von Rebellen eroberten Flugplätzen und warfen sich auf der dem Feind entgegengesetzten Seite aus dem Flugzeug. Dann robbten sie, mit der Maschinenpistole im Anschlag, rückwärts in angrenzendes Gestrüpp und nahmen die Rebellen unter Beschuß. Eine Spezialeinheit, zu der auch Charlie gehörte, kämpfte sich zum Tower vor und besetzte diesen. Mit solchen und ähnlichen Einsätzen hatte sich unser neuer Bekannter seinen Spitznamen Kongo Charlie verdient. Weil er offenbar nicht nur gut kämpfen, sondern auch gut erzählen konnte, verging uns der Abend wie im Fluge.

Als wir erst spät in's Hotel zrückkehrten, glaubten wir dort unseren Augen nicht zu trauen. Rund vierhundert Europäer, meist Franzosen, belagerten die Hotelhalle und den Swimmingpool. Was war geschehen? Ein Jumbo Boeing 747 der französischen Charter-Gesellschaft Minervé war auf dem Wege zu den Komoren notgelandet, weil ein Triebwerk brannte. Der Brand konnte zwar während des Fluges gelöscht werden, trotzdem entschied sich die Crew für eine Landung in Djibouti. Hier mußte jetzt gewaltig improvisiert werden. Die freien Hotelbetten reichten für diesen unerwarteten Ansturm nicht aus. Am Pool wurde schnell ein einfaches Buffet aufgebaut und die Gestrandeten durften sich an großen Plastikcontainern mit Weiß- und Rotwein selbst bedienen. Viele verbrachten die Nacht unter freiem Himmel. Vierundzwanzig Stunden später traf eine Ersatzmaschine aus Paris ein. Die Franzosen nehmen so etwas gelassen hin und sagen allenfalls: Cest la vie. Man stelle sich das Gemaule vor, hätte es einen Jumbo voller deutscher Touristen getroffen. Die Havariemaschine flog dann ohne Passagiere mit drei Triebwerken nach Paris zurück.

Als wir dann nach unserer Tour von Tansania und Kenia zurückkehrten, mußten wir zwangsläufig wieder in Djibouti übernachten. Was war die Freude groß, Francis, Oman und Kongo Charlie wiederzusehen. Nun tagten im Sheraton gerade die Präsidenten der ostafrikanischen Länder, so daß kein Zimmer zu bekommen war. Oman hatte seinen freien Tag und schon reichlich Kat im Blut. Trotzdem besorgte er uns clever ein Stadthotel, in das ich dann alle zum Essen einlud. Anschließend ging es in einen äthiopischen Teeraum unter dem Hoteldach zum Teetrinken. Merkwürdigerweise kostete dort Tee mit Milch rund eine Mark mehr als ohne. Anscheinend standen gerade alle Ziegen trocken und Milch war Mangelware. Kongo Charlie kam wieder richtig in Form und verkündete uns, daß es auf der Welt nur drei Währungen gäbe, die man wirklich überall akzeptierte: 1. Rauschgift, 2. US-Dollars und 3. das Maschinengewehr G3 (dessen Nachfolgemodell heißt G36 und wird in Kürze auf dem Markt erscheinen). Außerdem meinte er, ein Mann müsse drei Dinge beherrschen, nämlich mit den Mädchen, mit dem Whisky und mit einem Gewehr richtig umzugehen. Oman erzählte, daß er für seine Frau hundert Kamele bezahlt hätte. Würde er sie bei einem Ehebruch ertappen, habe er als Moslem das Recht, seine Frau zu steinigen. Frauen, die gesteinigt werden sollen, gräbt man bis zur Brust ein, damit sie bewegungsunfähig sind. Die Steine dürfen nicht zu groß sein, damit der Tod nicht zu schnell kommt. Sie dürfen aber auch nicht zu klein sein, um ihre Wirkung nicht zu verfehlen. Im Iran ist die Steinigung trotz zahlreicher Proteste von Amnesty International immer noch an der Tagesordnung. Eine andere drakonische Strafe erwartet Diebe, ihnen wird die rechte Hand abgehackt. Damit sind sie gleich in mehrfacher Hinsicht gezeichnet. Weil unter Moslems allein die rechte Hand als sauber gilt, werden sie fortan von jeglichem Essen in einer Gemeinschaft ausgeschlossen. Der Hintergrund: Ausschließlich die linke Hand wird zur Reinigung des Afters benutzt. Der Islam ist schon eine tiefgründige Religion. Also: Inshalah-salam aleijkum.

Wir flogen weiter nach Addis Abeba, da wir etwas von dem Land sehen wollten im Sichtflug. Die Sicht war hervorragend, aber im Hochland hingen die Wolken teilweise so niedrig, so daß wir fast schon zu tief über die Strohhütten der Einheimischen hinweg brausten. Einmal konnten wir sehen, wie sich zwei Frauen vor Schreck über unser Flugzeug auf den Bauch warfen und ihre Röcke über den Kopf zogen. Vermutlich hatte sie der kriegerische Sound der Renegade befürchten lassen, daß die Kämpfe im angrenzenden Eritrea vielleicht auf ihr Gebiet übergegriffen hatten.

Die Landung in Addis Abeba verlief problemlos, noch problemloser die Grenzkontrolle. Wir marschierten mit unseren vier Streifen auf den Schultern schnurstracks durch den Crew-Ausgang direkt zum Taxi. Wir erwischten ein staatliches Taxi, das besser und billiger ist als die privaten.

Im Hilton Hotel erledigte ich erst einmal alle Formalitäten, während Hilde einen guten äthiopischen Kaffee trank. Im Zimmer erzählte sie mir, daß sie den Kaffee nicht zu bezahlen brauchte. Der Ober hätte ehrfurchtsvoll gesagt, eine Pilotin habe er noch nie bedient, deswegen würde der Kaffee auf seine Rechnung gehen. Hilde besaß zwar keine Pilotenlizenz, wir fanden es aber bei einer Route durch über solche schwierigen Weltgegenden gescheiter, daß Hilde ebenfalls Flieger-Klamotten trug und damit auch in komplizierten Situationen am Boden eher respektiert werden würde, als in einem geblümten Sommerkleid.

Die anschließende Stadtbesichtigung von Addis Abeba beeindruckte uns weniger, zumal der Kaiserpalast nicht zugänglich war. Unser Taxifahrer meinte, daß die sterblichen Überreste von Kaiser Haile Selassie irgendwo von den Kommunisten verscharrt worden seien. Inzwischen soll der Kaiser ein gebührendes Begräbnis erhalten haben. Am nächsten Tag flogen wir weiter nach Kenia, zum Wilson Airport Nairobi. Auf diesem Flug sahen wir aus unserer Vogelperspektive in hundertfünfzig Meter Höhe wieder viel Armut in Äthiopien und dachten daran, daß in den Landstrichen unter uns noch heute die entsetzliche Lepra verbreitet ist, die Krankheit der Armen. Später, über dem Rudolfsee, wurde die Gegend fruchtbarer und die Berge nahmen zu. Dann kam wieder einmal der Äquator. Aber getauft waren wir beide ja schon längst.

Der Sichtflug-Anflug zum Wilson Airport gestaltete sich schwierig, weil dieser Flugplatz sehr stark von Safari-Flugzeugen frequentiert wird. Wir waren die Nummer Zehn im Anflug, was eigentlich kein Problem darstellt. Das Problem bestand in den unterschiedlichen Flugzeugtypen und deren unterschiedlichen Geschwindigkeiten. Ein Hochdecker sieht einen über ihm fliegenden Tiefdecker schlecht und umgekehrt. Sehr langsam fliegende Flugzeuge sollten eigentlich in einem Warteraum so lange kreisen, bis der gesamte Anflug frei ist. Da lobe ich mir doch den Instrumentenanflug, bei dem schlicht und einfach der Fluglotse für den notwendigen Sicherheitsabstand verantwortlich ist.

In der barackenähnlichen Ankunftshalle von Wilson Airport ging es zu wie in einem Hexenkessel. Abenteurer und Großwildjäger warten auf die kleinen, zweimotorigen Flugzeuge, um in die einzelnen Camps geflogen zu werden. Insgesamt soll es in Kenia fünfhundert Safariunternehmen geben, so ungefähr für jedes Flußpferd eins! Jedenfalls tut man angesichts des Chaos auf diesem Airport gut daran, den Pass- und Zollbeamten ein paar Dollar in die Hände zu stecken. Sonst dauert die Abfertigung eine Ewigkeit. In Nairobi, und auch in Mombasa, sollte man seine Stadtbummel nur in Begleitung eines lizensierten Reiseführers wagen. Überfälle auf ausländische Touristen sind dort an der Tagesordnung.

Am nächsten Tag landeten wir in der Taita Hills Lodge auf einer Graspiste direkt neben dem Hotel. Es gibt kaum ein Safari-Hotel oder Camp ohne eigene Landepiste. Das hat den Vorteil, daß man kein Geld für ein Taxi braucht. In der Taita Hills Lodge wurden, wie in den meisten Camps, Ballonfahrten angeboten. Zunächst aber brachte man uns ein paar Worte in Suaheli bei, einer der wichtigsten Landessprachen. Ob am Morgen, Mittag oder Abend lautet die Begrüßung immer „Jambo". Das ist dann mit „Jambo Sana" zu erwidern. Der Löwe heißt Simba und der Chauffeur Luo. - Mich interessierten natürlich mehr die Ballonpiloten, die man hier unter Vertrag hatte. Mit Bill Johanson aus den USA wurde ich schnell handelseinig und nahm ihn für unsere Ballonsaison 1990 unter Vertrag.

Am letzten Tag des alten Jahres besiegelten wir unsere Vereinbarung und stürzten uns dann in die Sylvesternacht. Am Neujahrstag wurde draußen ausgiebig gefrühstückt. Ruhig zog eine Antilopenherde vorbei, so als existierten die Fremden für sie gar nicht.

Wir flogen weiter nach Tansania, um zunächst auf den Spuren von Tierforscher Grzimek den Ngorongoro Krater anzusehen. Zunächst aber mußte auf dem Kilimandscharo Airport die Paß- und Zollkontrolle durchgeführt werden. Den Geldzwangsumtausch erledigte der Zöllner persönlich und fünfzig harte Dollars verschwanden in seiner Tasche. Benzin bekamen wir trotzdem erst auf dem nächsten Flugplatz, in Arusha. Korruption ist hier an der Tagesordnung. Verweigert man sich diesem Spiel, so kann es leicht geschehen, daß einem unter fadenscheinigen Gründen private Gegenstände konfisziert werden. Übrigens gibt es in Tansania noch die Todesstrafe.

Die kleine Landepiste auf der Anhöhe des Ngorongoro Kraters konnten wir wegen Nebel nicht ansteuern, so daß wir in Lake Many'ara landeten. Um weiter zu kommen mußten wir zwangsläufig einen Landrover mit dem erwähnten Safari-Luo mieten. Unterwegs hielten wir am Denkmal für Michael Grzimek, der mit seiner Dornier 27 in der Nähe abgestürzt war, wahrscheinlich durch Vogelschlag, das heißt, man nimmt an, daß er in einen Vogelschwarm geflogen ist. - Der Ngorongoro Krater zeigte sich uns dann in seiner ganzen einmaligen Pracht. Fast alle Steppentierarten sind dort zu sehen: Antilopen, Zebras,

Impalas, Büffel, Strauße, Nashörner, Reiher, Pelikane, Affen, Elefanten. Die Millionen Flamingos bilden im Ngorongoro See einem rosaroten Teppich. Diesen grandiosen Anblick vergißt man nie. Man braucht mehrere Stunden, um durch den gewaltigen Krater zu kommen. Als wir wieder hinausfahren wollten, begann es mit unglaublicher Wucht zu regnen. In Minuten verwandelte sich die steile Ausfahrt in eine Schlamm- und Geröllpiste. Es dauerte anderthalb Stunden, bis wir die zwei Kilometer zum Kraterrand geschafft hatten. Immer, wenn der Rover zehn Meter hinauf geschafft hatte, rutschte er beim nächsten Anfahren wieder fünf Meter zurück. Zeitweise mußten wir aussteigen und standen dann bis zu den Waden im Schlamm. Im Ngorongoro Hotel war erst einmal eine Generalreinigung fällig und ein doppelter Whisky um den Ärger hinunter zu spülen.

Das nächste Ziel war der Mount Kenia. Vorher mußten wir aber wieder in Nairobi Zoll machen. Auf der schönen Terrasse des Norfolk Hotels ließen wir uns nach englischer Art den Tee zelebrieren. Der Mount Kenia Safari Club ist auf jeden Fall eine Übernachtung wert und für den Großwildjäger mehrere Wochen. Er liegt zwar direkt am Äquator, aber aufgrund der Höhenlage herrscht dort ein angenehmes Klima. Der Mount Kenya als höchster Berg (5 199 Meter) des Landes liegt nur rund dreißig Kilometer von der großen Klubanlage entfernt. In der Zebra-Bar des Hotels werden die Drinks so stark gemixt, daß man mit einem Glas genug hat, besonders, wenn man am nächsten Mittag wieder fliegen will. Der Mount Kenia Safari Club wurde nach der Unabhängigkeit Kenias in den sechziger Jahren von dem Filmschauspieler William Holden gegründet und zog reichlich Prominenz an. Lord Mountbatten, Prinz Bernhard, Lyndon Johnson, Clark Gable und Winston Churchill waren hier zu Gast. In vorgerückter Stunde soll dabei eine Dame zu Sir Winston gesagt haben: „Wenn Sie mein Mann wären, hätte ich Ihnen schon Gift gegeben!" Churchill soll geantwortet haben: „Und wenn Sie meine Frau wären, hätte ich das Gift auch genommen!" So etwas nennt man Schlagfertigkeit! Da wir noch viel vor hatten, mußten wir am nächsten Tag schweren Herzens weiterfliegen. Nun gut, bei einem längeren Aufenthalt dort wäre wohl auch unser Geldbeutel unnötig strapaziert worden!

So gut uns die Safaris durch die Tierwelt gefallen hatten, ich fand es mittlerweile an der Zeit, einmal wieder so richtig mit dem Flugboot zu wassern. Kenia bietet sich dafür an, besonders der Victoria-See. Zunächst hatte ich aber den Lake Naivasha auserkoren, da er auf meiner Route zum Masai Mara lag. Nur empfehle ich äußerste Vorsicht beim Wassern. Man sollte sich nämlich vorher schlau machen, welche Seen Natronwasser haben. Diese Brühe bekommt dem Vogel beileibe nicht so gut! Der Lake Naivasha ist ein reiner Süßwassersee und hat einige geschützte Buchten, so daß bei leichtem Wellengang die Wirbelsäule nicht über Gebühr strapaziert wird. Hier kann man problem- und endlos wassern. Wobei man sich über Nacht besser auf der parallel zum See verlaufenden Betonlandebahn abstellt. Denn der nächste Sturm kommt bestimmt.

Im Hotel wollte ich gleich ein Bad nehmen, denn ich war wegen der Hitze und der beim Fliegen nötigen Konzentration ganz schön durchgeschwitzt. Zwar gab es eine Badewanne, aber das Wasser tröpfelt nur mühsam aus dem Hahn. Nach einigem Zuschauen war mir klar: Es würde Stunden dauern, ehe die Wanne voll war. Das Hotel täte gut daran, in seinen Prospekt zu drucken: „Baden nur nach sechsstündiger Vorbestellung." Am nächsten Tag ging es zur Bank, um Geld zu tauschen. Vor mir warteten ein Masai und zehn Farbige. Es war höchst interessant, wie die meisten von ihnen den Geldempfang quittierten, nämlich mit einem Daumenabdruck. Ich hatte mich vorher schon gewundert, daß am Schalter so viele Stempelkissen lagen. Überhaupt laufen die Uhren in Afrika anders. Falls es überhaupt welche gibt, denn dort sagt man: „Europa hat die Uhr, Afrika die Zeit!" Was auch immer zu tun ist, man geht es -puly, puly- an, das bedeutet -gemach, gemach-.

Am Flugplatz überraschte uns eine drei Meter lange Schlange, die es sich vor unserem Flugzeug bequem gemacht hatte. Ich verlangte nach dem Flugplatzwächter, der erst nach wiederholtem Rufen aus seiner Wellblechbude kam. Er stank wie ein Ziegenbock, so daß ich einen Sicherheitsabstand einnahm. Gemeinsam warfen wir dicke Steine auf die Schlange, bis die zumindest betäubt war. Inzwischen hatte sich auch der Flugplatzkommandant zu uns bemüht und drosch mit einem dicke Stock solange auf das Ungetüm ein, bis es kein Lebenszeichen mehr erkennen ließ.

Wir flogen weiter zur Keekorok Lodge, wo schon Helmut Kohl seinen Urlaub verbracht hat. Die Gegend wird von Deutschen bevorzugt. Man ist zwar mitten in Afrika, aber das Masai Mara Gebiet liegt auf rund zweitausend Metern Höhe, so daß es dort nicht zu heiß wird. Abends wurde Impalabraten serviert. Es handelt sich um eine Antilopenart, die gar nicht schlecht schmeckt. Sobald es im Masai Mara Wildreservat dunkel wird, darf man das Hotel nicht mehr verlassen. Auf dem Wege vom Restaurant zu unserem Bungalow kam uns ein Elefant ziemlich nahe. Aus der Ruhe brachte er uns eigentlich noch nicht, da es dort normal ist, wilden Tieren zu begegnen. Dann stellte ich mir allerdings vor, der Elefant würde sich möglicherweise mit seiner dicken Haut an unserem vor der Bungalowtür geparkten Flugzeug scheuern. Tiere machen so etwas gerne, wenn das Fell juckt. Unseren Höhen-, Seiten- und Querrudern wäre das aber nicht gut bekommen. Glücklicherweise zog der Elefant weiter.

Auch auf dieser Lodge versuchte ich, mit den Ballonpiloten in's Gespräch zu kommen, allerdings ergebnislos.

Am nächsten Tag flogen wir weiter zum Fig Tree Camp, wo uns Asmet Khan erwartete. Asmet war ein versierter Ballonpilot und hatte schon zwei Saisons für uns Großballone geflogen. Mit seinem Vollbart wirkte er wie ein echter Pakistani. In Wirklichkeit lag die Sache komplizierter: sein Vater stammte aus Karatschi, seine Mutter war Sudetendeutsche, aber geboren worden war Asmet in Schottland. Er sprach Deutsch und Englisch mit schottischem Akzent, eine exotische Mischung.

Asmet hatte eine gute Verbindung zu einem Masai-Dorf, das wir dann dank seiner Vermittlung besichtigen durften. Die Dörfer sind rund angelegt und mit einer schützenden Dornenhecke umgeben. Nachts wird das Vieh, also die wertvollen Rinder, Schafe und Ziegen, in der Dorfmitte verwahrt. Die Herde gehört dem Stamm gemeinsam. Rund um den Viehplatz liegen die Häuser, die ebenfalls rund, aus Holz und Kuhmist gebaut sind. Dank Asmet durften wir sogar ein Haus von innen besichtigen. Es stank furchtbar nach Vieh und Qualm, drinnen war es dunkel. Zuerstes kam ein Raum für die Ziegen, dann ein Raum für die Bewohner. In der Mitte befand sich ein Feuerplatz, rechts und links davon je eine Lagerstatt zum Liegen und Sitzen. Ein Platz gehört der Frau und den Kindern und der andere dem Mann. Ein Masai kann mehrere Frauen haben. Er muß sie mit Vieh bezahlen. Jede Frau baut ihr eigenes Haus. Die Masai waschen sich nie, sehen aber seltsamerweise trotzdem nicht ungepflegt aus. Sie trinken auch kein Wasser, sondern Milch. Gelegentlich zapfen sie Tieren Blut ab, um das zu trinken. Sie essen auch kein Wild und leben nach eigenen Gesetzen. Erst seit 1980 kennen sie Geld. Die Masai bringen sich große Verletzungen bei, da es als schön gilt, viele Narben zu zeigen. Man sieht auch Masai mit großen Löchern oben und unten in den Ohren, in denen meist selbstgebastelter Schmuck hängt. Überhaupt malen sie sich bunt an. Sie haben eine interessante Geburtenregelung: Frauen werden während der Stillzeit kahl geschoren. Der Geschlechtsverkehr beginnt erst wieder, wenn ihnen ihre Haarpracht vollständig nachgewachsen ist. Tote werden nachts vor das Dornentor gelegt. Den Rest regelt die Natur. Bei Sonnenaufgang ist nichts mehr zu sehen. Die Masai glauben an eigene Götter und an das Heulen der Hyänen. Aus diesem Heulen glauben die Masai die Stimmen ihrer Vorfahren zu hören. - Nachdem wir den Kral verlassen hatten, war mir speiübel und die Kuhscheiße quoll aus den Schuhen. Uns erscheint es unerklärlich, wie Menschen in so einem Schmutz leben können. Trotzdem waren wir Asmet sehr dankbar für dieses einmalige Erlebnis, das man in dieser Form bei keinem Reiseveranstalter buchen kann.

Wir flogen weiter zur Mara Sarena Lodge und beobachteten unterwegs immer wieder Elefanten, Giraffen und Büffel. Auch die Landebahn in Mara Sarena hielten Antilopen, Warzenschweine, Hyänen und Kronenkraniche besetzt, so daß wir erst zweimal im dröhnenden Tiefflug die Piste überfliegen mußten, bis die Herrschaften sich bequemten, Platz zu machen. Durch den Krach aufmerksam gemacht, hatte der Manager der Lodge uns einen Landrover geschickt, denn diese Piste lag einen Kilometer entfernt. Unterwegs hielten wir am Mara River an und bewunderten die Flußpferde, die sich dort tummelten. Auch mehrere Krokodile lagen am Ufer und nahmen gelassen ein Sonnenbad. Abends kamen wir mit den Piloten David Weston und Michael Mc. Grath ins Gespräch. David fing noch im selben Jahr bei uns als Pilot an, Michael folgte ein Jahr später nach. An diesem Abend erlebten wir einen richtigen tropischen Regenguß. Nachts wachten wir vom Heulen der Hyänen und vom Brüllen der Löwen auf. Am nächsten Morgen konnte man hinter unserem Fenster abgefressene Bäume sehen. Die Elefanten waren uns wieder einmal sehr nah gekommen. Das alles mag hier recht friedfertig und harmlos klingen, man soll die Gefahren der afrikanischen Wildnis aber keineswegs unterschätzen. Ganz in der Nähe der Mara Sarena Lodge kam beispielsweise die Engländerin Juli Ward zu Tode. Sie spazierte allein in die Steppe, obwohl überall darauf hingewiesen wird, so etwas auf gar keinen Fall zu unternehmen.

Weiter ging's zum Govenor's Camp, wo wir John Coleman begrüßten, den wir schon aus England kannten. Abends wurde in einem großen Zelt mit anderen Touristen gegessen. Es kam so richtig Out-of-Afrika-Stimmung auf. John hatte uns für den nächsten Morgen zu einer Ballonfahrt eingeladen, so daß wir schon um fünf Uhr aufstehen mußten. Was für ein Gefühl, mit der aufgehenden Sonne über dem Mara River und der Tierwelt dahinzugleiten. Nach der Landung gab es Champagner und auf dem abmontierten Ballonbrenner wurden Ham und Eggs gebraten. Das sind Erlebnisse für's ganze Leben!

The show must go on. Wir flogen von jetzt an Richtung Heimat, aber nicht ohne noch dem Victoria-See einen ausgiebigen Besuch abgestattet zu haben. Dieser See liegt über tausend Meter hoch, so daß die Startstrecke entsprechend länger ist, als auf Meereshöhe. Unsere letzte Anlaufstelle in Kenia war Kisumu, wo wir für das Betanken unseres Flugzeuges acht Mann benötigten. Es gab Flugbenzin von Shell in Zwanzig-Liter-Einweg-Kanistern, aber keine Benzinpumpe. Das Befüllen der oberen Tanks stellt noch kein Problem dar, da konnte man einen Trichters aufsetzen und den Kraftstoff einfach hineingießen. Unsere zwei Floattanks unter den Tragflächen konnten so allerdings nicht betankt werden, da man die Kanister ja unterhalb der Tragfläche nicht mehr kippen konnte. Also improvisieren, wie so oft in Afrika. Es wurde eine stabile Stehleiter besorgt, die von beiden Seiten Stufen hatte. Dann wurde folgendes Arrangement getroffen: Zwei Männer halten die Leiter, ein Mann hält den Schlauch am Tank, ein Mann hält den Schlauch auf der Stehleiter, ein Mann hält den Trichter, der in den Schlauch oben eingefügt wurde, ein Mann schüttet aus dem Kanister das Benzin in den Trichter; zwei Männer beobachten das Ganze und geben Anweisungen. Damit man mir diesen Personal-Akt zu Hause überhaupt glaubte, filmte ich ihn. Bei unseren Stundenlöhnen in Deutschland wäre es eine ziemlich teure Betankung geworden. In Afrika schien es eher eine völlig normale Begebenheit. Bei der Zoll- und Paßkontrolle mußte wieder geschmiert werden, sonst hätten wir unser Ziel Addis Abeba vor Anbruch der Dunkelheit nicht erreicht. Nach dem Start sang ich in dreihundert Metern Höhe aus voller Brust Frank Sinatra's Lied: „Come fligh with me."

Cypern und Israel

Anfang Dezember 1990 überraschte mich Hilde mit dem Wunsch, Weihnachten in Bethlehem zu sein. Da sie sehr gläubig ist, sagte ich nur: „Warum eigentlich nicht?" Am 7. Dezember flogen wir zunächst nach Como, um dort noch einigen deutschen Wasserflugschülern zu ihrer Wasserflugberechtigung zu verhelfen. Anschließend ging es über Korfu und Rhodos nach Lanarca auf Cypern. Hier trifft sich Ost und West, das Morgenland und das Abendland. Lanarca ist ein Umschlagplatz. Man wechselt die Flugzeuge zum Weiterflug, außerdem landen hier viele Charterflugzeuge mit sonnenhungrigen Bleichgesichtern. Wir nahmen uns einen Leihwagen, um etwas von der Insel zu sehen. In Nicosia ging es in der zweigeteilten Stadt Richtung Norden nicht weiter. Der nördliche Teil der Insel ist 1974 unter schweren Gefechten von den Türken besetzt worden. Noch heute sieht man die Einschußstellen an den Häusern. Die Grenze ist durch Erdwälle, Sandsäcke und Stacheldrahtverhaue hermetisch abgeriegelt worden. Überall patrouillieren Soldaten mit Maschinengewehren. Im Grenzbereich sind die Häuser leer und teilweise zerschossen. Unglaublich, daß es heute noch so etwas gibt. Die Cyprioten sind sehr schlecht auf die Türken zu sprechen. Neugierig, wie ich nun einmal bin, mußte ich unbedingt einen Blick hinter die Grenze werfen. Ausländern wird dies gestattet. Also kaufte ich für Hilde und mich an der Grenze ein türkisches Tagesvisum. Unseren Mietwagen durften wir allerdings nicht mit hinübernehmen, so daß ein ausgedehnter Fußmarsch fällig wurde. Der ganze Zirkus hatte ein wenig Check-Point-Charlie-Atmosphäre. Überall trafen wir Soldaten der UNO. Um etwas kaufen zu können, mußten wir erst zu einer türkischen Bank Geld wechseln.

Etwas Besonderes bekamen wir nicht zu sehen und waren abends recht froh, wieder im cypriotischen Teil von Nicosia unseren Tee zu trinken.

Am nächsten Tag erlebten wir ziemlich verwundert, daß die Israelis unseren Flugplan ablehnten. Eine Begründung gab es nicht. Ich nahm Verbindung mit der Crew einer israelischen Boeing 737 auf und erklärte unsere Situation. Deren Kapitän Levy mußte wohl eine gute Verbindung zum Luftfahrtministerium in Tel Aviv gehabt haben, dann am nächsten Tag traf die Genehmigung für die drei Flugplätze Eilat, Jerusalem und Tel Aviv ein. Wir flogen zunächst über Tel Aviv und Jerusalem hinweg, um in Eilat zu landen. Der IFR-Anflug dort ist sehr eng. Man fliegt zunächst über den Golf von Eilat mit 230 Grad Outbound des SMR NDB und muß dabei auf westlicher Seite, also nach Ägypten zu, hohe Berge berücksichtigen. Beim Anflug zur Landebahn 03 muß ebenfalls sehr präzise geflogen werden, da östlich des Kurses Jordanien liegt. Eine Grenzverletzung zu Jordanien könnte Folgen haben. Bereits aus der Luft konnte man gut erkennen, daß die Grenze mit großen Drahtgeflechten versehen war und mehrere Kanonenboote ihre Geschütze in Richtung Israel gedreht hatten. Shalom, wir waren in Israel gelandet.

Es war der 26. Dezember 1990 und unser Zeitplan war etwas durcheinander geraten, da wir wegen einer Vereisungswetterlage vorsorglich ein paar Tage am Boden blieben. Jetzt sollte erst einmal die Gegend erkundet werden. Also buchten wir eine Busfahrt durch die bergige Sinai-Wüste zum Kloster St. Katharina in Ägypten. In diesem einsamen Kloster sieht man griechische Mönche und den Dornenbusch, von dem die Bibel sagt, daß Moses dort ein

Engel erschienen sei, um ihm die Gebote für das Volk Israel zu verkünden. Der Berg, auf dem Moses damals gelebt haben soll, lag leider im Nebel. Der Bus brachte uns zurück in das Vierländer-Eck Saudi Arabien, Jordanien, Ägypten und Israel. Wir beeilten uns, das Wichtigste von Israel mitzubekommen, denn die Nachrichten klangen gar nicht gut. Die Golfkrise spitzte sich zu, Sadam richtete bereits seine Raketen auf Tel Aviv. Am Flugplatz traf ich noch einmal jenen Kapitän Levy, der mir auf Cypern die Landegenehmigung für Israel besorgt hatte. Er wollte unbedingt unser Flugboot kennenlernen. Ich nutzte das und fragte ihn, ob er uns nicht eine Landegenehmigung in einem Kibbuz besorgen könne. Nach einem kurzen Telefonat hatte er die Genehmigung. Wir kletterten in die Maschine und ich ließ ihn als PiC, als Pilot in Command fliegen. Das war schon rechtens, weil ich ja eine Einweisungsberechtigung für Flugboote besaß. Die Landebahn des Kibbuz war nur neunhundert Meter lang, aber Kapitän Levy hatte damit keine Probleme. Der Chef der Kibbuzniks begrüßte uns gleich am Flugzeug und hieß uns willkommen. Wie bei den meisten Kibbuzim handelte es sich auch hier um einen Landwirtschaftsbetrieb. Dieser hatte sich auf Milchwirtschaft spezialisiert und besaß eine eigene Molkerei. Beim Rundgang wurden mir die Grundzüge eines Kibbuz erklärt: Die Mitglieder erhalten keinen Monatslohn, da Geld innerhalb der Siedlung nicht gebraucht wird, sondern einen jährlichen Betrag, der beispielsweise für Urlaubsreisen ausgegeben werden kann. Persönlicher Reichtum hat unter den Siedlern keinen Stellenwert. Alle arbeiten für das gemeinsame Wohl. Diese Art des Zusammenlebens ist schon einmalig auf der Welt. In dem gemeinsamen Speisesaal durften wir kostenlos am Mittagessen teilnehmen. Die Menschen wirkten auf mich sehr natürlich und die

Mädchen, ohne Schminke und Farbe im Haar, noch natürlicher. Den ganzen Tag an der frischen Luft und das noch bei reichlich Bewegung erübrigt das Krankenhaus. So hatte sich der Flug für uns beide gelohnt.

Als wir nach Eilat zurückkamen, hatte sich die Golf-Situation weiter zugespitzt. Aus Rußland und Osteuropa kamen stündlich hundert Einwanderer. Trotzdem feierten wir erst einmal im König Salomon Hotel das Neujahrsfest, bevor wir am 2. Januar 1991 von Eilat nach Jerusalem flogen. Leider mußten wir IFR fliegen, sonst wäre ich gern einmal in das Tote Meer mit seinen fast vierhundert Metern unterhalb des Meeresspiegels eingetaucht. Der Anflug auf Jerusalem ist leicht, da es nicht viel Verkehr gibt. Die Landebahn mißt nur knapp zweitausend Meter und ist damit für viele große Flugzeuge zu kurz. Zoll- und Paßkontrolle waren ja bereits in Eilat erledigt, so daß wir mit dem Taxi binnen zehn Minuten im schönen King David Hotel in Jerusalem ankamen. Im Dunkeln geht man in Jerusalem besser nicht auf die Straße, da es immer wieder zu Überfällen kommt, insbesondere im arabischen Viertel. Unser Hotel war koscher und es standen Gefäße für rituelle Waschungen im Zimmer. Ich ging lieber an die Bar und führte die Waschung von innen durch. Die nächsten Tage waren natürlich mit Bustouren verplant: Bethlehem, Nazareth, Kapernaum, Tiberias, Jericho, Masada und Jerusalem mit der Klagemauer und dem Leidensweg Christi, wir wollten doch alles gesehen haben. Unser Reiseführer im Bus, offiziell einfach ein Guide, aber offenkundig auch als Sicherheitsbegleitung gemeint, hatte ein Kreuz, breit wie ein Kleiderschrank. An seinem Koppel hing ganz offen ein Revolver mit einer enormen Trommel. Des Reiseführers rechte Hand befand sich unauffällig, aber beharrlich in der Nähe des Pistolengriffes. An gefährlichen Stellen wie in Hebron ließ er den Bus erst gar nicht anhalten. In der Nähe der Golanhöhe meinte unser wehrhafter Guide, daß man dort oben billig Land erwerben könne. Man müsse es eben nur selbst verteidigen!

Mich hat Masada sehr beeindruckt, eine uralte Festung, die vierhundertsechsundzwanzig Meter über der Küste des Toten Meeres liegt. Masada wurde wohl seit Menschengedenken als Fluchtort benutzt, dann im Jahr 37 v. Chr. von König Herodes zu einer Bergfestung umgebaut. Nachdem Jerusalem im Jahre 70 n. Chr. endgültig in römische Hand gefallen war, flüchteten sich Überlebende dieser Schlacht nach Masada und konnten die Bergfestung noch jahrelang ganz ohne Unterstützung von außen halten. Schließlich schickte Rom 72 n. Chr. Elitetruppen. Die Zehnte Legion marschierte mit zehntausend Mann und dreitausend jüdischen Sklaven durch die Wüste, um Masada endlich einzunehmen. Die Belagerung dauerte mehrere Jahre und führte lange nicht zum Erfolg, da die Verteidiger Selbstversorger waren. Auf dem Plateau der Festung wurde Landwirtschaft betrieben und die riesigen Zisterne sorgte für ausreichend Wasser.

Schließlich ließen die Belagerer eine gewaltige Sturmrampe anlegen, für die von Sklaven enorme Erdmengen aufgeschüttet werden mußten. Die Verteidiger bewarfen die Bauarbeiter auf der Rampe mit Steinen und beschossen sie mit Pfeilen. Da den Römern genügend Sklaven zur Verfügung standen, um die Getöteten zu ersetzen, konnte der Bau der Rampe bis vor die Festungstore hinauf vorangetrieben werden. Zehntausend römische Legionäre standen zum Sturm bereit. Innerhalb des Verteidigungsringes von Masada lebten noch neunhundertsiebenundsechzig Juden. Die nun unabwendbare Niederlage vor Augen und um nicht in die Sklaverei gehen zu müssen, wählten die Juden den Freitod. Vorher türmten sie im Hof der Festung ihre beträchtlichen Lebensmittelvorräte auf. Sie wollten den Römern zeigen, daß sie noch lange hätten Widerstand leisten können. Diese tragische Geschichte prägt bis heute das Selbstverständnis der Juden. Auch wegen Masada sind die heutigen israelischen Soldaten und Offiziere bereit zu kämpfen. Die Formel, die jeder israelische Soldat bei seiner Vereidigung spricht, endet mit dem Satz: „Masada nicht noch einmal!"

Von Jerusalem aus wollten wir nach Herzelia, einem kleinen Flugplatz nördlich von Tel Aviv, um von dort aus über die Türkei Richtung Norden die Heimreise anzutreten. Dann stellte sich heraus, daß es in Herzelia keine Grenzabfertigung gab. Uns blieb nichts anderes übrig, als zum Ben Gurion Airport in Tel Aviv zu fliegen. Ich mag diese großen Flugplätze nicht. Sie wirken so unpersönlich und nehmen einem mit ihren Wegelagerergebühren wie dem Zwangs-Handling und Ähnlichem den Spaß an der Fliegerei. Nun gut, natürlich besichtigten wir Tel Aviv und das alte Jaffa, das kann man ganz gut in einem halben Tag schaffen. Jaffa ist der israelische Hauptthafen, von einer Landzunge mit fünfundvierzig Meter hohen Felsen umgeben und damit nicht so leicht von Belagerern einzunehmen. So etwas war früher strategisch sehr wichtig. Das Kulturzentrum in Alt-Jaffa ist ebenfalls sehenswert. Dann sollte man sich noch den Kamelmarkt in Tel Aviv ansehen, heute ein Gemüse-, Obst- und Souvenirmarkt.

Irgendwie spürten wir es bei unserem Rundgang die Nervosität der Leute. Der Krieg mit den Irakern schien wohl sehr nah. Auch uns wurde langsam etwas unbehaglicher zumute und wir fuhren dann bald zum Flugplatz, um nach Antalya in der Türkei zu starten. Am Flugplatz wurden wir eine Stunde lang gefilzt und intensiv befragt, ob wir nicht doch eine Verbindung zu Arabern hätten oder ob wir womöglich im Auftrage einer antiisraelischen Organisation unterwegs seien. Wir waren es nicht und durften nach dieser Durchleuchtung abfliegen. Nach der Landung in Antalya konnten wir die Nervosität der Israelis besser verstehen: Auf dem Flughafen standen ganz offen mehrere AWAC-Radarflugzeuge in Startposition. Einen Tag später brach der Golfkrieg aus und Tel Aviv wurde von Sadam Hussein mit Raketen beschossen. Shalom heißt Friede! Edy und Fredy hatten uns rechtzeitig aus dem Gefahrengebiet herausgeführt!

Mit dem Heißluftballon über die Alpen

Seit Jahren steuerten wir nun unsere großen Heißluftballons in kleineren und größeren Kreisen über der engeren Heimat aber auch über die Schlösser der Loire und über Schottland. Das lief an sich sehr gut, aber spektakulär war für das Publikum daran mittlerweile kaum noch etwas. In Gesprächen hörte ich nicht selten, daß die Leute den Ballon für ein wunderschön romantisches, aber eben doch altmodisches Gefährt hielten, mit dem man letztlich keine großen Sprünge machen konnte und sollte. Wie ich fand, wurde das der Sache nicht ganz gerecht. Schließlich hatte sich die Technik auch hier weiterentwickelt, war zuverlässig. Und was die großen Sprünge betraf: Elefanten machen auch keine, trotzdem hat Hannibal mit ihnen die Alpen überquert. Mit dem Ballon über die Alpen? Ich ließ mir die verschiedenen möglichen Routen durch den Kopf gehen, rechnete alles gründlich durch, und beschloß, das Projekt zu realisieren. Seit 1989 führen wir nun Alpenüberquerungen mit siebentausend und neuntausend Kubikmeter großen Heißluftballons durch. Die Ballons müssen so groß sein, um genügend Propangas mitnehmen zu können, kleine Sportballons wären ungeeignet. Insgesamt bin ich als Ballonpilot bis heute sechzehnmal über die Alpen gekommen.

Eine Fahrt im Mai 1991 blieb mir ganz besonders in Erinnerung: Es sollte eine Tour mit zwei Ballons werden, zu zweit kann man als Pilot manches besser koordinieren und auch ein wenig seinen sportlichen Ehrgeiz ausleben: Wer ist der Schnellere. Das macht auch den Fluggästen Spaß. Für sie hat die Tour mit zwei Ballons nicht zuletzt den Vorteil, daß man sich gegenseitig fotografieren kann. Wir starteten am 22. Mai 1991 morgens um vier Uhr vom Bürgenstock am Vierwaldstätter See zu einer Alpenüberquerung Richtung Italien mit jeweils einem Siebentausend-Kubikmeter-Ballon. Ich flog mit David Weston, in jedem Ballon fünf Passagiere.

Nebenbei bemerkt: Der Bürgenstock ist ein Refugium, das seinesgleichen sucht. Auf dem Plateau oberhalb des Sees sind gleich drei Fünf-Sterne-Hotels mit Golfplätzen, Badelandschaften usw. zusammengefaßt. Wir hatten im Palace Hotel übernachtet. Man kann vom Plateau mit einer Zahnradbahn zum See hinunterfahren, um dann ein Schiff nach Luzern zu nehmen. In Luzern gibt es viel zu sehen. Wir zogen natürlich in's Technik-Museum und amüsierten uns mit historischen Eisenbahnen und Fluggeräten. Selbst eine Coronado der Swiss Air hat man dort untergebracht. Für die Damen war Shopping angesagt, und natürlich eine Tasse Kaffee im legendären Hotel Chateau Gütsch. Am nächsten Morgen ging es dann also in aller Herrgottsfrühe los. Wenn man beizeiten startet, kann man den rotglühenden Sonnenaufgang über den schneebeckten Alpen erleben und das ist nun wirklich ein überwältigend schönes Naturschauspiel. Wir hatten jedenfalls einen grandiosen Sonnenaufgang, so daß einige Passagiere zu Tränen gerührt waren. Man kann es kaum beschreiben, man muß es erlebt haben. Ja, es ist wahrhaftig ein Logenplatz am Himmel. Winter und Frühjahr eignen sich besonders, weil da dann noch mehr Schnee liegt und die Thermik noch nicht so stark ist. Ruhig zogen wir in der ersten Morgensonne über dem Gebirge unsere Bahn. Die Gipfel von Jungfrau, Mönch und Eiger lagen zum Greifen nahe.

In drei- bis viertausend Metern Höhe über den Alpen. Foto In fast zwanzigtausend Fuß mit Sauerstoff über den Alpen. Temperatur im oberen Bereich der Ballonhülle einhundertdreizehn Grad Celsius.

Schon bald konnten wir den Lago Maggiore erkennen, so gut war die Fernsicht. Wirklich, wir saßen da wieder einmal auf dem schönsten Hochsitz am Himmel und verspürten das drittschönste Gefühl. (Weil das schönste Gefühl doppelt schön ist, kommt Ballonfahren erst an dritter Stellc.) Dort oben vergeht die Zeit wie im Fluge, aber gegen neun Uhr muß wieder gelandet werden, damit man nicht mit dem Ballon in die Thermik, also jene für den Ballon fast unberechenbaren Auf- und Abwinde zu geraten. Thermik ist nur für den Segelflieger gut. Für den Ballonfahrer ist sie reines Gift. Landet man in einem Tal, so setzt die Thermik etwas später ein, da die Sonne erst später über die Hänge strahlt und die Talsohle dann erst richtig erreicht.

Wir überfuhren die Grenze zu Italien und mußten uns jetzt langsam nach einem geeigneten Landeplatz umsehen. Allein das Landemanöver kann über eine Stunde dauern. David hatte mich inzwischen überholt, da er etwas höher fuhr. In der Höhe werden die Winde ja stärker. Jetzt setzte er in einem Tal zur Landung an. Der Ort dort hieß laut Karte Ree-Statione Maria. Ich sah auf die Uhr: Fahrzeit fünf Stunden und fünfzehn Minuten! Im Tal herrschten aber wieder ganz andere Winde als in der Höhe, man nennt das den Venturi-Effekt. Man ist froh, wenn man einen halbwegs geeigneten Platz findet, auf dem dann auch noch der zweite Ballon gut herunterkommen kann. In Ree-Statione Maria landete David ganz sicher, aber direkt neben einer eingleisigen Eisenbahnlinie. Wie es das Unglück wollte, fiel die Hülle über die Schienen. Schnell kletterte einer der Passagiere aus dem Korb und signalisierte der herannahenden Bimmelbahn, sie möge anhalten. Der Lokführer mußte das Hindernis wohl bereits erkannt haben, denn er brachte seine alte Lokomotive mit den drei Wagen dahinter rechtzeitig zum Stehen. Couragiert und flink organisierte der Mann, daß die Bahn-Reisenden, so weit sie rüstig waren, auszusteigen und beim Packen der Ballonhülle mit Hand anzulegen hatten. So schnell war die Hülle noch nie im Sack. David bedankte sich beim Lokführer und seinen Passagieren herzlich. Aber so etwas ganz Besonderes schien der Zwischenfall für den Mann gar nicht zu sein. Wahrscheinlich blockierten Steine oder abgeknickte Baumstämme von einem Erdrutsch auch sonst gelegentlich die Schienen. Bei derartigen Hindernissen mußte dann auch jeder, der konnte, zupacken, damit es irgendwann weiterging. Eine Ballonhülle dürfte allerdings zum ersten Mal die Ursache für die Zugverspätung gewesen sein. Inzwischen waren auch Leute aus dem Ort, voran der Pastor, herbeigeeilt. Der Pastor segnete den Ballon mit Weihwasser. Für dieses kleine Gebirgsdorf stellte unsere Landung natürlich eine Sensation dar. Der Pastor lud David und seine Crew in die sehr alte Kirche von Ree-Statione Maria ein, wo erst einmal der gesamte Meßwein ausgetrunken wurde. Nach so einer Ballonfahrt hat man ja Durst, da die Luft oben so trocken ist.

Ich landete unterdessen oberhalb des Ortes auf einer schönen Wiese. Als wir den Ballon gesichert hatten, kam auch für uns die große Überraschung. Ich war davon ausgegangen, daß, wo eine Wiese ist, auch ein Weg sein würde. Schließlich mußte ja auch der Bauer irgendwie dort hinauf kommen. Hier existierte allerdings nur einen Trampelpfad für Mulis. Hätten wir das gesamte Equipment den Berg hinunter tragen müssen, so wäre das eine elende Schinderei geworden. Wie sich herausstellte, war zufällig ein Arbeitshubschrauber am Orte, der Material zu einer Berghütte bringen mußte. Ich stellte mich als Hubschrauberkollegen vor und bat den Piloten um einen Freundschaftspreis. Schnell wurden wir uns handelseinig. Für fünfhundert Mark flog er in drei Partien zunächst den Korb, dann den Sack mit Hülle und zuletzt in seinem unter dem Hubschrauber hängenden Netz die Gasflaschen zu Tal. Unsere Crew hatte noch den Vorteil, daß sie kostenlos mitfliegen konnte. Im Ort unten war kurzerhand vom Dorfpolizisten der Marktplatz gesperrt worden, so daß der Hubschrauberpilot alles dort ausklinkte. Im Hotel wurde mit den Passagieren beider Ballons noch lange gefeiert, und zu vorgerückter Stunde noch eine 'Not-Taufe' arrangiert. Normalerweise wird die Ballon-Taufe stets nach der Landung draußen durchgeführt. Das war dieses Mal in dem allgemeinen Trubel untergegangen. Jedenfalls bekam nun am

Abend doch noch jeder Passagier seinen Ballonfahrt-Adelstitel und eine hübsche Urkunde dazu. Diese Idee mit den Ballon-Titeln geht übrigens auf eine historisch verbürgte Geschichte zurück: Als am 21. Novbember 1783 in Versailles der erste bemannte Ballonflug stattfand, war auch Ludwig der XVI. unter den erstaunten Zuschauern. Der Mut der Ballon-Pioniere beeindruckte den französischen Monarchen so sehr, daß er veranlaßte, die Brüder Montgolfiere in den Adelsstand zu erheben. Was dann auch prompt geschah. In Erinnerung daran erheben auch wir unsere Passagiere in den Adelsstand. Der Titel wird jeweils von der Ortschaft abgeleitet, in der wir bei der betreffenden Ballonfahrt gelandet sind, in diesem Falle also von Ree-Statione Maria.

Am Ende konnten wieder einmal alle Beteiligten dem alten Auguste Piccard nur zustimmen, der da gesagt hat: „Das Ballonfahren verschafft dem Menschen ein unvergleichliches Glückserlebnis und seinen Sinnen das höchste Gefühl, das er zu erfassen imstande ist."

Ballonglühen in der City.

Ballonhafen 33803 Steinhagen

Durch sibirische Weiten bis an die Beringstraße

Mir stand einmal wieder der Sinn nach etwas Außergewöhnlichem: einen Flug rund um die nördliche Halbkugel stellte ich mir vor, bei dem es dann auch tausende Kilometer lang über russisches Territorium gehen sollte. Vor Glasnost und Perestroika wäre das ein Ding der Unmöglichkeit gewesen! Zu sowjetischen Zeiten bekam selbst eine weltweit akzeptierte Gesellschaft wie die Lufthansa keine Überflugerlaubnis für Sibirien und die Beringstraße. Die Lufthansa mußte damals über den Nordpol fliegen, um auf kurzem Weg nach Tokio zu kommen. Nun hatte sich die Welt im Osten gedreht, Türen öffneten sich. Im Frühjahr 1992 stellte ich bei der russischen Luftfahrtbehörde in Moskau den Antrag, mit einem einmotorigen Amphibienflugzeug vom Typ Lake Renegade, internationale Abkürzung LA 25, die GUS-Länder zu überfliegen, beziehungsweise dort zu landen. Mein Freund Marc Werdmüller aus der Schweiz, ein Geologe und sehr pfiffiger IFR-Flieger, wollte als Co-Pilot mit von der Partie sein. Marc besaß eine Lake Buccaner, aber dieses ältere und kleinere Amphibienflugzeug wäre für unsere gewaltige Tour nicht geeignet gewesen. Marc ist ähnlich wie ich ein Lebenskünstler. Es machte ihm nichts aus, für unseren Flug mal eben drei Monate unbezahlten Urlaub zu nehmen. Danach arbeitete er für eine englische Firma als Geologe im Sudan und verdiente dort in einem Jahr so viel Geld, wie bei uns in drei Jahren, hinzu kam noch Trennungsgeld...

Mein Antrag schmorte monatelang in irgendeiner Moskauer Schublade. Lange Zeit hörte ich gar nichts. Auf die dritte drängende Mahnung hin schickte man mir einen endlosen Fragebogen, den ich als eine ziemliche Zumutung empfand. Haarklein wollten die Russen wissen, ob ich über ausreichend Bargeld verfügte, wie denn der Vorname meiner Mutter und meines Vaters wäre, der Geburtsname der Mutter; ob ich jemals mit dem Gesetz in Konflikt gekommen wäre. Warum ich ausgerechnet über die Beringstraße ausreisen wolle und nicht über Moskau. Ob ich die Hotels im voraus in harter Währung bezahlen könne undsoweiter, undsoweiter... Und sie bestanden tatsächlich darauf, daß jede Spalte ausgefüllt wurde. So ging das immer hin und her. Parallel dazu mußten für Marc Werdmüller und mich Visa beschafft werden. Eine normales Visum, für eine vom staatlichen Reisebüro Intourist organisierte Reise mit fester Route, Hotels und Reiseführer, wäre mühelos ausgestellt worden. Aber bei uns beiden Privatfliegern, die von allem Normalen abweichen wollten, war man höchst skeptisch. Ganz so offen standen die Türen des Ostens also doch nicht... Aber vielleicht lag den russischen Behörden auch immer noch jene Geschichte des deutschen Privatfliegers Mathias Rust schwer im Magen, über die sich am 28. Mai 1987 die ganze Welt amüsiert hatte: Ein Neunzehnjähriger aus Wedel bei Hamburg steuerte an diesem Tag sein Sportflugzeug von Finnland aus ohne jede Genehmigung über die sowjetische Grenze. Die russischen Grenztruppen entdeckten ihn zwar, ließen ihn aber unbehelligt die fast tausend Kilometer lange Strecke über ihr Territorium bis nach Moskau fliegen. Und dort auf dem Roten Platz, also im wahrsten Sinne des Wortes vor den Toren des Kreml, landen. Eine hanebüchene Aktion, über die wohl nicht nur die Russen, sondern auch die einschlägigen Verantwortlichen in der Bundesrepublik ziemlich entgeistert gewesen sein dürften. Schließlich standen die Zeichen der Zeit auf Entspannung. Aber offenbar genau deswegen wollte wohl keiner der sowjetischen Grenz- und Fliegerkommandeure den Befehl geben, das kleine Sportflugzeug mit Gewalt zu stoppen, sprich abzuschießen. Wer weiß, wie Staatschef Gorbatschow darauf reagieren würde? Der machte gute Miene zum frechen Spiel des jungen Deutschen und ließ die Geschichte vor der internationalen Öffentlichkeit auf kleiner Flamme kochen. Der Mathias Rust durfte nach vierzehn Monaten in einem Moskauer Gefängnis von dannen ziehen. Intern allerdings gab es in Moskau ziemlichen Krach, hohe Militärs und der Verteidigungsminister mußten abtreten. Ein deutsches Flugzeug auf dem Roten Platz, das erschien im Selbstverständnis der militärischen Weltmacht Sowjetunion nun doch als gar zu peinlich. Als ich 1992 meine ordentlichen Anträge schickte, lag der Fall Rust gerade einmal fünf Jahre zurück und schmerzte wohl immer noch...

Doch nicht nur einschlägige Bürokratie-Barrieren waren zu überwinden, auch eine Reihe technischer Schwierigkeiten stand an. So würden ja tief in Rußland nicht alle Radarbodenstationen englisch sprechen, wie wollten wir uns da verständigen? Um die Luftfahrtkarten für die großen Flugplätze mußten wir uns dagegen keine Sorgen machen, die Firma Jeppeson in Frankfurt konnte den kompletten Satz liefern. Ein weiteres großes Problem würde der Kraftstoff darstellen. Vorsorglich ließen wir einen Ferry-Zusatztank von vierhundert Litern einbauen. Auf den Tank legten wir noch drei Zwanzig-Liter-Kanister, die dann während des Fluges in den Ferrytank eingefüllt wurden. Dafür reichte der Platz gerade eben. Damit würden wir fast achthundert Liter Kraftstoff an Bord haben und konnten maximal fünfzehn Stunden in der Luft bleiben. Aber was waren schon fünfzehn Stunden angesichts der sibirischen Weiten, die wir

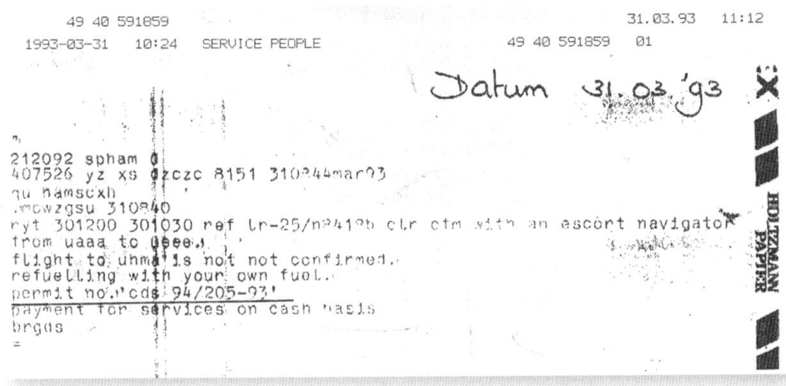

49 40 591859 31.03.93 11:12
1993-03-31 10:24 SERVICE PEOPLE 49 40 591859 01

Datum 31.03.'93

212092 spham 0
407526 yz xs 0zczc 8151 310?44mar93
qu hamscxh
.mowzgsu 310840
ryt 301200 301030 ref tr-25/n?41?b clr ctm with an escort navigator
from uaaa to ueee.
flight to uhmm is not not confirmed.
refuelling with your own fuel.
permit no.'cds 94/205-93'
payment for services on cash basis
brgds
=

Genehmigung Die Genehmigung für die GUS Staaten 94/205-93 von Alma Ata UAAA nach Yakutsk UEEE nur mit russischem Co-Piloten.

durchmessen wollten. Man bedenke, Rußland ist das Land der Erde mit den größten Ausdehnungen, es erstreckt sich über zehn Zeitzonen.

Im März 1993, ganz knapp vor unserem Abflug, kam endlich aus Moskau die langersehnte Genehmigung. Ich las sie aufmerksam und wollte zuerst meinen Augen nicht trauen, stand darin doch wortwörtlich „Bring your own fuel." Wir sollten unseren eigenen Kraftstoff mitbringen. So einen groben Unfug konnte nur ein vollkommen inkompetenter Beamter verzapfen! Wie der sich das wohl vorgestellt hatte? Sollten wir uns etwa per Eisenbahn einen Tankwagen von Station zu Station hinterherschicken lassen? Nun hatte ich mich im Vorfeld gründlich informiert und wußte, daß man auf den großen Flughäfen gegen Dollar Kerosin bekam. Aber wir benötigten ja für unseren Kolbenschüttler Flugbenzin mit hundert Oktan. Von Piloten aus der Ex-DDR hatte ich erfahren, daß auf russischen Flugplätzen noch jede Menge alte Antonow und MIG 52 herumstehen würden. (Die Antonow war und ist übrigens der größte Doppeldecker der Welt.) Deren Flugkraftstoff hat zwar nur dreiundneunzig Oktan, kann aber benutzt werden. Man hat dann einen geringfügigen Leistungsverlust, den man damit ausgleicht, daß man schon morgens um Vier startet, wenn die Tragkraft der Luft noch besser ist als mittags. Notfalls also wollten wir uns dort Kraftstoff abzapfen und nahmen vorsichtshalber einen Spezialfilter von der AOPA, dem Verband der Flugzeugbesitzer und Piloten, mit. Damit konnte man nicht nur den Schmutz herausfiltern, sondern auch Wasser. In jedem Tank bildet sich ja mit der Zeit Kondenswasser. Außerdem mußte reichlich Öl mitgenommen werden, da das in GUS-Ländern überhaupt nicht zu bekommen ist.

Nun barg diese in letzter Minute erteilte russische Fluggenehmigung noch ein weiteres Handycap: Für die Strecken von Alma-Ata nach Novosibirsk und weiter nach Bratsk und Jakutsk mußte ein russischer Funker an Bord genommen werden. Weil die Bodenstationen kein Englisch sprachen, sollte er die Kommunikation übernehmen. In der Lake Renegade war aber nur Platz für zwei Personen. Wir kamen überein, daß Marc auf diesem Reiseabschnitt dann eben mit der russischen Linienfluggesellschaft Aeroflot vorausfliegen würde.

Ohnehin hatten wir bei dieser Tour mit dem Platz an Bord streng hauszuhalten. Unsere Notausrüstung mußte auf jeden Fall mit. Viel Platz für Wäsche blieb nicht mehr. Aber die konnte man sich ja in den Hotels, manchmal auch schwarz, für ein paar Dollars bei den Matkas waschen lassen. Ich glaube, wir hatten dieses Mal an die tausend Ein-Dollar-Noten dabei, denn es war ja zu erwarten, daß unterwegs in Rußland niemand wechseln konnte.

Am 4. April 1993 war es dann so weit, wir hoben in

Paderborn ab. Da wir reichlich Kraftstoff an Bord hatten, flogen wir nonstop auf die griechische Insel Korfu. Bis München hatten wir nur Flugfläche 90 beantragt, da uns das hohe Gewicht noch zu schaffen machte. Zwischen München und Innsbruck konnten wir dann aber auf die Instrumentenflug-Mindesthöhe von fünfzehntausend Fuß steigen. Die Alpen lagen im Sonnenschein, so daß wir sie mühelos überquerten. Ich fliege nämlich einmotorig grundsätzlich nicht in den Wolken über die Alpen. Es braucht sich an den Tragflächen nur ein bißchen Eis anzusetzen und schon kann man in der dünnen Luft die Höhe nicht mehr halten. Mein IFR-Fluglehrer sagte immer: „It is not the speed what kills you, it is the sudden stop!" Nicht die hohen Geschwindigkeiten sind gefährlich, sondern ein plötzliches Langsamwerden.

Wir landeten in Korfu bei schönem Wetter, bei sehr schlechtem sollte man es übrigens besser meiden. Im Hilton Hotel kamen wir leicht zur um fünfzig Prozent reduzierten Crew Rate unter, ohne einen Ausweis vorzuzeigen. Wir hatten nämlich unsere dunkelblaue Pilotenuniformen angezogen, nicht zuletzt, weil ich aus Erfahrung wußte, daß so eine goldbetreste Uniform im östlichen Ausland vieles erleichtert. Mehr als fünfzig Prozent war dieses etwas herunter gewirtschaftete Hilton Hotel allerdings auch nicht wert. Später sollte sich zeigen, daß es im Vergleich zu sibirischen Häusern ein königliches Etablissement war.

Am nächsten Tag flogen wir nach Ankara, wo ich eigentlich übernachten wollte, da ich die Stadt noch nicht kannte. Ich ließ mich aber von Marc überreden, gleich nach Trabzon am Schwarzen Meer durchzufliegen. Dieser Flug wäre uns fast zum Verhängnis geworden. Ich verstehe es heute noch nicht, warum ich mich überreden ließ. Mein inneres Gefühl sagte nämlich -Nein-. Bis Samsun am Schwarzen Meer ging alles noch sehr gut, aber dann kamen Wolken mit niedriger Null-Grad-Grenze. Das heißt, bereits in dreihundert Metern über dem Erdboden beginnen sich Eiskristalle zu bilden. Also wechselte ich schleunigst vom Instrumenten- auf den Sichtflug, um in dreihundert Metern und niedriger, über das Schwarze Meer zu fliegen. Da die Küste steil ansteigende Berge hat, flogen wir vorsorglich mit einem Abstand von fünf Meilen an der Küste entlang. Inzwischen hatte uns die Wolkendecke auf einhundertfünfzig Meter heruntergedrückt und das Außenthermometer zeigte nur noch ein halbes Grad plus an. In der Dunkelheit hatten wir natürlich keine Voraussicht mehr, so daß nach dem künstlichen Horizont geflogen werden mußte. Über Land ist das entschieden leichter, da man immer wieder Lichter sieht, man nennt das Feuersicht. Hier aber konnten wir nicht einmal Positionslichter von Schiffen ausmachen. Ich schaltete hin und wieder die Landescheinwerfer an, um Marc das Schneetreiben vor Augen zu halten. Inzwischen sah er ein, daß es besser gewesen wäre, in Ankara zu bleiben. Aber was nützte das jetzt. Ich machte mir weniger Sorgen um eine Vereisung des Propellers, da der bei diesem Druckpropellerflugzeug vom Auspuff beheizt wird. Eine Vergaservereisung kann es ebenfalls nicht geben, da der starke Sechs-Zylinder-Motor eine Einspritzpumpe hat. Eher machten mir die Tragflächen Sorgen, weil keine Tragflächenenteisung vorhanden war. Es blieb uns nur der Trost, daß wir im Notfall auf dem Schwarzen Meer im Licht der Landescheinwerfer wassern konnten, saßen wir doch schließlich in einem Flugboot. Glücklicherweise mußten wir diese Version nicht ausprobieren. Wir hielten so lange zur Küste Sicherheitsabstand, bis uns das Trabzon VOR-Drehfunkfeuer, das auf UKW-Basis arbeitet, in einem Winkel von neunzig Grad erreichte. Daraufhin flogen wir in einem rechten Winkel auf die Küste zu. Über unser GPS-Positionssystem wurde uns die Distanz zur Küste noch einmal bestätigt. Laut Anflugkarte verlief die Landebahn parallel zur Küste. Vorher mußte aber noch eine Straße überquert werden. Drei Kilometer vor der Küste konnten wir die quer zur Flugrichtung fahrenden PKW sehen. Dahinter war gleich die Landebahn. Gut, daß dieser Flugplatz kaum Anflugverkehr hatte, so daß wir auf niemanden in der Luft Rücksicht nehmen mußten und glatt landeten. Edy und Fredy hatten mir wieder einmal beigestanden! Ich sagte zu Marc, daß wir so einen Scheiß nicht noch einmal machen dürften. Natürlich stimmte er mir zu. Nach diesem anstrengenden Flug legten wir erst einmal einen Ruhetag ein und besichtigten das alte Kloster Iliskiller oben in den Bergen.

Wir hatten diese südliche Flugroute über Griechenland und die Türkei gewählt, da wir hier in Trabzon zwar schon sehr weit östlich waren, aber noch einmal problemlos Flugbenzin vom Typ 100 LL bekamen. Die achthundert Liter, die nun in den Tanks waren, sollten uns ein schönes Stückche in die GUS-Länder hineinbringen. Die Luftstraße führte uns zunächst in nördlicher Richtung über das Schwarze Meer. An einem Pflichtmeldepunkt nach Koordinaten der Flight information region, des Fluginformationsgebietes, übergab uns Ankara Radar an Tiflis Control. Als wir bei denen auf dem Radarschirm erschienen, wunderten sie sich, daß so ein mit einhundertzehn Knoten vergleichsweise langsam fliegendes Flugzeug nach den Blindflugregeln flog. Privatflugzeuge gab es in den GUS-Ländern ja nicht. Prompt hörten wir die Frage des Radarlotsen an uns:

„What kind of helicopter are you?" Es dauerte eine Weile, bis wir ihm verklickern konnten, daß er es nicht mit einem Hubschrauber, sondern mit einem einmotorigen Amphibienflugzeug zu tun hatte. Der Lotse daraufhin: „Flying boat, this was very interesting for me - you are clear to proceed!" so von guten Wünschen begleitet, überflogen wir die georgische Hauptstadt Tiflis, man nennt sie auch Tblissi. Dort unten regierte nun also Genschers Freund Schewardnadse.

Von Georgien aus ging es weiter nach Baku UBBB in Aserbaidschan, wo uns die zuständige Radarkontrolle übernahm. Unmittelbar nachdem der Funkkontakt hergestellt war, sagte der Lotse: „Schalten Sie sofort alle Außenbeleuchtungen aus. Sie überfliegen gerade ein Schießgebiet." Marc daraufhin: „Unsere Flugkarte weist aber kein Schießgebiet aus." Der Kontroller: „Dieses Schießgebiet wurde soeben aktiviert, da uns die Armenier erneut angegriffen haben. Aber die können Ihre Flughöhe von viertausend Metern mit ihren alten Haubitzen sehr wahrscheinlich gar nicht erreichen." Ich sagte zu Marc: „Das ist aber ein schwacher Trost! Beantrage bitte vorsorglich eine Kursänderung." Der Kontroller beschied unseren Antrag negativ wegen opposite climing traffic, also wegen möglichem Gegenverkehr. Edy und Fredy, steht uns bitte in dieser schweren Stunde bei! Vorsichtshalber richtete ich in dieser Gegend auch noch ein Stoßgebet an den hier Zuständigen: „In'ch Allah, der Wille Allahs ist oft wundersam!"

Es ging dann weiter zum Kaspischen Meer, wir sollten in Baku landen. Der Zöllner und der Paßbeamte fuhren uns an, unser Zielflugplatz sei doch in Turkmenistan gewesen. Marc daraufhin: „Unser Ausweichflughafen ist aber Baku und die Änderung ist mit den Fluglotsen abgesprochen." Da wußte offenbar die linke Hand nicht, was die rechte tat. Im Hotel in Baku fanden wir dann die Meute der Kriegsberichterstatter aus aller Welt vor, die darauf brannten, über die Kämpfe zu berichten. Schließlich interessieren Bomben und Granaten das skandalsüchtige Publikum vor den Bildschirmen. Man diskutierte die Situation: Die Armenier hätten zwar etwas an Boden gewonnen, aber die Aserbaidschaner verfügten über die bessere Luftabwehr. Aserbaidschan besitzt große Erdölvorkommen und ist damit ein aufstrebendes Land. Marc und ich konnten die Begeisterung der Journalisten darüber, daß hier etwas passierte, nicht teilen. Wir nahmen uns erst einmal einen doppelten Wodka, um die Situation zu verdauen. Unter anderem hatten wir jetzt keinen Versicherungsschutz mehr. Die Versicherungen schreiben nämlich in ihr Kleingedrucktes, daß der Versicherungsschutz für Kriegsgebiete ausgeschlossen ist.

Am nächsten Morgen fuhren wir in aller Frühe zum Flugplatz, um zu tanken und die Vorbereitungen für einen Weiterflug nach Alma Ata in Kasachstan zu treffen. Es kam das, was man uns prophezeit hatte: Es schien absolut kein Kraftstoff für Kolbentriebwerke aufzutreiben zu sein. Zufällig bekamen wir Kontakt zu einem Major, der sich für unser außergewöhnlich aussehendes Flugboot interessierte. Er sprach einigermaßen gut Englisch. Wie er uns erzählte, plante er nach dem Auseinanderfallen der einzelnen Sowjetstaaten in irgendein westliches Land auszureisen. Wir baten ihn, gegen Bezahlung Flugbenzin zu besorgen. Er telefonierte über eine Stunde lang herum und hatte tatsächlich Erfolg. Von einem fünfzig Kilometer entfernt liegenden Militärflugplatz würden wir sechshundert Liter 93-Oktan-Kraftstoff bekommen. Das funktionierte allerdings nur, weil wir mit 'Green Paper', also mit Dollars winken konnten. Der Tankwagen sollte in drei Stunden eintreffen, ließ aber natürlich auf sich warten. Nach fünf Stunden. floß dann endlich dieser etwas weniger oktanhaltige Kraftstoff und vermischte sich mit dem Kraftstoffrest, der noch aus Trabzon stammte. Wir waren guter Dinge. Mit dem Major Mauryzbai haben wir später noch ein paar Mal korrespondiert. Er wollte wissen, ob wir ihm nicht eine deutsche Frau besorgen könnten, da seine Frau von einem Orgasmus so weit entfernt sei, wie Wladiwostok vom Kaspischen Meer.

Über diese komplizierte Tank-Transaktion war es auf dem Flugplatz von Baku Abend geworden, aber immerhin, die Lake Renegade stand jetzt startklar. Nach dem Abendessen gingen wir sofort zu Bett, um am nächsten Tag früh um fünf Uhr zu starten. Das war schon deswegen günstig, weil auf dem Bakuer Flughafen um diese Zeit noch nichts los war. Außerdem wollten wir den langen Flug nach Alma Ata möglichst frisch angehen. Er würde rund zehn Stunden dauern, dabei kam es dann zu zwei Stunden Zeitverschiebung. Richtung Osten wird der Tag je Längengrad um vier Minuten kürzer. Es ging zunächt quer über das Kaspische Meer, wir flogen der Sonne entgegen. Bevor es hell wird, kommt man sich wie in einem Raumfahrzeug vor, von Sternen umgeben. Dieses Gefühl kann man als Passagier eines Linienflugzeuges nicht so spüren, weil da der Sichtradius eingegrenzt ist. Drei Stunden nach dem Start erlebten wir dann einen gewaltigen Sandsturm über einer großen Wüste. Er reichte fast bis auf dreitausend Meter hinauf. Wir flogen in viertausend Metern und bekamen die entsprechenden Turbulenzen sehr wohl zu spüren. Außerdem merkten wir, daß sich unsere Grundgeschwindigkeit verringerte. Deswegen baten wir die Überwachungsstellen, unseren Flugplan auf Taschkent zu ändern, bis dorthin würden wir zwei Flugstunden weniger benötigen. Die Null-Grad-Grenze und die Inversion, die atypische Temperaturabnahme, lag bei dreitausendfünfhundert Metern, so daß wir mit viertausend Metern die richtige Höhe hatten. Wir lauschten natürlich immer nach dem Motor und hofften, daß er nichts vom Sand abbekommen habe. Oberhalb der Inversionswetterlage und bei leichten Minustemperaturen in klarer Luft läuft ein Motor normalerweise besser.

Taschkent ist für östliche Verhältnisse eine moderne, aufwärtsstrebende Stadt. Trotzdem war aber absolut kein Flugbenzin zu bekommen. So mußten wir per Taxi in unseren mitgebrachten Benzinkanistern Kraftstoff von der Tankstelle holen. Das funktionierte allerdings nur, weil man dort noch nicht alle PKW auf bleifreies Benzin umgestellt hatte. Das wäre unserem Triebwerk nicht gut bekommen. Natürlich wurde das Benzin von der Taschkenter Tankstelle durch unseren AOPA- Kraftstoffilter gefiltert. Wir holten mehrere Liter Wasser und Schmutz aus dem angeblichen Super... Wichtig ist nach einer solchen Aktion auch, daß man nicht sofort losfliegt, sondern das Flugzeug über Nacht stehen läßt. Am nächsten Morgen entzieht man dem abgestandenen Kraftstoff noch einmal über die an den Tanks angebrachten Drainmöglichkeiten Wasser, das ja bekanntlich schwerer als Benzin ist und sich dementsprechend am Boden der Tanks in dafür vorgesehenen Ablaßstellen sammelt.

Vom usbekischen Taschkent kamen wir nach vier problemlosen Flugstunden ins kasachische Alma Ata. Dort besaßen wir eine gute Kontaktadresse, nämlich den dortigen Ballonclub, der gerade an diesem Wochenende einen Ballonwettbewerb ausrichtete. Wir wurden auch ohne Ballon herzlich begrüßt. Die zwölf Ballons stammten überwiegend aus Rußland und waren von den jeweiligen Piloten selbst gebaut worden. Alles sah so primitiv aus, daß mir dieser Massenstart wie ein Höllenfahrtskommando erschien. Marc wollte trotzdem dabei sein und fand auch jemanden, der ihn gegen einen geringen Obolus mitfahren ließ. Todesmutig schwang er sich in den wenig vertrauenerweckenden Korb. Bei uns wären solche Ballons nicht zugelassen worden! Aber die GUS-Staaten sind groß und die Uhren laufen dort anders. Jeder versucht, über Kungelgeschäfte ein paar Rubel zu machen, offenkundig auch Beamte, die Fluggenehmigungen erteilen... So gilt es auch als normal, daß sich die neuen Airlines, die meistens mit alten Schrottflugzeugen aus Sowjetzeiten arbeiten, ihre Ersatzteile einfach aus den überall auf den Flugplätzen herumstehenden, ausgeschlachteten Maschinen 'besorgen' und ungerührt weiter verwenden. Bei uns ist so etwas undenkbar. Jedes Ersatzteil muß einen 'yellow tag', also ein Sicherheits-Zertifikat haben, aus dem hervorgeht, wo das Teil grundüberholt wurde, beziehungsweise wie viel Restlaufzeitstunden es noch hat. Da wir auch in Deutschland zumeist amerikanische Ersatzteile verwenden, deren Sicherheits-Zertifikate mit einem gelben Anhänger angebracht werden, sprechen wir unter Piloten kurz vom 'yellow tag'. Das Pendant hierzulande heißt deutsch und gründlich 'Luftfahrttüchtigkeitsbescheinigung'.

Alma Ata liegt am Fuße des auslaufenden Himalaya-Gebirges was der Stadt nicht nur ein ganz besonderes Panorama, sondern auch ein angenehmes Klima verschafft. Wobei es im Sommer durchaus auch sehr heiß wird. Trotzdem ist man von der Stadt aus schnell im Hochgebirge, wo man Ski laufen kann. Von Alma Ata aus ist es nicht mehr weit bis zur chinesischen Grenze. Der Weltraumbahnhof mit seiner Raketenabschußbasis Baikonur liegt ebenfalls in Kasachstan.

In Kasachstan leben viele Deutschstämmige, deren Vorfahren zur Zeit von Katharina der Großen in Rußland, besonders in den fruchtbaren Uferregionen der Wolga siedelten. Stalin vertrieb sie während des Zweiten Weltkrieges als 'Feinde' bis ins ferne Kasachstan, wo sie auf's Neue versuchten, sich eine Existenz zu schaffen. Immerhin gibt es in Alma Ata eine deutschsprachige Zeitung, was uns natürlich sehr überraschte. Die öffentlichen Toiletten überraschten uns noch mehr. So hatte man einfach in einem Gebäude mehrere Löcher in den Betonboden geschlagen, durch die die Notdurft in den Keller fallen gelassen wurde. Ich nehme an, daß, wenn der Keller voll war, die Löcher einfach zugemauert wurden und dann das nächste baufällige Gebäude genommen wurde. Jedenfalls steht man zu fünft halbwegs in der Hocke nebeneinander und zielt einfach hinein. Ich fragte einen Deutschsprachigen, warum man keine Einzeltoiletten einrichten würde. Der meinte daraufhin, daß dieses System doch viel interessanter wäre, da man sich so nebeneinander noch über Politik und andere Dinge unterhalten könne. Auch würden die Langzeitdrücker gerne Witze erzählen. Na ja, bei uns hat es früher ja auch Donnerbalken gegeben, besonders beim Militär!

Der Vorsitzende des Ballonclubs hatte uns versprochen, sobald die Ballonveranstaltung beendet wäre, Kraftstoff zu besorgen. Wir standen ja wie immer auf dem internationalen Flughafen, wo man nur Kerosin bekommen konnte. Es stellte sich heraus, daß es an einem kleinen Fliegerhorst mit Antonow- und MIG-Flugzeugen, bei dem auch Hubschrauber standen, 93-Oktan-Kraftstoff gab. Da man aber dort selbst einen Kraftstoff-Engpaß hatte, mochten uns die zuständigen Leute zuerst nichts verkaufen. Als wir andeuteten, in Dollar und mit einem ordentlichen Zuschlag bezahlen zu können, war der Deal perfekt. Bei dem Preis, den man uns abknöpfte, dürfte sich der Flugplatzchef mit den Dollars anschließend die zehnfache Benzinmenge besorgt haben.

Jedenfalls besaßen wir jetzt ein volles Bezinfaß und eine Handbenzinpumpe. Aber wie sollten wir damit zum ziemlich weit entfernten internationalen Flugplatz kommen? Ein LKW mußte her. Der erste gab schon nach ein paar hundert Metern seine Lebensgeister auf. Nach einigem Hin-und-Her konnte dann ein Drei-Achs-Allradfahrzeug vom Militär besorgt werden, ein riesiges Gerät, mit dem man auch einen Panzer hätte transportieren können. Am Flugplatz angekommen, standen wir dann mit dieser Fuhre vor einem störrischen Platzwart, der uns nicht passieren lassen wollte. Schließlich gäbe es ja auf dem Flugplatz einen Tankwagen. Es dauert wieder einmal sehr lange, bis wir nun auch diesem Platzwart klar machen konnten, daß uns Kerosin nichts nutzte.

Wir blieben noch einen Tag in Alma Ata und sahen uns etwas in der Stadt um, um unsere mitgebrachten Sachen an den Mann, in unserem Fall an die Frau zu bringen. Unsere Strumpfhosen, egal ob mit oder ohne Zwickel, wurden dankend entgegengenommen. Als die beiden Mädchen sich sehr anstrengten, gaben wir ihnen als Belohnung noch ein paar T-Shirts mit westlichem Aufdruck. Auch Kugelschreiber werden gern entgegengenommen. Dann kauften wir für Marc ein Ticket für den Aeroflot-Linienflug nach

Jakutsk über Irkutsk. Für mich allerdings sollte Irkutsk aus dem Programm fallen, da von den Moskauer Behörden unsere Flugstrecke aus irgendeinem Grund abgeändert worden war. Wir hatten das Hotel dort aber schon in harter Währung bezahlt, so daß sich Marc dort nun in zwei Zimmern tummeln konnte.

Ich nahm dann Kontakt mit dem mir zugewiesenen russischen Funker auf, der sich als sehr nett erwies. Er war von der russischen Luftwaffe abkommandiert. Allerdings habe ich mich vor ihm im ersten Moment ziemlich erschrocken. Serge war erst fünfundzwanzig Jahre alt, wog aber zweieinhalb Zentner. Was nun? Marc wog gerade mal fünfundsiebzig Kilo. Ich konnte jetzt ja auch schlecht bei der russischen Luftfahrtbehörde in Moskau anrufen und um ein leichtes Mädchen als Funkerin bitten. Man hätte mich sehr wahrscheinlich mißverstanden. Um das hohe Gewicht aus-

Am 22. April 1993 übernahm Serge aus Kasachstan den Co-Pilotensitz.

Die Lake in der Nähe von Novosibirsk.

zugleichen, blieb nichts anderes übrig, als morgens um vier Uhr zu starten, wo die Luft noch etwas kühler ist und dadurch die Tragkraft höher.

Am nächsten Morgen war es dann soweit. Serge warte-

Marc verabschiedet sich vom neuen Co-Piloten Serge, der für drei Flugabschnitte zwangsläufig mein Begleiter wurde. Dieses Bild entstand auf dem Flugplatz Alma Ata in Kasachstan. Im Hintergrund sind schwach die Ausläufer des Himalaya zu erkennen.

te pünktlich um 3.30 Uhr beim AIS (Aeronautical Information Service), wo wir tags zuvor schon den Flugplan aufgegeben und die Lande-, Park- und Abfertigungsgebühren bezahlt hatten. Nachdem wir die beiden Magneten und den Verstellpropeller überprüft hatten, standen wir Punkt vier Uhr in Startposition. Im Stand wurde bei Vollgas und angezogener Bremse die Motorleistung auf volle RPM, also Umdrehungen pro Minute geprüft. Ich glaube, wir brauchten dann an die zwei Kilometer Rollstrecke, bis der Vogel sich frei flog. Aufgrund des hohen Gewichtes benötigten wir ja eine größere Abhebgeschwindigkeit. Da die Startbahn aber über vier Kilometer lang war, gab es damit kein Problem. Wir stiegen mit nur hundert Fuß pro Minute und hatten das auch vorsorglich im Flugplan angegeben. Bei einem Instrumenten-Flug gehen die Kontroller nämlich davon aus, daß man mindestens mit fünfhundert Fuß steigt. Zum Norden hin standen uns glücklicherweise keine Berge im Weg, sonst hätte man diese Prozedur gar nicht riskieren können.

So aber flogen wir vergnügt in den Tag hinein und die aufgehende Sonne begrüßte uns, da wir einen Nordkurs flogen von rechts. Serge sprach ein recht gutes Englisch und ich mußte ihm immer wieder Fragen beantworten, die seine Militärkollegen ihm hoch funkten. Die Jungs am Boden waren natürlich neugierig. Schon das ungewöhnliche Kennzeichen interessierte sie, N8418B, außerdem wunderten sie sich immer wieder über unsere geringe Geschwindigkeit. - Gegen acht Uhr packte Serge seine große Tasche aus und ich kam aus dem Staunen nicht mehr heraus. Seine Mutter hatte ihm doch tatsächlich eine ganze Speckseite mitgegeben. Wahrscheinlich, weil es in Sibirien kalt sein würde, da brauchte der Junge doch wohl was auf die Rippen. Außerdem kam eine Blechthermoskanne mit fünf Litern Tee zum Vorschein. Kein Wunder, daß uns die Startstrecke so lang geraten war... Die Thermoskanne kaufte ich Serge nach unseren drei gemeinsamen Etappen als Andenken ab. Für Alaska wäre sie im Notfall gut zu gebrauchen. Die Kanne ziert heute noch meine Souvenirecke.

Unser Flug von UAAA nach UNNN dauerte acht Stunden und vier Minuten, U steht dabei übrigens für die Sowjetunion und dreimal -A- für Alma Ata, dreimal -N- für Novosibirsk. Bei der Landung in Novosibirsk hatten wir dann Luftlinie eintausendsechshundert Kilometer Richtung Norden zurückgelegt. Wir merkten es, als wir unsere Nase an die Luft steckten: Hier herrschten Minus-Temperaturen. Gut, daß Serge genug Speck dabei hatte. Seit der Junge mitflog, klappte das Tanken vorzüglich. Innerhalb einer halben Stunde stand ein Tankwagen mit 93-Oktan-Kraftstoff am Platz und alle spurteten im Dauerlauf, da sie vor Serges Militäruniform samt Rangabzeichen gebührenden Respekt hatten. Von enormem Vorteil war auch, daß jetzt sämtliche Befehle in Russisch kamen und die Wegelagerer keine Chance hatten, die üblichen Spielchen um ein 'Green Paper' zu spielen.

Auch sonst war zu merken, daß ich jetzt in Rußland, genauer gesagt in Sibirien angekommen war. Die Uhren liefen wieder anders als in Kasachstan. Der Russe sagt nämlich: „Eine Woche ist überhaupt keine Zeit, tausend Rubel sind kein Geld und eine Flasche Wodka ist gerade so etwas zum Trinken." Daß es sich um den asiatischen Teil Rußlands handelte, konnte man auch daran erkennen, daß hier Menschen mit Schlitzaugen überwogen. Novosibirsk erwies sich als eine Plattenbautenstadt, wie sie für kommunistische Länder typisch sind. Hier wurde Asbest und viel anderer Scheiß verbaut. Wie hieß es doch immer bei den kommunistischen Funktionären: Der Mensch steht bei uns im Vordergrund! Ha, ha, ha.

Es war jetzt der 22. April und kalt. Es sollte aber noch viel käller werden, denn wir standen ja erst am Anfang der Sibirien-Tour. Unser Hotel Sibir war für russische Verhältnisse nicht schlecht. Mich störte nur, daß sich die Zimmertür von innen nicht abschließen ließ. An der Hotelbar gab es für harte Währung sogar Pilsener Urquell. Na ja, kam ja auch aus einem Bruderland. Am nächsten Tag flogen wir weiter nach Bratsk, wo wir nach der Landung erstmal ein riesiges Wasserturbinenkraftwerk besichtigten. Die Leute waren alle sehr freundlich und hilfsbereit. Nur das Essen wurde immer schlechter, der Kaffee schmeckte nach gegrilltem Eichhörnchen.

Am 24. April flog ich mit Serge die letzte Etappe von Bratsk nach Jakutsk. Jakutsk ist die Hauptstadt von Jakutien. Wir starteten in Bratsk um 23.30 Uhr GMT, also Greenwicher Zeit. Auf der ganzen Welt wird nach GMT geflogen, gleichgültig, wo man gerade ist. Die Bratsker Uhren standen dagegen auf 10.30 Uhr. Wir flogen dann fast zweitausend Kilometer Richtung Osten und brauchten dafür neun Stunden. Es ist angesichts dieser menschenleeren sibirischen Wälder schon sehr beruhigend zu wissen, daß man für fünfzehn Flugstunden Kraftstoff im Tank hat. Eine Notlandung in dieser Einsamkeit wollte ich mir lieber nicht ausmalen. Serge erzählte mir mit todernster Miene, daß wir nach einer Notlandung vor allem ein sibirisches Klo bräuchten. Ein sibirisches Klo, so wurde ich aufgeklärt, besteht aus zwei handfesten Knüppeln. Einen braucht man, um sich im Schnee darauf abzustützen, den anderen um damit die Wölfe zu vertreiben. Ja, das gab es da unten alles noch in freier Wildbahn: Wölfe, Braunbären, wohl sogar noch ein paar sibirische Tiger. Nein, das mußte ich nicht hautnah erleben, diese Wildnis sah man sich besser aus gebührender Höhe an. Da die Temperaturen stetig sanken, verbesserte sich die Tragkraft unserer Maschine immer weiter. Mittlerweile flogen wir über der Tundra, die aus riesigen baumlosen Hochplateaus besteht, durch die sich ein paar gewaltige Flüsse schneiden und deren Dauerfrostböden nur im Hochsommer etwas an der Oberfläche auftauen. Hier waren Zeichen für menschliche Ansiedlungen noch seltener.

Während eines solchen stundenlangen Fluges braucht man natürlich eine Blasenentleerung, besonders Serge, der wieder seine fünf Liter Tee trank. Ich hatte von Russen, in diesem Fall Kasachen, schon allerhand Schauermärchen über besonders große Glieder der Einheimischen gehört. Also hatte ich für Serge vorsorglich eine große Flasche mit besonders weitem Hals besorgt. Meine Sorge erwies sich als unbegründet, kam doch etwas ganz Normales zum Vorschein. - So flogen wir weiter über die sibirische Taiga und waren froh, dort unten nicht in einem kalten Schlitten zu sitzen.

Wir landeten in Jakutsk noch bei Tageslicht, was ja für einen etwaigen Notfall immer von Vorteil ist. Hier im Norden wurde es Ende April bereits viel später dunkel, als auf unseren Breitengraden. Im Juni wird es dann überhaupt nicht mehr dunkel. Der Follow-me-Wagen parkte uns direkt vor einem alten Holztower mit Holzbaracke. Beides war 1945 von deutschen Kriegsgefangenen errichtet worden. Nachdem wir das Flugzeug ordentlich verzurrt hatten, meldeten wir uns in der Ankunftshalle. Serge mußte von seiner Dienststelle weitere Anweisungen erfragen, seine Mission auf dem deutschen Flugzeug ging ja zu Ende. In der Ankunftshalle stand ein Dutzend Badewannen herum. Nanu? Doch selbst Serge fand keine Erklärung dafür. Sie wären doch wohl nicht für die Desinfektion der Ankommenden gedacht, unkte ich... Als ich am nächsten Tag mit Marc, der mittlerweile von Irkutsk hier eingeflogen war, das Flugzeug betanken wollte, gab es eine Erklärung. Es regnete nämlich, und die exakt unter die größeren Löcher im Hallendach plazierten Wannen füllten sich... Improvisieren können die Russen, das muß man ihnen lassen. Auch fiel mir auf, daß sie ihre Zigarette immer senkrecht halten, damit der Tabak nicht herauskrümelt.

Wir wohnten in Jakutsk im Hotel Storchen, und ich gab für Serge in der kleinen Hotelbar noch eine Abschiedsparty. Außerdem bekam er von mir ein für russische Verhältnisse stattliches Dollarhonorar. Immerhin, er hatte für diesen Trip mit mir extra Urlaub nehmen müssen. Serge konnte dann als Bürger der GUS-Staaten für ein paar Rubel nach Alma Ata zurückfliegen. Touristen zahlen ein vielfaches und das noch in harter Währung. An der Bar gab es auch Kleinigkeiten zu essen, aber Serge beanstandete, daß nur Rentierfleisch angeboten wurde. Ein richtiges Festessen sei für ihn Pferdefleisch, das Nationalgericht der Kasachen.

In Jakutsk stand an diesem Tag gerade das Fest des Rentierkalbes an. Alle Rentiere waren festlich geschmückt und die Yakuten trugen ihre Trachten. Rentiere sind Wertobjekte. Die Frauen bringen sie mit in die Ehe. Lassen sie sich scheiden, dürfen sie die Tiere wieder mitnehmen!

Jedenfalls nahmen viele Jakuten das Rentier-Fest zum

Das Fest des Rentierkalbes in Jakutsk. Es gibt dort regelrechte Rentierzuchtgüter.

Anlaß, bis zum nächsten Morgen zu saufen, vor allem eine Art braunen Wodka, von dem es hieß, man werde von diesem Gesöff mit der Zeit blind. Nebenbei bemerkt: Ich sah einige Jakuten mit Löchern in den Schuhspitzen. Sollten die vielleicht beim Pinkeln nicht richtig gezielt haben und der Restwodka hatte ihnen Löcher in die Schuhe gebrannt?

Am nächsten Tag traf Marc mit der Aeroflot ein und wir eilten gleich zum Flugplatz, um zu tanken. Das war für uns immer wichtig, wir mußten ja vorwärts kommen. An diesem Morgen in Jakutsk gab es eine unliebsame Überraschung, jemand hatte die linke hintere Seitenscheibe der Lake Renegade eingeschlagen, aber -Dank an Edy und Fredy - nichts gestohlen. Vielleicht wollte irgendein Kommunist mit dem Neid des Besitzlosen den Kapitalisten seinen Unmut zeigen... Ich meldete im Flughafenbüro den Schaden und Techniker der Aeroflot ersetzten die Plastikscheibe kostenlos.

Marc und ich blieben noch einen Tag in Jakutsk und sahen uns um. Auf dem Marktplatz verkauften die Bäuerinnen etwas Gemüse oder was sie sonst noch so zurecht gebastelt hatten. Die wenigen Geschäfte hatten nur rechten Schrott zu verkaufen, Kleidungsstücke, die man bei uns nicht einmal zum Ölwechsel angezogen hätte. Auf dem Postamt gab es nicht genügend Briefmarken, um unsere Karten abzuschicken, so daß der Rest erst in Magadan auf den Weg gebracht werden konnte. Offensichtlich mangelte es in Jakutien an so ziemlich allem. Das einzige von außen einigermaßen aussehende Restaurant befand sich in unserem Hotel. Ich habe dort die Speisekarte hinauf und hinunter ausprobiert, es war nie etwas Genießbares darunter. Insgesamt habe ich in Sibirien zehn Pfund abgenommen. Es wäre noch mehr gewesen, hätte ich nicht unsere Notverpflegung im Flugzeug angebrochen! Als ich am ersten Abend zur Toilette des Restaurants ging, glaubte ich, daß mich der Schlag treffen würde. Die Toilette, soweit man sie überhaupt Toilette nennen konnte, war so versaut, daß man sie nur in Gummistiefeln betreten konnte. Solche Säue! Gott sei Dank waren unsere Zimmer sauber, so daß man nicht auf die Restaurant-Toilette angewiesen war.

Jakutsk ist von Tundra umgeben, endlosen kargen Flächen, auf denen nur ein paar Zwergsträucher, Heidekraut und Moose, hier und da vielleicht ein mageres Lärchenwäldchen wachsen. Der wichtigeste Fluß, die Lena, friert im Winter bei fünfzig bis sechzig Grad minus sehr tief zu, so

Sibirien hat viel Tundra, Eis und Schnee.

daß es bei der Eisschmelze im Frühjahr regelmäßig zu Überschwemmungen kommt! Deswegen ist die Lena auch nur während der Sommermonate schiffbar, dann aber bietet man sogar Touristenschiffahrt an, für unternehmungslustige Deutsche wohl eine Möglichkeit, auf halbwegs komfortable Weise die unendlichen russischen Weiten im Nordosten kennenzulernen.

Am 27. April 1993 startete Marc und ich nach UMMM, also nach Magadan am Pazifik. Wir flogen über die Tatarenstraße. Mitten in der allergrößten Einsamkeit kam uns eine Lufthansa-Maschine aus Tokio entgegen. Sie flog ein paar Etagen höher, aber wir hörten sie im Funk. Schnell wurden ein paar Sätze über das Wohin und Woher gewechselt. Die Crew wunderte sich, daß wir es wagten, mit einem relativ kleinen Flugzeug quer durch Sibirien zu fliegen. Normalerweise verbietet sich so ein Small-Talk von

Flugzeug zu Flugzeug, es hat Funkdisziplin zu herrschen, damit man nicht unnötig die Frequenz blockiert. Beim Notfall eines anderen Flugzeuges wäre das nämlich unangenehm. Aber da es über Sibirien kaum IFR-Flugverkehr gibt, konnten wir ruhig ein paar Sätze mehr wechseln.

Unter uns veränderte sich jetzt die Landschaft, wurde leicht hügelig. Der Boden war tief gefroren und schneebedeckt. Nach sechs Stunden, neunundfünfzig Minuten erreichten wir Magadan, also um 6.56 Greenwich mean time. Nach der Landung holten wir uns zuerst einen Souvenirstempel in's Flugbuch, denn hierher kamen wir bestimmt so schnell nicht wieder. Wir wollten es auch gar nicht, denn langsam waren wir das schlechte Essen leid! Ein paar Tage lang komme ich schon zurecht, aber auf Dauer ruinierte mir der Fraß die gute Laune. Außerdem fielen uns die ständigen Improvisationen mit dem Flugzeug auf die Nerven. Wie nicht anders erwartet, gab es auch in Magadan keinen Kraftstoff für Kolbentriebwerke. Man riet uns, doch auf dem Wege in die Stadt an einem kleinen Flugplatz mit Rettungs- und Arbeitsflugzeugen anzuklopfen und um Hilfe zu bitten. Der Flugplatzkommandant hörte sich unser Anliegen nicht gerade begeistert an: Um uns Benzin zu verschaffen, mußte er ja seine Beine vom Schreibtisch nehmen. Die Leute werden in Rußland nämlich nicht für die Arbeit bezahlt, sondern für die Anwesenheit. Es wird wohl noch eine Generation dauern, bis man auch dort allgemein kapiert, daß man nur vorwärts kommt, wenn man die Ärmel aufkrempelt und in die Hände spuckt. Wobei ich noch einmal ausdrücklich betonen will, daß die meisten Menschen, denen wir in Rußland begegneten, sehr freundlich und interessiert waren. Aber allein davon raucht der Schornstein eben auch nicht.

Doch letzten Endes waren auch dem Magadaner Flugplatzkommandanten unsere Dollars sehr willkommen und er verspach, am nächsten Morgen den Transport des Benzins zum Hauptflugplatz zu organisieren.

Marc und ich bezogen unsere Unterkunft, ein Hotel konnte man das nicht nennen, obwohl man uns im voraus einen wahren Freudenhaus-Preis in harter Währung abgenommen hatte. Nachdem wir am nächsten Tag das Flugzeug betankt und alle Vorbereitungen so weit wie möglich erledigt hatten, lud uns der Kommandant des kleinen Flugplatzes zu einer Runde Tee ein. Mit ein wenig Palaver ging ja für ihn der Tag schneller herum. Natürlich ist so ein Mensch neugierig, besonders, wenn Piloten aus dem Westen da sind, mit denen er zu kommunistischen Zeiten kein einziges Wort hätte wechseln dürfen. Dann wäre ihm womöglich ein Arbeitslager in der näheren Umgebung beschieden gewesen... Wir unterhielten uns über die Luftfahrt, er war früher Agrarflieger. Natürlich sprachen wir auch über die Witterungsbedingungen, über die ewige Kälte von Magadan: An diesem 28. April stand das Thermometer morgens vor Sonnenaufgang auf dreißig Grad minus. Der Kommandant erzählte uns, daß schon im Sommer die Gräber für den Winter ausgehoben werden müssen, da während der Kälteperiode ja kein Spaten in die Erde zu bekommen ist. Das habe einige Jahren zuvor zu einer ziemlich makabren Geschichte geführt: Entweder der Totengräber hatte während des Sommers nicht genügend Gräber ausgehoben oder es hatte eine asiatische Grippewelle gegeben, die besonders viele Tote brachte, jedenfalls wurden mehr Gräber benötigt, als vorhanden. In seiner Not klaute der Totengräber von einer Militärbasis Sprengstoff, um damit den tiefgefrorenen Boden aufzulockern, kannte sich damit aber nicht aus. Er nahm viel zu viel und sprengte damit den halben Friedhof in die Luft. Jetzt war die Totenruhe der Ahnen aber erheblich gestört und die wütenden Leute schickte den Totengräber zum Teufel. Die Amerikaner nennen so etwas 'learning by doing'.

Es schwatzte sich mit diesem Kommandanten ja recht lustig, im Innern bewegte Marc und mich allerdings ein ganz anderes Problem: Für den Weiterflug nach Alaska kamen zwei sibirische Flugplätze in Frage. Der erste war Anadyr, ein Militärflugplatz auf dem wir nicht landen durften. Der zweite Flugplatz war Providenya Bay mit einer kurzen Schotterpiste kurz vor der Beringstraße. Die Piste störte uns weniger, da der Propeller der Lake Renegade sehr hoch über dem Rumpf sitzt und damit vom Steinschlag verschont bleibt. Das Problem bestand darin, daß es, wie wir jetzt erfuhren, in Providenya Bay absolut keinen Kraftstoff geben würde. Dort leben Eskimos, die sich Sibirische Yupik nennen und mit den Grönlandeskimos überhaupt nicht zu vergleichen sind. Sie leben vom Wal- und Robbenfang und rudern ihre Boote wie vor Tausenden von Jahren von Hand. Sie brauchen kein Benzin oder sonstiges neuzeitliches Zeug aus dem Westen... Was tun? Eigentlich hätten wir unseren Flug an diesem Punkt für beendet erklären müssen. Aber sollten wir vielleicht unser Flugzeug einfach in Magadan stehen lassen und mit der Aeroflot über Moskau nach Frankfurt zurückfliegen? Oder sollten wir die gleiche Strecke wieder zurückfliegen? Einmal abgesehen davon, daß wir wenig Lust verspürten, uns noch einmal allen diesen Tank-, Hotel- und 'Green Paper'-Schwierigkeiten auszusetzen, es wäre auch gar nicht gegangen. Die Moskauer Beamten hatten uns eine feste Strecke genehmigt, so wie wir sie beantragt hatten! Jetzt mußten wir uns

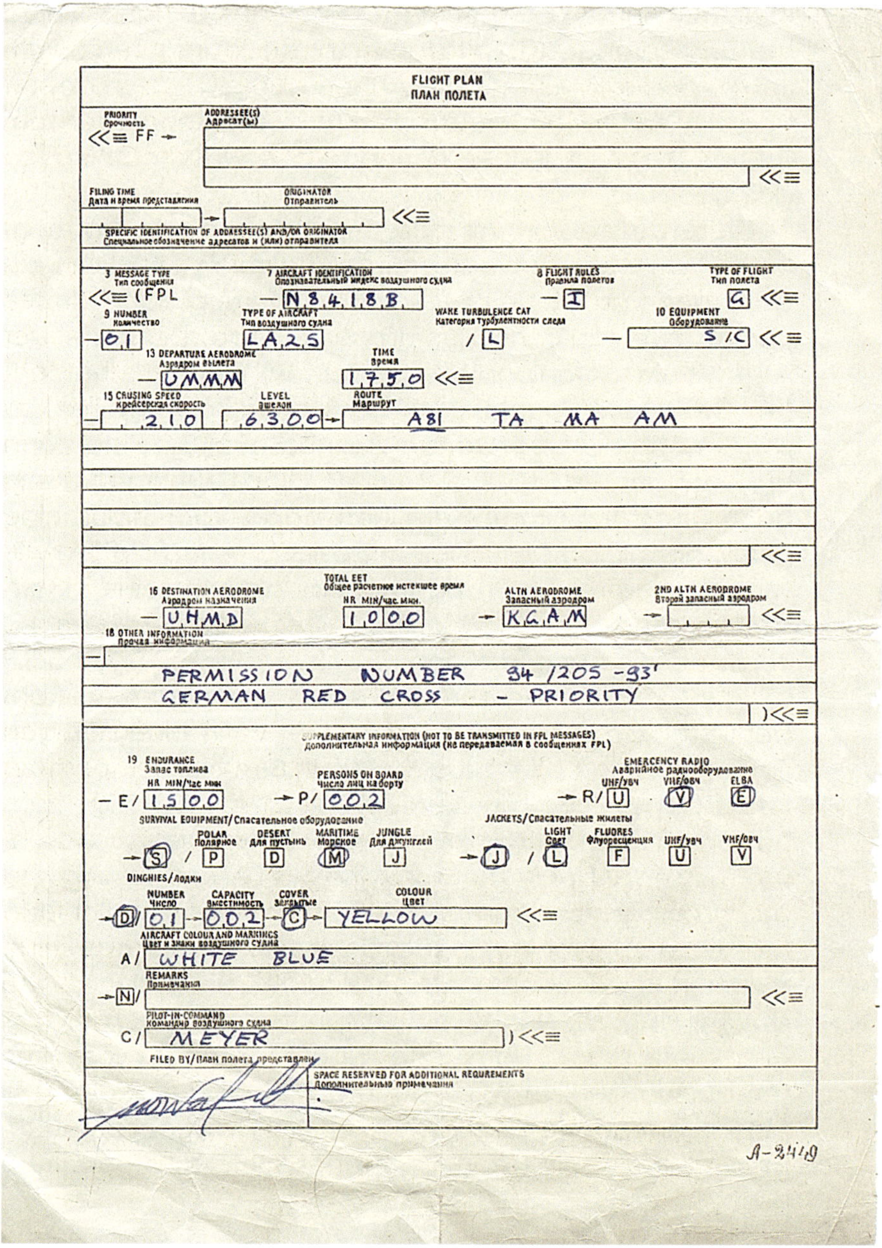

FLIGHT PLAN
ПЛАН ПОЛЕТА

PRIORITY / Срочность: <<≡ FF →
ADDRESSEE(S) / Адресат(ы): <<≡

FILING TIME / Дата и время представления → ORIGINATOR / Отправитель <<≡

SPECIFIC IDENTIFICATION OF ADDRESSEE(S) AND/OR ORIGINATOR / Специальное обозначение адресатов и (или) отправителя

3 MESSAGE TYPE / Тип сообщения: <<≡ (FPL
7 AIRCRAFT IDENTIFICATION / Опознавательный индекс воздушного судна: — N841 8B
8 FLIGHT RULES / Правила полетов: — I
TYPE OF FLIGHT / Тип полета: G <<≡

9 NUMBER / Количество: — 01
TYPE OF AIRCRAFT / Тип воздушного судна: LA25
WAKE TURBULENCE CAT / Категория турбулентности следа: / L
10 EQUIPMENT / Оборудование: — S/C <<≡

13 DEPARTURE AERODROME / Аэродром вылета: — UMMM
TIME / Время: 1750 <<≡

15 CRUISING SPEED / Крейсерская скорость: — 210
LEVEL / Эшелон: 6300 →
ROUTE / Маршрут: A81 TA MA AM

<<≡

16 DESTINATION AERODROME / Аэродром назначения: — UHMD
TOTAL EET / Общее расчетное истекшее время HR MIN/час. мин.: 1000
ALTN AERODROME / Запасный аэродром: → KGAM
2ND ALTN AERODROME / Второй запасный аэродром: → <<≡

18 OTHER INFORMATION / Прочая информация: —
PERMISSION NUMBER 34/205-93'
GERMAN RED CROSS - PRIORITY
)<<≡

SUPPLEMENTARY INFORMATION (NOT TO BE TRANSMITTED IN FPL MESSAGES) / Дополнительная информация (не передаваемая в сообщениях FPL)

19 ENDURANCE / Запас топлива HR MIN/час мин: — E/ 1500
PERSONS ON BOARD / Число лиц на борту: → P/ 002
EMERGENCY RADIO / Аварийное радиооборудование: → R/ UHF/УВЧ U, VHF/ОВЧ V, ELBA E

SURVIVAL EQUIPMENT / Спасательное оборудование: → S / POLAR / Полярное P, DESERT / Для пустынь D, MARITIME / Морское M, JUNGLE / Для джунглей J
JACKETS / Спасательные жилеты: → J / LIGHT / Свет L, FLUORES / Флуоресценция F, UHF/УВЧ U, VHF/ОВЧ V

DINGHIES / Лодки: → D / NUMBER / Число 01 → CAPACITY / Вместимость 002 → COVER / Заграждение C → COLOUR / Цвет YELLOW <<≡

AIRCRAFT COLOUR AND MARKINGS / Цвет и знаки воздушного судна: A/ WHITE BLUE

REMARKS / Примечания: → N/ <<≡

PILOT-IN-COMMAND / Командир воздушного судна: C/ MEYER)<<≡

FILED BY / План полета представлен
SPACE RESERVED FOR ADDITIONAL REQUIREMENTS / Дополнительные примечания

A-2449

etwas einfallen lassen. Marc, dieses clevere Bürschchen, hatte eine Idee und hoffte, daß die Russen darauf hereinfallen würden. No profit without risk, kein Erfolg ohne Risiko! Laut Antrag sollten wir uns von den russischen Grenzbehörden in Providenya Bay in Richtung Alaska abfertigen lassen. Dort gab es zwar kein Benzin, aber dafür eine reguläre Grenzstation. Marc füllte nun in Magadan den Flugplan so aus, daß zwar Providenya Bay als Ziel erschien, als Ausweichflughafen trug er jedoch KGAM ein. Es handelt sich dabei um Gambel auf der St. Lorenz-Insel in der Beringsee, das zu den USA gehört. Der Buchstabe K steht für USA und GAM für Gambel. Wie schon erklärt, liegt es grundsätzlich im Ermessen des Kapitäns an Bord, welchen Flughafen er letztlich ansteuert. Wählt er den im Flugplan angegebenen Ausweichflughafen, muß er dafür eine plausible Begründung liefern: Schlechtes Wetter, technische Probleme an Bord... Prinzipiell hat ja immer die Sicherheit der Passagiere Vorrang. Nun, wir würden ja sehen.

Am nächsten Morgen waren wir schon sehr früh am Magadaner Flugplatz. Tags zuvor hatten wir einen riesigen LKW mit einem Heißluftaggregat bestellt, den auch die großen Flugzeuge benötigen, weil sonst bei den herrschenden Minustemperaturen das Öl einfach zu dick ist und sich nichts mehr dreht. Von diesem Aggregat aus wird durch ein Dutzend langer Schläuche heiße Luft an jede Öffnung des Flugzeuges geblasen und so die Maschine zumindest halbwegs frostfrei gemacht. Außerdem hatte

Flugplan Unser Flugplan von Rußland nach Amerika.
Start UMMM = Magadan am Pazifik nach UHMD = Providenya Bay an der Beringstraße. Ausweichflughafen KGAM = Gambel, St. Lorenz-Insel ebenfalls an der Beringstraße

ich vorsorglich mein kleines ICOM-Funk-Notgerät mit ins Bett genommen und später unter der Jacke an die Brust geklemmt, um für alle Fälle den Funkverkehr aufrecht zu erhalten. Da dieses Gerät auf sämtlichen, nämlich siebenhundertundzwanzig zivilen Frequenzen empfängt, waren wir damit gut abgesichert. Das Heißluft-Aggregat war tatsächlich pünktlich zur Stelle. Der Motor der Lake Renegade sprang dann auch bald an. Allerdings dauerte es sehr lange, bis wir unsere Starttemperatur von hundert Grad Fahrenheit erreicht hatten. Wie ich vermutet hatte, waren zu diesem Zeitpunkt die Funkgeräte an Bord noch nicht aufgetaut, so daß sich das ICOM-Gerät bezahlt machte. Mit dem Wetter hatten wir Glück, so daß wir den vorgeschriebenen Abflug terrestrisch auch ohne Navigationshilfen einhalten konnten. Außerdem waren wir zu dieser frühen Stunde ohnehin das einzige Flugzeug weit und breit. Nach einer Weile erweckte unsere Bordheizung dann auch sämtliche Funk- und Navigationsgeräte zum Leben. Allerding tat sich jetzt ein unerwartetes Problem auf: Als wir unsere Reiseflughöhe erreicht hatten, ließ sich die erforderliche Kraftstoffhöhenverarmung nicht voll regulieren, der Mixture, der Gemischregler, war offenbar eingefroren. Unter diesen Umständen verbraucht der Motor mehr Kraftstoff als berechnet. Nun hatten wir zwar einen ganz ordentlichen Benzinvorrat an Bord, aber auch eine nicht zu unterschätzende Flugstrecke von zweitausend Kilometern vor uns. Unter uns lagen nur Eiswüsten in denen weit und breit keine Menschenseele zu finden war. Hätten wir auf dieser Strecke notlanden müssen, wäre so ziemlich alles zu spät gewesen. Um den Kraftstoffverlust wenigstens teilweise zu kompensieren, stellten wir unsere Benzinheizung ab und bibberten lieber. Glücklicherweise hielt das Wetter, die Sonne stieg höher und später funktionierte dann sogar der Mixture, wohl endlich durch Sonneneinstrahlung und Innenheizung erwärmt, wieder. Magadan Kontrolle übergab uns an Anadyr, der Funkverkehr klappte. Aber wie sage ich es meinem Kinde... Magadan hatte den Flugplan mit dem Ausweichflughafen in den USA zwar angenommen. Aber hätten wir jetzt erklärt, daß wir aus irgendeinem Wetter- oder Technik-Grund zu unserem im Flugplan angegebenen Ausweichflughafen fliegen wollten, so hätten wir trotzdem damit rechnen müssen, daß man uns gesagt hätte: „Negativ". Auf jeden Fall mußten wir verhindern, daß man uns zu einer Landung in Providenya Bay zwang, denn dort wären wir ohne Benzin versauert. Kurzentschlossen stellten wir uns einfach taub: Funkempfangausfall! Das war zwar nicht so ganz in Ordnung, aber nun auch kein krimineller Akt. Die Sache wurde uns dadurch erleichtert, daß wir auf Sicht fliegen konnten. Also sagten wir Anadyr, daß unser Flug normal verlaufen würde, aber wir keinen Empfang hätten. Aus technischen Gründen müßten wir allerdings zum im Flugplan angegebenen Ausweichflughafen fliegen. In Providenya Bay gäbe es ja keine entsprechende Technik. Wir hörten Anadyr anordnen, daß wir trotzdem in Providenya Bay landen sollten. Aber wer -A- sagt, der muß auch -B- sagen. Laut unserer Störungsmitteilung konnten wir ja diese Anweisung aus Anadyr nicht verstehen. Wir funkten unsere Mitteilung über die Flugplanänderung dann noch blind an Providenya Bay und hofften, uns damit so gut wie möglich abgesichert zu haben. Besonders wohl war uns während dieser letzten Flugstrecke über russischem Territorium nicht. Zum Glück fand niemand bei den russischen Grenzstreitkräften, daß man diesem kleinen deutschen Flugzeug die Abfangjäger von Anadyr auf den Hals hetzen sollte.

Unglaublich erleichtert setzten wir in Gambel auf,

Über Wasser in der Beringstraße.

geschafft! Unser Dank galt unter anderem wieder Edy und Fredy! In Rußland waren wir am 29. April 1993 abgeflogen, in den USA kamen wir am 28. April 1993 an, denn wenn es in der östlichen Beringstraße Montag ist, hat man in der westlichen Beringstraße noch Sonntag. Die Datumsgrenze verläuft hier überwiegend am 180. Längengrad entlang. Und welches Datum trägt man in das Flugbuch ein? Am besten beide, nämlich das vor und das nach der Datumsgrenze. Unsere Erleichtung sollte allerdings nicht lange anhalten! Der Stammesälteste der amerikanischen Yupiks kam, um im Auftrag der amerikanischen Behörde unsere Pässe zu überprüfen und die Daten nach Anchorage weiterzuleiten. Das war so weit in Ordnung, nur hatten die Russen inzwischen eine Protestnote an die amerikanischen Behörden geschickt. „Da wird doch wohl keiner zum Roten Telefon gegriffen haben und einen neuen Weltkrieg auslösen wollen", sagte Marc. Die amerikanische Luftfahrtbehörde FAA (Federal Aviation Administration) rief aus Anchorage an und wollte die Piloten sprechen. Marc beruhigte den ermittelnden Beamten mit seinem fehlerfreiem Englisch und seiner honorigen Stimme und versprach, am nächsten Morgen ein umfangreiches Protokoll aufzusetzen und sofort per Fax zu schicken, da die Russen auf eine Antwort warteten. Die schickten trotz des schönen Protokolls eine Protestnote an die amerikanische Luftfahrtbehörde, die daraufhin ziemlich nervös wurde. Aber das Protokoll erwies sich letztlich als hieb- und stichfest. Marc hatte mit den passenden Formulierungen wie ein Gelehrter argumentiert und wie ein Hochschulprofessor kommentiert... Marc war eben nicht nur Hochschulabsolvent, sondern auch schon in der Royal Air Force geflogen und diese Kombination machte offenkundig ziemlich lebenstüchtig. Anschließend mußten wir übrigens in Anchorage persönlich bei der FAA erscheinen, wo man uns mitteilte, daß die Russen unsere Einlassung akzeptiert hätten. Von einer Strafe war keine Rede, sie wäre juristisch nicht haltbar gewesen. Ich nehme an, die Männer in der FAA wollten uns schräge Vögel einfach kennenlernen. Leid tat uns bei alledem nur der Beamte in Magadan, der unseren Flugplan mit dem 'Schlupfloch' Gambel akzeptiert hatte. Hoffentlich ist er nicht vom Dienst suspendiert worden. Trotzdem: „Spassibo Sibir, Dankeschön Sibirien; aber mit uns nicht noch einmal! Anmerkung: Nur wer das absolute Abenteuer sucht, sollte diese Strecke fliegen! Wir würden das Unternehmen keinesfalls wiederholen.

Im Paradies der Wasserflieger

Auf der St. Lorenz-Insel herrschte ebenfalls noch tiefster Winter und rund um den Flugplatz stank es aus allen Löchern. Da der Frost tief im Erdreich saß, gab es überall nur Chemietoiletten. Nähere Erklärungen erübrigen sich. Wir kamen im recht primitiven Arctic-Hotel unter. Am nächsten Morgen freute ich mich riesig auf Ham and Eggs, schließlich frühstückten wir jetzt in Amerika. Denkste! Fröhlich bestellte ich, bekam dann aber einen Teller serviert, auf dem sich zwar Ei, aber kein Schinken, sondern ein in Scheiben geschnittenes Würstchen befand. Ich sagte der Bedienung, daß ich den Koch sprechen wolle. Als der erschien, fuhr uns der Schreck bis in die Zehenspitzen und Marc ließ seine Kaffeetasse fallen, die klirrend am Boden zerbrach. Wir hatten beide den Eindruck, unversehens in einen Gruselfilm versetzt zu sein, denn der Koch sah aus, als hätte ihn Magier Frankenstein erschaffen. Trotzdem erklärte ich ihm, daß ich zu meinen Eiern Schinken und nicht Hot Dog wolle. Hoheitsvoll teilte Frankensteins Geschöpf mit, das mir servierte Essen würde der Sache doch recht nahe kommen. Achselzuckend gab ich mich geschlagen...

Vielleicht noch ein Wort zu den Yupiks. Sie sind ein uraltes Volk, dessen Geschichte sich über zehntausend Jahre zurückverfolgen läßt. Heute leben noch gut tausend Stammesangehörige auf St. Lorenz, früher sollen es mindestens siebentausend gewesen sein. Lange lebten sie in dieser entlegenen Gegend der Welt völlig unbehelligt, ernährten sich von Walfang und vom Fischen. Dann drangen die Europäer und Nordamerikaner auf ihren Erkundungszügen auch bis hierher vor, brachten bislang unbekannte Krankheiten und Unruhe in das kleine Gemeinwesen. Um die Jahrhundertwende sind sehr viele Yupiks an Krankheiten und bei Stammesfehden zugrunde gegangen. Tragisch wurde es um 1900, als man die internationalen Grenzen im Nordpolar-Gebiet festlegte. Vom Konferenztisch aus wurde das Territorium, auf dem das Volk der Yupiks lebte, in eine russische und eine amerikanische Einflußzone geteilt. Dabei interessierte nicht, daß die Insel Sivuqaq, später von den Amerikanern St. Lorenz benannt, nur vierzig Meilen von Sibirien, aber einhundertzwanzig Meilen vom nordamerikanischen Festland, also von Alaska entfernt liegt. Da die sibirischen und die amerikanischen Yupiks alle miteinander verwandt sind, ließ man dort oben an der Beringstraße sogar zu kommunistischen Zeiten einen kleinen Grenzverkehr zu. Natürlich ausschließlich für Yupiks, nicht etwa für sonstige Sowjetbürger. Die hatten keine Chance, das Land zu verlassen.

Die Yupiks versorgen sich auch heute noch wie eh und je aus dem Meer. Sie bauen aus Walknochen und Häuten ihre Boote und jagen damit Wale. Das Fleisch eines solchen großen Tieres reicht dann wieder lange Zeit. Außerdem gibt es ja noch reichlich Fische. Wir haben die Yupiks beim Harpunieren eines Wales beobachtet. Es war schon eindrucksvoll, wie sie das Riesentier mit ihren kleinen Booten einkreisten und mit ihren einfachen Handharpunen bedrängten. Schließlich blieben in diesem eigentlich ungleichen Kampf die Menschen in ihren kleinen Booten und mit ihrer seit Jahrtausenden eingeübten Fangtechnik die Sieger. Während wir uns das anschauten, wurden auch wir sehr argwöhnisch beobachtet. Die Yupiks wissen, daß es in Europa Tierschützer gibt, die etwas gegen den Walfang haben und befürchteten wohl, wir gehörten dazu.

Nachdem ich den Lebensstil der Yupiks kennenlernte, möchte ich zu bedenken geben, daß ein Volk, das sich seit zehntausend Jahren vom Walfang ernährt, wohl auch ein Recht auf die eigene Existenzform anmelden darf. Die zwei, drei Wale, die pro Jahr gefangen werden, dürften kaum den Wal-Bestand ernstlich dezimieren. Schließlich sorgen auch Wale regelmäßig für Nachwuchs. Das Fleisch der Walrösser schmeckt übrigens vorzüglich. Bleibt noch zu erwähnen, daß die Yupiks sehr kreativ sind. Aus den Knochen und Zähnen der Walrösser und der Wale schnitzen sie regelrechte Kunstwerke.

Als wir auf dem Flugplatz von Gambel das Triebwerk anlassen wollten, tat sich nichts. Wir stellten fest, daß der Anlasser defekt war. Mit ein paar Tricks konnten wir jedoch für eine Überbrückung sorgen. Dann flogen wir über die Beringstraße nach Alaska hinüber und landeten zunächst in Nome, einer alten Goldgräberstadt. Dort wurde ein neues Starter-Relais eingebaut. Nome hatte, ähnlich wie Dorsten City, um die Jahrhundertwende, einen regelrechten Goldrausch erlebt. Selbst am Strand wurde Gold gefunden. Auch heute noch gibt es noch ein paar Glüksritter, die am Strand Sand sieben und waschen, aber dabei allenfalls etwas Goldstaub finden. Mit den Nuggets ist es vorbei. In Nome endet auch das größte Hundeschlittenrennen der Welt, das jedes Jahr in Alaska verantstaltet wird. Weil es so beliebt ist, empfiehlt es sich übrigens, das Hotelzimmer in Nome ein Jahr im voraus reservieren zu lassen.

In Anchorage mußten wir als Einreisende in die USA dann noch die reguläre Paßabfertigung durchlaufen. Dabei stellte sich heraus, daß wir ein Visum benötigten,

METRO

WEDNESDAY, May 12, 1993

ANCHORAGE DAILY NEWS

A QUICK VISIT AND IT'S ON TO THE WORLD

Marc Werdmuller and Helmut Meyer, below, prepare to resume their trip around the world Saturday at the Alaska Aviation Heritage Museum on Anchorage's Lake Hood. Werdmuller, who is Swiss, and Meyer, who is German, think theirs is the first trip around the globe for a flying boat since 1932. They left Meyer's home of Bielefeld, Germany, on April 4 and spent much of the past month visiting Russia and other former Soviet republics. Werdmuller says he and his partner hope to pilot Meyer's Lake Renegade 250 back to Bielefeld by the end of May, in time for Meyer's son's wedding. At right, the two ease onto Lake Hood for a trip to a taxiway ramp. Their destination was Ketchikan.

Photos by Erik Hill

Auf der ersten Seite der Metro in Anchorage.

das pro Nase hundert Dollar kostete. Ohne Visum kann man nur im Direktflug von Deutschland aus einreisen und das auch nur, wenn man ein ordentliches Rückflugticket vorweisen kann.

Dann kümmerten wir uns um unser Flugzeug. Schließlich hatten wir ihm unterwegs so einiges zugemutet. Deswegen ließ ich in der Flugzeugwerft von Anchorage eine Hundert-Stunden-Kontrolle durchführen und den Ölfilter in der Mitte durchschneiden, um festzustellen, ob sich Metallspäne darin angesammelt hatten. Außerdem wurde ein Kompressionstest durchgeführt. Aber alles blieb im grünen Bereich. Also hatte der russische 93-Oktan-Kraftstoff außer den Leistungsverlusten während des Fluges nichts Negatives bewirkt. Seither bin ich mit dem Triebwerk der Lake Renegade bereits weitere eintausendzweihundert Stunden geflogen, ohne daß ein Schaden aufgetreten ist. Während der großen Kontrolle in der Werft tauchte auf einmal ein Abgesandter der amerikanischen Luftfahrtbehörde FAA auf, der sich auch für den Zustand des Flugzeuges interessierte. Sein gutes Recht, insbesondere da ich für die Maschine eine amerikanische Zulassung habe. Beanstandet wurde lediglich, daß unser zusätzlicher amerikanischer Überführungs-Tank, der von einer autorisierten deutschen Werft eingebaut wurde, bislang keine FAA-Zulassung hatte. Man machte aber kein Drama daraus, stellte das entsprechende Papier aus und gab die Maschine zum Weiterflug frei. Überhaupt bekamen wir als Globetrotter so einige Aufmerksamkeit und die Regionalzeitung brachte einen hübschen Beitrag samt Foto.

Bevor es mit der Nord-Tour weiterging, wurde aber erst einmal einen ganzen Tag lang auf dem Lake Hood an die hundert Wasserlandungen absolviert, in der Fachsprache nennt man das Wasserungen. Es machte riesigen Spaß. Wasserungen hatte man uns in GUS-Ländern ja nicht erlaubt. Hier fragte keiner warum, wieso und weshalb überhaupt. Fliegen muß sein, besonders in Alaska. Was den unkomplizierten Umgang mit der Luftfahrt betrifft, lobe ich mir Amerika! Außerdem ist das Fliegen in Amerika viel billiger als bei uns. Die Flugzeuge sind viel billiger in der Anschaffung. Das Flugbenzin ist erheblich billiger und die Versicherungen ebenfalls, weil der Markt viel größer ist und die Steuern nicht so hoch sind. Viele Leute fliegen mit dem Flugzeug zur Arbeit.

Jedenfalls ist der Lake Hood ein Paradies für Wasserflieger. Über tausend Wasserflugzeuge sind hier stationiert, so daß man jetzt nach einem Ausweichsee sucht, um zu expandieren. Der Tower vom angrenzenden internationalen Flugplatz Anchorage leitet die Bewegungen der Wasserflugzeuge mit. Da die Start- und Landerichtungen parallel zum Flughafen verlaufen, ist das ein Kinderspiel. Die Flugzeuge haben die Platzrunde zum Süden und die Wasserflugzeuge zum Norden. In der Wasserflugzeug-Platzrunde muß man allerdings höllisch aufpassen, da es in Spitzenzeiten vorkommt, daß an die zehn Wasserflugzeuge dort kreisen. Wenn nicht gerade durchgestartet wird, kann man aber davon ausgehen, daß die Wasserlandebahn nach dem Aufsetzen sofort freigemacht wird. Das ist ein Vorteil gegenüber einer Betonbahn.

Direkt am See wurde auch ein Wasserflugzeug-Museum eingerichtet, über dessen Anlege-Rampe man mit seinem Amphibienfahrzeug direkt aus dem Wasser rollen kann. Außerdem kann man vom See aus direkt zum Hauptflughafen rollen, falls man dort zu tun hat. Das am See befind-

Das Regal Alaskan Hotel am Lake Hood in Anchorage-Alaska.

liche Regal Alaskan Hotel hat fünf Sterne und die Küche ist exzellent. Mein Gott tat das gut, nach all den Entbehrungen in Sibirien!

Von Sibirien kommend waren Marc und ich auch sexuell ganz schön ausgehungert. In so einem Zustand sieht die erstbeste Frau, der man begegnet, geradezu bildhübsch aus, mag sie auch noch so häßlich sein. Spätestens nach der Entladung kommt das böse Erwachen und man stellt fest, daß man aus einem Pißpott keine Blumenvase machen kann. Bei vielen Piloten ist es nun mal so, daß die drei F im Vordergrund stehen. Fliegen, Frauen und das dritte F.

Wir flogen weiter nach Ketchikan, versäumten aber nicht, die vielen Gletscher, die sich am Pazifik befinden, zu überfliegen. Die ganze Küste dort oben ist relativ mild, da dort der Northpacificstrom, ähnlich wie bei uns der Golfstrom, vorbeiführt. In Ketchikan fand man ebenfalls, wo man nur hinschaute, alte Beaver oder Otter Wasserflugzeuge. Die Gegend lädt zum Verweilen ein. Wir mußten uns aber beeilen, da mein Sohn Dirk am 28. Mai 1993 seine Kerstin heiraten wollte. So flogen wir weiter von Ketchikan (PAKT) nach Victoria (CYYJ) in Kanada. Victoria ist von Mai bis Oktober ein Traum. Eine Stadt zum Verlieben. Von dort aus sollte man mit dem Hovercraftboot eine Fahrt nach Vancouver machen. Die einstündige Fahrt lohnt sich, da es unterwegs viel zu sehen gibt. Wenn man in Vancouver anlegt, hat man wieder pausenlos startende und landende Wasserflugzeuge vor Augen. Um die Schiffe und Wasserflugzeuge unter Kontrolle zu haben, hat man ganz einfach auf ein Hochhaus einen Tower gesetzt und schon war der Flugplatz fertig und der Hafen gleichzeitig. Es geht vieles, wenn der Amtsschimmel mitmacht.

Von Victoria aus überflogen wir sämtliche Nordstaaten der USA. Montana ist besonders schön anzuschauen. Dort liegt ein See neben dem anderen, eingebettet in wunderbar grüne und sanft hügelige Landschaft. Nicht von ungefähr nehmen viele Hollywood-Berühmtheiten in Montana ihren Zweitwohnsitz. North Dakota sprach mich dagegen nicht mehr so an.

Wir wasserten dann noch einige Male im Staat New York, wo die Gegend um Lake Placid-Andirondacks besonders schön ist. Außerdem besitzt sie den großen Vorteil, im Sommer nicht von diesen Moskitoschwärmen überfallen zu werden, die einem an den kanadischen Seen den Spaß vergällen. Die Gegend um Lake Placid liegt über tausend Meter hoch und es gibt keine Sümpfe. Wir flogen weiter über Sept-Illes (CYZY), wo wir bei miesem

Wetter einen Instrumenten-Anflug wagten, der um Haaresbreite klappte. Etliche Flugzeuge, die nach uns herunter wollten, starteten am Ende durch, weil sie bei sechzig Metern Flughöhe immer noch in den Wolken steckten.

Weiter ging es über Goose Bay nach Narssarssuaq. Dieser Flugplatz sollte nur bei sehr gutem Wetter angeflogen werden. Es hat dort schon einige Unfälle gegeben. Erstens kann es bei schlechtem Wetter passieren, daß man in den falschen Fjord einfliegt und später nicht mehr wenden kann. Zweitens gibt es bei labiler Wetterlage am Flugplatz Fallwinde, besonders dann, wenn die Startrichtung gegen den angrenzenden Berg verläuft. Da ich auf Island schon fast alle Flugplätze kannte, wählten wir den an der Ostküste gelegenen Flugplatz Hornafladar (BIHN), der sehr zu empfehlen ist. Wir fanden dort ein gutes Restaurant mit Hotel und sparten uns die Handling-Gebühren, die beispielsweise in Reykjavik fällig gewesen wären. Der in der Nähe von Hornafladar liegende Gletscher ist ebenfalls sehenswert.

Die restliche Strecke war reine Routinesache. Am Flugplatz in Bielefeld stand Hilde mit meinem Smoking über dem Arm. Ich durfte doch nicht die Hochzeitsfeier verpassen.

Mit dem Setra über die US-Highways

Die jüngste große Reise ging im Februar 2001 quer durch USA, von der Ostküste zur Westküste. Dieses Mal allerdings nicht durch die Wolken, sondern mit einem ganz besonderen Gefährt über die amerikanischen Higways. Ich hatte den Setra Bus, der von der Firma Käsbohrer gebaut wurde, bereits 1997 für gelegentliche Urlaubsreisen gekauft. -Setra- ist die Abkürzung für -selbsttragend-, das heißt, man schwebt mehr, als man fährt und merkt keine Schlaglöcher. Käsbohrer hat ein Patent auf dieses System. Das Fahrzeug war zwar schon zwanzig Jahre alt und achthunderttausend Kilometer gefahren, aber das will für einen Langstreckenbus nicht viel sagen. Solche Busse mit Mercedes-Motor laufen bequem über eine Million Kilometer. Beim Kauf überzeugte mich auch, daß der Vorbesitzer den Bus zu einem sehr bequemen Wohnmobil umbauen lassen hatte. Das französische Bett darin war besonders groß und stabil, da der Mann an die drei Zentner wog.

So ein dreizehn Tonnen schwerer und zehn Meter langer Bus ist zwar am Anfang etwas gewöhnungsbedürftig, da man beim Einbiegen immer berücksichtigen muß, ob auch das Heck mit um die Kurve kommt. Aber man sitzt hinter dem Steuer in fast zwei Metern Höhe, übersieht den Verkehr hervorragend und kann auch die Landschaft genießen. Bei einem tiefliegenden Sportwagen bekommt man unterwegs ja meistens nur die Leitplanken oder das Autobahn-Gestrüpp vor Augen.

Mit diesem außergewöhnlichen Wohnmobil unternahmen Hilde und ich ausgedehnte Urlaubsreisen nach Italien und Frankreich, natürlich auch Kurzreisen in Deutschland. Nach zwanzigtausend Kilometern ohne Zwischenfälle entschied ich mich, das betagte, aber noch gute Fahrzeug von Bremerhaven nach Jacksonville Florida zu verschiffen, um im Februar 2001 die Vereinigten Staaten von der Ostküste zur Westküste und zurück zu durchfahren.

Was ist das Autofahren in Amerika billig! Ich hatte mir vom dortigen Straßenverkehrsamt ein Florida-Kennzeichen geholt, das inclusive der Steuer für dieses große Fahrzeug umgerechnet keine hundert Mark kostete. Bei uns kostete es glatt das Zwölffache. Auch die Versicherung kommt viel billiger, war allerdings auf eine Million Dollar begrenzt, was mir nicht so gefiel. Bei meiner Versicherung in Deutschland hatte ich eine unbegrenzte Deckung. In Florida kennt man keinen TÜV, so daß ich, nachdem ich hinten das neue Kennzeichen angeschraubt hatte, sofort starten konnte. Vorn braucht man übrigens kein Kennzeichen. Wozu auch, die Polizei kann doch von hinten aufschreiben! Der Kraftstoff ist in den USA allgemein sehr billig, wobei Diesel in der Regel teurer verkauft wird, als Benzin. Wenn man aber bedenkt, daß man an den großen Trucker-Tankstellen wie Flying Plaza oder Love nur umgerechnet sechzig Pfennige pro Liter bezahlt, so ist selbst der Verbrauch von fünfundzwanzig bis dreißig Litern auf hundert Kilometer kein Thema mehr.

Auf den Autobahnen, den Interstate Highways, ist die Geschwindigkeit in der Regel auf siebzig Meilen begrenzt, umgerechnet sind das einhundertzwölf Kilometer pro Stunde. Fährt man Hundertzwanzig sagt auch noch keiner was. Danach wird es allerdings teuer! Anfangs hielt ich neunzig bis hundert Stundenkilometer ein, nicht zuletzt, weil bei dieser Geschwindigkeit auch der Kraftstoffverbrauch optimal war. Aber die großen amerikanischen Trucks mit ihren achtzehn Rädern überholten mich reihenweise mit Hundertzwanzig, was jedesmal eine massive Luftdruckwelle auslöste, der ich kräftig gegensteuern mußte. Ich wurde die überholenden Trucks bald leid, gab nun auch Vollgas und fuhr die offensichtlich allgemein üblichen hundertzwanzig Stundenkilometer mit. Übrigens: In die neuen deutschen Busse wird prinzipiell ein Drehzahlbegrenzer eingebaut, so daß für sie bei hundert Kilometern pro Stunde Feierabend ist. Manchmal ist es doch von Vorteil, ein altes Schätzchen zu besitzen.

Anfang Februar fuhren Hilde, Hund Bodo und ich in Sarasota los, Richtung Westküste. Über zehntausend Kilometer Straße lagen vor uns! Als erstes Ziel steuerten wir Pensacola in Nordwestflorida an, um ein Flugzeugmuseum bei der dortigen amerikanischen Marinestation zu besichtigen. Angekommen erlebten wir die erste Überraschung: Florida hat zwei Zeitzonen und Pensacola liegt bereits in der Zentraltime. Das paßte gut, denn so hatten wir eine Stunde gewonnen, das Museum war noch geöffnet und wir konnten uns die alten Flugzeuge noch am selben Tag ansehen. Wir lenkten unser Gefährt zur Militärstation hinaus. Nachdem wir durch die Sperren des riesigen Marine-Areals gekommen waren, fuhren wir eine ganze Weile an einem Heldenfriedhof gefallener amerikanischer Soldaten entlang. Ein Meer von weißgestrichenen Kreuzen, viele mit einer Blume geschmückt. Erschrocken sahen wir zu den endlos erscheinenden Gräberfelden hinüber. Die meisten von denen, die hier lagen, dürften junge Männer gewesen sein, als sie sterben mußten.

In etwas gedämpfter Stimmung betraten wir das Flugzeugmuseum. Aber bald hatten mich die vielen außergewöhnlichen Exponate in ihren Bann gezogen. Mir als passioniertem Wasserflieger gefielen natürlich die Marlin SP-5B, die Consolidated PBY-5A Catalina und von Curtis eine NC4 als viermotoriges Flugboot aus den zwanziger Jahren besonders gut.

Am nächsten Tag ging es weiter über den Interstate Highway Nr. 10 nach New Orleans. Von jetzt an hielten wir bis El Paso nur Westkurs. Wie hieß es früher doch so schön: Lets go west young boy! Na ja, ein young boy bin ich wohl nicht mehr, aber ich denke, ohne angeben zu wollen, daß ich wohl noch ganz gut mithalten kann. Wir durchfuhren Alabama. Mir kam der Name Huntsville in den Sinn, jener Ort, an dem Wernher von Braun und seine Mannen nach dem Zweiten Weltkrieg mit der Raketenforschung neu anfingen.

Dann durchfuhren wir Mississippi und sangen: Am Mississippi gibt es auch einen Wein, doch kann der nie so wie der unsere sein, sonst kämen die Völker nicht über's Meer, wenn der Mississippi-Wein so gut wie der unsere wär. Schon in Mississippi, besonders dann aber in Louisiana merkten wir, daß man es dort, was die Arbeit betrifft, ruhiger angehen läßt: easy going. Die Südstaatlermentalität färbte auch auf uns ab, so daß wir beschlossen, erst einmal in New Orleans einzukehren und uns vom Jazz berieseln zu lassen. Schließlich trieb hier gerade der berühmte Südstaaten-Karneval seinem Höhepunkt entgegen. Man merkt New Orleans die französische Vergangenheit noch deutlich an, das beginnt schon bei den Straßennamen, die fast komplett in Französisch gehalten werden. Abends durch die berühmte Bourbonstreet zu bummeln, ist ein großer Spaß. Auch außerhalb des Karnevals feiert man auf diesem Pflaster recht munter und freizügig. Der Karnevalszug am Montag erwies sich zwar als eine gewaltige, aber ziemlich verkitschte Veranstaltung. Trotzdem zieht es alljährlich Unmengen von Gästen aus aller Welt hierher.

Hotelzimmer muß man über ein Jahr vorher reservieren lassen. Da waren wir, wieder einmal, mit unserem Wohnmobil fein heraus. Begeistert erlebten wir dann den Schwung des Mardi Gras, zu deutsch des „fetten Dienstag", an dem die jungen Stadtschönen nicht müde wurden, freizügig ihre Busen zu präsentieren. Entlang der Bourbonstreet ziehen sich auf beiden Straßenseiten alte, sorgfältig restaurierte Häuser im Jahrhundertwende-Stil. Drinnen lösen Bars, Cafès und Restaurants einander ab. In den oberen Stokkwerken tragen die meisten Häuser schöne gußeiserne Balkons, auf die man von den Restaurants aus gelangt. Oben standen abends die Schaulustigen, fast nur Männer, die sich mit vielen bunten Plastikkugel-Ketten eingedeckt hatten. Die Mädchen unten promenierten auf der Straße, die abends für Autos gesperrt ist, und hoben gelegentlich ihre Blusen bis zum Hals hoch. Oder klappten sie seitlich auf. Kam etwas Sehenswertes zum Vorschein, warfen die Männer auf den Balkons dem Mädchen eine der bunten Ketten zu. Natürlich hatten die Mädchen ihre BH's zu Hause gelassen. Je mehr Ketten sie umhängen konnten, desto stolzer spazierten sie über die Bourbonstreet. Ich habe bei diesem Mardi Gras selbst gesehen, daß auch Männer kurzzeitig die Hose runterließen und Ketten von den Frauen zugeworfen bekamen. Irgendwie herrschte dort der absolute Wahnsinn und die Polizei schaute weg. Oder, wenn es sich lohnte, auch mal hin. In einer Seitenstraße sah ich, wie zwei Männer sich auf dem Bürgersteig oral befriedigten. Der eine kniete natürlich. Bei soviel Trubel kaum zu glauben, aber Punkt Mitternacht ging das uferlose Treiben zu Ende, der Aschermittwoch wurde gnadenlos eingeläutet. Berittene Polizei trieb die Menschenmassen die Straße hinunter nach Hause. Man staunt überhaupt, daß im sonst prüden Amerika so etwas möglich ist.

Morgens lohnt es sich in New Orelans am alten Square draußen auf der Terrasse zu frühstücken und danach mit einem alten Raddampferboot eine Fahrt auf dem Mississippi zu machen. Wenn dann noch auf dem Schiff eine Jazzkapelle spielt, wird das Ganze eine runde Sache. Nachmittags sollte man auf jeden Fall durch den Garden-District fahren. Das kann man auch mit einer der vorsintflutlich aussehenden Straßenbahnen machen. Dort draußen findet man dann prachtvolle weiße Paläste, die sich einst die alten Familien-Dynastien der Südstaatler bauen ließen. So viel hochherrschaftliche Pracht findet sich sonst kaum in den USA. Und jeder der einstigen Bauherren bemühte sich offensichtlich, die architektonischen Finessen seines Nachbarn noch zu übertreffen. Reich genug waren die Plantagenbesitzer ja... Und so wurde jede Villa schöner als die andere, wir kamen aus dem Staunen nicht mehr heraus.

Genug gebummelt, es ging weiter auf den Highway Nr. 10 Richtung Westen: Back on the road - king of the road. Doch wirklich, es ist schon ein erhebendes Gefühl, wenn man so hoch über der Landschaft sitzt und die Weiten eines fremden Landes Kilometer für Kilomter an sich vorbeirauschen läßt. - Unser nächster Stop sollte in Houston sein. Diese moderne Satellitenstadt sieht man sich am besten aus der Vogelperspektive an. Wir fuhren mit dem Expreß-Fahrstuhl des Hyatt Hotels in den zwanzigsten Stock, in's Revolving Restaurant, das sich mit sechs Grad pro Minute um seine Achse dreht. Wir nahmen uns einen schönen Tisch am Fenster, bestellten unser Abendessen und schauten uns bequem sitzend ganz Houston an. Nach einer Stunde hat man hinter seinem Restaurantfenster den Ausgangspunkt der Stadtbesichtigung erreicht, sich also einmal komplett im Kreis gedreht. Besser geht es doch nicht. Ich empfehle dreißig Minuten vor Sonnenuntergang hinaufzufahren. Dann sieht man die Stadt zunächst noch bei Tageslicht, erlebt darauf den Sonnenuntergang von oben und eine Stunde später, beim Nachtisch im Kerzenschein, hat man dann Houstons Lichtermeer vor Augen.

Am nächsten Morgen, gleich nach einem schönen Sonnenaufgang, ging es auf der Straße weiter. Nach zwei Stunden erreichten wir La Grange, der Leser wird sich erinnern: Chicken Ranch... Was waren das doch für Zeiten, als die Farmer und Rancher sich schon vormittags mit einem Hühnchen unter dem Arm heimlich davon schlichen, während Muttern am Herd stand. Die jungen Mädchen in der Ranch luden natürlich ein und das alles noch ohne Pariser! Reich war zu der Zeit, wer viele chicken hatte! Heute erinnert nur noch ein Pub und ein Laden an die glorreiche Zeit.

Weiter ging es nach San Antonio, einer sehr schönen alten texanischen Stadt am San Antonio-River. Es lohnt sich, dort abends einen Spaziergang am Fluß entlang zu machen, auch wenn dann die meisten Restaurants auf der Uferpromenade überbelegt sind. Noch voller wird es, wenn in San Antonio ein Rodeo veranstaltet wird, dann bekommt man ohne langfristige Reservierung kein Zimmer.

Wir wollten weiter nach El Paso, aber von San Antonio nach El Paso schafft man es nicht in einem Tag. Schließlich ist Texas ja der größte Flächenstaat der USA, was nicht zuletzt eine Herausforderung für die Verkehrsbetriebe ist. Man muß die überdimensionalen Güterzüge der South Pacific Railway mit ihren über hundert Waggons und drei Lokomotiven einfach gesehen haben. Teilweise werden die Waggons sogar mit zwei übereinander stehenden

Containern beladen. Gut, daß es hier keine Brücken über die Eisenbahnlinien gibt. - Also richteten wir uns auf eine lange Tour ein und rollten bald nur noch durch recht einsame und ziemlich ausgetrocknete Geröllwüsten. Rund zweihundertvierzig Meilen vor El Paso, in Fort Stockton, waren wir das langweilige Panorama endgültig leid und beschlossen, auf den Highway 385 abzubiegen, um zum Big Bend Nationalpark und dann weiter den Camino del Rio entlang nach Presidio zu fahren. Es ist eine Traumroute am Rio Grande, der hier die Grenze zu Mexiko bildet. Nach der riesigen Texaswüste tat der nun sehr abwechslungsreiche Anblick richtig gut! Der höchste Berg im Nationalpark ist der La Mota (1 600 Meter). Der Ross Maxwell Seenic Drive, der an den Chisos Mountains vorbeiführt, gehört ebenfalls zu den Traumrouten hier. Die Spanier nannten dieses Gebiet El Despoblado, unbewohnte Gegend. Trotzdem gab es zur Zeit der Eroberung durch die Spanier dort einige Indianerstämme, die sich aber so gut verbargen, daß sie die Spanier gar nicht bemerkten. Die Canyons und Kakteen boten guten Schutz. Die Wüste lebt ja. So gibt es im Nationalpark an die fünfhundert verschiedene Vogelarten, Schlangen und Javelinas. Javelinas sind Miniwildschweine, denen man besser aus dem Wege gehen sollte. Warnte uns jedenfalls die Broschüre der Parkverwaltung. Auch tut man gut daran, wenn man sich allein in der Wüste auf den Weg macht, ein Namensschild mit Anschrift zu tragen, damit die Parkwächter später wissen, wohin sie die Knochen schicken sollen!

Als wir dann auf El Paso zusteuerten fiel mir dieser Schlager ein: Down in the Westtexas town of El Paso I fell in love with a Mexican girl. Die Millionenstadt steht auf einer Riesenfläche (Platz spielt nirgendwo in Texas eine Rolle), aber viel zu bieten hat sie nicht. An der Grenze zu Mexiko gibt es einen hohen Zaun, der aber trotzdem regelmäßig von Mexikanern, die schwarz in den USA arbeiten wollen, überwunden wird. Sie schneiden nachts kurzerhand Löcher in den Stacheldraht oder schwimmen durch den Rio Grande, der einen Großteil der Grenze bildet. Die meisten der illegal ins Land kommenden Mexikaner werden von den selbst noch fünfzig Kilometer hinter der Grenze patrouillierenden Militärs und Polizisten aufgegriffen und nach Hause geschickt: Aber es bleiben trotzdem genug, die sich dann in den USA mit vollkommen unterbezahlten Jobs ohne jede Versicherung durchschlagen. Wir kamen auf den Interstate Highways 10 und 8 gleich zweimal in Straßensperren, an denen man Fahrzeuge mit illegalen Einwanderern stoppen wollte. Da uns unschwer anzusehen war, daß es sich nicht um Mexikaner handelte, wurden wir lässig durchgewinkt.

Wer von El Paso aus kurz der mexikanische Grenzstadt Juárez einen Besuch abstatten möchte, tut gut daran, ein Taxi zu nehmen oder zu Fuß zu gehen. Die meisten amerikanischen Versicherungen schließen nämlich Mexiko aus, besonders bei Leihwagen. Es wird wohl zuviel gestohlen. Auf beiden Seiten der Grenzstation wird den Touristen Folklore geboten. Die mexikanischen Mariachi Bands stehen auch schon auf der texanischen Seite und spielen unablässig „La Cucaracha".

Jetzt ging es weiter über New Mexiko nach Arizona. Wir kamen durch die Ausläufer der Rocky Mountains, so daß gelegentlich auch Fahren im zweiten Gang angesagt war! In Arizona wurden zwar die Kakteen rechts und links der Highways immer größer, ansonsten ändert sich nicht viel, die Wüste begleitete uns. Wir hielten an einer einsam gelegenen Parkmöglichkeit mit dem Namen Nothing an. Tatsächlich gab es dort außer einem kleinen Bretterbudenladen und einer Tankstelle ohne Diesel wirklich nothing, nichts. Selbst unser Hund wäre vor dieser Trostlosigkeit davongelaufen, wenn wir ihn nicht festgehalten hätten.

So kamen wir nach Tuscon, wo es dann wieder hochinteressant wurde. Auf der dortigen Luftwaffen-Basis „Davis Monthan" sind über fünftausend Flugzeuge abgestellt, die nicht mehr in Betrieb sind. Die Air Force bietet Touristen gegen Bezahlung Busrundfahrten durch das riesige Gelände an. Unterwegs glaubte ich meinen Augen nicht zu trauen: Von einer DC 2 über Super Constellation bis zur Galaxie standen alles herum. Vom Jäger bis zum Bomber, dort gibt es nichts, was es nicht gibt. Man hat diese sehr trokkene Gegend von Arizona als Standort für das gewaltige Freiluft-Depot ausgewählt, weil dort die Luftfeuchtigkeit praktisch gegen Null tendiert. Unter diesen Bedingungen kann an den abgestellten Maschinen so schnell nichts korrodieren. Auch für den Menschen ist diese Luft sehr angenehm. Erkältung, Grippe und auch Rheuma kennt man hier kaum.

Angrenzend an die Luftwaffen-Basis gibt es das größte Luftfahrtsmuseum der Erde, das zum Beispiel einen Sikorsky H 37 B Mojarc Hubschrauber zeigen kann, der von 1953 bis 1960 der schnellste und größte Hubschrauber in Amerika war. Danach wurde der noch größere Skycrane gebaut. Allein für das Museum braucht man einen ganzen Tag. Was im Freigelände an großen Luftwaffentankflugzeugen, alten Bomber und auch Flugbooten steht, ist schon einmalig. Die Flugboote von Martin, Grumman, Boeing und auch De Haviland hatten es mir besonders angetan. Mehr als zweihundertfünfzig Luftfahrzeuge sind im „Pima Air +

Space Titan Missile Museum" untergebracht. Beeindrukkend auch der Tiger F 11 A von Grumman. Die Weiterentwicklung dazu war der F 11 F-1, der bis 1958 gebaut wurde und zweifache Schallgeschwindigkeit flog! Dann gab es einen Boeing B 52 Stratofortress Bomber mit acht Motoren zu sehen! Ebenfalls ausgestellt ist General Eisenhowers Columbine von Lockhead mit der Typenbezeichnung C-121 A. Die Titan Missiles und Dronen, also Marschflugkörper und unbemannte, vom Boden aus gesteuerte Flugobjekte, im angrenzenden Gebäude sind ebenfalls sehenswert.

Fährt man anschließend aus Tuscon hinaus Richtung Phoenix, erlebt man die nächste Überraschung. Hier findet man auf der westlichen Seite der Interstate 10 den nächsten Riesenflugplatz mit Hunderten von abgestellten Großflugzeugen. Dort haben zivile Airlines ihre Überschüsse geparkt, damit sie ohne Rostschäden auf den nächsten Einsatz warten. Leider wird dieser bemerkenswerte Fuhrpark gut gesichert und man darf auch nicht durch das bewachte Tor.

Fünfzig Kilometer vor Phoenix erwischte uns ohne Vorwarnung der erste größere Defekt am Setra. Ich wollte von einem Wüstenparkplatz losfahren und stellte plötzlich fest, daß es keine Kupplung mehr gab. Gott sei Dank war der Parkplatz eben, so daß ich einfach den zweiten Gang einlegte, mit dem starken Anlasser den Bus anzog und er auch ansprang. Schalten konnte ich nun nicht mehr und bestenfalls noch fünzig Stundenkilomter fahren. In so einem Fall sollte man sehr viel Abstand zum jeweiligen Vordermann halten, damit man bloß nicht neu anfahren muß. Käme man in die Lage, bremsen und an einem Hang neu anfahren zu müssen, konnte man das vergessen. Das schaffte der Anlasser dann doch nicht. Mit so einem großen, schweren Gefährt ist es ohnehin ratsam, immer auf einer Stellfläche zu parken, die eine leichte Neigung bergab hat. Sollte der Anlasser einmal nicht funktionieren, so löst man einfach den Federspeicher und läßt ihn rollen bis genügend Geschwindigkeit vorhanden ist. Dann legt man den Gang ein und schon geht's weiter! Am Hang aber immer einen Bremskeil vor die Hinterräder legen. Jedenfalls schaffte ich es an diesem Tag noch mit eingeschalteter Warnblinkanlage zur erstbesten Werkstatt in Phoenix. Die Untersuchung ergab, daß der Kupplungsnehmerzylinder undicht war. In so einem Fall kann man das Innenleben austauschen. Ich wollte aber kein Risiko eingehen und bestellte bei der Firma Kossiek und Kreft in Jöllenbeck einen kompletten neuen Zylinder, der mit der internationalen Kurierpost UPS tatsächlich nach drei Tagen ankam. Vielen Dank noch einmal an Herrn Rotter.

Hilde und ich nutzten die Wartezeit mit Besichtigungen. Es ist schon ein traumhafter Anblick, wenn man nachmittags oder auch noch spät abends auf der Terrasse des Phoenizien Hotels in Scottsdale sitzt und unter sich die Weite der Wüste bewundert. Da das Hotel am Berg liegt und die Sicht dort immer gut ist, kann man leicht an die hundert Kilometer weit in's Land sehen. Sobald es dunkel wird, verfärbt sich das rötliche Gestein phosphorisierend in alle möglichen Schattierungen. Im Gestein ist auch viel Eisen enthalten, das reflektiert. Wenn es dunkel zu werden beginnt, zündet das Hotelpersonal auf der riesigen Terrasse offene Feuerplätze an, die einen Touch von Lagerfeuer-Atmosphäre herstellen. Fehlen nur noch Winnetou und Old Shatterhand dazu. Das müssen wohl auch schon andere Leute so empfunden haben, denn auf einer Empore steht ein aus Stein gemeißelter Indianerhäuptling, der über sein einst großes Land schaut. In den Sockel der Skulptur sind folgende Zeilen eingemeißelt:

„Wo immer die Sonne aufgeht,
ich werde nie wieder kämpfen!
Frieden ist nicht nur das Gegenteil von Krieg,
nicht nur der Zeitraum zwischen zwei Kriegen -
Frieden ist mehr!
Frieden ist dann, wenn wir recht handeln
und wenn zwischen jedem Menschen und jedem Volk
Gerechtigkeit herrscht!"

INDIANISCHE WEISHEIT

Phoenix, wie Scottsdale und Sun City sind Paradiese für Golfer. Auch die Frauen kommen hier auf ihre Kosten, meistens auf Kosten des Mannes. So ist gegenüber dem Fünf-Sterne-Hotel Ritz-Carlton alles zu haben, was es auf dieser Erde an Luxus gibt, angeboten von Filialen solcher Nobelhäuser wie Sacks, Mercy, Harrods... Nicht vergessen sollte man, dort bei Hägendaz ein Eis zu essen, es ist das beste Eis der Welt. Auch beim Kaffee-Angebot haben sich die Amis inzwischen gewaltig gemausert. So gibt es heute die Starbucks-Kette, die in ihren Coffee-Shops fünfzig verschiedene Sorten auf der Karte hat und alle schmecken. Hilde und ich waren von Kaffee Valentiana mit Vanille-Geschmack begeistert. Er kostet allerdings die Tasse vier Dollar und enthält bei diesem stolzen Preis nicht einmal einen Schuß Alkohol.

Während Hilde die Läden bewunderte, fuhr ich zum Hersteller meines Hubschraubers, der Firma Rotorway in Phoenix-Chandler. Was für ein sauberer und präzise arbeitender Laden. Ich mußte bei der Betriebsbesichtigung eine Schutzbrille aufsetzen, um nicht durch irgendein winziges Metallspänchen verletzt zu werden. In Amerika gehen Regressansprüche wegen kleinster Verletzungen ja gleich in Millionenhöhe. Die Firma Rotorway baut seit über zwanzig Jahren zweisitzige Kleinhubschrauber. Man ist dort sehr stolz darauf, daß es bei den annähernd dreitausend ausgelieferten Hubschraubern bis jetzt noch keinen Absturz mit Todesfolge gegeben hat, dessen Ursachen in der Technik zu suchen gewesen wären. Toi, toi, toi! Ich fliege seit zehn Jahren Rotorway Hubschrauber, ohne besondere Vorkommnisse.

Der Kupplungszylinder war angekommen, das Auswechseln dauerte dann nur eine Stunde. Jetzt wollten wir endlich weiter, the show must go on. Der Setra lief nach der Reparatur wieder wie in alten Zeiten und wir fuhren, um in Las Vegas meinen Geburtstag zu feiern. Auf dem Highway 93 ging es weiter Richtung Kingmann. Zwischendurch mußte natürlich eine Pause gemacht werden. Wir hielten an einem schön gelegenen Parkplatz an und führten wie üblich erst einmal Bodo an der Leine aus.

Als wir weiterfahren wollten, sagte der Anlasser keinen Ton mehr. Oh nein! Ein leichtes Klopfen am Magnetschalter half auch nichts. Obendrein war ich meinem Grundsatz nicht treu geblieben, bergab zu parken. Es nutzte an dieser Stelle also wenig, den Federspeicher zu lösen, um das Gefährt zum Rollen zu bringen. Gang einlegen und schon wäre es weitergegangen. Was nun? Jetzt mußte ich aber ganz tief in die Trickkiste greifen. Das Anschleppen ist eine Prozedur, bei der man bei einem Dreizehn-Tonnen-Fahrzeug äußerst vorsichtig zu Werke gehen sollte. Man braucht dazu eine Schleppstange, die für mehr als zehn Tonnen zugelassen ist. Die hatten wir nicht! Also Trick Siebzehn. Gott sei Dank hatten wir, passend zum Gewicht unseres Busses, zwei stabile Öldruckwagenheber dabei. Also versah ich zunächst die Vorderräder mit Bremskeilen. Dann hob ich die Hinterachse hoch und legte zusätzlich schöne Kanthölzer unter. Davon hatten wir reichlich dabei, da der riesige Kofferraum, der ja ursprünglich mehr als fünfzig Koffer aufnehmen sollte, jetzt nur unsere Fahrräder und Notausrüstung enthielt. Nachdem die Hinterachse frei war, drehten zwei hilfsbereite Amerikaner, die auch an diesem Parkplatz Pause machten, so schnell sie konnten an den Hinterrädern und riefen mir bei Höchstdrehzahl zu: Now! Jetzt! Ich legte den dritten Gang ein und gab Vollgas. Tatsächlich sprang der Motor an. Ich nahm den Gang wieder heraus und dann wurde ganz vorsichtig die Hinterachse wieder heruntergelassen. Vorsicht ist bei so einem Akt die Mutter der Porzellankiste! Jedenfalls kamen wir weiter und fuhren nach Kingmann, wo der Anlasser repariert werden konnte. Ich sagte zu Hilde: „Da kommt bestimmt noch etwas hinterher, das ist nämlich das Gesetz der Serie."

Wir folgten jetzt der legendären Route 66 nach Ghosttown. Weiter ging es über den Hoover Dam nach Las Vegas. Der Hoover Dam wurde vor dem letzten Kriege gebaut und staut den Colorado River. Das riesige Turbinenelektrizitätswerk liefert gewaltige Mengen an Strom. Es ist gigantisch, wenn man über die Staumauer fährt und links und rechts die gewaltigen Ausmaße des Grand Canyon betrachtet. Der Grand Canyon ist vierhundertundfünfzig Kilometer lang und an manchen Stellen zwei Kilometer tief, wahrhaftig die Mutter aller Schluchten und ein Weltwunder. Den Blick in die Tiefe wird man nicht vergessen. Manchen Leuten wird schwindelig dabei.

In Las Vegas wurde mein Geburtstag gefeiert. Das fing an mit der an jedem Nachmittag kostenlosen Topless-Show im Flamingo Hilton und hörte auf bei einem Italiener im Venezian Hotel, wo wir eine hervorragende sardische Küche genießen konnten. Aber das war nicht alles. Die riesige Hotelhalle durchzieht nämlich eine raffinierte Nachbildung des Canale Grande auf dem tatsächlich Gondoliere mit ihren Gondeln Gäste spazieren fahren. Kommt so eine Gondel unter einer der Brücken hervor und der Gondoliere singt sein Oh sole mio, dann glaubt man wahrhaftig, man sei in Venedig.

Fast jedes Hotel in Las Vegas bietet eine eigene kostenlose Show an, um Spieler zu locken. Das Programmangebot reicht vom Schiffe-Versenken, was wahrhaftig ein grandioser Anblick ist, bis zur bunten Fantasy-Show. Die beste und größte Show ist allerdings die von Siegfried und Roy. Im Mirage Hotel sind die beiden aus Deutschland stammenden Entertainer immer auf Wochen im voraus ausgebucht. Die Eintrittskarte kostet zwar hundert Dollar pro Person, ist es aber wert. Nicht alle Tage sieht man schließlich, wie sich weiße Tiger in Luft auflösen und Löwen in Menschen verwandeln. Diese Show ist spektakulär und bombastisch.

Natürlich war ich auch neugierig, was aus der Chicken Ranch geworden war. Ich rief an und erkundigte mich, ob denn inzwischen ein neues Menü geboten würde. Nein. Ich fand, daß es sich dann nicht lohne, die fünfzig Kilometer in Kauf zu nehmen. Schließlich will man ja noch etwas dazulernen.

Wir gingen noch zu der einen oder anderen kostenlosen Show und bewunderten das neue Belagio Hotel. Eines der ältesten Hotels ist das Golden Nugget in Down Town, wo man für sechs Dollar an einem riesigen Frühstücksbuffet Shrimps, Lachs und andere Köstlichkeiten vorfindet. Jeder versucht auf seine Weise, die Spieler zu locken. Viele Gambler sind regelrecht süchtig und wissen nicht, was sie tun. Ich sagte zu Hilde: „Wahrscheinlich wissen die Männer, und auch so manche Frau, hier in Las Vegas nur in dem Moment, in dem sie auf der Toilette sitzen, genau, was sie tun..."

Unsere nächste Station sollte Death Valley sein, das Tal des Todes. Schon die Fahrt dorthin war spannend. Die Landschaft wechselte ständig, unterwegs war kaum eine Menschenseele zu sehen und dann ging es rasant von rund tausendfünfhundert Metern Höhe bis auf sechsundachtzig Meter unter dem Meeresspiegel herunter. Es ist die tiefste Stelle der USA und mit 56,6 Grad im Schatten auch die heißeste. Die Hitze von Death Valley sucht auf der Welt ihresgleichen. Nur in Lybien wurden einmal im Jahr 1922 im Schatten 57,7 Grad gemessen. Es ist erstaunlich, daß es trotz der Trockenheit an die tausend Pflanzen und vierhundert Tierarten gibt. Die bekanntesten Tiere sind die Coyoten und Berglöwen.

Die Geschichte dieses Tales kennt viel Schweiß, Blut und Elend. Als 1849 in den USA viele Menschen vom Goldfieber getrieben gen Westen zogen, endete so mancher Treck mit Pferden und Wagen in dieser Gegend. Man hatte die Fahrt durch Wüsten und Hitze unterschätzt. Es gibt einen Bericht über eine große Katastrophe im Death Valley. Bei einem großen Treck mit Hunderten von Menschen war ein Teil der Pferde bereits geschlachtet worden, da kein Proviant mehr vorhanden war. Im Death Valley kam es dann zum endgültigen Stillstand, weil die verbliebenen Pferde vollkommen entkräftet waren. Daraufhin machten sich zwei noch starke Männer zu Fuß auf, um aus dem vierhundert Kilometer entfernten Los Angeles Hilfe zu holen. Natürlich dauerte das. Zwischenzeitlich versuchten einige der Verzeifelten, im Alleingang den Pazifik zu erreichen, verdursteten aber unterwegs. Die beiden Männer schafften es nach Los Angeles und kamen nach ein paar Wochen beritten mit Proviant zurück. Zunächst sahen sie im Tal nur die zurückgelassenen Wagen, aber keine Menschenseele. Erst als sie einen Schuß abgaben, kamen ein paar halb verhungerte Leute zum Vorschein. Als die Überlebenden einigermaßen reisefähig waren und der Treck aufbrach, hieß es: Good by death valley. Damit hatte das Tal seinen Namen bekommen.

Ein Vierteljahrhundert später stießen hier Banditen, die sich versteckt hielten, auf eine Silbermine. Das sprach sich herum und Tausende eilten herbei, um hier ihr Glück zu finden, unter ihnen Nutten, Schnapsbrenner, Händler, Gaukler, Diebe und Wasserträger. Der Boom hielt aber nicht lange an, da man an anderen Orten ergiebigere Silberfunde ausgrub. Zurück blieben die Ghost Towns, die Geisterstädte. Um die Jahrhundertwende brach in der Gegend dann nochmals ein Goldrausch aus, der bis ungefähr 1920 anhielt. Damals soll im Death Valley tatsächlich Gold im Wert von heute fünfzig Millionen Dollar gefunden worden sein.

Aber das Tal barg noch einen anderen, etwas unscheinbareren, aber nützlichen Schatz: Aus dem Salz, daß man hier abbaut, wird Borax gefiltert, ein wichtiges Mineral, das man unter anderem für die Herstellung von hitzebeständigen Gläsern benötigt. Später sahen wir in unserem Hotel in einer Vitrine ein interessantes Holzmodell einer Wagenkolonne mit achtzehn Maultieren und zwei Pferden, mit der früher das Borax abtransportiert wurde. Dieses Hotel am Death Valley hieß Furnace Creck Inn und wurde schon 1927 gebaut. Man kann dort vorzüglich essen. Lounge und die Bar sind für einen ruhigen Drink zu empfehlen, da man von dort aus einen Großteil des Todestales überblicken kann. Für Frühaufsteher lohnt es sich, den Sonnenaufgang am Zabriskie Point zu erleben. Sobald nämlich die Sonne über das Panamint Gebirge kommt, erwacht die Wüste und die Gesteinsformationen nehmen Gestalt an. Die Reflexionen durch Gesteinsmineralien sind enorm. Dabei kann es auch passieren, daß man Dickhornschafen begegnet, welche wüstentauglich sind.

Scottys Castle ist ebenfalls sehenswert. Scotty war ein Betrüger. Er hielt seine Geldgeber damit hin, daß er ihnen Goldminen versprach. Immer wieder verstand er es, sie mit neuen Goldfunden zu linken. Man nahm es ihm zum Schluß nicht einmal mehr übel. Die Geldgeber bauten ein Schloß und benannten es nach dem originelle Gauner. Auch Charles Manson ließ sich mit seiner Kommune im Death Valley nieder. Er wurde dadurch bekannt, daß er der Frau von Regisseur Roman Polanski, Sharon Tate, das ungeborene Kind aus dem Bauch schnitt. Er sitzt noch heute im Gefängnis.

Wir fuhren weiter durch die Sierra Nevada. Schon vor dem Tal des Todes hatten wir lange Zeit keine Dieseltankstelle gesehen. Benzin dagegen gibt es in der Gegend gelegentlich. Es kam, was kommen mußte, der Motor ging schlicht aus. Es tröstete mich wenig, daß sich damit meine Vorhersage über das Gesetz der Serie erfüllt hatte. Verfluchte große Scheiße, was nun? Da es gerade bergab ging, konnten wir noch ein paar Kilometer im Sonntagsgang rollen lassen. Vor einem Indianer-Reservat hielt ich an. Der Häuptling kam und fragte, ob wir ein Problem hätten. Ich sagte ja und fragte ihn, ob er Diesel hätte. Er sagte nein. Ich fragte ihn, ob er denn Wasser hätte und er sagte ja. Ich bat um einen Eimer voll Wasser. Als ich den dann tatsächlich in den Tank schüttete, sah er mich ganz entgeistert an und zweifelte wahrscheinlich an meinem Verstand. Der Trick dabei ist, daß ein großer Bustank einen entsprechend hohen Steg im Tank als Abfluß hat, damit sich unterhalb des Steges Schmutz und Kondenswasser sammeln kann und nicht in das Kraftstoffsystem gerät. Gießt man Wasser hinein, das ja schwerer ist als Diesel, so setzt sich das Wasser auf den Boden und drückt den Dieselkraftstoff, der sich zuvor unterhalb des Stegrohres befand, hoch. Man muß zwar eine halbe Stunde lang warten, bis sich das Wasser restlos durch den Kraftstoff gearbeitet hat, aber dann funktioniert es. Machen Sie einen Test! Nehmen Sie ein Glas und füllen sie es halb voll Diesel, dann die gleiche Menge Wasser obendrauf. Sie werden sehen, daß es sogar schneller geht. PKW-Besitzern kann man dieses Verfahren natürlich nicht empfehlen, da erstens die PKW-Tanks viel kleiner sind und zweitens meistens keine Ablaßvorrichtung unterhalb des Tankes existiert. Denn das Wasser muß vor dem nächsten Tanken ja wieder herausgelassen werden.

Während ich also diese halbe Stunde abwarten wollte, stellte ich dem Indianer hundert Fragen, um ihn abzulenken. Meinen Trick wollte ich ihm ja nicht verraten. Schließlich sagte ich ihm, daß das Gespräch mit ihm sehr schön gewesen wäre und Gott ihn beschützen möge. Er wünschte mir das Gleiche. Dann entlüftete ich mit den beiden Handpumpen die zwei Kraftstoffilter und den Hauptfilter so lange, bis Diesel zum Vorschein kam. Danach drückte ich auf den Anlasser und der Motor sprang an. Als ich anfuhr sah ich, wie der Häuptling gen Himmel schaute und sich dreimal bekreuzigte. Vielleicht wird er gedacht haben: Na ja, warum eigentlich nicht. Es gab doch schon mal jemanden, der aus Wasser Wein gemacht hat. Diesen Trick kannte ich übrigens von dem Piloten Jürgen Otto aus Florida. Endlich kamen wir zur nächsten Tankstelle. Dort ließ ich das Wasser mit der Drainschraube ab und alles nahm seinen gewöhnlichen Lauf.

Weiter ging es nach Los Angeles. Jetzt nahm der Verkehr reichlich zu und es gab auch wieder Dieseltankstellen. Unser Ziel war Long Beach, wo die „Queen Mary" als Hotelschiff lag, davon war ja schon die Rede. Wir übernachteten auf der Queen, da sie mich doch so angenehm an aufregende Tage in meinem Leben erinnerte. Immerhin war ich mit dem Schwesterschiff, der „Queen Elizabeth", im Februar 1958 in New York angekommen. Hilde und ich gingen erst einmal an die Bar der Ersten Klasse und schlürften einen Margarita. Es hatte sich in über fünfzig Jahren nichts verändert. Auf denselben Hockern, auf denen einst Milliardäre und Filmprominenz ihren Drink genommen hatten, saßen jetzt wir. Abends speisten wir vorzüglich im Erste-Klasse-Restaurant. Das wurde aber auch Zeit, denn in der Wüste hatten wir uns nicht besonders gesundheitsfördernd ernährt. Meistens gab es kein ordentliches Brot. So nahm ich trotz des Stresses ein Kilo zu und mußte den Luftdruck-unterstützten Höhensitz des Setra auf zweiundachtzig Kilo einstellen, damit ich wieder wie auf einem Schwebesitz fahren konnte. Nach dem Abendessen kam der livrierte Ober noch mit einer Etagere voller Obst und Naschereien. Die prachtvolle Etagere stammte bestimmt noch aus den dreißiger Jahren, ein wahrhaftes Kunstwerk. Schade, daß so etwas heute nicht mehr hergestellt wird. Man könnte es auch gar nicht bezahlen.

Wir verabschiedeten uns schweren Herzens von der Queen, wobei ich aber vorher schnell noch einen Blick in den Turbinenraum warf. So etwas Gewaltiges bekommt man schließlich nicht jeden Tag zu sehen. Über einundachtzigtausend Tonnen Schiffskörper mußten mit den vierzigtausend Pferdestärken in Bewegung gebracht werden. Es dauerte bei voller Fahrt ziemlich lange, bis diese gewaltige Masse von Schiff zum Stehen gebracht werden konnte. - Was haben wir uns noch in Long Beach angesehen? Howard Hughes' Riesenflugboot war inzwischen in ein Museum nach Oregon verlegt worden. Als Ersatz gab es ein Bob Marley Museum.

Jetzt ging es weiter auf dem Highway No. 1 nach San Diego. Highway No. 1 ist die Traumstraße der Welt und führt von Alaska bis nach Feuerland immer an der Küste entlang. Wahrhaftig eine Traumstraße! Trotzdem müssen Pausen sein! Also kehrten wir auf eine Tasse Kaffee im Ritz Carlton in Laguna Niguel ein. Es liegt zwischen Los Angeles und San Diego direkt am Pazifik, der dort dramatische Klippen hat. Das schöne alte Hotel ist ein Paradies für Golfer. Die Nichtgolfer kommen am Strand oder in den wunderbar restaurierten Innenräumen dieses Nobelhotels auf ihre Kosten. Wer hier allerdings vier Wochen Urlaub machen möchte, der verkauft besser vorher sein Haus, um genügend Geld dabei zu haben. Allein die Tasse Kaffee kostete uns zehn Mark. Aber der Blick in dieses Paradies war es uns wert.

Wir fuhren weiter den Pazifik entlang. Die Brandung dröhnte. Bodo dröhnte auch, er hatte ein normales Bedürfnis. Also ein Stop auf dem nächsten Parkplatz direkt am Meer. Ich nahm Bodo an die Leine und traute nach einer kurzen Runde meinen Augen nicht: Da kam doch von Süden ein großer Bus im Schrittempo und im Rükkwärtsgang angetuckert. Der Bus fiel schon dadurch auf, daß er rundum mit großen Schriftzügen versehen war: PAN AMERICANA. Am Heckfenster stand jemand wild gestikulierend und einer saß auf dem Fahrersitz. Da gerade Fahrzeuge von Norden kamen, mußte der Bus anhalten und ich hatte eine Chance, mich mit den beiden Mexikanern zu unterhalten. Sie meinten, das Getriebe sei defekt und es würde nur noch der Rückwärtsgang funktionieren. Sie wollten auf jeden Fall eine fünf Meilen nördlich gelegene Werkstatt erreichen. Die Abschleppkosten würden ein paar Tausend Dollar verschlingen und die könnten sie besser für schönere Dinge ausgeben. In der Tat hätte ein schwerer LKW-Abschleppwagen aus San Diego kommen müssen, um diesen zum Wohnwagen umgebauten Zwanzig-Tonnen-Saurier zu schleppen. Mit dem Schleppen allein ist es nicht getan. Es muß auf jeden Fall bei so einem Gerät die Kardanwelle demontiert und beim Schleppen gleichzeitig die Vorderachse hochgehalten werden. Die beiden Mexikaner hatten die Warnblinkanlage an und stellten kurzerhand noch ein Warndreieck auf, um sich mit uns zu unterhalten. Sie sahen sich als Aussteiger, waren vor vier Jahren in Mexiko City gestartet und hatten es bis jetzt einmal nach Alaska geschafft. Auf jeden Fall wollten sie noch bis nach Feuerland möglichst bis nach Cap Horn. Ihr riesiger Bus war mit allerlei Annehmlichkeiten ausgerüstet worden. Vor allem die nachträglich eingebaute Klimaanlage brauchte man, denn der rundum mit Aluminiumblechen verkleidete Bus heizte sich beim kleinsten Sonnenstrahl sofort auf. Der Detroit Diesel Motor brauche zwar Öl, habe aber noch eine sehr gute Leistung. Da Diesel in Mexiko spottbillig ist, spielt es auch keine Rolle, daß der Motor bei zwanzig Tonnen Zugkraft einiges schluckt. Ich schätzte die beiden auf vierzig Jahre, möglicherweise waren es Frührentner. Im Stillen dachte ich mir, wenn die so weitermachen, werden sie Feuerland nicht mehr erleben! Geschweige denn Cabo de Hornos. Neben anderen Schildern fiel mir in ihrem Bus ein eingerahmtes besonders ins Auge: „Solo Dios sabe a que hora Llegava!" Übersetzt: Nur Gott kennt die Stunde der Ankunft. Wie wahr! Die Jungs hatten Gottvertrauen, vielleicht auch ein paar Schutzengel wie Edy und Fredy. Wir wünschten uns gegenseitig alles Gute. Hilde, Bodo und ich fuhren nach San Diego. San Diego ist sehr schön gelegen, insbesondere, wenn man ein Haus oberhalb in den Bergen hat, um von da aus über die Stadt aufs Meer zu schauen. Einen Blick mußten wir auf jeden Fall noch nach Mexiko hinüber werfen. Die Grenzstadt heißt Tijuana und ist wieder durch einen hohen Zaun gegen illegale Einwanderer abgesichert.

Bevor es am nächsten Tag Richtung Osten weitergehen sollte, kehrten wir zum Essen in das nördlich von San Diego gelegene Rancho Valencia Resort ein. Diese Anlage sucht ihresgleichen. Hier hat ein reicher Amerikaner sich einen Lebenstraum erfüllt. Die schmucken Villen und das Haupthaus wurden wunderschön in die anmutige Landschaft integriert. Ob Halle mit Kamin, Bar innen und auch außen, alles im spanischen Stil und vom Feinsten. Das Restaurant hat eine internationale Küche, jeder Gourmet kommt hier auf seine Kosten. Besonders empfiehlt sich diese Anlage für Tennis- und Golfspieler. Wir sind ungern gefahren, nicht zuletzt, weil auch das Personal sehr warmherzig war.

Am nächsten Tag ging es auf eine andere Traumstraße, nämlich den Interstate Nr. 8 von San Diego nach Casa Grande, als Tagestour sehr zu empfehlen. Sobald man oberhalb von San Diego ist, fährt man durch Bergwildnis, die ihresgleichen sucht. Die Straße wurde durch die Berge gefräst und nicht wie bei uns mit Tunneln versehen. Dadurch genießt man im Wagen ein sich ständig veränderndes Bild: Von Kratern über Mondlandschaft bis zu Wüsten ist alles drin. Nach drei Stunden erreichten wir ein kleines Dorf, in dem anscheinend die Zeit stehengeblieben war. Gott sei Dank fand sich trotzdem eine Dieseltankstelle, denn auf der nachfolgende Strecke sollte es auch nicht viel Tankmöglichkeit geben.

In Casa Grande bogen wir wieder auf den Highway Nr. 10 ein, von dem wir ja gekommen waren. Immerhin lagen jetzt noch dreitausendvierhundert Kilometer bis nach Florida vor uns. Aber wir kannten ja den Weg. Auch das Gesetz der Serie schien nun außer Kraft gesetzt zu sein. Ohne weitere Zwischenfälle erreichten wir Sarasota. Hilde, Bodo und ich waren jetzt urlaubsreif.

Rückblick

Ich denke, ich bin in fröhlicher Runde ein recht ordentlicher Geschichtenerzähler, jedenfalls fanden sich immer Zuhörer, die dann sagten: Das mußt Du unbedingt mal aufschreiben. Jetzt nahm ich mir Zeit und Muße dafür. Und es wird bestimmt Leute geben, die mir nun nachreden, daß ich jetzt auch noch mit dem Bücherschreiben Geld machen wolle... Nach dem schönen norddeutschen Motto „Der Teufel scheißt halt immer beim großen Haufen!" (Übrigens beweist dieser alte Spruch, daß es unter den Deutschen schon immer Sozialneid gegeben hat...)

Sei's drum, mir hat es Spaß gemacht, meine Lebensbilanz zu ziehen, nicht in Soll und Haben, sondern in Geschichten von Autos, Flugzeugen, Städten, Landschaften und natürlich Menschen.

Wie man hier also nachlesen konnte, habe ich immer aktiv gelebt und das ist gut so. Wenn man auch nicht immer seine Ziele erreicht, so war es trotzdem besser, Ziele zu verfolgen, als gar keine zu haben! Eines steht für mich dabei fest, man muß seine Abenteuer so früh wie möglich beginnen. Das spornt an und bewahrt einen davor, sich schon irgendwann in der Mitte des Lebens ausgebrannt und müde zu fühlen.

Ich wollte mich immer bewegen, fahren, am liebsten natürlich fliegen: Hoch über den Wolken im strahlenden Licht. Es ist schon merkwürdig, wie rasch man dort oben beseite schieben kann, was einen am Boden geärgert oder besorgt gemacht hat, die Mühen der Ebenen. Sicher, auch fliegen ist Anstrengung, Aufmerksamkeit, manchmal Sorge. Um das zu minimieren, habe ich immer nach perfekten Maschinen Ausschau gehalten und dabei an den Spruch von Antoine de Saint-Exupéry gedacht: „Die Maschine in ihrer höchsten Vollendung wird unauffällig."

Um ein solches Leben wie ich zu führen, braucht man vor allem anderen eine sehr verständnisvolle Frau - die ich zum Glück an meiner Seite habe! Aber um alle meine Pläne verfolgen zu können, brauchte ich natürlich gute Mitarbeiter, auf die ich mich verlassen konnte. Übrigens: Wenn man solche Mitarbeiter hat, dann muß man ihnen aber auch wirkliche Verantwortung übertragen und nicht am Ende doch alles selbst kontrollieren wollen. Ich sprach schon davon, daß ich unserem Sohn Dirk an dessen einundzwanzigsten Geburtstag einen kompletten Firmenbereich anvertraute. Er hat daraus, und damit aus sich, etwas gemacht: Heute, mit fünfunddreißig Jahren, ist er der jüngste Aufsichtsratsvorsitzende der Europa Service Autovermietung AG, die über zwanzigtausend Fahrzeuge verfügt! Darauf können Eltern doch stolz sein! - Tochter Bärbel leitet das Flugbüro zu meiner vollsten Zufriedenheit und Hilde kümmert sich, wenn Ballonbetrieb ist, um die Abflughalle. So arbeiten alle in der Firma mit, wir sind ein gutes Team.

Ich würde dieses Leben gern noch einmal leben! Aber weil mir das wohl nicht vergönnt sein wird, wäre ich dann in meinem nächsten Leben gern ein Condor über den Anden! Aber halt, so weit sind wir noch lange nicht. Ganz im Gegenteil. Und so soll dieser Rückblick mit einem Ausblick enden: Meine nächsten Ziele sind es mit dem Flugboot Lake Renegade zu den Victoria Fällen zu fliegen, an der Rallye Paris-Dakar teilzunehmen und mit dem Spaceshuttle zur Weltraumstation ISS zu fliegen. Wie sagte schon der alte Wilhelm Busch:

„Bescheidenheit ist eine Zier,
doch weiter kommt man ohne ihr."

Die Russen machen ja neuerdings Weltraumflüge für Touristen von Baikonur in Kasachstan aus möglich. Leider ist es derzeit noch zu teuer! Aber zutrauen würde ich es mir auf jeden Fall! Einmal den blauen Planeten, über den ich kreuz und quer gezogen bin, von oben, aus dem schwarzen Kosmos ansehen: alle Touren auf einen Blick, zusammengefaßt in einem einzigen euphorischen Moment.

Das wär's!